社会安全风险评估与预警

主编　陈　鹏

参编　袁　林　王妍妍　王玉坤　方婉盈

　　　李少锋　高　菁　李作康

国防工业出版社

·北京·

内 容 简 介

本书立足于国家安全观下的社会安全领域，对新时代下社会安全面临的风险评估、预警监测及热点问题进行细化阐述，理清新的内、外部压力对社会安全的传导，探索各类安全威胁对社会安全的影响，研究社会安全风险评估、风险事件演化推演以及社会安全风险预警等理论方法，结合大数据、人工智能等最新技术，提出典型社会安全风险监测预警信息系统的整体设计。

本书对于新时代下社会安全相关的风险评估、风险事件演化推演以及社会安全风险预警等理论方法进行了一定的阐述及理论创新，尤其对典型社会安全风险进行了实证建模研究，适合广大国家安全学相关师生及研究学者、社会安全相关理论研究人员，也适合广大致力于将国家安全、社会安全进行信息化、系统化落地的科研人员进行研读参考。立志于将国家安全进行信息化落地的科研院所、企业，也能依据本书中的典型社会安全风险监测预警信息系统进行相应的系统设计和需求分析，方便为相关领域政府、部委等进行信息化服务，切实支撑我国国家安全平稳落地。

图书在版编目（CIP）数据

社会安全风险评估与预警／陈鹏主编. —— 北京：

国防工业出版社，2025. —— ISBN 978 - 7 - 118 - 13649 - 4

Ⅰ. D63

中国国家版本馆 CIP 数据核字第 20258KR089 号

※

国防工业出版社出版发行

（北京市海淀区紫竹院南路 23 号　邮政编码 100048）

三河市天利华印刷装订有限公司印刷

新华书店经售

*

开本 710 × 1000　1/16　印张 25½　字数 458 千字

2025 年 7 月第 1 版第 1 次印刷　印数 1—1500 册　定价 139.00 元

前　言

更高水平的平安社会意味着更精准的预警能力，提前对社会安全风险进行预测和预警，对于减少突发事件造成的生命和财产损失具有重要意义。新时代十年，我国创造了"中国之治"的"四个奇迹"。但是，居安思危、终不危；操治而虑乱、终不乱。近年来，大数据和人工智能的蓬勃发展为此类研究提供了新技术和新思路，研究社会安全风险评估与预警技术，不但可以以较高的准确率给出风险发生的概率预警，有利于预先进行有针对性的防范部署，还可以进一步挖掘出平静水面下潜藏的礁石，阻断风险的源头，为政策的优化和具体实施助力。

在总体国家安全观指引下，社会安全的内涵得到进一步扩充和发展。在我国安全形势整体向好、各类案件总数下降的同时，部分严重影响社会秩序的非常规突发事件仍时有发生，对平安中国的持续推进、民众安全感的进一步提升造成了阻碍。能否为"建设更高水平的平安中国，以新安全格局保障新发展格局"提供有力的科学支撑，事关国家安全和民生发展的大局。

（1）国家治理时代需求。近年来，中国统筹发展与安全，立足"四个自信"发挥体制优势，持续创造了经济快速增长和社会长期稳定的局面。主要刑事犯罪案件持续处于低位，常态化扫黑除恶背景下黑恶势力犯罪大幅减少。但通过汇总统计历年来国内外公开报道显示，部分突发性暴力犯罪事件、非法聚集事件仍时有发生，严重影响社会安定、人民生活和经济发展。二十大报告中将社会治安整体防控、完善社会治理体系纳入了国家安全专项工作，要求"扎实推进更高水平的平安中国建设，需要聚焦维护国家政治安全、推进社会治理现代化"。

（2）以人民为中心的社会治理需求。坚持以人民为中心，是习主席新时代中国特色社会主义思想的重要内容，具有丰富而深刻的思想内涵。人民安全是国家安全的基石，让人民获得感、幸福感、安全感更加充实、更有保障、更可持续是我国保持社会稳定秩序，最大限度地化解社会矛盾的根本目标。加强对社会舆情和热点、敏感问题的分析预测，及时发现苗头性、倾向性问题，从源头上预防以减少社会矛盾，阻断社会安全风险线上线下传播链条，防范重大突发性事件发生，能维护社会大局稳定，保证人民群众生活在秩序井然的社会环境之中，实现社会和谐，增进广大人民群众的安全福祉。

（3）大国博弈竞争应对新挑战的需求。目前，我国外部地缘政治竞争加剧，内部经济复苏面临挑战，国外金融、能源、供应链等领域风险向国内传导压力增大，可能引发影响社会稳定、扰乱社会秩序的负面事件。在未来风高浪急甚至惊涛骇浪的形势下，社会安全潜在风险有上升的可能性，迫切需要对社会安全事件进行更广泛、跨领域的科学分析，对数据长期积累和深度挖掘后的风险量化预测，"通过科技的确定性减少社会安全风险隐患的不确定性，提升社会风险安全预警能力"。要开展社会安全风险评估与预警技术研究，为平安中国、数字治理生态的构建筑牢基石。

本书以社会安全风险评估与预警相关技术为主线，介绍社会安全的概念和热点问题，社会安全风险评估、智能推演、风险预警方法的技术特点，社会安全风险监测系统的组成等，总结了在此背景下未来社会安全形势的发展趋势和相关大数据、人工智能技术的发展机遇，以期为未来社会安全风险的研究提供参考。全书共分六章，第一章介绍了社会安全的内涵与外延及其主要变迁；第二章介绍了社会安全风险的评估方法的国内外现状、相关支撑技术及主要方法比较；第三章介绍了引发社会安全风险的典型事件和影响因素，并介绍了风险事件演化分析、风险事件智能抽取和风险事件智能推演等技术；第四章介绍了社会安全风险预警的主要方法；第五章介绍了社会安全风险监测信息系统的功能和典型设计；第六章介绍了国内外社会安全形势展望和智能化技术发展趋势。

本书第一章由陈鹏研究员编写，王玉坤、方婉盈工程师编写了第二章，李作康、高菁工程师编写了第三章，王妍妍研究员、李少锋工程师编写了第四章，第五、六章由陈鹏研究员、袁林研究员合作编写。主编陈鹏研究员为各章节提供了大量资料并对所有章节进行了多次修改，朱翔鹰、周惊雷为本书提供了部分素材资料，袁林研究员为全书的文字整理做了大量工作，在此一并表示感谢。本书编写过程中参考了大量互联网等来源的文献和资料，在此对原作者深表感谢。书中内容如有涉及相关人士的知识产权，请给予谅解并及时与我们联系。由于作者水平有限，书中难免存在一些不足之处，欢迎广大读者批评和指正。

编者

2025 年 3 月

目录

第一章　社会安全内涵的变迁

第一节　社会安全的内涵与外延

一、安全与风险的基本概念

安全是什么？这个问题看似很简单，但是通常很难给出一个准确的定义，这是因为对于不同的主体，安全通常有着不同的含义。对于个人而言，安全可能意味着健康；对于一个家庭而言，安全可能意味着幸福和睦；而对于一个企业，安全意味着发展。那么安全的官方定义是什么呢？国家标准《职业健康安全管理体系规范》（GB/T 28001—2001）中给出"安全"的定义是：避免人类无法承受的环境危害风险的自然状态。从定义中可以看出，安全描述的是一种状态，危害则是指对目标所产生危害影响的概率及其结果，目标所受到的所有危害风险均处在可承受水平以下的状况，即为安全。

从人类社会学角度看，安全的内涵是指人类社会中各种系统在运行时，可能造成人类生命财产等方面的利益损失，将这些损失控制在人类可接受水平以下的状态。与人相关的安全区别于其他类型的安全，其具有社会性、动态性及复杂性。

首先，安全是伴随着人类社会的诞生而产生的，可以说安全是人类生存的首要要素，关乎人类的日常生活和工作的方方面面，除去自然灾害造成的安全问题外，其他领域的安全问题往往与人和社会相关。其次，安全是一种动态的历史过程，是伴随着人类的发展进程而持续变化的，不同的发展时期会产生不同的安全标准，安全标准反映了不同时期人们的社会认识和社会经济承受能力。著名的马斯洛需求层次理论认为，在满足人类最底层生理要求的情况下，更需要满足的是人类的基本安全需要。安全需求指的是保障人身安全，生命财产受到保护，生存生活环境有秩序，能免除恐惧和焦虑的情绪等。安全问题存在于人类生产生活的各个方面，人类一切活动都离不开安全。最后，安全还具有很强的随机性和复杂性，系统的损害风险会随着系统的运行变化而变化，不可接受的高风险可能减弱或者被消除，变为可接受风险，同时随着系统的发展也会产生新的安全风险。

从风险角度来讲，与安全相对的是安全风险，也称为损害风险，安全与安全风险通常是一对多的关系，即一个安全状态对应多个安全风险，不同的安全风险具有不同的安全风险等级。当系统运行的安全风险高于风险阈值时，认为当前的安全风险是无法承受的，这种状态称为"不安全"状态。反之，当系统所面临的安全风险低于风险阈值时，称目标处于"安全"的状态。这里的目标和系统可以是个人、物体或者环境等，与人类相关联的任何实体都可以描述其是否处于"安全"状态。安全相关的科学理论研究表明，一个系统运行中发生危险事件的根本原因在于系统运行时，各系统要素及其相互之间联系中存在着的诸多危险或者安全隐患。在一定条件或者某种情况下，多种安全隐患叠加或者互相作用造成了系统损害，也就是发生了危险事件。例如，现代交通中存在着很多危险的安全隐患，像驾驶人员经常不遵守交通法规、车辆本身的安全隐患、天气或道路环境恶劣等。这些安全隐患累加以及相互作用，极大概率会造成交通安全事故。交通事故是"不安全"的瞬时表现结果，多种危险和安全隐患是导致该结果的根本原因。我们无法断言没有发生交通事故的情况下，一个交通系统就是安全的，因为危险和安全隐患具有潜在性、积累性和突发性。

随着对安全理论研究的深入，逐渐产生了两个相对立的安全观点，即绝对安全观和相对安全观。绝对安全观认为，绝对安全是指没有风险的状态，在这种状态下，消除了所有的损害风险；而相对安全观则指出，安全状态是相对而言的，因为风险是肯定会有的，损害风险不能完全消除，因此安全是一种可以接受一定程度风险的状态。事实上，在人类社会进入"风险社会"时代后，绝对安全的状态在现实中是不存在的，它是一种极端理想条件下的状态，因为损害风险是系统的伴生属性，一个系统的运行会始终伴随着风险，风险等级或高或低，但任何系统都无法将损害风险在系统运行中完全消除。

在相对安全观中，《风险管理规范》（ISO 310000）给出了安全风险的定义：安全风险是指不确定性对目标的影响。安全风险的定义包含"不确定性"

和"影响"两部分："不确定性"是指风险事件（事故或者突发性事件）发生的可能性；"影响"是指事件发生造成的后果。通常风险评估也需要从"不确定性"和"影响"两个方面进行。广义的风险指的是事物对目标的影响偏离期望的现象，而这个影响既可以是积极的也可以是消极的，而积极的影响带来收益，消极的影响带来损害。狭义的风险特指损害风险，安全风险通常只讨论狭义的风险，即危险或者危害发生概率以及这些安全事件带来的严重后果的组合。安全风险对目标造成的负面影响是多方面和多层面的，前者包括财产、健康、安全、环境等，后者包括战略、组织、项目、产品和过程等。安全风险的高低决定了危险出现的可能性与危害的严重程度，往往受风险危害出现的时间空间、人数分布、对人口的风险认知程度和社会安全价值观等各种因素影响。例如，地震带来的安全风险大小是与目标特征密切相关，地震风险的大小受地震发生区域内人口密集程度、房屋建筑抗震性、当地人员地震安全疏散意识等多方面因素影响。

二、民族国家的国家安全

国家安全概念起源于中世纪时期，欧洲各民族构建了以民族为基础的现代国家，他们的目标之一是追求和创造更为安全、稳定的生存环境，保障民族利益。在此之前，科学技术较为落后的年代，人类寻求安全的方式主要通过"顺从命运"的宗教方式，即人们通过神话传说和民族习俗来约束自身的行为并提供精神动力，一切活动都是顺应神的旨意，对于未知世界的无知让人们无法控制现实中的风险与危害，只能"听天由命"。随着时间的推进、科技的发达，人们对于原来自然界无法克服的安全问题，已经不再"听天由命"，而是采用比较科学的思维模式，通过探索自然世界变化规律，利用科技发明等，可以减少原来大自然的许多不安全因素，例如利用地震、火灾等监测技术降低了上述自然灾害所造成的影响与危险性；青霉素等一大批抗生素的发明大大提高了人体对抗病菌传染的能力，也显著延长了人类寿命。

西方世界在从封建主义社会向资本主义社会转变初期，是异常艰难的，一方面阶级矛盾推动了社会进步，更为重要的是关于人与自然的一大批科学研究发现，使人们更加了解世界，动摇了根深蒂固的封建迷信思想，普通民众思想上得到解放。在中国传统社会向现代社会转型过程中，科学技术也逐步代替了传统宗教的主导地位。自然与社会两派研究人员分别探讨各自领域的不安全因素，剖析产生不安全因素的主要原因，并试图通过合理的方式降低不安全因素带来的影响。致力于解决国家安全问题的物理学家和研究者们，给新资产阶级社会带来了全新的科技观、世界观和认识论，同时由于其研究范畴日益扩大，人们掌控和改变环境的力量也越来越强大，从而导致了人类社会更加相信，以前无法了解和控制的、不确定的自然界和人类社会，是可以科学地理解、合理地控制的。借助科学与理性，人们不仅能够客观地了解社会与自然界的内部实质与变化规律，进一步地人类具有了改造自然以及构筑理想社会秩序的能力。现代世界人对理性与科学技术的自信，已经极大地满足了人类社会对安全性与确定性的价值追求。

社会进步的本质来源于人与人之间的阶层矛盾，现代社会中重要的推动力在于科学的发现和理性的认识。在封建社会向现代社会转变进程中，必须推翻根深蒂固的宗教统治，其重中之重是将科学和理性的思想像宗教文化一样传播开来，然而在当时的宗教封建统治下这是举步维艰的。在中世纪后期，战争持续、疫病横行，整个世界陷入动荡不堪的状态，生命安全无法得到保障，寻找能适应人类安全需要的安定秩序是当时的难题。霍布斯、卢梭、洛克等启蒙思想家与政治家提出，建立一个强有力的民族国家和正确的宪法体系，是克服社会和人为风险的最主要方法，把正确和理想的观念转化成真正可运行的体系或架构，以保障人民安全以及社会安定。

民族国家是唯一合法享有垄断暴力的机构，根据民众意愿科学制定一套严格的法律制度体系，以此威慑和规范统治者或管理者在内的所有人的公共行为，惩罚违法犯罪行为和个人，维护稳定的秩序，使社会进入安全的状态。民族国家中，人民利用自己的武力既能够对抗自然灾害的影响，也能够防止来自民族国家以外的人为危害。而民族国家的建立就是把所有安全问题都上升为自身安全问题，民族国家根本目的是保证民族的利益，进而保障人民的利益和安全，这与封建社会最大的区别在于利益体的转变，即从保障封建统治者的统治转变为保障民族的利益。西方在民族国家概念逐步确立之后形成了共识，即在无序的全球社会中，民族国家才是维护世界各国社会安全和人民生命权利的最主要的国际组织。于是，维护民族国家安全就变成了世界所有社会活动的必然前提，这也是现代安全观的认识论基石。

在安全领域，可以将国家安全划分为传统安全与非传统安全两大类。"传统安全"主要包括军事、政治及外交等安全领域，"非传统安全"指非军事、非政治和非外交等新安全领域，包括经济安全、文化安全、社会安全、科技安全、信息安全、生态安全、资源安全和核安全等。值得注意的是，"非传统安全"特指不涉及政治军事等因素的安全领域，一旦其涉及政治、军事等因素，"非传统安全"问题可能转变为"传统安全"问题。

学界普遍认为，冷战后期的20世纪80年代是划分"传统安全"与"非传统安全"的时间节点，因此"传统安全"是指在20世纪80年代前在安全领域占有重要地位的各种安全议题，而"非传统安全"是指在20世纪80年代之后出现或者开始占有重要地位的各种安全议题。将该节点作为传统和非传统安全划分节点的原因主要是：①20世纪80年代，美苏冷战结束后，全球局势有所缓和，大规模的战争动乱短期内不会出现，和平和发展成为了新的时代主题，在此背景下，传统安全在国家安全中的绝对地位有所下降，相反，生态环境安全等一批新出现或者已存在但尚未得到重视的安全领域议题逐渐举足轻重；②全球化成为世界发展的新趋势，全球化充分调动了全球范围内的资源，包括金钱、人力、科学技术和信息等，资源的全球化一方面促进了世界的进步，但同时也带来了新的安全风险，如金融危机、环境破坏、文化渗透、物种入侵和传染病等，这些新领域的安全风险是不受国界束缚的，应对传统安全问题的方式无法直接复制在这些新的安全领域，也就是利用军事、政治等手段无法应对此类安全问题，因此推动了全球范围内对于非传统安全问题的研究；③安全领域的理论发展也促进非传统安全的研究，进入和平年代以来，安全领域研究者从单纯关注"国家安全"逐渐转向关注"人的安全""社会安全"及"全球安全"，将安全议题提升至全人类的范畴，这种转变是突破国界的，统筹考虑全人类的可持续性发展。"国家"不再是安全的唯一主体，个人、社会、环境等都可以成为安全主体。

传统安全与非传统安全有着密不可分的联系，它们之间相互依存、相互交织、相互渗透、相互牵制，并且在一定条件下会发生相互转换。它们之间有以下区别与联系。

（1）涵盖范围不同。传统安全问题涉及的是国家主权和领土安全，限制在军事安全和政治安全领域。非传统安全问题涉及的领域更为广泛，在经济、文化、金融、社会、生态环境和资源等各个方面均有非传统安全问题存在，涵盖了与人相关的各方面内容。

（2）行为主体不同。根据定义，传统安全描述的行为主体是国家，涵盖的是与国家利益直接关联的安全领域，即军事安全、政治安全及外交安全，国家既是争端、冲突或战争的发起者，也是预防者和应对者。非传统安全所描述的行为主体则更为复杂，除了国家以外，还可以是个人、社会组织和团体等。大量非传统安全问题是非国家行为体，而且可能是多个行为体共同引发的，起因复杂，需要调动各方面力量合力应对。国家是治理主体，但其他行为体特别是国际组织的作用也不容忽视。

（3）指涉对象不同。传统安全指涉的是国家安全，通过军事和政治手段加强国防建设，预防以及应对军事冲突，保护本国不受外来侵略等。非传统安全指涉对象是人，从个人到组织团体甚至是全人类，非传统安全在内涵上突破了国家本位，向上拓展至全人类的安全，向下延伸至社会各阶层和个人的安全，非传统安全体现出安全领域以国家为中心转向以人为本，环境问题、重大传染病和恐怖袭击等都体现了这一点。

（4）影响范围不同。在当今全球化时代，人力、资金、资源等都有很高的流通性，不同行业间以及国家间的联系也日益紧密，导致非传统安全问题的蝴蝶效应十分显著。许多非传统安全威胁突破了国家界限，在世界范围内发展、蔓延，使任何国家和个人难以置身事外、独善其身。例如，核威胁是历史上从未出现过的安全领域，它是伴随着现代科学技术对于原子的发现和核能的开发利用而产生的，核能给人类发展带来了新的动力，极大增强了人类认识世界和改造世界的能力，同时核能发展也给全人类带来极大的安全风险和挑战。相较之下，传统安全问题则只影响一个国家的主权和领土，且一个国家发生冲突等安全问题，大概率不会蔓延至其他多国。

（5）突发以及不确定性区别。非传统安全中的很多事件特别是自然灾害、重大传染病、恐怖袭击和金融危机等具有突发性特点，往往难以预测。概而言之，由于上述几大特征，"非传统安全"又被称为"全球安全""共同安全""共享安全""综合安全""集体安全""人类安全"和"社会安全"等。非传统安全具有一定的动态特性，非传统安全研究的问题通常存在一个缓慢积累变化的过程，当该问题积累发展到一定程度，呈现爆发状态后，带来巨大的安全威胁，导致了"国家级"的危害，此时该问题会上升到"国家安全"的高度。同样，非传统安全也会存在危害降低或者消失的情况。以国家安全为核心的传统安全目标明确，传统安全威胁也是可预测预防的。任何时候，传统安全所包括的军事安全、政治安全和外交安全都是国家安全的核心，即使在和平年代，也丝毫不能放松对传统安全问题的考虑。

（6）系统性与依赖性。首先，传统安全与非传统安全都具有系统性，传统安全问题经过长时间的发展研究，已经形成了较为成熟的系统框架应对该类安全问题，在军事、政治等安全领域已经形成了一定规模的安全防范处理系统。非传统安全相较于传统安全而言，是一个更为复杂的大系统，某一领域的非传统安全问题往往涉及安全的方方面面，各种安全问题之间相互影响、相互融合，构成了综合的安全系统。其次，非传统安全对传统安全具有很强的依赖性，非传统安全是站在社会安全、个人安全、人类安全、全球安全等角度提出的，多数主体为非国家行为体，但是解决非传统安全问题必须依赖于"国家"这个行为体，这也是目前非传统安全研究面临的困境之一。再者，非传统安全问题可能转变为传统安全问题，当非传统安全问题牵涉军事、政治等传统安全因素时，该问题便不能简单作为一个非传统安全问题解决。

我国也在应对传统和非传统安全问题中不断摸索。新中国成立之初的 30 年时间里，面对极端恶劣的国际环境，为稳固国家政权，必须将重心放在以军事、政治和外交等为核心的传统安全领域。随着改革开放，国家经济飞速发展，综合国力不断攀升，国际地位也不断提高，为了稳步国家发展速度，我国经济和社会在 21 世纪开始进行了大规模转型，随之而来的是历史上从未遇到或者未引起重视的安全威胁挑战，如核领域和生物领域发展带来的安全威胁，可以说非传统安全的威胁相较于传统安全领域带来的威胁更具"杀伤力"。

党的十九届五中全会审议通过的《中共中央关于制定国民经济和社会发展第十四个五年规划和二〇三五年远景目标的建议》，首次明确强调要"统筹传统安全和非传统安全"，是我国总体国家安全观的进一步升华。

（1）要深化关于传统安全与非传统安全的认识，深刻体察当今时代传统安全要素与非传统安全要素相互交织、相互融合、相互依赖、相互影响的客观现实。一方面，传统安全如政治安全、国土安全和军事安全等已经包含和融合了许多非传统安全要素；另一方面，许多非传统安全要素又直接与传统安全密切相关。同时，还有更多的国家安全要素，如国民安全、经济安全、文化安全和资源安全等，其本身就兼有传统与非传统两个方面，是传统与非传统的融合。

（2）要认识到威胁国家安全的因素，在当前更明显地呈现出传统安全与非传统安全相互交织与渗透的特征。从传统威胁来看，当前我国外部军事威胁依然存在，而且有愈演愈烈的趋势；外部政治颠覆虽难撼动我们的国家安全，但内部发生的领导干部滥用权力、贪污腐败和脱离群众等问题，依然是威胁国家安全的严重问题。从非传统安全威胁来看，外来的和内生的恐怖主义、生物威胁和文化破坏等都需要引起我们的高度重视。此次新冠疫情，就是一种严重的非传统安全威胁，具体来说是一种严重的生物安全威胁。

在统筹传统安全手段与非传统安全手段的同时，把各种非战争、非军事、非对抗的非传统手段和措施置于首选地位，把传统的对抗、军事、战争等作为万不得已时的"保底手段"。无论是世纪之交我国提出的新安全观，还是习近平总书记提出的总体国家安全观，都特别强调非传统安全手段的运用。新安全观强调的是国与国之间要互信、互利、平等、协作。总体国家安全观进一步强调各国要"既重视自身安全，又重视共同安全，打造命运共同体，推动各方朝着互利互惠、共同安全的目标相向而行"。当然，为了巩固国家安全防线，也需要强化军事、情报、反间谍和保卫等传统安全手段。

三、以人为本的社会安全

联合国于1994年首先提出和定义了"人的安全"，涵盖满足人们生活基本需要的经济社会安全、人权、健康安全、环境健康、人身安全、社会安全以及国家信息安全等领域。在这种不安全的全球化时期，原本处于人类自身利益与社会双重保障之下的人的安全问题，现在也需要有一个超国家社会的提议并应重视起来。这就意味着，世界各国的体制设计、行为方法和价值观形式乃至整个社会架构安排等均存在着不同的安全性问题，社会生活中焦虑的个人也必须直接面临外部环境中主体与客体的风险。自然人在主观上面临的人为风险，大多源自刑事犯罪、吸毒、贫困、感染、家庭暴力和战乱等，但客观上的危险性在除去自然灾害以后还有科学技术发展造成的各类危险性，如核危机、感染和转基因食品等。同时，当20世纪80年代的福利国家发生经济危机以后，国家和社会已经将包括科学与理性而产生的所有问题与矛盾都扔给了个人来选择，而个人也只能凭借自己的反思水平与知识水平，在具有风险的经济市场中对教育、医药、就业等问题决策进行艰难抉择。如此一来，个人的生命没有一个科学和合理的认识依据，更没有法律和社会的制度保证，只能直接面对风险世界中所有不安全的元素。其后果必然是，个人产生对自己生存的不安，这也正是吉登斯所讨论的"本体性安全"问题：人为的"不确定性"及其带来的严重后果使在个人心灵中形成了一种无助感，使在个人的无意识和情感之中体验着一个无法抗拒的外在支配，并由此对自己的安全问题产生了质疑与不安。

在经济全球化时代，许多非政府机构和专家开始发展一种以人的安全性为核心的新型安全思维。他们还将安全研究的焦点由国家和军事安全，转向危害人们生活安全的所有非国家行为主体上，涉及恐怖分子、极端民族主义、环境生态变化、自然灾害和新技术发展等造成的所有危害。在他们眼中，社会安全的主题已经出现了巨大变化：从国家扩大到所有人类整体，不管国籍、肤色、民族和阶层，任何人都是社会安全的主体并要达到安全的全部目的；安全的层次也已发生了变化：由宏观层次的国家结构和军事装备降至微观层次的社会个体，将个人以外对社会现象和自然现象的主观认识，作为判断个人安全程度的重要准则。但是，人们对这个新安全思想的理解还有很多不同意见和争论，更有研究者批评到，这个由排斥国家所主导的"人的安全性"概念散漫、没有操作性，因而可以作为一个空洞的宣传口号或全球大同的梦想目标。应该看到，不仅复杂的国际形势仍然必须将自身和军队安全放在安全研究第一位，还有很多自然灾害和社会危机所引起的天灾人祸都必须由国家设立公共安全组织并制定公共安全战略。从这个意义上，国家安全意识和现代安全观之间并非超越性补充关联，而是应该进一步明确将其重心放在以国家安全为主体的现代安全观点。

我国目前将社会安全作为衡量一个国家或地区构成社会安全四个基本方面的综合性指数，包括社会治安、交通安全、生活安全和生产安全。社会安全指数是评价一个国家或地区社会安全状况总体变化程度的重要指标，也是国家统计局全面建设小康社会统计监测指标体系的重要指标之一。在计算社会安全指数中，社会治安用每万人刑事犯罪率衡量，交通安全用每百万人交通事故死亡率衡量，生活安全用每百万人火灾事故死亡率衡量，生产安全用每百万人工伤事故死亡率衡量，四个社会安全领域在计算社会安全指数时的占比分别为40%、20%、20%和20%。

社会治安问题是首要的社会安全问题，首先应明确社会治安事件的含义是：群体或个人为了满足特殊需要或者达到特殊目的，利用或选择适宜的场所、时机和环境，通过实施违法犯罪或采取不正当手段，导致或促使事态加剧、扩大，从而扰乱、破坏社会治安秩序的群体越轨行为。简而言之，各类违法犯罪事件都统属于社会治安问题，按照情节轻重和社会影响性等又可以将案件分为治安案件和刑事案件，治安犯罪包括扰乱公共交通秩序、盗窃损坏路面井盖和照明设施等，刑事犯罪包括危害国家安全、危害公共安全、破坏社会主义市场经济秩序、侵害他人生命健康等。刑事犯罪对于社会危害程度更大，影响更恶劣，严重破坏社会安全秩序，因此通过刑事犯罪率衡量社会治安状况。

交通安全也是社会安全的重要领域。近年来，我国持有驾照人数、机动车保有量以及道路里程数持续增长，已进入汽车社会，成为交通大国，因此交通安全问题不容小觑，根据世界卫生组织《全球道路安全现状报告 2018》的数据显示，交通事故是人类死亡的第八大原因，交通伤害更是成为 5 ~ 29 岁人群的首要死亡原因。道路交通事故也是全球性的安全问题之一，引起了全社会普遍关注。交通事故作为道路交通的三大公害之一，不仅严重干扰了道路交通系统的正常运行，而且在给交通参与者的生命安全带来巨大威胁的同时，还会给社会造成巨大的经济损失。

生活安全是最贴近每个人的安全领域，生活中处处存在安全隐患，生活安全包括家庭安全（如电器燃气使用安全、家庭用火安全、电动自行车安全）、出行安全（如道路交通安全、公共设施安全）、饮食安全、儿童安全和医药使用安全等。针对生活中的安全隐患，安全教育必不可少，近些年来，针对中小学生的安全教育活动有序开展，从防疫安全到防火灾、防触电、防意外伤害等方面，安全教育取得了较好的效果。

生产安全是社会安全的另一重要领域，安全生产作为保护和发展社会生产力、促进社会和经济持续、健康发展的基本条件，是社会文明与进步的重要标志，是实现全面建设小康社会宏伟目标的关键内涵。安全生产事关社会的安全稳定，我国《宪法》也明确规定了劳动保护、安全生产是国家基本政策。安全生产职业安全健康状况是国家经济发展和社会文明程度的反映。使所有劳动者具有安全与健康保障的工作环境和条件，是社会协调、安全、文明、健康发展的基础，也是保持社会安定团结和经济持续、快速、健康发展的重要条件。

社会安全包含的一个重要部分是社会公共安全，社会公共安全包含信息安全、社会治安、食品安全、公共卫生安全、公众出行安全、避难者行为安全、人员疏散场地安全、建筑安全和城市生命线安全等。也有文献指出，公共安全是指社会和公民个人从事和进行正常的生活、工作、学习、娱乐和交往所需要的稳定的外部环境和秩序。国家创造了一种既复杂而又巨大的公众平台，来维护人的生命和财产安全，而这种巨大的公众平台往往也会细分成许多平台，如公众医疗平台、公共交通平台等，人类社会面临着多样化的公众服务，因此公共安全问题也备受人们重视。所谓公共安全具体就是包括了公民、社区和公共设施的安全问题，即整个社会公民的正常生活、身体和财物不受损害和危险的状况以及社区稳定性。公共安全性的核心内容是保护民众生命和财产安全。广义的公共安全性主要涉及整个社会与国民的保护，以及在生命和社会公共社会秩序层面的安全性；而狭义的公共安全则主要是加强社会整体免受天灾、事故灾害、公共卫生事故和社会安全事件等的侵害。

四、国家安全、社会安全与公共安全

在目前的世界格局下，国家仍然是最主要的行为体，这种格局将长期维持，随着文化的全球化发展，民族国家的概念逐渐弱化，以民族利益为本转变为以国家利益为重。社会、民族和国家存在着复杂的关系，社会、民族和国家无法分开讨论，社会安全同国家安全也存在区别和联系。

当前学术界不同学派对于社会安全持有不同的见解，以西方社会学家贝克、吉登斯等为代表的哥本哈根学派提出的风险社会理论认为，社会安全在一定程度上是独立于国家安全的。国家安全和社会安全是从不同的角度出发，社会从文化、民族、宗教、习俗等出发，而国家安全是从政治、军事、外交关系等角度出发。社会安全强调的是文化认同，在相同文化背景和价值观约束下，规范人们的社会行为，本质是在追求一种认同安全，而国家安全是以国家利益为中心，一切要以国家利益为准，追求的是在无政府状态的世界环境中的国家主权等利益，本质是在追求政治上的安全。哥本哈根学派的观点有些极端，但也从一定层面上阐述了社会安全与传统国家安全的差异。

我们看来，安全描述了一种不受威胁、没有危险的状态，当安全目标或者主体是一个国家时，这种安全称为国家安全。我们的国家安全是指我国政体、主权、我国统一和国土完整性、民众权益、社会主义经济可持续发展以及我国的一些重要权益，相对处在毫无风险或者不受国内外危机影响的稳定状况，并且保障维持国内安全态势的政治力量。对外，国家安全强调的是国家利益持续稳定在毫无威胁或者不受威胁的状况，我国政体稳固、权利自由、领土完整；对内，国家安全强调的是社会稳定有序，人民福祉以及经济持续发展等。

我国对外安全策略的核心内容是政治经济安全与军事安全，这两项都是我国安全的基本内涵。政治上，国家主权独立和领土的完整性是世界各国安全的基础，是世界各国生存与发展的前提。从中世纪的欧洲现代民族大国出现开始，世界各国就逐步形成了比较明确的国际安全关系，即国家主权的地位平等、领土完整、不干涉别国内政等。维护国家安全的最终目的是维护民族利益，核心是保障政权和制度上的安全，以维护对整个民族社会的统治和管理，政治权利安全能确保执政组织的领导地位。政治制度的内容包括国家的性质、权利、组织等方面的规范，制度安全保障国家政治活动安全、稳定、有序地进行。军事活动是世界各国政府为防备和抗击外国入侵，阻止武力破坏与分裂，以及保卫国家主权、统一、领土完整、经济安全与发展等利益而开展的军事活动，一般包括与军队相关的政治、经济、外交、科学、文化教育等方面的军事活动。国防建设是国家安全的强大后盾，没有巩固的国防，和平发展就没有保障。

国家安全对内的核心之一是社会稳定。人的发展首先是从社会出发的，而人的社会则是由自然界所发展而产生的一个组织关系，即以劳动为基本的人通过一起进行活动和彼此交流等带有社会属性的关系而构成的。社会具有一定的功能和结构。国家可以认为是社会的一种表现形式，但又区别于社会，国家可以基于主权通过立法、行政、司法等方式行使管辖权，管辖权是国家主权在法律方面的物化，而法律是最高的行为标准。社会不同于国家，对于没有强制性的约束，其通过长期以往形成的较为统一的价值观来对个体形成一定的道德约束力，即社会安全建立在正确的社会价值观之上。国家对于内在的安全主要是通过法律和道德进行维护，法律告诉我们不能做什么，而道德告诉我们不应该做什么，两者相辅相成，共同维护国家稳定和安全。

我国的国家安全和社会安全的根本目标是一致的，都是为了保障人民的根本利益。国家安全是一个综合性的概念，从利益角度出发是指对内国家社会状况、经济状况及环境状况等保持良好的发展，对外国家主权不受侵犯、国家利益不受威胁。国家安全是从国家使命的角度来定义的，直接目标是确保国家免于外来侵略、免受内部动荡，其根本目标是保障本国人民的利益。社会安全是从社会关系角度来定义的，国家和社会是两个相辅相成的关系主体，国家安全是从国家层面保障人民安全，而社会安全是从社会层面保障人民切身安全。公共安全是社会安全的一个子集，是从政府职能的角度来定义的，国家的行政职能部门和机构为人民的正常生活和生产提供安全保障的一项公共服务。公共安全是国家安全之下的一个次级概念，但是公共安全所涵盖的内容并不完全是国家安全的子集，公共安全事件在未危害到国家安全的情形时，即使是重大的公共安全事件，也是不能上升到国家安全的高度，如严重的交通事故造成人员伤亡是属于公共安全事件而不能称为国家安全事件；但有些安全事件既是公共安全事件也是国家安全事件，如恐怖活动不仅会损害人民的生命和财产，同时，这些恐怖活动的大部分存在着分裂国家的企图，因此恐怖组织活动既是公共安全事件也是国家安全事件。事件是否危害国家政权、是否影响国家利益、有无妨碍社会总体平衡，是区分和判断国家安全问题与社会公共安全问题的重要标准。习近平总书记提出的国家安全观中指出，"要以人民安全为宗旨，以政治安全为根本，以经济安全为基础，以军事、科技、文化、社会安全为保障，以促进国际安全为依托"。可见，国家安全与社会安全以及公共安全的根本宗旨都是从人民安全角度出发的，在根本目标上是统一的，而是否危害国家政权、危害国家利益、妨碍总体社会稳定，是判别"国家安全"与"社会安全"的标准。一些社会公共安全事件一旦越界，就可能上升到国家安全事件，随之该问题危害、后果以及惩处力度将更为严重。

第二节　新中国成立以来社会安全内涵的变迁

自新中国建立至今，由于经济社会发展、国内局势的变化，社会安全的内涵也相应地发生了变化。大体可以分成新中国建立后至改革开放的前期、改革开放初期和全面建设小康时期 3 个阶段。

一、新中国建立后至改革开放前期（1949—1978 年）

新中国建立后至改革开放前这一阶段，关于社会安全的内容相对传统，体现为以政治安全为核心内容，以军事安全为主要保障手段，这个阶段的社会安全与国家安全的内涵高度统一。

新中国建立之初，新生的人民政权就受到了严峻考验，安全环境堪忧。从当时国内形势来看，人民解放战争尚未彻底完成，西南、华南、近海群岛等地有许多国民党武装分子负隅顽抗；在解放区，国民党的残余势力勾结恶霸、劫匪等势力，妄图颠覆新成立的中央人民政府，严重危及社会新秩序。从国际形势来看，由于意识形态的矛盾导致以美国为首的西方强国，对我国长期采取敌对姿态，并采取了政策孤立、经济封锁和军事封锁的全方位围堵策略，拒绝承认独立中华人民共和国，以阻碍我国取得在联合国的合法席位。

在当时错综复杂的国内环境下，以毛泽东同志为核心的第一代领导集体，逐渐形成了以政治安全为核心内容、以军事安全为主要保障手段的传统安全思维。

社会安全以我国领土完整、主权独立、政权稳固为前提条件，一旦失去了政治安全、军事安全，社会安全就无从谈起。新中国成立之初，中央人民政府面临外部的军事入侵和内部的反对势力，党和政府积极采取了多项政策措施。

（1）针对匪患问题，在各地建立了剿匪委员会，并采取部队进剿、政治瓦解和民众动员的方法，广泛地进行了剿匪作战。

（2）对镇压反革命运动做出了战略部署和指导，并着力严厉打击特务、匪徒、恶霸、反动党团组织骨干和反动会道门头子。一方面，利用公安部门的摸底调查反革命分子，训练了大批干部、民兵；另一方面，利用举行群众会议、控诉集会、宣传会议等手段，鼓励群众积极揭发、配合抓捕反革命分子。

（3）加大军事力量建设投入力度，如提高军费支出占财政支出比例、研制原子弹和氢弹等。

（4）在国际上与一些国家开展安全合作或结盟，以增强国际安全。

二、改革开放初期（1979—2001 年）

20 世纪 70 年代，从国际形势看，美苏关系开始出现缓和，中美正式建交，两国关系实现重大改善，我国对国际环境的判断发生了深刻改变，"和平与发展"成为时代主题。从国内形势看，改革开放的春风吹遍华夏大地，在经济发展、生活改善的同时，也带来了社会安全方面的问题。经济体制、劳动分配方式、物价等方面的改革，也带来了利益、权力等方面的纠纷和矛盾；城镇化进程加速，大量农村剩余劳动力涌入东部沿海，人口流动，各类流窜人口形成了流氓团伙和犯罪组织；发展外向型经济，扩大对外开放，推动出口贸易发展的同时，国际犯罪组织、境外敌对势力等也趁机渗透；新事物、新思想的进入和传播，对原有的社会秩序与生活方式产生了巨大冲击，在一定程度上也催生了各类犯罪行为。

受到国内外环境的影响，社会安全的内涵也发生了转变，这一阶段社会安全的内涵由上一阶段侧重于政治安全、军事安全，转变为侧重于社会治安、社会治理方面，党和政府也将"人民生命财产安全"放在了更加重要的位置。

20 世纪 70 年代末开始，中国社会治安受到了巨大冲击。具体表现是，公安机关案件的飞速上升，恶性案件不断发生，大案、要案层出不穷，团伙作案、青少年犯罪特点明显，地方公检法部门疲于应对。1979 年，全国公安机关的立案总量已达到 50 万件，至 1980 年已达到 70 万件以上，1981 年高达 89 万件。1982 年，尽管受案数量已经减少到 75 万多件，但大案、要案的总量仍在上升。在如此恶劣的治安环境下，中共中央明确打击严重犯罪是社会治安综合治理的第一环节，成为中国社会治安综合治理的关键。在 1983 年，中共中央发布决议，国务院确定以三年为期限，开展了第三次攻坚战，全国各级公安部门根据国务院法律"从重从快，一网打尽"的原则，对严重犯罪组织实施了彻底严厉打击。严打以后，全国的社会治安形势明显好转，各级公安部门的立案量明显减少，1984 年立案总量已减少至 51 万余件，1985 年和 1986 年的立案数量为 54 万件左右。

三、全面建设小康时期（2002—2020 年）

进入 21 世纪，我国加入 WTO，迎来了经济腾飞，人民生活水平有了较为明显的改善，收入稳步增长，各项社会保障制度逐步建立健全，如社会保险、医疗保险和失业保险等。随着教育的普及、升学率的提升，失业、待业青年数量减少，社会治安相比上一阶段有了较大的好转。

随着经济全球化的深入发展和信息化浪潮不断推进，社会安全的内涵也在不断拓展，由前一阶段的社会治安、社会治理拓展到了公共安全方面。

（1）财经犯罪活动、通信欺诈、互联网犯罪行为等新兴犯罪活动、高科技犯罪出现。新型刑事犯罪动态化、跨地域的特点也日益明显，作案区域往往横跨多个省份甚至多个国家和区域，存在着防范难、获证难、严厉打击难等问题。

（2）食品安全、用药安全等公共安全问题的频频出现，如毒牛奶、地沟油、病死猪和毒胶囊等。

（3）打击黑腐恶。从 2018 年至 2020 年，中央部署并实施了持续三年的打黑除恶专项战役，依法严惩了黑恶犯罪分子，遏制了纵容、庇护黑恶势头。全国共打掉涉黑组织 3644 个、涉恶犯罪活动集团 11675 个，发现涉黑涉恶腐败和充当保护伞问题 8.97 万例、受案处理人员 11.59 万人。经过这次专项斗争，黑恶犯罪行为得以基本控制，社区营商环境不断优化，群众基层基础全部夯实，党风、政风、社会风气明显改善，这在我国以及世界的打击有组织犯罪史上都是极不寻常的成绩。

第三节　世界环境对我国社会安全的影响

一、全球政治与安全形势及对我国社会安全的影响

(一) 全球政治与安全形势

1. 国际形势日趋复杂

国际格局仍呈现出多极化发展趋势，但大国博弈日趋激烈、地区热点冲突频繁爆发，加大了全球政治与安全形势的复杂性。

从近年来的世界经济发展格局来看，世界呈多极化发展势头。美国的军事综合能力仍处于领先地位，欧盟在绿色发展理念、全球治理、地缘政治谈判中具备科技和经济优势，正在加快一体化进程，努力追求大国地位。新兴市场国家和发展中国家崛起，在国际社会的影响力持续上升。中国奋起直追，努力缩小与美欧之间的差距，三者实力逐步接近。俄罗斯凭借战略力量、地缘优势、资源禀赋和国际政治地位，继续在当前国际格局中扮演重要角色。世界主要大国以及国家集团内部的国际竞争和合作伙伴关系也陷入了深刻调整期，各方都在积极推动或调整策略以适应新的国际局势。

自 2020 年以来，各种危险要素彼此叠加，传统安全问题和非传统安全问题交织、互为转换，霸权主义、强权政治、单边主义时有兴起，区域矛盾和局部斗争仍继续进行，世界各国的治安结构与社会秩序将受到巨大冲击。

美国政府强调单边主义、保护主义和强权政治，坚决实施大国竞争策略，大量提高军费支持，并加速增强在核、航天、互联网、导弹防御等领域实力，破坏了全球化的经济政策平衡，使世界安全形势显著下降。同时北约也不断扩员，加大了在中东欧地区军队建设，并频繁进行军事演练。中国提高核、非核的战略遏制能力，尽量捍卫战略安全空间和自身权益。欧盟国家独立捍卫自己安全空间的倾向也明显增强，并加速实施欧洲信息安全与国防一体化的建设。

2022 年初的俄乌冲突，是由霸权主义者无止境扩张并建立军事同盟关系，以围堵与遏制代替协作共赢，从而严重威胁他国国家安全所带来问题的集中出现。俄乌冲突开始后，以美国为首的西方霸权主义者非但并未因俄乌冲突而缓和对中国的威胁，反倒企图借机把中俄互相捆绑一并打击，从而达到一箭双雕的目的。

与此同时，全球恐怖主义活动的新趋势，又加深了国际安全格局的波动。

一方面，美国从阿富汗撤军引发了阿富汗及周边地区恐怖主义和极端主义强势反弹，也增大了其他国家的反恐压力。美国撤军所带来的动荡局势以及重新执政管理力量受限的塔利班政府，导致整个阿富汗伊斯兰国家都出现恐怖主义强力反弹的危险态势，其中"伊斯兰国呼罗珊省"（Islamic State Khorasan Province, ISKP）为阿富汗主要恐怖袭击的发动者。该组织频繁制造恐怖袭击，2020年在阿富汗发动的恐怖袭击超过60起，而美国撤军后其活动更加猖獗，据不完全统计已经超过330多起。该极端组织不断煽动教派矛盾，不断袭击信奉伊斯兰教什叶派的哈扎拉族，不利于塔利班与哈扎拉族和解，使阿富汗本已异常脆弱的安全环境雪上加霜，也使塔利班难以集中精力进行国家重建。

另一方面，由于新冠疫情的出现，进一步加剧了全球政治与社会脆弱性，更加加剧了区域间的矛盾与冲突，也强化了恐怖势力抬头。在思想上，"伊斯兰国"和"基地"组织都将新冠疫情和"惩罚"等概念联系在一起，认为传播新冠病毒是真主对人们的惩罚，必须信仰真主，才能受到庇护免于新冠病毒的困扰。在行动上，部分恐怖与暴力极端主义组织企图以传播新冠病毒的手段进行袭击，如欧洲右翼宗教极端组织就明确要求他们的追随者袭击在当地的宗教少数民族，通过咳嗽在宗教或少数民族聚居场所来散播病毒。在组织形式上，恐怖活动个体化倾向明显，通过汽车、无人机等方式进行"简易恐袭"的数量增加，防范难度加大。在发生地点上，恐怖势力呈现出多点并发的态势，向民族宗教复杂区域、安全防范薄弱区域扩散。

2. 现有国际机制难以应对新挑战

新冠疫情使公共卫生安全在全球治理中处于优先地位，但各国的合作应对有不尽如人意之处，现有国际机制暴露出治理短板。

（1）国际组织难以保持治理议题的中性。在大国博弈影响下，一些国际组织受到少数国家的裹挟，无法实施有效行动。因此，世界卫生组织秘书处迫于部分成员国的政治压力，单方面提出了第二个病毒溯源规划，客观上损害了该组织作为专业多边治理机构的公信力。

（2）现有国际组织难以应对新涌现的全球性挑战。对于网络与数字安全、空间治理、跨国环境治理等热点，现有全球治理机制仍难以有效应对。对于气候变化等传统全球性议题，虽然主要大国正在加强协调，但落实承诺尚需时日。拜登政府在气候变化议题上态度积极，也表示愿意与中国等大国协调，但缺乏明确连贯的全局性目标，且遭到国内利益集团阻挠。这很可能影响其减排承诺的实现。对于全球发展不平等这一大问题，以及新冠疫情带来的人道主义危机，现有国际机制也难以快速、有效地提供发展援助与物资援助。

（3）当前国际关系陷入了困局且没有改革共识。以世界贸易组织改革为例，美国于2019年初要求取消部分世界贸易组织成员的发展中经济体地位，并给予少数成员审查其他成员资格的权力，引起多国关注和批评。当前，美国企图通过与盟友协调确保"民主国家"掌握贸易和技术规则的制定权，美欧日在世界贸易组织改革方面与广大发展中国家的利益诉求相悖，导致世界贸易组织改革举步维艰。以联合国改革为例，由于各国对改革方案分歧较大，该机构官僚化、话语权分配不均、缺乏与其他机构互动的问题日益凸显。作为国际秩序的基石，联合国及《联合国宪章》的重要性毋庸置疑，该机构的困境直接导致当前国际安全风险频发。类似问题也困扰着世界银行、国际货币基金组织等机构的改革，改革困境可能进一步限制这些机构在全球治理中发挥作用。

（二）当前国际政治与安全形势对我国社会安全的影响

（1）国外暴恐威胁有进一步扩大异化的风险，并有向我国及其周边区域集聚势头。近年来，美军和西方国家频繁地故意炒作我国涉疆、涉港、涉藏等重大社会现实问题，特别在中国涉疆重大实际问题上对我国污名化攻击达到了前所未有的严重程度，抹黑我国的声音一浪高过一浪，其借此打压抑制我国、妨碍我国民主进程的险恶用心昭然若揭。

（2）由于美法两国同时宣布将从阿富汗、非洲撤出，使我国受到了阿富汗国内恐怖主义的直接威胁；我国在非洲的战略利益，也将充分暴露于战争、骚乱、绑架袭击以及各种恐怖袭击面前，对我国"一带一路"战略发展构成了新的压力与风险。

（3）在俄乌战争议题上，以美国为首的西方霸权主义者企图借机把中俄双方捆绑在一起打压，以达到一箭双雕的目的。俄乌冲突之初，美国及其盟国利用俄乌问题抹黑我国支持俄罗斯。对此，我国不厌其烦做出澄清，力争劝和促谈、反对战争，使美国计谋落空。

二、全球经济形势及对国内社会安全的影响

（一）全球经济形势

1. 全球经济复苏可能放缓

全球经济复苏不确定性将明显增大。

（1）前期货币和财务激励措施将大量退出。随着全球经济持续复苏，前期扩张性政策措施也不断退出。在货币政策方面，目前美联储已经开始缩减资产购买金额，并且同时启动加息。英国央行在 2021 年 12 月已开始加息，而欧洲央行和日本央行虽未开始加息，但也缩减了资本购买数额。俄罗斯、巴西、墨西哥等新兴经济体也开始加息。财税政策方面，美国前期疫情财政支持政策已经基本退出，新财政刺激计划落地亦充满不确定性。其他经济体财政支持政策也基本退出。

（2）供应链问题在短期内仍难解决。纽约联储最新公布的全球供应链压力指数（Global Supply Chain Pressure Index, GSCPI）显示，2021 年 10 月以来，随着疫情的持续恶化，全球供应链持续紧张，供应链压力指数创 1997 年以来最高水平。

（3）经济预期开始转弱。受通胀上行以及美联储货币政策紧缩等多重因素影响，市场对全球经济复苏预期持续走弱。世界银行将 2022 年世界经济增长率由 1 月时预计的 4.1% 下降至 3.2%。预期转弱也将在一定程度上影响私人公司的活动，给全球经济复苏带来不利影响。

2. 全球经济复苏将继续分化

由于疫情暴发后新兴经济体政策支持力度远低于发达经济体，使当前经济状况与疫情前相比仍有较大差距。国际货币基金组织（IMF）于 2021 年 10 月发布的《世界经济展望》预测，到 2024 年新兴市场和发展中经济体的总产出仍将比疫情前低 5.5%。世界银行 2022 年 1 月发布的《全球经济展望》预测，发达经济体增长率将从 2021 年的 5% 下降到 2022 年的 3.8% 和 2023 年的 2.3%，新兴经济体增长率将从 2021 年的 6.3% 下降到 2022 年的 4.6% 和 2023 年的 4.4%。到 2023 年，所有发达经济体产出和投资都将恢复到疫情之前的趋势，而新兴经济体总产出仍将比疫情前趋势水平低 4%。

（1）新兴经济体的政策空间远低于发达经济体。虽然新兴经济体杠杆率低于发达经济体，但由于经济脆弱性更高，政府借债能力也更低。一旦经济再度面临压力，新兴经济体实施扩张性财政政策的空间也相对不足。

（2）美联储退出宽松政策将给新兴经济体带来不利影响。近期，由于美国通胀水平持续上升，美联储紧缩预期不断增强。美联储 2021 年 12 月议息会议纪要显示，预计 2022 年美联储将加息 3 次，并且将启动紧缩表。迫于美联储压力，许多新兴经济体已经提前开始加息。在新兴经济体经济复苏本就脆弱的情况下，货币政策提前紧缩将对经济复苏产生更加不利的影响。

3. 全球经济滞涨风险显著上升

全球经济复苏面临的挑战不断增多。当前全球经济不仅面临前期支持政策撤出所带来的短期经济下行压力，长期因素对经济的影响也开始显现。

（1）人口老龄化问题愈发突出。目前全球面临严重的人口老龄化问题。世界银行的数据显示，全球 65 岁以上人口占总人口的比例已经从 1960 年的 4.97% 上升至 2020 年的 9.32%。

（2）全要素生产率放缓。就目前来看，以信息技术、生物技术、新能源技术等为代表的第四次科技革命对全要素生产率提升效果有限，难以驱动全球经济新一轮增长。

（3）全球贸易增速放缓。近年来，由于全球贸易保护主义不断升温，全球贸易/GDP 比率自全球金融危机后几乎停止增长，进一步加大了全球经济持续复苏的难度。另外，由于疫情导致通胀压力短期内难以缓解。2021 年，全球有 80 多个国家和地区通胀率创下近五年新高，预计 2021 年全球整体通胀率将达到 4.3%，创十年来新高。

新冠疫情对通胀的影响主要有以下三个传导机制：一是全球供应链恢复时间被拉长，许多产品价格将居高不下；二是劳动力供给下降，进而引发劳动力成本上升；三是运输途径受阻导致贸易成本上升。碳中和政策也令通胀压力有所上升，主要是因为碳中和政策改变了能源行业预期，能源投资持续下滑，导致能源价格易涨难跌。

此外，美联储货币紧缩加大全球经济滞涨风险。当前美国通胀水平居高不下是供给侧原因所致。货币政策紧缩对于治理需求侧引发的通胀效果明显，但对于供给侧引发的通胀效果有限。美联储紧缩最终的结果很可能是不仅难以解决通胀问题，而且可能导致美国经济再度下滑。美联储紧缩也将引发更多央行被动紧缩，全球经济陷入滞涨风险显著上升。

4. 俄乌冲突将进一步加剧世界经济复苏的不确定性

2022 年，俄罗斯和乌克兰爆发冲突，这是继中美贸易摩擦、新冠疫情暴发之后，深刻影响全球经济走向的又一重大事件。

俄罗斯和乌克兰作为全球能源、工业原材料和农产品的重要供给国和连接欧亚大陆的重要运输通道，是全球主要产业的重要参与者，有着"牵一发而动全身"的影响。俄乌两国合计生产了全球 10% 的小麦、12.6% 的大麦、

15.3%的玉米和葵花籽油产量的近80%。合计占全球小麦出口的33%，玉米、化肥和天然气贸易的20%，石油贸易的11%。两国还是半导体生产所需氩气、氖气等特种气体的重要来源，拥有重要的铀储备。

俄乌冲突及由此引发的经济制裁，给本就不稳定的全球产业链、供应链带来更大风暴。这种影响可以从短期和中长期两个维度来讨论。从短期看，俄乌冲突对全球产业链供应链的冲击突出表现为原材料断供、零部件短缺、物流堵塞等，主要影响集中在以下行业和领域。

（1）全球"芯"荒问题可能恶化。俄罗斯和乌克兰是生产半导体芯片不可缺少的金属钯和特种气体的关键来源国，俄罗斯生产全球40%左右的钯，乌克兰供应全球将近70%的高纯氖气、40%的氪气和30%的氙气，美国半导体芯片制造业所用的氖气和钯几乎完全从俄罗斯和乌克兰进口。俄乌冲突导致氖、氪、氙等特种气体和钯供应临时中断，并推升全球氖气、钯金属价格大幅上涨，可能会让历经数年的全球"芯"荒雪上加霜。

（2）加剧汽车零部件供应短缺。汽车产业关联行业多、产业链长，供应链跨境合作非常普遍。自俄乌冲突爆发以来，世界知名品牌汽车企业纷纷关闭其在俄罗斯和乌克兰的零部件制造工厂，仅乌克兰就有38家工厂被临时关闭，产品涉及电线电缆、生产线套、电子产品和汽车座椅等，使汽车产业链供应链再次受到干扰，导致大众、宝马、梅赛德斯－奔驰等多家德国汽车制造商近期宣布减产甚至停产。

（3）影响镍、钛、铝等重要金属稳定供给。俄罗斯和乌克兰是全球镍、钛、铝等重要金属的主要生产国和出口国。例如，2021年俄罗斯镍产量占全球11%，仅次于印度尼西亚、菲律宾，位居全球第三名。受俄乌局势影响，3月8日英国伦敦金属交易所金属镍价格首次突破每吨10万美元，创历史新高。镍、钛、铝等金属是航空、汽车、化工、装备等制造业生产必不可少的上游关键材料，如波音、空客等飞机和航空发动机制造业需要钛，镍可被用于制造不锈钢和电动汽车电池，这些金属供应受阻不可避免地会影响航空、电动汽车、不锈钢等产业链供应链的正常运行。

（4）造成海陆空物流堵塞和运输成本上涨。俄罗斯和乌克兰是欧洲和亚洲货物运输的重要通道。俄乌冲突不仅切断经乌克兰的黑海海运航线，也导致经过乌克兰、俄罗斯的航空和陆路运输大部分被叫停，跨国物流公司不得不选择更长的中东航线作为替代，包括马士基航运、地中海航运在内的国际海运巨头甚至停止接受途经俄乌的欧亚货运订单，不仅造成大量货物运输堵塞和物流中断，也进一步推高疫情以来的运输成本。

从中长期看，全球产业链供应链调整和重构将因俄乌冲突而加快。其实，全球产业链供应链调整最近几年一直在进行，特别是自2018年以来，受贸易保护主义抬头、中美贸易摩擦、新冠疫情等影响，全球化背景下形成的各国高度相互依赖的产业链供应链暴露出其脆弱性和风险性，主要经济体为降低产业链供应链风险，纷纷强调增强本国对重点产业链的自主可控性和提高关键供应链的弹性。受此影响，全球产业链供应链布局从过去基于比较成本优势原则转向兼顾成本、效益和安全，成本效益最大化不再是决定全球产业分工格局最重要的决定性因素，风险和安全作为新变量进入生产函数，成为影响跨国企业布局加工制造基地的重要考量，很多企业甚至愿意牺牲部分效益以保证安全。

（二）当前全球经济形势对我国社会安全的影响

当前我国经济社会发展面临的外部风险，主要有以下几个方面。

1. 稳就业难度上升

新冠疫情冲击下，2022年3月开始我国稳就业压力增大，4月情况更是不容乐观。2022年3月城镇调查失业率为5.8%，比2021年同期高出0.5个百分点，仅比2020年同期低0.1个百分点。而4月城镇调查失业率达到6.1%，比2021年同期高1个百分点，这是2018年公布数据以来，仅次于2020年2月（为6.2%）的次高点。4月31个大城市调查失业率为6.7%，比疫情最严重的2020年2月高了1个百分点。16～24岁人口失业率从3月的16.0%进一步升高至18.2%，年轻人找工作的挑战更大。5月经济整体虽有所复苏，但就业恢复情况仍不乐观。从5月PMI数据来看，制造业PMI从业人员指数仅小幅回升0.4至47.6，与3月的48.6相比仍有一定差距；服务业从业人员指数环比继续下降0.5至45.3。服务业作为我国吸纳就业的"主力"，服务业就业情况不佳，表明我国整体稳就业压力依然较大。上述情况表明，疫情冲击过后，就业恢复落后于整体经济的恢复。

2. 出口增速较快回落

2022年4月出口增速大幅回落后，5月外需并未出现快速恢复。4月以美元计价的出口同比增速为3.9%，较3月14.7%的同比增速大幅回落，降至2020年7月以来的最低值。从5月制造业PMI数据来看，代表外需的新出口订单指数仅回升4.6至46.2，与3月相比仍有1.0的差距，为2020年下半年以来次低点。5 月外需恢复较慢，或表明美欧等发达经济体需求开始出现减弱迹象。从海外制造业景气水平来看，5 月美国 ISM 制造业 PMI 初值环比下滑 2.2 至 57.2，而里奇蒙德联储制造业指数更是降至 -9.0，为 2020 年 6 月以来最低值；欧元区制造业 PMI 同样环比下降 1.1 至 54.4，为 2021 年以来最低值。并且，此前出口接单旺季受阻也可能抑制我国出口恢复动能。总体来看，外需恢复较慢或反映出我国出口面临的下行压力正在加重。

3. 消费内生性恢复动力不足

4 月社会消费品零售总额同比下降 11.1%，其中餐饮收入同比下降 22.7%。2022 年"五一"假期，全国铁路旅客发送量和电影票房收入同比跌幅都超过八成。根据文化和旅游部数据中心的测算，"五一"假期国内旅游出游人次和收入分别同比下降 30.2% 和 42.9%。端午节假期全国铁路旅客发送量同比下降 44.5%，国内旅游出游人次和收入分别同比下降 10.7% 和 12.2%。和 2019 年同期相比，2022 年主要节日的国内旅游出游人次和收入的恢复率，整体仍低于 2021 年相同节日的恢复率。疫情后国内消费低迷，且内生性恢复动力不足，主要受到三方面因素影响：一是疫情压制消费场景，2022 年 4 月社会消费和"五一"假期消费同比大跌就与此有关，端午节假期消费也受到了一定影响；二是中国家庭的实际偿债压力高于美英德法日等主要发达国家，压制消费能力，2021 年三季度中国居民的债务余额/可支配收入为 140.3%、还本付息额/可支配收入为 15.6%，两个偿债指标都高于美英德法日等主要发达国家；三是经济和就业的不确定性上升，居民预防性储蓄增加，影响消费意愿。2022 年一季度央行城镇储户问卷调查"更多储蓄占比"创 2002 年有统计以来的新高。

4. 结构性通胀风险抬头

海外输入性通胀风险上升。俄乌冲突后，国际粮食、原油价格的中枢明显抬升。粮食方面，除了乌克兰粮食种植面积下滑的影响外，极端天气多发、生物燃料替代、农资涨价、部分国家开始限制粮食出口等因素也在助推粮价上涨，5 月国际小麦价格继续冲高。原油方面，在海外出行旺季到来、欧美国家对俄制裁力度加大的情况下，5 月以来，国际原油价格涨速加快，WTI、布伦特原油整月分别上涨 9.5%、12.4%。当前国内物价呈 CPI 读数不高、PPI 高位同比下行的状态。后续看国内仍面临结构性通胀压力回升的风险，中性情形下第二、三、四季度 CPI 同比增速中枢分别为 2.2%、3.1%、2.9%，全年约

2.3%。从 4 月物价数据来看，PPI 向 CPI 传导的迹象增多，且经过 2021 年的原材料价格上涨，中下游行业的毛利已压缩至较低位置，其"缓冲垫"的作用有限。如后续成本进一步攀升，越来越多的居民消费品将被动涨价，PPI 向 CPI 传导的风险增强。

5. 财政收支压力加大

2022 年财政政策在逆周期调节中，发挥着支柱性作用。但疫情在冲击财政收入的同时，稳增长和常态化防疫对财政支出的诉求上升，加之退税和土地市场低迷，年内积极财政发力或将面临较大约束。公共财政方面，2022 年 4 月公共财政支出当月同比下降 2.0%，较 3 月的 10.4% 较快回落。从中央和地方两级政府看，中央一般公共预算本级支出当月同比从前值 2.3% 小幅回升到 2.6%，地方一般公共预算支出当月同比从 11.6% 下降至 -2.8%，地方财政支出增速降幅较大，可能原因包括多地疫情影响财政资金拨付使用、留抵退税影响地方财力等。对比近年同期，2022 年前 4 个月赤字使用进度较快，疫情对公共财政收支两端都有影响，掣肘了后续财政发力空间。政府性基金方面，收、支皆放缓。受制于土地出让收入下降、专项债拨付时点错位效应减弱，政府性基金支出当月同比从 3 月的 69.1% 放缓至 12.5%。一季度政府性基金收支完成全年预算的进度差为 -4.8%，明显低于前四年同期的均值 5.8%。并且，4 月主要地产数据的当月同比跌幅都在扩大，土地出让金和政府性基金的收入增速可能还未见底，土地一级市场低迷预计将制约年内政府性基金支出的发力空间。

综上，失业率增加、出口增速回落、消费信心不足、通胀风险抬头和财政压力加大等影响，在一定程度上加剧了社会矛盾，但并未对我国的社会安全产生强力冲击，不会产生根本上的不利影响。

第四节　总体国家安全观下的社会安全

一、总体国家安全观提出的背景、内涵与意义

（一）总体国家安全观提出背景

随着我国在全球地位越来越重要，面临世界范围的危机也就越来越多。当前世界正处在风云变幻的变革时期，诸多新的问题与挑战凸显。十九大公报认

为，当前全球经济面临的不稳定性、不确定性逐渐凸显，全球经济成长动力不足，穷富分化问题日益严重，地区热点课题此起彼伏，国际恐怖主义、网络安全、严重感染性疾病、气候变化等非传统安全危险因素不断扩大，人类社会面临着诸多的共同挑战。虽然国际环境总体呈现稳定，但是局部地区动乱不断。国际恐怖主义对安全的威胁巨大，恐怖袭击事件在非洲、欧洲、中东、中亚和南亚有愈演愈烈之势，甚至也波及我国。此外，国家安全问题也日益突出，已经超越了传统信息技术安全性、信息系统防护的领域，逐渐演变成包括政策、国民经济、人文、经济社会、军队等多方面的整体信息安全，以及包括政府部门、公司、个人等经济社会各方的整体安全。当今世界的"逆全球化"浪潮蓬勃发展，热点课题交替加剧，非传统安全影响增加，制约全球战略安保的消极因素加剧，复杂和不确定性已成为国际安全的新现实。

回看国内环境，同样面临着影响国家安全的诸多问题。当前时期，国家仍处在市场蓬勃发展的整体深入变革时期，各种社会利益与矛盾问题突出。首先，贪污等腐败问题仍然是妨碍当前我国经济社会高速发展的重要"拦路虎"，贪污受贿等严重腐败现象不但危害国家政治安全，严重削弱了执政党的统治基础，同时也严重腐蚀了我国整个经济社会。2021 年最高人民法院统计显示，2021 全年共审结贪污贿赂、渎职等案件 2.3 万件，涉案人数达 2.7 万人，涉及中央及地方中高层干部，落马者中最高受贿金额达到 17.88 亿元，全年共追缴赃款赃物达 596.6 亿元。贪腐分子虽然是少数人，但是这部分人员往往身居要职，其自身的腐败对政治安全以及社会稳定造成了极大的危害。其次是互联网安全对于意识形态的严重影响，随着互联网的发展和普及，其已成为广大民众互相交流以及学习的最重要平台，因此一部分敌对分子借助互联网平台对我国公民进行思想渗透，大肆造谣，捏造党和政府的负面新闻，破坏党和政府的公信力，他们企图通过舆论风波制造内部动乱。再次是"台独"和"港独"以及三股势力仍然蠢蠢欲动，谋划国家分裂行动。近些年，"台独"和"港独"组织及成员相互勾结，同流合污。从 2019 年香港爆发"反修例"运动开始，民进党政府当局就不断对香港地区的各种暴力示威社会活动展开舆论声援，还为暴徒提供物资装备等，此外，"台独"势力还大力推进台湾地区制定"难民法"，为"港独"分子提供庇护。两方分裂势力合流污蔑"一国两制"制度的合理性，"台独"分子恶意扭曲香港形势，台湾民众在不明事由的情况下，很容易曲解"一国两制"，从而进一步助长反华势力的气焰。他们还企图将香港问题上升为国际问题，误导国际社会对于香港形势判断，引入国际反华势力。

综上所述，我国经济目前仍处在能够大有作为的关键战略增长机遇期，世界安全形势的新变化也决定了当前我国国家安全面临新问题和风险将与以往截然不同。

（二）总体国家安全观的重大意义

总体国家安全观在理论、实践、时代以及世界多层面上具有重大意义。

1. 总体国家安全观的理论意义

（1）根据马克思主义一般国家安全观，进行了在现实背景下的理论革新与突破。

（2）在正确认识当前大国安全形势的新特征、新态势的基础上，以习近平总书记为核心的党中央领导创新了国家安全观念，全面统揽了国家安危全局，创新了综合国家安全思维。

（3）运用综合国家安全思维，将我们党对大国安全问题的理解提高到了全新的层次和高度，为突破当前我国国家安全存在的困境、积极推动新时期国家安全工作奠定了基础。

2. 总体国家安全观的现实含义

（1）坚持总体国家安全观，创造了世所少有的国民经济高速发展奇迹和人类社会持续安定的发展奇迹。

（2）通过不断提高群众忧患意识，高度警惕经济社会矛盾加剧可能产生的重大政治危害，把实现社会公平正义、提高人民群众利益作为全面深化变革、缓解重大经济社会问题的出发点和落脚点，坚持并牢牢抓住了保持国家政权稳定、政治制度和经济社会政治秩序稳定发展的理论基础，用事实表明了坚持社会主义总体国家安全观的实际意义。

3. 总体国家安全观的时代含义

（1）坚持总体国家安全观，归根结底是为更好地抓住中华民族蓬勃发展的历史机遇期，从而保证中华民族伟大崛起进程不被延缓或中断。

（2）总体国家安全观是由多个领域安全问题共同构成的整体安全、系统安全、综合安全问题。

（3）必须将预防化解我国重大安全风险放在突出位置，努力做到国家不发生重大风险或在发生严重风险时扛得住、过得去。

4. 总体国家安全观的世界含义

（1）坚持总体国家安全观，适应了全球社会发展改革的最新态势。

（2）大国挑战很容易传播至周边地区乃至世界，而影响维护国家政治安全的外界影响也错综复杂，不是任何一个大国可以置身事外、独善其身的。

（3）唯有秉持一致、整合、协作、可持续发展的新安全观，大家同心协作处理各类重大问题，才能做到共建公正权威、共享发展成果、共同确保安全。

二、总体安全观下社会安全面临的新机遇与挑战

（一）总体安全观下社会安全面临的新机遇

总体国家安全观以人民安全为宗旨，以政治安全为根本，以经济安全为基础，以军事、科技、文化、社会安全为保障，以促进国际安全为依托，维护各领域国家安全，构建国家安全体系，走中国特色国家安全道路。其中提到的社会安全是指一种社会局部和总体维持安定，人民权益不受侵犯的社会秩序状况。

在中央政治局第26次集体学习时，习近平总书记就贯彻总体国家安全观提出十点要求，其中第九条明确指出，坚持推进国家安全体系和能力现代化，提高运用科学技术维护国家安全的能力，不断增强塑造国家安全态势的能力。科技保障国家安全，必须把创新放在我国现代化建设中的核心地位，把科技自立自强作为国家发展的战略支撑，不断增强科技支撑国家安全的体系化能力。

随着新科技革命和产业变革在全球范围内的孕育兴起，新技术、新业态层出不穷，同时社会矛盾的专业性、复杂性、关联性也不断增强，现代社会治理格局不断经历重塑。科技支撑在社会治理体系中的作用凸显，党的十九届四中全会首次将"科技支撑"作为社会治理体系的重要组成部分提出，指出要坚持和完善共建、共治、共享的社会治理制度，完善党委领导、政府负责、民主协商、社会协同、公众参与、法治保障、科技支撑的社会治理体系，建设人人有责、人人尽责、人人享有的社会治理共同体。

作为新科技革命发生的主战场和生力军，大数据、云计算、区块链、人工智能等先进技术普遍具有便捷、高效、智能等特征，其为强化社会层面的系统治理、依法治理、综合治理、源头治理，凸显治理专业化、智能化、法治化、完善共建、共治、共享的社会治理制度带来了巨大机遇。这些新兴科技对塑造新型国家社会关系发挥着一定的作用，同时也推动着政府向以数据和技术为辅

助的扁平化社会治理模式转型，形成以多主体、多场域和复杂系统为特征的社会治理情景，并为塑造"人人有责、人人尽责、人人享有"的社会治理共同体提供重要技术支持。以信息技术为核心和代表的新兴科技为社会安全和治理带来以下几方面的机遇。

（1）为化解多元主体互动困境、提升社会治理的多元化水平带来机遇，为社会治理主体多元化创造了有利条件。传统的社会管理依靠和运用的方式主要是政府主导的方式，其他社会主体的参与十分有限。新一代信息技术将推进多元主体有效互动的实现；而区块链将促使社会治理结构更加透明化、多元化和平等化，其分布式记录的优势，有助于构建新型信任机制，破除多元主体之间的信任障碍。通过充分发挥人工智能技术在增强社会互动、促进可信交流中的作用，有助于改变过去党、政府、社会组织、民众之间的信息不对称情况，从而激发社会组织、民众参与社会治理的积极性，让社会治理各主体更加及时、合理、有效地参与到社会治理中来。互联网克服了传统信息交换和传递的成本高、速度慢、效率低等缺点，使社会治理的参与更加便捷，有利于激发公民、社会组织等主体参与治理的意愿；同时科技发展提供了广阔的参与渠道和平台。互联网平台成本低、速度快、不受时空限制，为公众参与社会治理创造了条件，公民和社会组织可以通过线上的渠道与党和政府实现双向联动，有利于进一步推动多元主体社会治理的协同性。

（2）为提升社会治理专业化水平带来机遇，为治理方式多样化提供了技术支持。新一代信息技术的发展为社会力量参与社会事务提供了更宽广的渠道、平台和手段，有助于推动社会治理专业化。实现社会治理专业化，必须培养一批高素质专业化的干部队伍和各类人才队伍。一方面，为专业人才提供技术辅助，通过人机融合，提升灵活运用智能化技术手段的能力，进一步提高专业化水平；另一方面，可通过新一代信息技术，加强机器学习，"培养"出社会治理某一特定领域的"阿尔法狗"，使其成为治理主体灵活、有效化解社会矛盾的得力助手。再者，治理主体可借助新一代信息技术将以往社会治理案例、经验与社会治理理论充分结合，针对不同类型社会矛盾的情势、特点以及与之关联的利益主体的情况，制定出具有针对性的社会治理模式，从而建立社会治理科学知识（案例研究）库，成为治理主体正确、快速、实时地进行策略制定和选择的工具箱。

（3）为提升社会治理的法治化水平带来机遇。新一代信息技术将有助于推动社会治理法治化。一方面，基于大数据的分析方法与信息处理的强大优势，政府能够及时掌握社情民意，使立法工作更加贴近实际需要；另一方面，基于留痕、可追溯、不可篡改等技术特点，新一代信息技术可实时记录执法行为，做到执法留痕、事后追溯，对暴力执法、违反法规的执法行为及时曝光，进一步规范执法人员的执法行为，促使执法人员严格依法行政。推而广之，每一个治理主体皆受到此技术的规制，从而依法参与社会治理。在这样的情况下，不仅社会治理活动的执行与监督将变得更加客观与高效，还可以有效地防范冤假错案的发生，显著提升司法效率，防范司法腐败的发生。再者，大数据为法律大数据化提供了可能，法律大数据的应用，能够揭示传统技术方式难以展现的关联关系，促进社会法律数据融合和资源整合，为有效处理复杂社会问题提供新的手段。例如，阿里巴巴等互联网企业通过大数据分析开展在线打假、识别虚假交易等，其有关行为人网上犯罪行为的大数据记录还成为侦破、定案的重要证据。

（4）为社会矛盾的源头治理带来机遇。智能社会治理为解决传统社会治理的信息梗阻困局、构建全面系统的社会诉求监测、社会风险评估预警和政府应对体系提供了新的路径。智能化技术的革新，全面采集各种数据，有助于构建系统化、动态化监测和评估全国与地方性社会治理状况的评估体系，有效运用数据所存储的多维信息为预期问题提供潜在的解决途径，推进对大数据时代社会治理模式的创新。可依托新一代信息技术建立社会治理数据采集发掘系统，通过天网监控、网络监控、线下调查等数据采集系统和方式，全时全域检测社会环境，获取社会治理数据信息。多源异构大数据融合技术、机器学习算法技术、区块链等技术的发展，为科学分析、处理形态各异的社会治理数据提供支撑。大数据、云计算将有效实现社会治理数据的可视化，通过其强大的分析能力，展现社会治理相关问题的属性、演变状态、危险系数以及相互关系。同时还可以智能辅助治理主体，准确地解读社会矛盾数据，挖掘社会矛盾背后的逻辑特征，配以先进的呈现工具，迅速捕捉到已发生和正在发生的事件之间存在的关联和共性，从而科学、高效地判断社会事件。这种进一步依托新一代信息技术构建的社会治理风险识别模型，利用机器学习算法，从多源异构数据中提取高相关性风险因子，以及社会风险影响因素，是覆盖全面、权重合理、可量化的社会事件与群体特征风险模型，有利于不断提升源头治理能力。

（5）为治理理念的转变营造了良好环境。新一轮科技革命和产业变革的推进，为由社会管控、社会管理向社会治理的理念转变营造了良好环境。历史证明，科技革命和产业变革不仅是科学技术的变革，更是思想观念的变革。纵观新中国成立70多年来的社会治理历程，由建国初期的"社会管控"，到改革开放的"社会管理"，再到党的十八届三中全会以来的"社会治理"，充分体现了政府治理向全民共治理念的飞跃。在这一过程中，科技发展为社会治理理念的转变营造了良好的环境，而且随着"社会治理"概念的提出和现实应用，科技因素还将对治理理念的发展起到推动作用。因此，要把握住科技革命和产业变革营造的良好环境，积极推动治理理念转变，建设人人有责、人人尽责、人人享有的社会治理共同体。

（二）总体安全观下社会安全面临的新挑战

随着"十四五"规划的开展，我国已进入高质量发展阶段，社会主要矛盾已经转化为人民日益增长的美好生活需要和不平衡不充分发展之间的矛盾，人均国内生产总值达到1万美元，城镇化率超过60%，中等收入群体超过4亿人，人民对美好生活的要求不断提高。我国制度优势显著，治理效能提升，经济长期向好，物质基础雄厚，人力资源丰厚，市场空间广阔，发展韧性强大，社会大局稳定，继续发展具有多方面优势和条件。

虽然我国已经进入了高质量发展阶段，但仍有很多发展上的不足，其中发展不平衡不充分问题仍然突出，创新能力不适应高质量发展要求，农业基础还不稳固，城乡区域发展和收入分配差距较大，生态环境保护任重道远，民生保障存在一定短板，社会治理还有弱项。

改革开放以来，从总体看，社会大局基本保持稳定。然而21世纪以来尤其是近年来，我国社会安全面临着前所未有的新环境。所谓新环境，就是随着经济全球化、社会信息化以及社会的改革转型，中国也逐渐进入风险社会。风险社会的来临使社会安全环境呈现出一些新的挑战。

（1）我国社会安全面临的环境更加复杂。首先是国际国内环境的相互影响。经济全球化、社会信息化的发展，使国际问题国内化、国内问题国际化的趋势日益明显。其次是中国对外崛起与内部社会转型的交织。近年来，中国发展与崛起增加了美国等西方国家对中国的疑虑与恐惧。无论是基于客观上的传统思维惯性还是主观上的"遏制"企图，西方国家对华战略呈现出由"价值理念导向"向"现实议题导向"转变的趋势，即不断利用各种方式和手段插手改革开放进入攻坚阶段交织叠加的突出社会问题和矛盾，成为对华战略的新策略和新特点。中国对外崛起与内部社会转型的交织使社会安全面临的环境更加复杂。第三是群众的合理诉求与非法行为的交织。人民群众合理的利益诉求与体制外的非法表达，新媒体的骤然兴起让追求喧嚣的公共表达与追求稳定的社会形成了对立，多年来经济社会发展积累起来的不公正现象引发了社会不满情绪和群体性抗议。更为重要的是，权力腐败问题严重损害了党和政府的公信力，使社会安全面临的环境更加复杂。最后是网络空间与现实空间的交织。信息新媒体的迅猛发展使虚拟空间和现实世界联系更加紧密，网上网下联动更加迅速。现实社会发生事件，必然会反映到网络并被炒作而放大，被炒作放大的舆情又不可避免地刺激和影响着现实社会，网络空间与现实空间的交织使社会安全面临的环境更加复杂。

（2）影响我国社会安全因素的关联程度更加紧密。随着经济全球化以及信息网络的高速发展，影响社会安全问题的关联性也明显增强。首先是境外邪教组织活动、国际贩毒活动、诈骗犯罪和黑社会组织、恐怖主义、境外敌对势力与境内的违法犯罪组织和活动，互相渗透和联动更加紧密；其次是国内转型期的政治生态变化、社会保障不完善、经济发展不平衡、思想观念多元、民族关系紧张、宗教的渗透与扩张等问题对社会安全态势发展变化的影响更加密切；最后是深化改革触及的矛盾和问题都可能引发或最终以违法犯罪形态表现出来，成为影响社会安全的问题。

（3）影响社会安全因素的示范效应更加明显。在全球化、信息化背景下，影响社会安全因素的产生和发展的示范效应更加明显。首先是国际问题对国内产生的示范效应，如中亚北非"颜色革命"、国际恐怖主义活动等；其次是国内问题对不同地区、领域的示范效应，如官员腐败问题、社会不公正问题、社保医保问题、就业问题，还有劳资关系、收入分配、执法问题，以及群体抗议问题、信访上访问题对其他地区和领域产生的示范效应。

（4）影响社会安全因素的扩散速度和放大效应更加突出。社会信息化使信息传播和组织动员功能日趋强化。在危机频发的风险社会，网络尤其是随着网络信息新媒体的迅猛发展，人们在网上可以通过博客、微博、微信等多种多样的方式表达自己的观点与立场。一些偶发事件往往由于新媒体的介入而使事件被不断放大、扭曲、升温，甚至左右事态的发展蔓延，对社会安全与稳定产生不利影响。作为一种开放性的信息传播平台，新媒体尤其在群体性事件蔓延、恶化方面更展现出组织动员的巨大"负能量"。

（5）社会治安形势的发展变化更加难以预测。当今中国正处于社会转型的特殊历史时期。社会转型和深化改革进入深水区和攻坚期，大量新、旧矛盾和问题（权力异化、发展失衡、利益矛盾、价值冲突、信仰迷失和行为失范等问题）为诱发违法犯罪提供了社会土壤；社会综合治理方面的空隙和漏洞、防范意识淡薄，客观上给违法犯罪提供了可乘之机；犯罪数量和新的犯罪主体及类型不断涌现。影响社会安全与稳定的问题和风险明显增多，社会治安形势愈加难以预测。

新一轮科技革命和产业变革不仅为社会安全和社会治理带来巨大的机遇，但由于人类生存方式的复杂性，也使得科技在应用过程中产生了很多负面效应，影响了人类社会的和谐发展，为社会安全带来了新的巨大挑战。

①新兴科技引发新的社会问题。生产力变革必然带来社会生产、生活方式的改变，而伴随着新一轮科技革命和产业变革的兴起，整个社会也发生了翻天覆地的变化。新兴技术不断涌现，产业结构不断升级，数字经济蓬勃发展，经济格局得以更新，技术的不断突破、交叉和融合推动着社会生产生活方式不断变革。非线性团聚式变革使技术更新换代的速度加快，社会利益格局不断调整，一个个新的利益冲突问题产生，社会发展不平衡、不协调问题突出，社会中存在着新的不稳定因素。由于社会治理的核心问题是处理社会主体间的利益关系问题，因此新科技革命和产业变革给当前的社会治理提出了更大的挑战，例如产业变革带来的失业问题、社会流动人口问题、社会阶层的两极分化问题、社会资源配置的不均衡不公平问题等。

②新兴科技增加社会治理难度。随着互联网和信息技术的普及和应用，依托互联网产生各类社会关系的时空集合——虚拟社会应运而生。虚拟社会开辟了新的空间，在某种程度上它是现实社会的反映和延伸，自然产生了正、负面两种效应。虚拟社会产生的负面效应增加了当前的社会治理难度，给社会治理带来了巨大的挑战。其一，信息安全问题突出，国家、企业和个人的数据承载着大量信息，这些信息在虚拟社会中存在着被泄露、侵犯、攻击等安全隐患，容易造成巨大损失；其二，对社会秩序和伦理道德的破坏，由于当前虚拟社会的法律和道德规范不健全，导致虚拟社会成了"法外之地"，虚拟社会违法犯罪活动频发，扰乱社会秩序，挑战现有法律体系和权威，突破社会伦理道德的底线；其三，容易引发集体性事件，互联网使虚拟社会的不同个体整合成统一的力量变得更加简单，集体行动更易发生。这种集体行动一旦被别有用心的人

控制、误导，可能会引发网络群体性事件，严重影响社会和谐与稳定，对社会治理构成巨大的威胁。

③新兴科技也对政府治理能力提出了严峻的考验。首先，对政府处理复杂社会现象和问题的能力提出了挑战。信息技术、人工智能、区块链技术等科技迅速发展，催生了诸多新产业、新事物和新现象，许多负面现象也随之产生，如电信诈骗等高科技犯罪现象频发。而治理主体多元化导致治理责任分散、模糊，这些都需要政府发挥自身作用予以解决。其次，对政府治理方式提出了更高的要求。新科技革命要求政府及工作人员提高科学技术手段的运用能力，开发并搭建智能化信息系统，推动高新技术应用和政府治理相结合，提高公共服务、社会整合、综合协调的能力和水平。例如，政府对于电子政务平台的搭建与业务办理，对于互联网数据资源的利用，与社会公众的线上互动效果等有了更加专业的要求。最后，对传统科层体系的冲击。从横向上来看，新科技革命对于科层体系的部门分工和合作的要求提高，既要求专业化的部门分工，运用大数据提高部门工作效率，同时由于出现了一些综合性的矛盾和难题，又对部门协作提出了新的要求，如数据共享、综合研判等。从纵向上来看，科技发展冲击了科层体系的等级制度，大数据、互联网所要求的扁平化、去中心化与政府作为科层组织的层级化、中心化产生冲突，科层体系的结构受到了挑战。

三、评价社会安全的几个重要方面

对于不同国家、地域，在不同的政治、经济、文化背景下，社会安全有着不同的概念、内涵与理解范畴。立足于我国国情，应该针对我国面临的主要社会安全问题、事件进行归纳、总结的基础上提出社会安全评价体系。社会安全与人民群众财产安全等切身利益关系最密切，社会安全与否是人民群众生活稳定、经济社会平稳发展、国家政治体制安定的基础。习近平总书记指出，平安是人民幸福安康的基本要求，是改革发展的基本前提。随着经济发展、社会进步，人民群众对于过上美好生活有更高的期待，对社会安全有更高的标准。人民群众对于平安的定义不仅包括吃得放心、住得安心、出行平安，还包括犯罪打击成效、社会治理与公共服务水平、自身权益保障、司法公正等方面。维护社会安全需要将重点放在保持国家与政治稳定、化解社会矛盾、打击违法犯罪，切实维护人民群众的人身安全、财产安全、食品安全、网络安全和环境安全等，提高群众的安全感和满意度。总结来看，评价我国社会安全应该从政治稳定、经济发展、治安严明、社会保障与救助制度完备、民生安定、食药环安全、网络清朗等角度进行评价。

（一）政治稳定

与西方社会治理的"政府－社会"两分法传统不同，中国特色社会主义的社会治理无法从政治中完全剥离。我国的治理传统和基本国情决定了社会安全与政治安全不可分割，一方面，政治稳定是保障社会安全、实现社会治理现代化的一个基本前提和根本保证；另一方面，国家力量和政府职能是社会治理的主导者和重要参与者，两者不能分离、更不能对立。总体国家安全观要求我们以政治安全为根本，坚持党的领导和中国特色社会主义制度不动摇，把制度安全、政权安全放在首要位置，为国家安全提供根本政治保证。政治稳定是社会治理安全的保证，社会治理安全反过来也会促进政治保持稳定。要完善国家安全战略和国家安全政策，坚决维护国家政治安全，统筹推进各项安全工作。具体包括：健全国家安全体系，加强国家安全法治保障，提高防范和抵御安全风险的能力；严密防范和坚决打击各种渗透颠覆破坏活动、暴力恐怖活动、民族分裂活动、宗教极端活动；加强国家安全教育，增强全党、全国人民国家安全意识，推动全社会形成维护国家安全的强大合力。就社会治理与社会安全而言，维护政治稳定不仅仅是独立的政治工作，而是需要自上而下与自下而上相结合的全面的安全工作体系，建立党和政府主导的利益维护机制，健全重大决策社会稳定风险评估机制，建立健全促进社会公平正义的制度，加强党和政府同人民群众的血肉联系。反之，一些国家国内政治制度的更迭反复、政军权力制衡对立、多党理念不合、党内派系林立，导致部分国家缺乏强力政治稳定的基础，最终也会导致政治危机，造成如泰国红衫军、2014年乌克兰革命等社会问题。综合来看，政治稳定是评价社会安全的最重要基础。

（二）经济发展

维护安全从本质上来说是为了发展。从发展的角度来看，一方面，社会治理安定直接与经济发展程度相互印证，社会治理、社会安全的每一个问题都是发展的问题、也都有可能是经济问题，两者互相不可割裂；另一方面，社会安全的一些具体问题表现出了和经济问题更多的相关性，或者说这些经济问题更多地表现出了社会治理安全的相关性，包括安全生产、就业、脱贫等，它们或直接是社会安全的组成部分，或能够对社会安全造成重大影响。以就业为例，我国目前就业形势总体稳定。要坚持就业优先战略和积极就业政策，实现更高质量和更充分就业，提供全方位公共就业服务，促进高校毕业生等青年群体、农民工多渠道就业创业，破除妨碍劳动力、人才社会性流动的体制机制弊端，使人人都有通过辛勤劳动实现自身发展的机会。我国灵活就业人员已达 2 亿人左右，但是现行制度还跟不上新的就业业态发展，需要进一步培育相关的产业，谋求经济发展动力，吸纳更多的就业人口。从世界范围来看，亚非拉经济落后地区，人民就业不充分、劳动参与率极低、生产动力不足、贫困人口聚集，社会问题则更易暴露。综合来看，经济发展是评价社会安全的重要组成部分，是社会安全的基石。

（三）治安严明

社会治安是直接影响社会安全的因素，社会治安事件将给生命、健康和财产带来直接威胁与破坏。我国处于社会转型期，社会风险加大、社会控制机制失调，各种社会关系出现了剧烈冲突，社会矛盾日益多元化，社会治安工作面临挑战和考验。对于人民群众而言，目前严重影响社会安全的主要治安问题包括暴力恐怖活动多发影响人民群众人身和财产安全，违法犯罪活动呈现出暴力化、组织化、职业化趋势，社会矛盾的积聚加大社会安全风险。我国社会治安综合治理工作的指导方针是"打防结合、预防为主，专群结合、依靠群众"，既靠政府主导的制度建设，又要建立起政府、社会和个人全参与的体系。以反恐为例，需要评价的有政府行为，如工作体系和格局的建立健全、反恐能力的加强和相关情报侦察技术的提升以及民众反恐斗争意识和自我保护意识的增强等。以社会矛盾所引发的群体性事件为例，其中不仅有社会利益冲突的原因，也可能源于社会沟通渠道"安全阀"机制的缺少。综合来看，治安严明是评价社会安全最重要的内容之一。

（四）社会保障与社会救助完备

目前，我国形成了以养老保险、医疗保险、失业保险、工伤保险和生育保险五大社会保险为基础，以新型农村合作医疗、社会优抚和社会救助为补充的社会保障体系。但另一方面，由于发展不平衡，社会保障的具体实施存在较大的地区差异和城乡差异，实现全面覆盖这一目标需要继续努力。医疗、养老等一些关系国计民生的传统社会保障问题依然没有得到很好的解决，随着我国人口年龄结构的变化，其矛盾会进一步凸显。要加强社会保障体系建设，全面实施全民参保计划，完善城镇职工基本养老保险和城乡居民基本养老保险制度，尽快实现养老保险全国统筹。完善统一的城乡居民基本医疗保险制度和大病保险制度。完善失业、工伤保险制度。建立全国统一的社会保险公共服务平台。统筹城乡社会救助体系，完善最低生活保障制度。坚持男女平等基本国策，保障妇女儿童合法权益。完善社会救助、社会福利、慈善事业、优抚安置等制度，健全农村留守儿童和妇女、老年人关爱服务体系。发展残疾人事业，加强残疾康复服务。综合来看，社会保障是社会安全的核心问题。

（五）民生安定

幼有所育、学有所教、劳有所得、病有所医、老有所养、住有所居、弱有所扶，是发展中保障和改善民生需要达到的目标，也是影响社会安全日益突出的问题：一方面，它们是关于发展和稳定的社会问题，实际上也是社会安全的组成部分；另一方面，住房、教育、医疗、养老等问题带来的影响也反映在心理上，基本需求的无法满足会加剧不平衡感和剥离感，容易诱发心理上安全感的缺失。具体来看，房价高、供需不平衡等问题为代表的住房方面的矛盾依然突出；城乡之间、地区之间基础教育发展不平衡，高等教育质量不高，职业教育不能满足社会需求等教育问题依然存在；学前教育在数量和质量上的不足引发了全社会对幼儿人身安全和心理健康的担忧；医疗保障制度、医疗卫生服务体系、现代医院管理制度、药品供应保障制度依然稀缺；我国老龄化问题日益严重，老龄化、高龄化将进一步加剧。综合来看，民生问题是与社会安全联系最紧密的一个方面。

（六）食药环安全

食药环安全即食品安全、药品安全和环境安全，与国家、社会和个人息息相关，在不充分平衡的发展中，由于市场行为的趋利性与监管不到位，食品、药品与环境问题频发且影响日益凸显，直接威胁人们的生命权和健康权，在实际上和心理上构成社会安全问题的一部分，也对社会治理提出了新挑战。近年来，食品药品问题频发，生产、消费和监管三个环节的不足使其屡禁不止，频频发生的环境事件严重威胁百姓的生命健康，成为大众担忧的安全问题。从食品的角度来看，上下游企业信息不透明以及监管缺位导致食品企业信用缺失，食品在生产环节得不到保障，消费者难以对食品的原料处理、生产程序、化学物添加以及该食品是否会对人体产生危害做出鉴别；从药品的角度来看，药品安全包括制药产业安全和药品质量安全两方面，受社会发展阶段、产业结构、监管能力等因素制约，药品安全存在低水平供需结构、"大产业－弱监管"格局、多元风险并存三大深层次问题；从环境的角度来看，目前依然存在自然生态空间过度挤压、水资源供需矛盾突出、资源开发利用水平不高、人居环境恶化等问题。综合来看，食药环安全是评价社会安全的重要方面。

（七）网络清朗

我国网民规模达到 8 亿，占全球网民总数的 1/5 以上。互联网的飞速发展也产生了一些新问题，对社会治理与社会安全提出了新的挑战：网络违法活动加剧，包括网络从事虚假、诈骗、传播色情、暴力内容等危害社会安全的网络犯罪日益侵蚀网络清朗空间，使人民群众生命财产安全受到严重损失；个人隐私泄露、涉密工作曝光等信息安全问题，导致人民群众的隐私安全得不到保障，甚至国家利益受到侵害。就社会治理而言，要维护网络安全，营造清朗的网络环境，应该创新完善网络空间治理立法，构建多元网络空间治理格局和包括政府企业社会组织以及公民个人等多种社会力量在内的多元主体，提升网络空间治理技术能力。综合而言，网络清朗是评价社会安全的重要方面。

2021 年 7 月 1 日，习近平总书记在庆祝中国共产党成立 100 周年大会上庄严宣告："经过全党全国各族人民持续奋斗，我们实现了第一个百年奋斗目标，在中华大地上全面建成了小康社会，历史性地解决了绝对贫困问题，正在意气风发向着全面建成社会主义现代化强国的第二个百年奋斗目标迈进。"在新时代新形势下，总体国家安全观的提出，对加强和创新社会治理有重要的指导意义，为研究社会安全问题提供了新的角度。在总体国家安全观下，从政治稳定、经济发展、治安严明、社会保障与救助制度完备、民生安定、食药环安全、网络清朗等角度，可以支撑对社会安全做进一步综合评估。

第五节　社会安全领域的热点问题与对策思考

一、群体性事件

（一）定义

群体性事件是由民众内部矛盾产生，或民众觉得自己利益遭到侵犯而采取的违规集结、围堵等方式，向政府部门或单位表达愿望、提出要求等事情及其酝酿、产生过程中的串通、聚合等社会活动。

（二）产生原因

当前，我国变革发展正处在攻坚阶段与深水期，由于社会结构分化范围大、步伐快，因而相对经济社会的整体改革发展出现了巨大的滞后性，从而导致有效的社会整合体系形成迟缓。失衡的社会格局将引发一系列社会现象，包括社会层级分化、社会资源管理关系紧绷、群众利益分歧加大、社会底线民生淡化等。这种社会结构和经济结构之间出现"不同步、不平衡、不协调、不持久"等结构化问题，并日益体现为社会制度内部规范整合的速度落后于结构分解速率，由此造成社会结构要素间的矛盾紧张和脱节，使经济社会内部利益关系更加错综复杂，在经济社会中各个利益群体间因政策、机制和资源配置上的结构化安排而形成了相对剥夺感，经济社会整体安全态势已步入高风险阶段，各类型社会问题往往与各个阶段社会问题相互交织重叠，处置不当极易造成群体性事故，严重危害社会稳定。

（三）分类

从事件动机角度，可以把群体性事件分成直接利益关联的集体保护合法权益、无直接利益关联的群众泄愤、由区域政治制度生态恶化引发、行业合作或工业集群联合作战、工具性应对的"死亡原因"、文化及政治动机驱使和网络场域内生等种类。

从案件出现地区上，可以把人群性重大事件细分成村庄人群性重大事件、农村城市人群性重大事件和城乡接合部。

从社会心理视角，可以把群体性事件分成基于共同关注点的网络群体行为、基于一致信念的网络群体行为以及基于共同行动目标的网络群体行为。

在目的、性质和行为指向方面，可把群众性活动界定为维权活动、社会泄愤活动、社会动乱、社区矛盾和有组织犯罪活动共五种。

从事故性质角度，可以把群体性事件分成经济型、社会型和政治型等。

从社会动员形式角度，把民众性活动界定为违规聚集、巡游抗议、暴力冲撞、堵路堵门、上访呈请、聚众争吵、围打砸及罢工罢市共八大类型。

（四）应对措施

1. 加强多源数据赋能、完善风险防范预警体系

构建立体化、全面的社区安全风险监测预警网络平台，运用手段做到"早研判"；借助人工智能建模等大数据分析工具，构建社区危险点警示、关键群体画像、串联社区趋势和问题排查等模式，引入专业会商制度，全面研判社区的危险警示程度，并以日报、周报或旬报的方式向有关联动监管部门提交警示数据。

2. 推动社会风险预防化解法治化、健全法律法规体系制度

在增强矛盾调处化解的综合制度法律性方面，深入推动社会司法体系的综合配套改革，履行社会司法责任；进一步完善行业性与专业性矛盾调解机制，探索功能分类、分级协调；健全绩效评估系统，提升协调服务质量；完善协调程序的公开化、标准化和规范化。地方政府对诉求合理但缺少政策依据的，抓紧完善相关政策，制定纠纷预防与处置条例；依法依规开展调解、仲裁和诉讼等，运用法治思维落实源头防范化解。

3. 健全态势评估机制、完善网络综合治理体系

建立跨部门的社会风险应急响应平台，协调政法委、信访局、网信办、公安局和工信局等部门及网络运营平台，增强群体性事件舆论引导、研判预警、决策化险能力。建议建立"政府＋企业＋高校"联合实验室，运用区块链技术开展虚假视频、谣言、机器水军等溯源识别。

4. 筑牢基层组织堡垒、完善人才队伍建设机制

在建设稳定的基层人才队伍方面，应着力培养适应新时期社会安全治理需要的专业基层队伍，完善人才培训机制，加强基层人才培养；适当增加编制和经费支持，保持队伍的稳定；加强专业社会工作人才培养，完善基层社会心理疏导和危机干预机制。建议构建基层社区心理服务平台，及时发现重点人群的心理应激反应。

二、食品安全问题

（一）定义

食品安全是指食物必须具备无毒无害、营养健康的基本特征，而不得对身体产生其他慢性影响、隐性危险和急性损害等。同时，食品安全监督管理问题也指食物制造、食物运输、食物储藏及食物营销等过程中食物的健康与安全性问题。因此，食品安全监督管理问题是指因为食物中存在毒性物质、有害物质、不健康等情况对人类健康产生危害的各种问题。

（二）产生原因

1. 食品安全生产不畅

食品安全生产直接决定着食物的"安全性"，但食物安全生产漏洞是中国现阶段食物安全性保护现状中的主要问题。因此，由于食品安全生产管理不畅而造成的重大食品安全事故的起因大多集中于食用原材料、食品加工和食品流

通三个环节。

2. 食品安全监管不严

食品安全监督检查是政府保护食品安全监管工作的主要手段和具体措施，但食品安全监管检查不严将会为食品安全监管工作留下很多隐患，也成为中国食品行业内重大安全事故频频出现的重要因素。

3. 食品安全检测存在问题

为满足当前食品行业迅速发展的要求，食品安全检测机构需引进先进的设备和专业技术人员，不断探索新的检测方法和技术。但从实际检测的情况看，还存在一定问题：一是我国食品安全监测技术亟待进一步提高；二是存在食品检测项目重复的问题；三是食品检验信息系统无法进行准确、高效的数据共享。

4. 消费者食品安全意识不足

长期以来，我们对食品安全概念没有充分认识，关于食品安全管理的经验往往来自实际经验，没有科学性和系统化。很多人通过经验认为食物如何使用和会不会对人体造成影响，而缺乏正确认识。

（三）分类

1. 化肥农药残留

在各种食品安全问题中，因为食品里存在化肥、农药等而导致的食品中毒事件反复发生，尤其是在蔬菜中很容易存在大量有机磷。而在果蔬中所存在的大量有机磷被人体吸收后，会通过血液逐渐输送到人体内的各个脏器里面，所以当产生食物中毒现象非常严重时，就会威胁人的生存。

2. 家禽、畜及水产品内的激素残留

养殖户们往往会采用大规模的抗生素或磺胺类等化学药剂防治家禽、牲畜和水产品疾病，但如此自然也会形成了巨大的安全问题。例如，通过应用盐酸克伦特罗兴奋剂就能够使家禽、畜类生成大批的瘦肉，但这样的肉食中含有巨量的瘦肉精，当投放食品市场后会使消费者形成中毒反应，最严重时甚至致死。

3. 重金属污染

食品安全过程中，重金属物质环境污染仍是不能忽略的重大课题。在重金属污染中，以镉危害为最大的危害形式，其后为铅危害、重汞危害等。由于大部分金属材料进入人身体后会产生很高的累积性，半衰期又相当长，所以易于

引起急性或者慢性的中毒反应，同时人们在摄入了这些具有重金属污染的食物之后易产生致畸、致癌和致突变的隐藏风险。

4. 大量使用食品添加剂

通过应用食物增味剂能够改善食物的颜色、气味和口感，还能提高食物的营养价值，有利于食物的储存与运送，防止食物过早变质。然而，人们在应用食品添加剂时也必须要遵循我国已出台的有关规范，如果大量应用食品添加剂将会对身体产生不可逆转的损害。

（四）对策建议

1. 推进食品安全生产

推进食品安全生产是食品安全保障体系建立和完善的关键和核心，食品生产企业必须立足于企业安全生产的实际过程中，逐步建立食品安全监督管理生产标准和管理体系，同时在企业实际运作过程中，持续促进食品安全监管产品标准和食品安全生产管理体系的实施，从而使食品生产流程能够更加规范化并具有安全性。

2. 加强食品市场监管

食品市场监管是中国食品安全监管的第一道防线，也是中国食品安全监管的最后一条战线。促进食品安全保障体系的建设与发展，务必按照国家统一化、标准化、体系化的食品安全市场监管体制管理，明晰对食品安全的监督管理权责，落实食物安全性监管责任分工，严格规范实施食物安全性监管。

3. 提升食品检测水平

通过整合优化安全测试信息资源，与国际水平接轨，促进食品质量检验方法与技能水平的提高，通过探索与创新的协作和共赢关系，进行测试创新试验，并不断引入先进的测试技术手段，构建现代化的食品安全检测系统，为食品安全管理保驾护航。

4. 加强食品安全意识

坚持食品安全宣传工作，使人民群众知道食品安全监督管理的重要意义，并充分认识到食品安全监督管理对人民自身健康的危害。坚持不懈地进行食品安全宣教、食物卫生健康教育科普活动等，并广泛运用新闻媒体把食品安全监督管理的重要性深入传播、普及到位。

三、暴力恐怖事件

自 20 世纪 90 年代开始，暴力恐怖事件给广大人民群众的生活和财产安全造成了巨大危害，对社会治安和国家公共安全造成了严重威胁，也受到了社会各界普遍重视，严重降低了广大人民群众的生活安全性和幸福感。

（一）暴力恐怖事件对国家安全的影响

首先，暴力恐怖将带来重大的人员伤亡和财产损失。其次，通过国际或国内的暴力恐怖活动对其他刑事犯罪分子产生影响和示范效果。因此，近年来在我国的个别极端暴力犯罪案件普遍采取了爆破、砍杀、纵火、枪击和车砸等各种暴力手法，将无辜人民当成了宣泄不满与恶劣心情的对象，严重侵犯了广大人民群众的切身权益，也严重危害了我国社会安定。再次，暴力恐怖主义通过大肆宣传极端思潮，故意挑拨并加剧各种社会问题。暴力恐怖分子利用网络大肆宣传暴力恐怖思想，大大拓宽了"受众"范围，蓄意挑起民族、地域和宗教纷争以及极端恐怖主义行为。最后，暴力恐怖严重破坏了党和国家的执政威信。暴力恐怖主义活动经常与族群分化、信仰极端糅杂，对我国的国家政治安全、主权安全构成了严重威胁。

（二）应对措施

在当前严厉打击暴力恐怖事件形势下，进一步强化公安部门的综合应对处理能力建设，加强区际协同，完善情报预警，坚持主动进攻，动员人民群众的广泛参与，形成协同管理新机制，构建在动态社会环境下的全新警察管理模式。

1. 提升应急处置能力

公安部门要认真做好警务巡查工作，在重要地区、重要场合、重点行业、关键节点合理配置警务资源，以及时发现重大安全隐患、矛盾纠纷、严重违法等犯罪活动，并能够及时受理到人民群众的举报或反映。要按照实际需求编制各类紧急预案，并加强预案演练，以提高反应能力，出现情况时能在第一时间内合理组织安排部署，在第一时间赶赴案发现场。对突然性应急事故的处理工作必须稳、准、狠，通过合理管控事态范围的扩大，及时把死亡风险控制在最低程度以内，通过严厉查处打击罪犯，起到警醒教育的效果，进一步确立执法权威。

2. 强化情报预警研判

情报信息是公安部门行使职责工作的主要依据、基本前提和重要信息来源，是公安工作发展、预测和控制的重要基础。信息资源分散、信息处置落后、情报分析方式简单等原因制约着民警信息应用业务的部署与实施。以技术支持为前提，以大数据分析为基础，构建高度智能的信息情报预警研究机制，在信息情报获取、信息情报研究、警情预警、信息情报资源共享等领域进行智能化管理，以发挥碎片化情报信息的重要价值，为现代警察工作的发展提供了基础与方向。

3. 积极开拓区际合作

从近年来出现的暴力恐怖事件中可以发现，作案对象和作案区域也逐渐从乌鲁木齐、藏区等边疆地带向内地扩展。国外恐怖分子全球化发展势头越来越强劲，对境内恐怖分子的"启发""示范"效果越来越凸显。打击恐怖分子是国际性的重要问题，必须主动拓展国家与大国之间、各国与区域间以及地区与区域间的反恐警务协作。大力开展区际间的反恐合作演习、国际反恐怖主义联合作战、反恐经验交流和全球反恐情报共享等。

4. 构建协同治理机制

协作管理是当前中国政府部门开展社会管理的新型管理模式。自 2016 年 1 月 1 日起开始付诸实施的《国家反恐怖法》，构筑起了高效防范和严厉打击各种暴力恐怖的协同治理模式，标志着中国反恐怖战斗步入了新阶段。但目前对于怎样实现协作管理还没有具体工作机制，故以《国家反恐怖法》所确定的反恐合作与治理理念为基石，探讨并健全适应当前反恐管理工作实际需要的跨部门协同机制势在必行。

四、电信网络诈骗

（一）定义

电信网络诈骗罪是指罪犯利用手机通话、互联网甚至发送短信的方法，制造虚拟信息内容，设定欺诈，或是对被害人实行远程式、非接触式的欺骗，或是诱骗被害人向罪犯打款或转账的行为。电信网络诈骗是一个新兴的诈骗行为形式，于 1997 年前后在中国台湾地区大量出现，并很快开始迅速传播，至 2008 年，这种犯罪行为已在台湾地区扩散成灾，是为岛内"十大民怨"之列。2000 年前后，台湾地区的电信诈骗集团开始把诈骗基地由该地区迁移到福建省，以福建省安溪县为据点向全省各地渗透扩散。2010 年之后，由于我国政府对电信网络欺诈打击惩罚力度的加强，诈骗企业相继把欺诈窝点迁移到了东南亚地区的斯里兰卡、印度，非洲的南非、埃及、肯尼亚，欧洲的希腊、土耳其、俄国，中美洲的多米尼加等地，并疯狂对我国大陆百姓进行全球跨两岸的欺诈，发案率明显升高，社会危害日益加大。

（二）特点

1. 以多人结伙犯案为首、作案组织分工明确

大多数电信网络诈骗犯罪都是结伙犯案，而犯案人员最多的团伙往往多达几十人，在犯案团伙中分工精细而明显，并呈现出"金字塔"形的管理架构，由上及下包括了机构规划者、具体操作员、受雇取款者等几个层次。进行作案后，真正的组织者策划人员隐藏在幕后或境外，而不在前台具体实施运作，往往只是雇请或布置其他人掌握与移动电信欺诈有关的互联网技术手段、获取被害人资料、处理骗取所用的银行卡和骗取得手后的转款、提现等工作，而自己则进行遥控获利，由于抓捕难度极大，在案发后往往另起炉灶死灰复燃。

2. 犯罪方法手段多样、更新频率高、紧跟社会热点

电信诈骗早期的诈骗手段是中奖欺诈，演变到今天作案方式非常多样。警方将电信欺诈手段概括为 48 种，也有部分地区公安部门将之概括为 60 种，或者更多。这种欺诈手段的更新速度更快，因为诈骗分子们会仔细研判国家政策、法令、警察动向和被害人心态，并紧随国际社会热点发展，每过一段时间就会有新的骗术产生，又或者当一个欺诈手段被人识破后接着又会再翻新花样，让人防不胜防。

3. 作案方式由"漫天撒网"到"精准诈骗"，针对性、欺骗性大大增强

"漫天撒网"是早期电信诈骗的常见特征，一般是指罪犯非法了解众多可能被害人的号码后，挨个拨打或群发大量短信，以进行漫天撒网式诈骗。电信网络欺诈犯罪发展到了今天，漫天撒网式的欺诈模型依然被罪犯普遍采用，而且"精准欺诈"的模型也越发多样地存在着。由于公民信息泄露问题日益严重，欺诈分子往往能够完全掌控被害人的信息，欺诈的针对性和诱惑性极强，欺诈命中率极高，令人防不胜防。

4. 围绕着电信网络诈骗犯罪活动产生周遭的灰黑色产业链

因利益驱动，部分非法人员瞄准行业监管的漏洞钻空子，催生了一系列灰黑色产业，包括盗取贩卖公民信息系统、开设（贩卖）信用卡服务、使用伪基站传送消息、开设联络线路、专门转账取款、使用专业网站骗取消息、进行互联网改号、使用互联网吸号、分析工具软件、制造木马程序、制造欺诈App等以及在App中植入了盗取使用者信息系统的功能等。黑色产业链企业在与电信欺诈犯罪分子的协作中不断获得巨大收益，进而扩大了发展空间，并更加积极主动协助其欺诈活动。

5. 面临电子资料调取难、侦察破案难、刑事案件管辖难、鉴定处理难、关联作案与共同犯罪鉴定难等五大问题

（1）电子凭证调取难。罪犯通过使用所谓"伪基站"发布欺诈短信，或设有专门程序将发出的日志信息全部清零，或租用国外网站服务器，被发觉或查获后立即关停服务器，致使公安部门很难及时获取到系统数据核实发送信息数量。

（2）侦查破案难。电信及网络欺诈犯罪行为的被害人遍布全国乃至海内外，而公安部门要获取全部证言也相当艰难，并且无法使被害人陈述、违法人员所陈述的资料和待证事实全部一一对应。

（3）案件管理难。罪犯通过网络平台发送欺诈消息，并利用网络交易手段转移赃款，"犯罪行为发生地"和"犯罪结果发生地"均区别于一般犯罪行为，易产生管辖权纠纷。

（4）认定管理较难。这些电信网络诈骗刑事案件单笔金额都不大，有的报案金额也只是数百、几千元，因此判罪处理比较麻烦。

（5）关联犯罪与共同犯罪的界定难。围绕着电信网络欺诈犯罪行为而产生的黑色产业链，其上下游犯罪行为包括损害中国公民的个人信息犯罪、信用卡犯罪、破坏无线电通信相关联秩序的犯罪等多种行为，既可能多种行为侵害多个国家法益保护，又可能一种犯罪行为同时侵害不同国家法益保护，因此电信网络诈骗罪以及相关刑事案件犯罪数和犯罪事实确定处理相当复杂。

（三）应对措施

（1）加强与警银协作，尽快拦截被骗取资金。公安部与中国人民银行、工业和信息化部、工商总局共同建立了《电信网络新型违法犯罪涉案账户紧急止付和快速冻结机制》，通过处理非实名制银行帐户、迅速冻结涉案银行帐户、及时拦截被骗取资金，有效阻截了一大批电信网络诈骗活动，为人民群众挽回了巨大经济损失。

（2）加强警企协作，切实切断欺诈途径。2015年11月，工业和信息化部

与公安部共同建立了欺诈来电信息通报与拦截联动机制，对欺诈来电实施全面关停，并对该机主名下其余同期申请开通的号码实施拓展核查并关停。

（3）健全快速反应制度，积极成立地方各级反电信网络欺诈管理中心。截至 2016 年 9 月，我国各省级单位均已全面成立反电信网络诈骗管理中心，并开展了实体化工作。各级反电信网络诈骗管理中心，均充分发挥了自身优势，联合银行、中国电信以及腾讯、阿里巴巴、银联集团等多家企业联合、统一运营，在预防电信诈骗犯罪上起到了很大效果。

（4）做好支出核算管理工作。2016 年 10 月，中国人民银行研究并出台了《关于加强支付结算管理防范电信网络新型违法犯罪相关事项的通告》，就完善个人银行账户管理制度、暂停涉案账户、惩治冒名银行开户、交易账户行为、控制非柜台转账、严格端口管理工作、健全电子交易系统、严格追求渎职责任等相关方面，都做出了十分具体的明文规定。

（5）严格执行对来电客户真实身份信息记录。2016 年 5 月，工业和信息化部依据《电话用户真实身份信息登记规定》（部令第 25 号），要求"各基础电信企业确保在 2016 年 12 月 31 日前本企业全部电话用户实名率达到 95%以上，2017 年 6 月 30 日前全部电话用户实现实名登记"，被称之为"史上最严手机实名制"。

（6）适时归还冻结资金，以减轻人民群众损失。2016 年 9 月，中国银行业监督管理委员会与公安部联合印发了《电信网络新型违法犯罪案件冻结资金返还若干规则》，明确了对权利关系确定的被冻结资金，要及时返还被害人，以减少人民群众因电信网络诈骗犯罪行为而受到的直接经济损失。

（7）加强监督，保证各项措施尽快落地。2016 年 9 月，最高人民法院、最高人民检察院、公安部、工业和信息化部、中国人民银行、中国银行业监督管理委员会等六部门联合发布了《防范和打击电信网络诈骗犯罪的通知》，规定公安机关、工信部门、人民检察院、人民法院、银行等都要认真履行有关职责，确保各项措施尽快落地，并进一步加大对电信网络诈骗犯罪的防范、打击和整治。

第二章　社会安全风险的评估方法

第一节　社会安全风险评估的国内外现状

一、国外研究现状

（一）美国"9·11"恐怖袭击事件研究

美国遭受"9·11"恐怖袭击事件之后，国内各界对政府公共危机管理的研究与关注达到了前所未有的高度。理论界从国家、政府的角度分别从政府应急机制、公共管理、宏观政策、应对原则、突发事件立法、社会心理、组织框架和信息公开制度等各个方面进行了全方位的研究。

2002 年美国成立了国土安全部（DHS），并提出了基于目标吸引力、脆弱性和危害结果三个维度的风险评估方法；Mohtadi 和 Murshid 创造性地将极值理论与恐怖袭击事件的风险评估相结合；Chatterjee 等在国土安全部风险评估方法的基础上进一步研究了恐怖袭击区域的风险模型；P. Y. Chong 借助云模型的方法，从恐怖分子的角度对威胁品运输节点的可接近性、可识别性进行评估，从而解决运输过程中恐怖袭击事件风险评估的模糊性和随机性；Argenti F. 等通过对潜在攻击目标的吸引力、脆弱性和抵抗能力进行研究，从攻击目标的视角来评估恐怖袭击事件的风险；Estrada 通过对 2015—2016 年巴黎和布鲁塞尔发生的恐怖袭击事件进行分析，研究恐怖袭击事件风险因素中的经济因素，试图从经济维度来预测恐怖袭击事件的风险。

（二）社会安全事件演化过程的研究

社会安全事件具有突发性和演变过程复杂多变的特点，研究事件在不同阶段的发展特征，对预防和干预安全事件的发生具有重大作用。目前国外对于社会安全事件的演化研究主要包括事件发生的诱因、事件爆发前的孕育阶段和事件爆发前后的发展过程。其中具有代表性的社会安全事件演化模型如下。

1. Turner 灾害前阶段模型

Turner 以三次社会突发事件为背景，研究了大规模社会安全事件发生的条件特征，在 1992 年提出了灾害前阶段模型，将社会安全事件发生的前期特征归为以下五类：

①制度信念的僵化；

②表面现象导致注意力分散而忽视了实际危险来源；

③内部信息交流不畅导致问题模糊，多重信息处理困难；

④不遵守安全管理制度；

⑤在灾难事件爆发的最后阶段，忽视紧急事件的变化。

Turner 认为，这些特征就已经在事件发展的潜伏期不知不觉地积累，多种特征不断交织，最终由突发事件导致大规模社会安全事件的发生。

2. Ibrahim – Razi 模型

IM Shaluf 等以马来西亚 1968—2002 年间发生的七次社会安全事件为背景，构建了社会安全事件在孕育期的发展模型 Ibrahim – Razi。该模型将事件发生前的时期分为错误产生、错误聚集、警告、纠正、不安全状态、诱发事件产生和保护防卫七个阶段。该模型通过对社会安全事件演化的七个阶段的研究，期望通过分析各阶段之间的相互作用，从而规避重大事件的发生。

3. SFCRM 模型

Toft 和 Reynolds 研究了社会安全事件的孕育过程、爆发过程以及之后的应对处理过程，于 1994 年提出了 SFCRM 模型，将社会安全事件的演化分为孕育期、爆发期和处理期三个阶段。Toft 和 Reynolds 认为，内部矛盾的积累和外部环境的冲突导致了社会安全事件的爆发，对内部矛盾加强管理，在一定程度上可以遏制社会安全事件的发生。

4. 紧急事件演进模型

Burkholder 分析了社会安全事件中的人道主义紧急事件的发展过程，于 1995 年提出了紧急事件演进模型，将事件的演化分为早期紧急事件阶段、晚期紧急事件阶段和后紧急事件阶段。Burkholder 认为，根据紧急事件不同阶段的不同特征，设定不同的目标对紧急事件进行处理。

5. 危机阶段模型

Fink 于 1986 年提出了危机阶段模型，将社会安全事件发展分为危机激发、危机急性、危机延缓、危机解决四个阶段。Fink 认为，危机在激发阶段被预防的概率最大；在急性阶段具有较快的发展速度和较强的破坏程度，在延缓阶段会有减轻趋势，管理者可对危机进行有效的管理；在危机解决阶段危机将会被彻底解决。

综合上述模型，国外从宏观角度对社会安全的演化过程进行了定性分析，缺乏从具体角度（如影响社会安全的各类因素），对社会安全事件进行深入的定量评估。

（三）社会突发事件风险评估研究

社会安全事件具有不确定性、紧急性、危害性和扩散性的特点，属于突发事件的一种。我国根据突发事件的特征，在 2007 年 11 月 1 日起施行的《中华人民共和国突发事件应对法》将突发事件规定为"突然发生，造成或者可能造成严重社会危害，需要采取应急处置措施予以应对的自然灾害、事故灾难、公共卫生事件和社会安全事件"。

自 21 世纪以来，各类社会突发事件频繁发生，给社会安全造成了极大冲击，对整个社会的稳定发展带来巨大的潜在威胁，2002 年美国"911"事件的发生，给国家突发事件管理带来了较大的考验，国外开始重视对恐怖主义等突发社会事件演化和评估的研究。

对于突发事件，国际上有不同的定义。欧洲对突发事件的定义有一个类似的词语，即公共紧急状态。美国对突发事件的定义大致为：在美国境内发生的、需要联邦政府介入并提供及时援助，以协助各州及地方政府挽救生命和财产，确保公安卫生及安全，减轻或转移灾难影响的重大安全事件。由此可见，社会安全事件都具有突发性和紧急性，有造成严重社会危害的可能性。

风险管理可划分为风险识别、风险评估、风险控制和风险记录四个阶段，国内外近年来的研究大部分集中于风险评估阶段，采用合适的数学方法对风险信息进行量化处理，并制定一定的评判标准来评估风险的严重程度。1965 年，美国自动控制专家查德提出了模糊集及隶属度的概念，经常被用于对各类工程项目中存在的风险因素进行模糊评价，得出各类风险因素发生的概率及后果；1973 年美国著名运筹学家 T. L. Saaty 提出了层次分析法，将影响复杂问题决策的各类因素划分为相互关联的多个层次，通过构造判断矩阵确定每一层中元素的相对重要性，进而确定最后一层各元素的相对重要性排序。国内外许多文献将此方法应用于具体项目的风险因素排序；1986 年美国教授 Pearti 提出了贝叶斯网络，该方法可以用于不确定事件的概率分析，并能够适应各个风险指标的动态变化，可根据具体项目中风险要素建立的指标体系构建贝叶斯网络，计算出各个风险因素发生的概率；近年来，人工神经网络方法因其具有学习性、记忆性和较大限度的数据包容性特点，在国外被广泛应用于具有丰富历史风险数据的工程风险预测，将一系列风险要素进行输入，经过训练好的神经网络所设定的复杂函数关系，转换成最终的风险预测结果。

从国外社会突发事件的风险评估来看，大多数风险评估方法都需要将风险因素进行划分或建立一定的风险评估指标体系，对风险信息进行量化处理，实现各类风险因素及事件的发生概率及严重程度的评估。

（四）对于整体性社会安全研究

20 世纪 80 年代，对于社会安全的整体性研究进一步丰富起来。英国以齐舒姆为代表的区域社会研究学派在《区域预测》一书中总结了人口、资源、城市、经济和生态环境相互作用的经验数据对社会运动进行预测；以罗马俱乐部为代表的未来学派试图建立综合危机预警研究模型，在人口、能源、原料、环境、水源、卫生、食品、教育、就业、经济发展、城市条件和居住环境等各要素之间形成一个相互作用的客观系统网络等。

自 20 世纪末以来，由于各类社会安全事件的频繁发生，许多国家出现了专门的风险管理研究机构。这一时期西方管理理论已渐成熟，并具有以下特征。

（1）研究内容从单一的政治危机扩展到公共管理的各个领域，认为现代社会是一个大系统，牵一发而动全身，任何领域的突发事件都有可能带来公共管理领域的危机。

（2）研究目的由原来的政治目标转变为建立整合的公共危机管理体系，实现有效的危机管理，维护稳定的社会局面，确保经济、社会的正常发展。

（3）研究导向由本国情况研究走向跨国比较研究。国外一些现代化城市十分重视风险的预警与准备，特别是在灾害的风险预警方面已经积累了丰富的经验并各具特色。

二、国内研究现状

关于社会安全事件风险评估的研究主要集中于群体性事件、恐怖袭击事件等特定类型事件的研究，很少将社会安全事件作为一个整体来进行研究。

国内对于社会安全事件的风险评估的研究，主要涵盖了恐怖袭击事件、群体性事件、涉外突发事件、网络舆情事件等典型的社会安全事件。一方面，是对某一类社会安全事件的特性、风险成因、演化趋势、社会管控手段进行分析，并在此基础上对风险进行定性评估；另一方面，通常面向具体事件，建立风险评估指标体系，运用一些数学分析方法，对事件发生风险或危害等级进行量化评估，并在此基础上提出应急管理建议。

（一）恐怖袭击事件风险评估研究

1. 全球范围内恐怖袭击事件风险评估

"一带一路"沿线的许多国家恐怖袭击活动高发，随着我国"一带一路"建设推进，针对中国海外利益的恐怖袭击也日趋活跃，在这种情况下，对全球范围内的恐怖袭击进行风险评估十分重要。近年来对全球恐怖袭击事件评估的研究，大多基于 GTD 数据库（全球恐怖主义数据库），建立恐怖袭击事件的风险评估体系，对恐怖事件的危害等级、袭击目标、袭击手段、发生地区等进行多维度风险评估，进而对全球恐怖袭击事件的演变进行时空分析。李丽华等针对"一带一路"建设中我国海外利益涉恐安全问题，建立了基于"威胁—弱点—资产"三要素，含有目标层、准则层、因素层和指标层四个层次的海外风险评估指标体系，根据损失可能性分析与损失后果分析，运用风险矩阵理论构建恐怖袭击风险评估模型，将各地区涉恐风险等级进行划分，并提出各等级所对应地区的风险防控对策与建议；牟凤云等针对全球恐怖袭击事件构建了定量指标与定性指标相结合的风险评估体系，采用层次分析法和模糊综合评价法对 1998—2017 年间全球恐怖袭击事件的社会危害程度进行分级评估，在此基础上采用核密度和标准差椭圆方法，对各等级全球恐怖事件的空间分布特征进行了可视化分析；项寅从"威胁""脆弱性"和"后果"三大因素出发建立评估模型，通过神经网络对 GTD 数据库中的 21 类主要袭击目标的风险指数进行评估；王奇等基于 GTD 数据库、SATP 数据库和 PIPS 数据库，从恐怖袭击数量、境内主要恐怖组织、中资项目面临的恐怖威胁对中巴经济走廊沿线各地的恐怖威胁进行了风险评估。

2. 重点场所恐怖袭击风险评估

机场、铁路、客运站、地铁站等交通枢纽以及人员高度聚集场所逐渐成为恐怖分子的潜在袭击目标。为避免恐怖袭击事件的发生，必须对这些重点场所面临的恐怖主义风险进行有效评估，加以管控。重点场所风险评估方面，吴敏等以机场重点区域恐怖袭击风险为研究对象，从"人防""物防""技防"三方面建立递阶层级的风险评估体系，采用层次分析法和模糊综合评价法对突发恐怖袭击下的机场各区域的风险等级进行评估；王鼎方等以长途客运站恐怖袭击风险为研究对象，从"准备与威慑能力""探测预警能力""相应处置能力"三方面构建了长途客运站安全防范系统脆弱性指标体系，使用网络分析法确定指标权重，采用模糊综合评价法对长途客运站各部位安防系统脆弱性实施评估；赵传鑫等以对铁路系统涉恐事件为研究对象，采用 DBSCAN 算法对铁路系统恐怖袭击次数、伤亡人数等指标进行聚类分析，进而从袭击方式、袭击目标、国家等层面对铁路系统进行风险评估，并验证了该方法对于采用人工赋值和专家打分策略的评估方法，其评估结果更加客观、真实。

（二）群体性事件风险评估研究

随着改革开放的不断推进，经济市场化转型，社会利益格局发生调整，人们思想观念发生变化，社会不同利益群体之间由于资源配置不均衡产生相对剥夺感，诱发了一系列新问题、新矛盾的产生，以直接或间接争取维护自身利益为目的形成的多人聚合的群体性事件已成为影响社会稳定和谐的重要因素，因此对群体性事件的风险评语与预警已经成为亟待解决的问题。近年来，国内主要研究了群体性事件的特征、成因与应对策略，以及基于群体性事件的诱发因素的风险评估预测。

1. 群体性事件诱发因素

群体性事件的形成有多方面因素。王赟隆认为，近年来群体性事件具有数量增多、规模扩大、主体成分多元化、城乡群体性事件维权内容具差异性等特点，并从发生原因、发生时间、当时情景和暴力程度四个方面分析了群体性事件的风险评估要素，提出了群体性事件综合治理的意见。张国亭分析了当前群体性事件的发展特征，认为群体性事件持续高发与经济发展引发的利益受损、社会结构变化导致的心态失衡、决策不透明、基层组织涣散、敌对势力渗透破坏、政府应对能力不足等因素有关，在此基础上提出了群体性事件的预防措施和处置机制。张训志将群体性事件定义为由社会群体自认的法益受损引发的一系列非法抗争行为，将群体性事件划分为自身利益相关型群体性事件、间接利益分歧引发的群体性事件两类，认为群体性事件由法益维权、社会泄愤和社会骚乱三个阶段层层推进，在此基础上研究了群体性事件的发生原因及处置对策。

2. 群体性事件风险评估

群体性事件的风险评估主要基于风险因素建立可动态监测的指标体系，采用一些数学模型对群体性事件进行趋势分析，进而达到预防监测的目的。李倩倩等研究了群体性事件的形成机理，从行动目的和组织动员形式两个维度对群体性事件进行不同的类型划分，利用网络大数据对群体性事件进行了风险类型、风险成因、风险传播、风险关系等方面的分析。张鼎华等使用"案例—情景—次级情景—对象—要素"多维情景空间模型，从"环境特征因素""群体作用特征""政府影响力"和"舆论导向力"四个方面建立了群体性事件演化特征的概念模型，使用卷积神经网络构建了群体性事件的预测模型，有效地识别和防控社会风险。施从美等建立了群体性事件管理风险评价指标体系，采用改进的风险矩阵评估方法和层次分析法计算出群体性事件管理相关的各个风险因素的等级、可接受性、风险影响序值、风险概率序值、权重和风险贡献率，进而评估识别群体性事件管理中的薄弱环节以及总体风险水平。胡诗妍等选取领先指标、一致性指标和滞后指标构建了动态监测的模块化指标体系，采用德菲尔法和层次分析法确定权重，使用经验统计分析方法建立长期趋势预警监测模型、动向预警模型和状态预警模型，对群体性事件的长期趋势、发展动向及状态进行了风险评估和预测。

（三）涉外突发事件引发社会安全风险的评估研究

随着经济全球化进程的不断深入，各国之间在政治、文化、科技等方面的联系日益紧密，风险也出现了国际化的特征。自改革开放以来，我国涉外事件时有发生，与一般的突发事件相比，涉外突发事件有关国家利益与国家之间的外交关系，具有一定的敏感性，处置稍有不当，不但会影响国内社会的稳定和谐，甚至会损害国家利益与国家形象，造成难以估量的损失。因此对涉外突发事件进行风险评估，提前预警具有十分重要的意义。

目前国内对于涉外突发事件的定量风险评估方面的研究并不多，主要集中在定性分析与应急管理建设的理论研究上。近年来国内许多学者根据以往涉外突发事件的处置经验或不足之处，针对涉外突发事件的特征，提出了应急管理机制的理论建设意见。卢文刚等以"8·23菲律宾人质事件"为例，评析了菲方和中方的应急处置工作，提出了建立危机应对网络系统、加强"一案三制"工作、完善新闻发布制度、培养专业人才、加强善后管理和加强国家形象建设等六方面的应急管理建议。邵学民等认为，涉外突发事件具有偶然性与突发性，处理涉外案件除了遵守中国刑法和刑事诉讼法之外，还应遵守国家主权原则、条约必须遵守原则、对等互惠原则，且必须服从我国的外交大局。谢瑜等认为，涉外突发事件具有涉外性、突发性和危害性，从侵害对象、行为对象、事件发生地点和事件性质等多个角度对涉外突发事件进行分类，提出从情报预警、处置预案、处置保障、新闻发布、国际合作和法律体系等方面构建涉外突发事件应急处置机制。侯洪等从涉外突发公共事件中的媒体行为和舆论引导入手，认为在事件发展的不同阶段，媒体、公众、政府的互动关系都是存在的，媒体报道和舆论引导对于危机传播具有重大影响作用。梁国鹏以风险社会论、属人管辖论、人权理论以及预防、准备、应对、恢复四阶段理论等为研究基础，认为海外突发事件应急管理机制应具备预防预警、协调联动、信息共享、应急处置和资源配置功能，我国在建设海外突发事件应急管理机制上，需要加强应急管理法制建设，建设全方位、无死角的应急管理运行机制，加强海外突发事件应急管理机制运行的实施保障。

（四）网络舆情事件风险评估

随着社会经济和互联网的发展，网络平台逐渐成为民众表达自身想法、观点和立场的主流媒体。针对社会突发事件或者热点问题，广大网民在互联网上发表自身观点或立场，短时间内引发大量讨论与广泛传播，爆发网络舆情，具有一定的社会影响力，是社会舆情的直接体现。一些网络负面舆情信息若没有进行及时处理，在互联网上发酵之后会给社会稳定带来冲击，因此对网络舆情事件的风险评估十分重要。近年来，国内学者对网络舆情事件的成因、演化特征以及风险监测展开了广泛研究。

1. 网络舆情事件的成因及演化特征

国内多名学者对网络突发事件或社会热点问题引发的网络舆情的形成原因、演化过程进行了多个维度的分析。陈学智等分析了网络舆情的特点、成因及危机，认为政治经济发展带来的民主意识增强和网民规模迅速增长、社会热点问题的激发、虚假不良信息传播、新媒体时代到来是网络舆情事件形成的原因。田进等以"PX事件"为例，从舆情风险、公众情绪、意见领袖、媒介传播和议题建构五个维度，将交互式网络舆情的演变过程分为集结、共识、抗争和式微四个阶段。金鑫等对网络舆情传播过程的潜伏期、成长期、蔓延期、爆发期、衰退期和死亡期六个阶段分别进行了政府、媒体、意见领袖和网民自身四个维度的情感等特征分析。张芙睿以群体性事件的网络舆情为研究对象，归纳了近年来网络舆情事件的特点，从社会矛盾冲突、政府治理、网络治理和公众心理需求四个方面分析了网络群体性事件的形成原因，在此基础上分析了网络群体性事件的化解方案。

2. 网络舆情事件风险评估

对于网络舆情事件的风险评估，主要是运用层次分析法、德菲尔法、k-means聚类等数学模型对风险指标体系展开权威性验证，以及针对具体网络舆情事件进行风险预测。

张鑫等从舆情主体、舆情客体、传播媒介和舆情环境四个维度建立了反复性网络舆情事件的风险指标评估体系，采用德菲尔法和层次分析法对指标体系中的风险要素进行权重计算和重要性检验，为反复性网络舆情事件的风险评估提供了参考依据。梁冠华等构建了网络舆情演化周期中舆情潜伏期、舆情发生期、舆情持续期和舆情恢复期四个阶段的风险指标体系，利用层次分析法确定指标权重，并采用灰色统计法对舆情风险指标体系进行灰类评估，得出有显著影响的风险指标体系。凌丽使用德菲尔法通过专家问卷调查确定重特大安全事故网络舆情风险评估指标体系，使用层次分析法和帕累托分析法相结合对风险指标进行重要指标、次要指标和一般指标的归类。瞿志凯等从司法机关应急能力、媒体影响、网民评价能力三个维度建立了网络舆情视角下司法公信力风险预警评估指标体系，使用层次分析法对各层指标进行权重计算，并使用帕累托分析法获取风险指标体系中的主要因素。邓建高等从事件作用力、网媒作用力、网民作用力三个角度构建了负面网络舆情风险指标体系，并采用熵权法确定风险指标权重，基于灰色关联分析法计算舆情风险值，通过k-means聚类方法对负面网络舆情风险进行等级分类。

第二节 社会安全风险评估指标体系构建

一、风险评估体系构建原则

社会安全事件风险是指突发的社会安全事件的发生概率以及对社会安全的危害程度，此处的社会安全既包括人、物、场所的安全，也包括一种稳定的社会环境和秩序。针对特定社会安全风险需要建立评价指标体系，风险评估体系由表征评价对象各方面特性及其相互联系的多个指标构成的具有内在结构的有机整体。构建过程中需要遵循科学性、系统性、典型性、动态性和可比性原则。

（一）科学性原则

指标体系的构建必须客观反映社会安全的各种影响因素，以及各种影响因素之间的内在联系、本质和规律，不能完全通过人工干预、主观臆断等方式进行评估。科学性原则也包括要保证评价方法如调查手段、数学模型等的科学性，特别是对于监测预警评价指标体系中的定性指标，如果不采取严谨、科学的态度，就无法保证监测预警评价结论的可靠性。科学性还表现在定量指标综合评估方法的合理性，在评估前期通过量化、计算，对评估方法的灵敏度、准确度、一致性、有效性等进行验证，确定在同一评价标准下的最优风险评估模型，才能获得合理科学的综合评估方法。

（二）系统性原则

系统性指风险是多方面存在的，需要对风险评估体系进行分层级、分系统的详细解剖，研究体系与子体系间的相关关系和制约关系，彻底辨识对象的所有风险。社会安全是国家安全系统中的一个子系统，而其中恐怖袭击事件、群体性事件、经济安全事件、网络舆情事件是社会安全的重要组成部分。在构建社会安全风险评估体系时，体系层面需要能够体现出由指标向体系映射最终取得评估结果的层级结构，业务层面需要能够体现出社会与其他领域间传导、其他领域向社会领域传导、共同向国家安全传导的影响体系。在社会安全风险的恐怖袭击事件、群体性事件、经济安全事件、网络舆情事件等事件分类中，划定评价维度，每个评价维度又由多个指标构成，各个指标之间结构上相互独立又通过层级结构彼此联系，业务上相互正交又通过体系进行业务传导，最终构成了一个有机统一体。

(三) 典型性原则

典型性指风险在多个层面存在情况下，确保风险评估体系选取指标具有一定的典型代表性，尽可能准确反映出特定事件的特征，即使在减少指标数量的情况下，也要便于数据计算和提高结果的可靠性。与此同时，评价指标体系的设置、权重在各指标间的分配及评价标准的划分，应该与特定事件类型的社会经济环境相适应。在社会安全风险评估中，不同事件类型表现出不同典型特征。例如，恐怖袭击事件中时空属性及参与组织人员的特征较为典型，而网络舆情事件中更关注于传播热度、影响受众的特征较为典型。在系统性评价框架内，需要针对每一类特定事件进行典型特征分析，选择尽可能准确的特征。

(四) 动态性原则

由于社会安全具有动态变化性，随着国内外政治、经济、军事、外交、资源、科技及海外利益等方面的因素变化而动态变化，因此所选取的指标应当能够反映出这种动态变化，才能做到对社会安全风险的动态监测评估。随着时空变化，各类事件需要关注的内容有所迁移，如在各个时期内，网络舆情事件的影响力随着网络媒介形态的剧烈变化而具备不同评估特点，计算机上网时期上网存在一定门槛，舆情受众是特定、单一的，舆情制造者传播则是线性、单向的；移动设备上网时期，网民的主体地位与网络平台的媒介属性逐步提升，传受关系发生根本性变化，传播渠道的多元化使受众与传播者能够进行双向循环传播，因此需要进一步研究受众与传播者的关系才能动态评估网络舆情事件的影响力。此外，对于社会安全的评价需要通过选取一定时间尺度的指标才能反映出来，在指标的选取上，应该收集若干年度的变化数值，对长时间、长周期的数据进行量化，体现评价的动态有效性。

(五) 可比性原则

在指标的选取上，应注意在总体范围内的一致性，所选取的各个指标应能在评价对象之间进行比较。例如，不同国家、城市、民族、宗教等，包括指标含义、计算量度和计算方法等内容在评价对象之间应保持一致性，以保证评价结果的真实、客观，并且可用于不同评价对象之间的比较。指标的选取需要在一个量纲级别下进行量化，保证能用相适应的评估方法进行综合评价，评价结果具有可比性，计算过程具备收敛性。

二、风险评估体系组成部分

社会安全事件风险是事件发生的概率以及其发生后造成的损失结果的综合，可以通过风险评估和预警防范来控制风险。任何一起突发性社会安全事件的发生都不应简单视作仅仅为风险源异变或爆发的结果，其形成机理应当是由风险源的状态、管理控制的效果以及攻击目标的抗性共同作用的结果。社会安全事件风险爆发避免过程如图 2.1 所示。社会安全事件的发生是风险系统的各个部分依次作用的综合结果，流程机理大致分为三个过程：一是风险源所处的状态，主要分为正常和异常两种状态，因此需要进一步对风险源状态进行本底梳理；二是管理控制的有效性，在此过程中，如果管理控制有效，风险因子能够得到控制或无法接近攻击目标，社会安全事件就无法发生，如果管理控制失效，风险因子便会迅速扩散并发生作用，造成的伤害会放大；三是攻击目标的抗性，若攻击目标具有较强的抵抗能力，则能够避免遭受损害，若攻击目标无法抵抗，则损害结果会发生。

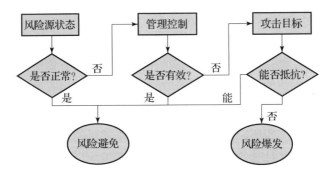

图 2.1　社会安全事件风险爆发避免过程框图

（一）社会安全风险源指标

风险源状态的变化是社会安全事件爆发的主要诱因，也是风险形成机理的起点，因此需要理清风险源因素相关指标。在实际案例中，社会安全事件的诱因有些是由行为人直接组织、策划并实施的，行为人因素是主要的风险源构成部分，如由涉恐分子组织策划实施恐怖袭击事件、部分行为人组织煽动的群体性事件、部分别有用心人员在网络发泄鼓动的网络舆情事件等；而在某些时刻，由于环境因素的积聚和变化，也会引发社会安全事件，如对国内外其他国家情况不满而发起的涉外突发事件等。风险源指标应包括个体威胁属性、群体威胁属性、重点危险行为、国内环境因素和境外环境因素等方面指标，如表2.1所列。

表 2.1　风险源

风险源属性	重点特征	特征指标
个体威胁属性	外表特征	性别
		年龄
		外貌特点
	文化特征	宗教信仰
		民族
	身份特征	受教育程度
		政治身份
		社会身份
		工作职业
	地域特征	常住地
		户籍城乡属性
		户籍所在地
	人口管理特征	是否为流动人口
		是否为重点人口
		违法犯罪情况
群体威胁属性	组织特征	组织规模
		组织结构
		指导思想
		发展趋势
		组织重点人物
		外界支持情况
		违法犯罪情况

风险源属性	重点特征	特征指标
重点危险行为	社交行为	异常社交行为
		交往重点人员
	交通轨迹	前往敏感地区次数
		来自敏感地区情况
		重点区域出现时长
	交易行为	交易行为
		货币兑换
		大额转账行为
	通信行为	与重点人员通话记录
		与重点人员邮件内容
		与重点人员短信内容
		移动社交软件登录情况
		通信录名单中重点人员数量
		信号出现于敏感区域
		新开通手机卡情况
	网络行为	异常浏览记录
		异常账号注册情况
		异常软件使用记录
		异常网站回复记录
		网络发布极端言论
	实际行为	线下发布威胁性语言
		线下聚集
		线下静坐
		线下鼓动挑衅
		线下恐怖袭击
		线下极端宗教
		线下非法入侵

续表

风险源属性	重点特征	特征指标
国内环境因素	社会保障	最低生活保障情况
		失业保障情况
		医疗保障情况
		弱势群体保障情况
		退伍军人保障情况
	生活成本	房价收入比
		恩格尔系数
		居民物价指数
	贫富差距	城镇失业率
		全国居民基尼系数
		贫困人口比例
		城乡收入差距
	民生安全	食品安全状况
		药品安全状况
		生态环境安全状况
		污染状况
		自然灾害
		极端天气
	政府治理	舆情状况
		政府公信力水平
		信息沟通渠道
		利益诉求机制
境外环境因素	国土环境	边境领土争端
		周边国家政局稳定
		海岸海岛争端
		跨境流域争端

风险源属性	重点特征	特征指标
境外环境因素	国际环境	国际环境平稳程度
		冲突话题热点状况
		敌对势力活跃状态
		友好国家局势

（二）社会安全管理控制指标

管理控制因素主要指以公安机关、国家安全机关、涉外机关为代表的应急管理部门对社会安全事件的预警防范和调控能力。根据社会安全事件风险机理分析得知，管理控制因素的主要作用点在于延缓风险源产生的风险因子，阻碍风险因子作用到攻击目标，从而实现社会安全事件的预警防范。因此，管理控制因素的主要作用点包括风险源以及风险源产生的风险因子向攻击目标扩散的路径，管理控制指标包括应急保障、技术支持、监测预警、应急响应、情报工作、预案防范、舆情控制及安全管理等，如表2.2所列。

表2.2 管理控制指标

风险源指标	重点特征	特征指标
应急保障	物资保障	国家战略物资保障
		生活必需品保障
		救灾物资保障
		专用应急物资与装备保障
	人员保障	专职应急人员保障
		应急专家保障
		社会应急组织
		志愿者保障
		军队武警保障
	应急管理	应急预案制度
		应急管理制度
		应急组织能力

续表

风险源指标	重点特征	特征指标
技术支持	技术保障	基础设施保障能力
		先进技术应用
		实时视频监测
		应急通信服务
		公众通信网络
	系统建设	专用应急响应系统
		应急常规值班系统
监测预警	风险监测	风险识别能力
		风险评估能力
		风险监测能力
	风险预警	风险预测能力
		风险告警能力
		风险控制能力
应急响应	应急响应	事件评估能力
		指挥协调能力
		应急处置能力
情报工作	情报收集	社会调查情报收集
		文本情报收集
		视/音频情报收集
	情报传递	情报发送渠道
		情报接收渠道
		情报传送渠道
		情报存储机制
	情报共享	情报共享有效性
		情报共享实时性
		情报共享安全性

风险源指标	重点特征	特征指标
预案防范	应急防范	现场控制能力
		重点区域防护能力
		社会组织安保参与能力
		涉事信息接触壁垒
舆情控制	舆情控制	舆情信息收集
		舆情安全事件通报
		舆情影响评估
		网络舆情监测
		新闻发布制度
		主流媒体宣传
安全管理	危险物品管理	民用爆炸物品管理
		危险化学品管理
		放射性物品管理
		枪支弹药管理
		管制刀具管理
		剧毒化学品管理

（三）社会安全潜在攻击目标指标

社会安全事件的攻击目标包括人、物、地等实体目标以及心理、舆论、媒体等感性作用目标，最终影响社会安全与稳定，甚至传导至其他领域，影响国家安全。攻击目标因素也是决定社会安全事件是否发生以及损失结果严重程度的重要因素，攻击目标因素具体包括攻击目标的脆弱性和攻击目标的吸引力及敏感性。潜在攻击目标指标包括攻击目标的脆弱性、吸引力及敏感性方面。攻击目标的脆弱性主要指的是攻击目标对于风险因子的抵抗能力，具体包括攻击目标的可识别性、攻击目标的可接近性、内在的危险性、危险抵抗能力、应急处突能力及安全防范教育水平等因素；攻击目标的吸引力及敏感性主要指的是攻击目标对于风险源的吸引程度，具体表现为政治敏感性和倾向性、社会影响程度、人口密度、目标重要程度等方面指标，如表2.3所列。

表 2.3　攻击目标指标表

风险源属性	重点特征	特征指标
脆弱性	攻击目标识别性	攻击目标识别性
	攻击目标可接近性	攻击目标可接近性
	内在的危险性	内在的危险性
	危险抵抗能力	危险抵抗能力
	应急处突能力	应急处突能力
	安全防范教育水平	安全防范教育水平
吸引力	政治敏感性和象征性	政治敏感性和象征性
	人员密集程度	人员密集程度
	宗教意义	宗教意义
	民族意义	民族意义
敏感性	目标重要程度	目标重要程度
	社会影响力程度	社会影响力程度
	国家安全影响程度	国家安全影响程度

三、风险评估体系指标量化方法

数据的量化描述是社会安全领域研究必不可少的部分。由于社会安全风险存在大量定性数据，包括来自社会调查、在线论坛、社交媒体等非结构化数据。对定性数据的分析需要消耗较多人力，需要针对文档、文本、视频等海量数据提出可供量化的内容。从方法来看，社会安全领域定性数据向定量数据转化主要包括评分（为特定的属性分配数字等级或分数）、情感分析（以定量的方式为定性数据中表达情感分配正负向数值，以强度作为定量依据）、文本分析（以定量方式汇总和统计文本信息内容）、自然语言处理（从语言中提取含义）。从数据科学分析和统计角度来看，定性数据的量化需要比定量数据更丰富的转换集，需要有明确定义和标准化过程，还需要能够验证。针对社会安全风险指标的量化，主要将从社会安全风险源指标、社会安全管理控制指标、社会安全潜在攻击目标指标三个方面展开，主要对指标的属性进行分析，方便后续进行评分、文本分析或自然语言处理等量化手段。

（一）社会安全风险源指标量化

社会安全风险源包括个体危险属性、群体威胁属性、重点危险行为、国内环境因素和境外环境因素等方面，针对这些指标，需要逐一进行量化描述，由定性转向定量，也为后续进行综合风险评估提供思路。

1. 外表特征指标量化

外表特征主要包括一个人的性别、年龄、面貌特征等主要指标。

1）指标定义

（1）性别，即生理性别，指基于人类的男性、女性、间性等特征的解剖学上的身体差异，是最为直接、明显的人的外表特征。

（2）年龄，人所生存的年数，表示个体组织结构和生理功能的实际衰老程度，能够在一定程度上体现在人的外表上。

（3）面貌特征，亦称相貌特征，是指个人识别的方法之一。由于每个人先天和后天生理发育状况的不同，特定人的面貌也表现出区别于他人的固有特征。

2）选取意义

根据2021年5月11日国家统计局发布的《第七次全国人口普查公报》显示，男性人口占51.24%；女性人口为占48.76%。总人口的男女性别比为105.07。但从犯罪率来看，2017年全国女性总犯罪占约9.31%，其中危害公共安全类占比远低于男性，因此需要对性别这一特征进行采纳关注。

同样地，不满18岁和60岁以上犯罪约占2.5%及2%，而超过83%的罪犯作案年龄在25~60岁区间，因此年龄作为外表特征也需要作进一步刻画。

人的面貌特有的基本形态是不会改变的，如头面部的大小、形状以及眼睛、鼻子、耳朵等都具有稳定性和特定性。研究人的面貌特征，有助于刑事侦察中犯罪人或犯罪嫌疑人的识别。

2. 指标量化情况

（1）针对性别，用男、女、间性等进行分类。

（2）针对年龄，可以参照《全国法院司法统计公报》中将年龄划分为不满18岁和18岁以上，不满25岁和25岁以上以及不满60岁和60岁以上等分类。

（3）针对面貌特征，可以依据脸、眼、眉、鼻、嘴、牙、身高、身材等进行量化描述，特征可以是一个或者几个，依据是否具备特点进行量化评价。

3. 文化特征指标量化

文化特征主要包括一个人的宗教信仰、民族等主要指标。

1）指标定义

（1）宗教信仰，属于一种特殊的社会意识形态和文化现象。宗教信仰作为一种独特的信仰形式，具备个体性、差异性、选择性和神圣性。基督教、伊斯兰教和佛教并称为世界三大宗教。

（2）民族，指在文化、语言、历史与其他人群在客观上有所区分的一群人，是伴随着社会进步、经济发展，由居住在同一地区的相关部落逐渐融合并形成的。中国国内所说的"中华民族"，具有国族的性质，是对当代中国境内56个民族的一个共同称呼。

2）选取意义

（1）我国实行宗教信仰自由政策，合法的全国性宗教团体可以在相关国家部门的批准下于特定时间在特定场所进行传教。宗教信仰与社会安全乃至国家安全息息相关。例如，宗教对教徒的精神控制就有可能导致教徒产生偏离社会甚至有悖于社会的不良行为，使社会动荡；宗教冲突也可能导致民族之间的冲突。长期的宗教信仰更容易形成保守的思维价值体系，更可能产生宿命论，采取更消极态度对待社会、逃避现实。因此，需要对宗教信仰这一特征进行采纳。

（2）民族在文化、语言、历史上具有高度一致性，同一民族还有极大可能信奉同一宗教信仰。由于民族地区自然生态环境恶劣、经济和社会发展较为落后，并且具有特殊的文化背景与地理环境，社会心理和社会保障系统不够完善，危机意识欠缺和社会控制系统脆弱，我国因民族问题的突发事件屡有产生。

3）指标量化情况

（1）针对宗教信仰，用宗教名称进行分类，根据宗教是一神教还是多神教、价值观利己还是利他等方面作进一步量化。

（2）针对民族，用民族名称进行分类，根据民族历史上形成的文化、语言、属地等方面作进一步量化。

4. 身份特征指标量化

身份特征主要包括一个人的受教育程度、政治身份、社会身份和工作职业等特征。

1）指标定义

（1）受教育程度，是个体受到教育的最高学历，指最后也是最高层次的一段学习经历，以经教育行政部门批准，实施学历教育，有国家认可的文凭颁发权力的学校及其他教育机构所颁发的学历证书为凭证。

（2）政治身份，表明一个在政治上的归属，是一个人的政治身份最直接的反映，是指一个人所参加的政党、政治团体，能间接表明本人的思想倾向、政治立场和政治观点。

（3）社会身份，指人在社会中的多重身份，个人身份认同是由社会所在各种人际关系的相关关联来界定的。个体不能以个人的意愿而随意变动，而要时时考虑自己的角色，关系往往以角色化来落实。

（4）工作职业，指个人所从事的服务于社会并作为主要生活来源的工作。

2）选取意义

（1）受教育程度在一定角度能反映个体在社会活动中参与的深入程度，随着受教育程度的逐步提高，个体逐步构建普世的人生观、价值观和世界观，在社会中自然参与到更多的社会分层分工，更能理解正常社会运作规律；反之则受限于知识水平，越可能持负面的态度对待社会分工，越可能成为影响社会稳定的因素。

（2）政治身份一般能体现政治主体对所处社会的政治系统的认可与归属程度，各个政党、团队中的个体对于政治体制、政党、自我政治身份、政治文化、政治政策、政治发展的认同会在一定程度上影响个人行为，进而产生影响社会稳定的事件。

（3）社会身份直接体现了个体在社会中的人际关系、关联深入程度、生活方式，相同或者相似的社会身份群体更能从对方那里获得等量的社会认同，简单、孤立的角色可能导致极端的社会行为，更渴望获得社会关注。

（4）工作职业能体现个体在社会中的工作参与程度，能够间接反映出个体在社会分工中的地位，与个体所处经济状态、工作环境都有直接关系，也和个体的受教育程度、社会身份、政治身份有一定的相关度。

3）指标量化情况

（1）针对受教育程度，以未接受教育、小学、初中、中专/高中、专科、本科、硕士研究生、博士研究生和博士后等进行分类。

（2）针对政治身份，国内主要包括中共党员、中共预备党员、共青团员、民盟盟员、民建会员和民进会员等政治身份类别。

（3）针对社会身份，根据德国社会学家马克思·韦伯的三维度划分、沃特等提出六个阶层划分，大致可以分为上上层、上下层、中上层、中下层、下上层和下下层。

（4）针对工作职业，可以根据《中华人民共和国职业分类大典》，将职业归为八个大类、66个种类、413个小类、1838个细类。

5. 地域特征指标量化

地域特征主要包括一个人的常住地、户籍所在地、户籍城乡属性等特征。

1）指标定义

（1）常住地，指在某人固定地点居住满一年以上，居住地则作为其住所地。根据《中华人民共和国户口登记条例》第六条规定，公民应当在经常居住的地方登记为常住人口，一个公民只能在一个地方登记为常住人口。

（2）户籍所在地，即人口的户籍所处的地方，一般是指出生时其父母户口登记的地方，通常是居民户口簿上的住址。户籍所在地与民族、宗教有一定的关联性。

（3）户籍城乡属性，是我国户籍制度中根据地域和家庭成员关系将户籍属性划分为农业户口和非农业户口。

2）选取意义

常住地、户籍所在地表明个体所在地域属性，户籍城乡属性表明个体的户口性质。我国经济发展存在着城乡发展不平衡和区域发展不平衡的问题：城乡方面，虽然我国城镇化逐年提高，城乡一体化发展全面推进，但是构建新型城乡关系，推进城乡融合经济发展差距仍然较大，县域经济发展仍然不足，城乡要素配置仍然不均衡，公共服务发展不平衡，城乡二元结构弊端仍然存在；区域方面，区域间发展不平衡、不协调、不可持续的格局尚未得到根本改变，欠发达地区与发达地区在经济总量指标和人均指标上存在差距，区域发展所面临的资源环境约束、自然环境禀赋不尽相同，区域发展差距仍然存在。在上述地域不平衡情况下，个体所在地域属性和户口性质将为综合评估个体的思想、行为动态提供一定的依据。

3）指标量化情况

常住地与户籍所在地的划分，根据《中华人民共和国户口登记条例》定义，城市和设有公安派出所的镇，以公安派出所管辖区为户口管辖区；乡和不设公安派出所的镇，以乡、镇管辖区为户口管辖区。乡、镇人民委员会和公安派出所为户口登记机关。对于常住地与户籍所在地，可按照省（直辖市、自治区、特别行政区）、市（区、自治州、盟）、区（县、旗）、街道（县、乡、镇、苏木）等进行分级分解。

户籍城乡属性分为农业户口与非农业户口。

6. 人口管理特征指标量化

人口管理特征主要包括一个人是否为流动人口、是否为重点人口以及违法犯罪情况等指标。

1）指标定义

（1）流动人口，指人户分离，人口中不包括市辖区内人户分离的人口，根据 2021 年 5 月 11 日第七次全国人口普查结果公布，中国流动人口为 37582 万人，其中跨省流动人口为 12484 万人。2021 年末，全国流动人口进一步达到 3.85 亿人。

（2）重点人口，指有危害国家安全或社会治安嫌疑，由公安机关重点管理的人员，重点人口管理是公安机关依据有关规定对危害活动嫌疑的人员实施重点管理的一项由内部掌握的基础工作。

（3）违法犯罪情况即在公安机关记录中，公民存在违法犯罪活动的信息，包括治安行政罚款、行政拘留、收容教育、收容教养、强制性隔离戒毒等行政决定，以及管制、拘役、有期徒刑、无期徒刑、死刑、罚金、没收财产、剥夺政治权利后被进行的刑事处罚决定。

2）选取意义

（1）流动人口相对于常住人口而言，通常在经济上处于劣势，心态上相对复杂，其合法权益不断受到侵犯，社会对其控制能力较弱，容易违法犯罪。流动人口犯罪呈现以团伙作案及以财产和暴力犯罪为主、犯罪活动具有流窜性、犯罪成员低龄化发展等特点。

（2）重点人口在公安内部进行管理，除了有明确危害国家安全和严重刑事犯罪人员外，还包括因矛盾纠纷激化有闹事行凶报复苗头、因故意违法犯罪被刑满释放不满五年、吸食毒品、有各种寻衅滋事前科以及恶性案件受害者家属等情况。重点人口本身已经有危害社会的行为发生，或者有较大可能实施危害社会秩序的行为，因此需要进一步关注。

（3）违法犯罪情况即公民实施违法犯罪后受到的行政决定以及刑事处罚决定。

3）指标量化情况

（1）流动人口即人户分离人口，其中不包括市辖区内人户分离的人口。

（2）重点人口即公安机关认定的有危害国家安全或社会治安嫌疑人员。

（3）违法犯罪情况即公民存在违法犯罪活动的信息。

7. 组织特征指标量化

组织特征主要包括群体、团体的组织规模、组织结构、指导思想、发展趋势、组织重点人物、外界支持情况和违法犯罪情况。

1）指标定义

组织一般具有一致的目标、统一的原则、资源的整合以及活动的协作。组织规模即组织的人员情况，一般为成员数量。组织结构即组织内部划分，是组织在职、责、权方面的动态结构体系，本质是为实现组织战略目标而采取的一种分工协作体系。指导思想为组织在一致性行动中的前提条件，包括组织在国际经济、社会、环境、文化、教育、卫生保健、科学、技术、人道主义和人权等方面的思想。发展趋势为组织在成立、发展、扩大等不同阶段的情况。组织重点人物是组织内处于较高层级、具备领导能力的人员信息，一般为组织内组织者、领导者和骨干成员。外界支持情况即境内外势力对于组织的物质、资金、人员支持的情况。违法犯罪情况是组织意图策划以暴力、威胁或其他手段开展违法和犯罪活动。

2）选取意义

组织的人员数量越多、联系程度越高，群体威胁属性程度就越高。社会行动体在确定组织形式后，组织指导思想进一步提高了组织的内聚力，通常对组织的群体行为效能产生促进作用。组织重点人物的领导方式，如专制、民主、放任都会对组织群体行为产生影响。外界支持情况则会影响组织在国际经济、社会、环境、文化、教育、卫生保健、科学、技术、人道主义和人权等方面的思想，甚至决定组织的指导思想。违法犯罪情况则明确表明组织威胁社会安全方面的行为。

3）指标量化情况

组织规模以组织内现有或潜在发展的人员计数进行计算。组织结构以等级层级、人员组织情况等进行量化。指导思想以对社会安全威胁程度、极端程度、政治倾向等方面进行量化评价。发展趋势以萌芽、起步、壮大、巅峰、下滑、消亡等阶段作为量化标准。组织重点人物以人员的领导力情况、犯罪情况等，参照个体危险属性进行综合量化。外界支持情况以是否接受境外势力、是否接受其他组织、是否接受官方机构等进行量化。违法犯罪情况以组织是否计划、实施相应的组织性违法犯罪活动进行量化。

8. 重点危险行为指标量化

行为因素指的是个体或组织的具体行为，内容包括社交行为、交通轨迹、交易行为、通信行为、网络行为和实际行为等。

1）指标定义

（1）社交行为一般分为境内和境外两个层次，具体表现为与重点人员的联系、与重点人员的亲属或利害关系、社交行为习惯的异常变化等。

（2）交通行为主要指行为人在敏感地区来往频次以及在重点区域出现的时长。

（3）交易行为的内容包括买卖行为、交易行为、货币兑换、大额转账行为等，具体表现在购买和实施与社会安全事件相关的武器或原材料、大量变卖物品、重点人员的金钱交易、与境内外洗钱团伙勾连大额转账、利用外汇监管漏洞实施大量外币兑换等。

（4）通信行为包括语音信息、文本信息和信号信息等部分。语音信息是与重点人员利用手机、计算机、移动社交软件进行语音通信；文本信息指的是行为人通信录及通信软件好友中涉及重点人员的姓名、数量、异常状况等，还包括与重点人员邮件、短信内容以及移动社交软件登录情况；信号信息指的是行为人的通信设备在特定场所的出现情况以及异常新开通手机卡情况。

（5）网络行为包括异常浏览记录、异常账号注册情况、异常软件使用记录、异常网站回复记录、网络发布极端言论等，具体表现为翻墙等异常软件的使用、翻墙后在非法软件进行注册、浏览、回复等，对违法违禁内容的浏览与发布。

（6）实际行为主要指线下进行危险极端行动，包括行为人在线下发布威胁性语言、聚集、静坐、鼓动挑衅、恐怖袭击、极端宗教行为和非法入侵等。

2）选取意义

从个体行为角度来看，行为人虽然尚未实施社会安全事件，但显现出仇视社会、亲日、亲美、鼓吹分裂等极端思想和行为端倪。端倪主要可以从个体是否有异常社交、异常交通轨迹、异常交易、异常通信、异常网络行为表现，部分会进一步采取实际行动来表达社会威胁。

3）指标量化情况

（1）针对社交行为，异常社交行为通过新使用移动社交软件、新结识重点人员等进行量化。交往重点人员情况则需要掌握个体与重点人员社交关系、亲缘属性、见面次数、见面频率、生活轨迹等方面对亲密程度进行量化。

（2）针对交通轨迹，通过计算前往敏感地区次数衡量其在敏感地区的轨迹情况。与个体常住地等属性相结合，对是否来自敏感地区进行量化评价。综合统计个体在一定时间内在重点区域停留时间作为重点区域出现时长。

（3）针对交易行为，买卖行为通过统计购买和实施与社会安全事件相关的武器或原材料、大量变卖物品等行为金额与次数进行量化。货币兑换通过外汇局等机关进行美元、日元、欧元等外币兑换金额进行量化。大额转账行为通过个体账号向境内外洗钱团伙的汇入、汇出金额及次数进行量化。

（4）针对通信行为，与重点人员通信分别通过统计与重点人员的通话、邮件、短信的频次和内容进行量化。移动社交软件登录情况通过统计个体在非法涉事移动社交软件安装、注册、登录情况进行量化。通信录名单中重点人员数量通过统计个体手机、移动社交账号内通信录名单中出现的重点人员个体姓名、数量、异常状况等进行量化。信号出现于敏感区域通过个体在敏感区域基站上注册次数、停留时长等进行量化。新开通手机卡情况通过掌握个体利用身份信息新开通手机卡的次数进行量化。

（5）针对网络行为，异常浏览记录、异常账号注册情况、异常软件使用记录、异常网站回复记录、网络发布极端言论通过在非法软件、论坛、网站上的浏览、注册、使用、回复、发布次数和内容进行量化。

（6）针对实际行为，统计行为人在线下发布威胁性语言、聚集、静坐、鼓动挑衅、恐怖袭击、极端宗教行为、非法入侵等次数进行量化。

9. 国内环境因素指标量化

国内环境因素指的是个体或组织所处国家的社会、民生、收入、宗教、政府等方面的环境因素，由于环境因素的积聚和变化，也会引发社会安全事件，如环境型群体性事件、涉外突发事件等。

1）指标定义

国内环境因素主要表现在环境污染、宗教信仰、征地拆迁、劳动纠纷等方面，具体的基本因素为国内最低生活保障情况、失业保障情况、医疗保障情况、弱势群体保障情况、退伍军人保障情况、房价收入比、恩格尔系数、居民物价指数、城镇失业率、全国居民基尼系数、贫困人口比例、城乡收入差距、少数民族地区认可度、宗教活动管理状态、食品安全状况、药品安全状况、生态环境安全状况、污染状况、自然灾害、极端天气、舆情状况、政府公信力水平、信息沟通渠道和利益诉求机制等。

2）选取意义

（1）从社会保障情况来看，最低生活保障是国家对于家庭人均收入低于当地政府的最低生活标准的人口给予的一定现金资助，以保障该家庭的成员基本生活所需的社会保障制度。失业保障情况是国家和社会对失业人员和家庭提供物质帮助和再就业服务的保障。医疗保障情况是国家利用医疗保障基金维护公民医疗保障合法权益规范。弱势群体保障情况是国家社会对转型期间人口结构复杂、人数庞大、急需关注的非常态群体的权利保障政策和行为。退伍军人保障情况则是维护退役军人在为国防和军队建设作出重要贡献后享有应有权利的保障政策和行为。上述保障覆盖方方面面的社会人员，一旦保障失措，各类人群与社会的矛盾加剧，极容易产生非理性、过激的恶性事件，成为影响社会稳定的严重社会问题。

（2）从生活成本情况来看，房价收入比、恩格尔系数、居民物价指数等反映个体社会维持生存所需要的物资，包括食品、能源、住房等价格情况，生活成本快速上升但收入没有明显增长的情况下，个体面临的压力会持续增加，可能造成一定的社会问题。

（3）从贫富差距来看，城镇失业率、全国居民基尼系数、贫困人口比例反映出个体在国家生活的质量，我国长期面临城乡二元结构、区域发展不均衡等影响因素，在经济快速发展的同时，部分人员已经正式迈入中等偏上收入人员行列，但仍有部分人口生活在中产阶级水平之下，贫富差距仍然停留在较高位置，对社会稳定结构产生风险。

（4）从民生安全来看，主要是食药环污等领域安全问题，以及遭遇自然灾害和极端天气下的居民生活保障问题。

（5）从政府治理来看，主要是涉及政府舆情状况、政府公信力是否良好、信息沟通渠道是否畅通、利益诉求机制是否执行等。这些机制能衡量政府在治理方面是否能满足社会、组织、家庭、个人的各方面期望。

3）指标量化情况

（1）从社会保障情况来看，最低生活保障金额和覆盖人群、医疗保障基金金额和覆盖人群、弱势群体保障金额和覆盖人群、退伍军人保障金额和覆盖人群分别进行量化。

（2）从生活成本情况来看，房价收入比、恩格尔系数、居民物价指数等是按照季度或者月度的宏观指标，直接可以作为量化结果。

（3）从贫富差距来看，城镇失业率、全国居民基尼系数、贫困人口比例是按照季度或者月度的宏观指标，直接可以作为量化结果。

（4）从民生安全来看，通过食药环污等领域安全问题通过领域发生重大事件和次数进行量化，发生自然灾害和极端天气次数和损失金额进行量化。

（5）从政府治理来看，通过涉及政府舆情状况、政府公信力是否良好、信息沟通渠道是否畅通、利益诉求机制是否执行等进行量化。

10. 境外环境因素指标量化

境外环境因素主要表现为贸易争端、主权争端、领土争端等国际矛盾以及国家环境的平稳程度、敌对势力的活跃状态、国际恐怖组织状况、国际宗教事务等。

1）指标定义

国土环境因素主要表现在边境领土争端、周边国家政局稳定、海岸海岛争端、跨境流域争端等方面，因为国家因领土、领空、领海、资源等产生争端情况。国际环境因素主要表现在国际环境平稳程度、冲突话题热点状况、敌对势力活跃状态、友好国家局势等方面，因为国际环境发生了巨大变化而传导影响国内。

2）选取意义

境外环境因素主要是衡量因为领土、领空、领海、资源等关键要素，区域内国家产生争端冲突，影响了社会动荡、经济衰退和政局稳定的情况。同时也存在国际环境不平稳、冲突频发、敌对势力活跃挑拨、友好国家局势紧张等方面因素，影响传导至国家的情况。

3）指标量化情况

按照边境领土争端、周边国家政局稳定、海岸海岛争端、跨境流域争端等事件发生频次与影响程度进行量化国土环境因素；按照国际环境平稳程度、冲突话题热点状况、敌对势力活跃状态、友好国家局势等分别分析量化国际环境因素。

（二）社会安全管理控制指标量化

管理控制因素主要指以公安机关为代表的应急管理部门对社会安全事件的预警防范和调控能力。根据社会安全事件风险机理分析得知，管理控制因素的主要作用点在于延缓风险因子，阻碍风险因子作用到攻击目标，从而实现社会安全事件的预警防范。管理控制因素的主要作用点包括风险源以及风险因子向攻击目标扩散的路径。根据其作用机理，其主要包括应急保障能力、技术保障能力、应急监测预警能力、应急响应能力、情报工作能力、应急防范能力和安全管理能力。

1. 指标定义

（1）物资保障方面，主要包括国家战略物资保障、生活必需品保障、救灾物资保障、专用应急物资与装备保障等。国家战略物资指对国计民生和国防具有重要作用的物质资料，主要包括重要性矿产原料、燃料、化工产品和农产品。生活必需品指普通人日常使用物品，包括洗漱用品、家居用品、装饰用品、化妆用品、炊事用品、床上用品和日常食品等。救灾物资指专项用于紧急抢救转移安置灾民和安排灾民生活的各类物资，包括饮用水、应急食品、压缩干粮、帐篷、被褥、新旧衣物、发电机、手电筒、燃油、消毒水和急救药品等。专用应急物资与装备包括防护服、绝缘鞋、安全帽、呼吸器、防毒面具、灭火器、空气呼吸器、防护手套、防尘口罩和滤毒罐等。

（2）人员保障方面，主要包括专职应急人员保障、应急专家保障、社会应急组织、志愿者保障和军队武警保障等。专职应急人员指对突然发生的公共事件造成或可能造成严重社会危害而对应制订应急方案的管理和执行人员。应急专家指应急处置、咨询服务、现场检查、评审评估、宣传培训等任务方面的专家。社会应急组织指社会层面应对突发事件、突发疾病、地质灾害、恐怖事件等自发组织起来的各类非政府组织、应急部门、单位、行业、公民等。志愿者指在自身条件许可情况下自愿参加服务于社会公益事业团队的人员。军队武警主要指担负国家赋予的安全保卫任务的部队，有内卫、机动、交通、海警等方面涉军力量。

（3）应急管理方面，主要包括针对应急的预案制度、管理制度和组织能力。预案制度指根据编制的基本预案、专项预案和特殊预案，科学规范应急资源、行动程序，最大限度地提高应急效率，实现应急的预期目标。政府的应急管理指以现行的法律、法规为依据，整合社会各方面的力量，构建一个应急管理主体流程。组织能力是将各个单位和各个层次的社会力量和社会资源，明确现场应对的职责、内容、规模、方式、空间和时间顺序，立即组织实施救援，不得拖延或推诿。

（4）技术支持方面，主要包括基础设施保障能力、先进技术应用、实时视频监测、应急通信服务、公众通信网络等保障以及专用应急响应系统、应急常规值班系统等系统建设情况。基础设施保障能力指对电力、交通、邮政、水力、燃气等基础设施方面的建设保障情况。先进技术应用是在先进技术框架下，利用资金和劳动力相结合在技术、生产、经济上统一整合情况，以应对突发应急事件。实时视频监测指利用图像处理技术、视频监控技术探测，对应急区域进行监视设防区域，实时显示、记录现场图像，检索和显示历史图像的电子系统或网络系统。应急通信服务指在出现自然的或人为的突发性紧急情况时，或重要节假日、重要会议等通信需求骤增时，综合利用各种通信资源、保障救援、紧急救助和必要通信所需的通信手段和方法。公众通信网络指网络服务商建设供公共用户使用的通信网络。专用应急响应系统是针对各种突发公共事件而建立的专用系统，包括 GIS 管理、资源库管理、预案管理、专家库管理、突发事件预警、应急响应、恢复评估、信息管理等系统。应急常规值班系统包括信息接报、信息上报、信息处理、处理监控、回见处理、初步研判、启动预案和信息简报等系统。

（5）监测预警方面，主要包括风险监测、风险识别、风险评估、风险预警、风险预测、风险告警和风险控制等过程要点及流程。

（6）应急响应方面，主要包括应急响应、事件评估、指挥协调、应急处置等过程要点及流程。

（7）情报工作方面，包括情报收集、情报传递、情报共享等方面的建设情况。情报收集指利用文献调查、搜索引擎和网络数据库、网站跟踪、实地调查和采集等手法，对社会调查、文本、视/音频等方面情报进行采集整编。情报传递指利用情报通道将情报由发生源传输给接受者的过程，包括发送、传送、接收、存储等过程。情报共享指利用局域网或广域网对搜集、存储和传播的情报进行协调、共用的过程，情报共享强调实时性和安全性。

（8）应急防范方面，主要针对应急现场，对现场控制、重点区域防护、社会组织安保参与和涉事信息接触壁垒等方面进行防控。现场控制需要进一步明确现场应对的职责、内容、规模、方式、空间和时间顺序等，组织实施救援、管制、抓捕、谈判等现场工作。重点区域防护指针对应急区域，通过非机动手段降低乃至避免人员、武器、装备和设施受伤和损坏的行动情况。社会组织安保参与指社会力量对现场进行社会治安联防。涉事信息接触壁垒指对特殊突发事件，暂缓进行涉事信息公布的情况下先行建立的信息隔离情况。

（9）舆情控制方面，主要包括舆情信息收集、舆情安全事件通报、舆情影响评估、网络舆情监测、新闻发布制度和主流媒体宣传等过程和要点。

（10）安全管理方面，主要包括危险品管理和安全管理制度建设情况。危险品管理包括对民用爆炸品、危险及剧毒化学品、放射性物品、枪支弹药及管制刀具的管理。具体体现在：对民用爆炸品的生产、运输、销售、购买、储存等方面的管理情况，以及对违反民用爆炸物品安全管理相关的法律法规责任；对危险化学品的分类和安全防范措施，相关物品泄漏事故的安全处置情况以及公安机关对于危险化学品的安全管理职责划分；对剧毒、有毒、无毒化学品的分级情况，以及公安机关对于剧毒化学品的安全管理情况；对放射性物品的危害及防护规定情况，以及放射性物品的安全管理、事故处理情况；枪支弹药管理机构和管理范围、配备与配置、日常管理、使用管理和法律责任情况；对管制刀具的分类与管理，对弓、弩、弹簧刀等物品的处置管理情况。

2. 选取意义

随着现代化和城市化建设步伐的加快，我国已经步入经济和社会的转型期，生产力发展的不均衡、公共安全保障基础薄弱与高速发展的矛盾越来越突出，各种不安定因素增多，导致各种突发事件的发生频率、速度和影响不断增加。社会的稳定和发展是社会主义现代化建设的客观要求，要保证社会稳定和发展，就必须对引发社会问题的应急事件进行有效的预警、防范、治理和分析，从社会现象的征兆做出评价和预测，并及时作出告警。从保障情况来看，应急管理、安全管理是应对的制度支撑，物资、人员、技术、情报是应对的基础保障，监测预警是应急应对的分析过程，应急响应、舆情控制是应对的主要步骤，应急防范则是避免应急事件发生的支撑。

3. 指标量化情况

（1）物资保障方面，从国家战略物资保障、生活必需品保障、救灾物资保障、专用应急物资与装备保障等物资生产、存储、采购、供应情况等进行量化评估。

（2）人员保障方面，从专职应急人员保障、应急专家保障、社会应急组织、志愿者保障、军队武警保障等人员的组织、咨询服务、现场支援、响应时效等进行量化评估。

（3）应急管理方面，应急的预案制度从预案制定情况、应急资源调度情况、行动程序合规情况、应急实施效率情况和应急预期目标达成情况进行量化评估，管理制度从应急法律法规利用情况、应急主体确定流程、应急职责划分等方面进行量化评估。应急组织能力从社会力量整合情况、应急队伍管理培训、管理部门权责划分等方面进行量化评估。

（4）技术支持方面，从基础设施保障、先进技术应用、实时视频监测、应急通信服务、公众通信网络等技术保障支撑情况进行量化评估；从专用应急响应系统、应急常规值班系统等系统建设情况进行量化评估。

（5）监测预警方面，从风险监测、风险识别、风险评估、风险预警、风险预测、风险告警、风险控制等过程实施情况进行量化评估。

（6）应急响应方面，从应急响应、事件评估、指挥协调、应急处置等过程实施情况进行量化评估。

（7）情报工作方面，从情报收集、情报传递、情报共享等方面的建设情况进行量化评估。

（8）应急防范方面，从现场控制、重点区域防护、社会组织安保参与和涉事信息接触壁垒等方面防控力度、实施效果、参与程度等进行量化评估。

（9）舆情控制方面，从舆情信息收集、舆情安全事件通报、舆情影响评估、网络舆情监测、新闻发布制度、主流媒体宣传等过程实施情况进行量化评估。

（10）安全管理方面，从民用爆炸品、危险及剧毒化学品、放射性物品、枪支弹药及管制刀具的分类分级、安全管理、安全防范、处置管理等方面情况进行量化评估。

（三）社会安全潜在攻击目标指标量化

社会安全事件的攻击目标包括人、物以及和谐的社会状态，攻击目标因素也是决定社会安全事件是否发生以及损失结果严重程度的重要因素。

攻击目标因素具体包括攻击目标的脆弱性和攻击目标的吸引力及敏感性。

1. 指标定义

攻击目标的脆弱性主要指攻击目标对于风险因子的抵抗能力，具体包括攻击目标的可识别性、攻击目标的可接近性、内在的危险性、危险抵抗能力、应急处突能力及安全防范教育水平等因素；攻击目标的吸引力及敏感性主要指攻击目标对于风险源的吸引程度，具体表现为政治敏感性和象征性、宗教与民族意义、社会影响程度、人员密集程度、目标重要程度和国家安全影响程度等因素。

2. 选取意义

攻击目标的抗性，若攻击目标具有较强的抵抗能力，则能够避免遭受损害，若攻击目标无法抵抗，则损害结果发生。攻击目标的脆弱性是突发事件的关键因素，如果攻击目标极容易识别或接近，则相关风险源能最快速找到攻击目标；如果攻击目标在情绪、信仰、身份等方面具有不稳定特点，则可能诱发内在的危险性，变成风险源的一部分；攻击目标的危险抵抗能力、应急处突能力及安全防范教育水平则能作为后手，抵御风险源实施行动。攻击目标的吸引力表现在实施行动需要一定的政治意义、宗教意义、民族意义等作为破坏社会稳定的基础，需要人员密集来扩大影响。攻击目标的敏感性表现在目标重要程度、社会影响力程度、国家安全影响程度等，达到重大突发事件的广泛影响。

3. 指标量化情况

攻击目标的可识别性、攻击目标的可接近性、内在的危险性、危险抵抗能力、应急处突能力及安全防范教育水平等按照脆弱性水平进行量化评估，可识别性越高、可接近性越容易、内在的危险性越高、危险抵抗能力越低、应急处突能力越低、安全防范教育水平越低，则脆弱性水平越高，反之可识别性越低、可接近性越困难、内在的危险性越低、危险抵抗能力越高、应急处突能力越高、安全防范教育水平越高，则脆弱性水平越低。

攻击目标的吸引力通过政治意义、宗教意义、民族意义、人员密集程度进行量化评估，如果政治意义、宗教意义、民族意义越大，人员密集程度越高，则攻击目标的吸引力越大，如果政治意义、宗教意义、民族意义越小，人员密集程度越低，则攻击目标的吸引力越小。

攻击目标的敏感性通过目标重要程度、社会影响力程度、国家安全影响程度等进行量化评估，如果目标重要程度、社会影响力程度、国家安全影响程度越高，则攻击目标的敏感性越高，如果目标重要程度、社会影响力程度、国家安全影响程度越低，则攻击目标的敏感性越低。

第三节　社会安全风险评估方法

一、传统评估方法

（一）模糊综合评估法

模糊综合评价法根据模糊数学的思想对受到多因素制约的事物或对象做出一个定量评价，运用于风险评估领域，可对风险发生的可能性或者风险的严重程度进行评估。

1. 构建多层次评价模型

将事物评价所涉及的因素进行划分，可设定多级评价因素：第一层级为待评价的对象，即根节点；第二层级为根节点的评价对象所涉及的主要因素划分。从第二层开始，可根据需求，将该层次的评价因素作为父节点，对其进行再细一层级的因素划分，直到完成多层次评价模型的构建。

2. 确定评价集合

对模型中的评价因素设立评价标准，评价标准中可包含多个等级，如优、良、中、差，从而构成一个评价集合 V。

3. 确定每层评价因素的权重

确定评价模型中每一层次评价因素的权重，每一层次的评价因素对于其上一层次的父节点都有对应的一个权重，从而构成多组权重向量矩阵 A_i。常用的确定权重的方法有层次分析法、德尔菲法、加权平均法和专家评估法。

4. 低层级模糊综合评价

从评价模型的最低层级开始，逐层向前对其父节点评价因素进行定量评价。通过专家打分确定最低层级评价因素对评价集合 V 中各个评价等级的隶属度，每一个评价因素都对应一个评价隶属度集合，将父节点相同的评价因素划分为一组，构成多组评价因素的模糊评价矩阵 R_i。

对于最低层级的多组评价因素，可通过 $B_i = A_i \cdot R_i$ 计算得出其父节点评价因素的评估结果隶属度集合，即评估结果向量矩阵，A_i 为该层所有评价因素的权重向量矩阵。

5. 高层次模糊综合评价

除对最低一层级的父节点进行模糊评价外，其余层次评价因素的评价结果通过该节点下的所有子节点构成的评价因素权重矩阵 A_i，与所有子节点的模糊评价结果向量矩阵构成的矩阵 C_i 做运算 $A_i \cdot C_i$ 可得。当低层次所有的评价因素的评价结果依次向前归纳，直到根节点，得到根节点的模糊综合评价结果，取隶属度最大的评价结果为最终的评估结果。

(二) 层次分析法

层次分析法应用于风险评估领域，可以确定风险指标体系中各个层次的风险指标的权重。

1. 建立层次结构模型

根据决策目标将影响决策的因素根据实际情况划分为不同层次，每个层次又包括若干个因素。层次结构模型包括最高层、中间层和最低层。最高层是目标层，即决策目标；中间层是准则层，即决策时要考虑的因素，可包含多个层次；最低层是方案层，包含决策的所有备选方案。除最高层和最低层外，每一层次都对其下一个层次具有影响作用，直至传导到最低的方案层。

2. 构造判断矩阵

根据 Santy 等提出的一致矩阵法中的 9 个标度，对同一层次的 n 个因素进行两两比较并人为打分，打分结果构成 n 阶判断矩阵 A，矩阵中的元素 a_{ij} 表示第 i 个元素相对于第 j 个元素的重要性打分，矩阵 A 具有以下性质，即

$$a_{ij} = \frac{1}{a_{ji}}$$

Santy 提出的 9 个标度如表 2.4 所列。

表 2.4 判断矩阵标度表

标度	含义
1	表示两个因素相比，具有同样的重要性
3	表示两个因素相比，一个因素比另一个因素稍微重要
5	表示两个因素相比，一个因素比另一个因素明显重要
7	表示两个因素相比，一个因素比另一个因素强烈重要
9	表示两个因素相比，一个因素比另一个因素极端重要
2, 4, 6, 8	上述两相邻判断的中值

3. 层次单排序

层次单排序即层次结构模型中某一层次的所有元素对于上一层次某一个元素的相对重要性权值排序。相对重要性权值排序的得出前提是该判别矩阵需要通过一致性检验，即该矩阵的不一致性在允许的范围内。若矩阵通过一致性检验，则将该矩阵最大特征值对应的特征向量进行归一化，取归一化后的向量作为层次单排序的权向量，代表该层次所有元素的相对重要性权值。

n 阶互反阵的最大特征根 $\lambda \geq n$，当 $\lambda = n$ 时，A 为一致性矩阵。其余情况，可以根据一致性指标来判断对矩阵进行一致性检验，即

$$CI = \frac{\lambda - n}{n - 1}$$

式中：λ 为判别矩阵 A 的最大特征根；n 为矩阵 A 的阶数。若 $CI = 0$，则表示矩阵 A 完全一致；CI 越接近于 0，表示 A 越趋于一致；CI 越远离 0，表示 A 的不一致性越严重。

CI 的大小可根据随机一致性指标 RI 来衡量，得出一致性比率 CR，即

$$CR = \frac{CI}{RI}$$

式中：$RI = \dfrac{CI_1 + CI_2 + \cdots + CI_n}{n}$；$n$ 为构造矩阵的阶数。RI 可查表取得（表 2.5），一般 n 越大，构造矩阵出现一致性偏差的可能性越大。

表 2.5 随机一致性指标 RI 表

矩阵阶数 n	1	2	3	4	5	6	7	8	9	10
RI	0	0	0.58	0.90	1.12	1.24	1.32	1.41	1.45	1.49

如果 $CR < 0.1$，该构造矩阵通过一致性检验；否则重新构造判断矩阵并检验其一致性。

4. 层次总排序

层次总排序即计算某一层次的所有元素对于最高层元素（最终目标）的相对重要性权值排序，层次总排序是从上层到下层逐层计算的，直至方案层，得出方案层各个元素的重要性权值排序，做出决策。具体过程如下：

假设 B 层 m 个元素 B_1，B_2，$\cdots$，B_m 对最终目标 Z 的排序为 b_1，b_2，$\cdots$，b_m，C 层某个元素 C_i 对上层 B 中的 m 个元素的层次单排序为 c_{i1}，c_{i2}，$\cdots$，

c_{im}，则 C_i 的层次总排序为 $\sum_j^m b_j c_{ij}$。

最终得出方案层各个元素的层次总排序权值，可选取权值最大的元素作为最终决策结果。

(三) 基于灰色理论评估方法

灰色系统理论是关于信息不完全或者不确定系统的控制理论，由我国著名学者、华中理工大学的邓聚龙教授于 1982 年创立，该理论以"小样本""贫信息"的不确定系统为研究对象，运用灰色聚类、灰色关联度等相关方法，对系统中已明确的信息进行研究，解释整个系统运行的原理，了解系统运行的规律。在风险评估中，灰色理论常用于对一个系统或项目的风险等级进行评估，基于灰色白化权函数的灰类统计评估便是经常使用的方法之一。

1. 建立风险评估指标体系

面向待评估的项目，建立风险评估指标体系，指标体系为树型结构，根节点为评估目标，每一层的子节点为涉及的各类风险因素。风险评估指标体系建立好后，可使用层次分析法或其他常用的确定权重方法，计算出指标体系中所有父节点下的风险因素的权重。

2. 专家评分

将风险划分为 q 个风险等级，采用专家评估打分的形式对风险指标体系中的底层指标进行风险等级评估，将专家的评分结果进行量化，得到专家评分样本矩阵 A，矩阵中的每个元素 a_{ij} 为评估对象（专家）i 对指标 j 的评分。

3. 建立白化权函数

根据风险等级，可将底层指标相应地分为 q 个灰类，将第 j 个指标的第 k 灰类的白化权函数记为 $f_j^k(x)$，白化权函数是用来定量地描述一个指标隶属于某个灰类的程度。白化权函数分为典型白化权函数、下限测度白化权函数、适中白化权函数和上限测度白化权函数四种，可根据每个目标的具体情况，确定其白化权函数的类型以及相应的转折点。

4. 底层指标的灰类统计评估

（1）计算指标 j 属于第 k 个灰类白化值的全局和，即

$$s_{jk} = \sum_{i=1}^m f_j^k(a_{ij})$$

式中：a_{ij} 为评估样本矩阵 A 的元素；m 为矩阵 A 的行数，即评估对象的个数。

（2）计算指标 j 的灰类全局和 s_j，即

$$s_j = \sum_{k=1}^{q} s_{jk}$$

（3）评估指标 j 属于第 k 类风险等级的评估值为

$$\sigma_{jk} = \frac{s_{jk}}{s_{jk}}$$

（4）指标 j 的灰色评价权向量为 $\boldsymbol{\sigma}_j = (\sigma_{j1}, \sigma_{j2}, \cdots, \sigma_{jq})$，由于将风险划分为 q 个等级，所以将其赋值组成向量 $U = (1, 2, \cdots, q)$，则该指标的风险评估值为 $V = U^{\mathrm{T}} * \boldsymbol{\sigma}_j$，根据 V 的大小可以确定该指标所属的风险等级。

（5）重复步骤（1）~（4），得到指标 j 的父节点下所有子节点的灰色评价权向量，构成灰色评价矩阵 $\boldsymbol{R}$。

5. 高层级灰类综合评估

除最底层指标外，其余层级指标的灰色评价权向量 $\boldsymbol{\sigma}$，都可通过其下一层级所有子节点指标构成的权重向量 $\boldsymbol{W}$ 和风险矩阵 $\boldsymbol{R}$ 的乘积 $\boldsymbol{\sigma} = \boldsymbol{W} \cdot \boldsymbol{R}$ 获得，进而通过 $V = U^{\mathrm{T}} \cdot \boldsymbol{\sigma}_j$，得到该指标的风险评估等级。该指标父节点下的所有子节点的灰色评价权向量构成灰色评价矩阵 $\boldsymbol{R}$，依次到根节点，计算出目标层的风险评估等级。

二、智能评估方法

（一）基于贝叶斯网络的评估方法

贝叶斯网络是一种基于概率推理的不定性因果关联模型，能够在数据不完整或者信息不准确的情况下，对事件内部各个要素间复杂的逻辑关系进行建模，有效预测该事件的发生概率，或者对该事件进行风险评估，且能够适应网络中各个节点的动态变化，在动态环境下确保准确性。

运用到风险评估领域，可以根据风险指标体系建立贝叶斯网络模型。贝叶斯网络包括有向无环图和条件概率分布表两部分。有向无环图由代表变量的节点及连接这些节点的有向边构成，有向边可以表示节点之间的逻辑关系，体现了贝叶斯网络定性分析作用，如图 2.2 所示。节点主要包括目标节点、中间节点、证据节点三种。目标节点表示风险评估的最终目标，其发生概率是贝叶斯网络计算输出的最终结果，可以辅助后续决策；证据节点由最底层的风险指标

构成；中间节点由中间层级风险指标构成，起到连接目标节点和证据节点的
作用。

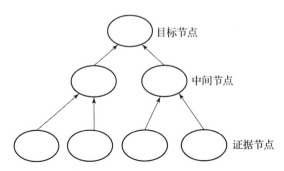

图2.2　贝叶斯网络节点图

贝叶斯网络中每一个节点都有其对应的条件概率表，表示不同条件下，该
节点类似"发生"或者"不发生"两种对立情况的概率。证据节点的条件概
率使用先验概率来表示，中间节点和目标节点的条件概率表存储此节点对于其
所有直接前驱节点的联合条件概率，由后验概率表示。简单情况下，贝叶斯网
络可以由专家人工构造，复杂的贝叶斯网络则需从大量数据中学习网络结构和
条件概率表分布情况。

贝叶斯公式体现了先验概率、条件概率与后验概率三者间的数学逻辑
关系。

$$p(A_i \mid B) = \frac{p(B \mid A_i)p(A_i)}{\sum\limits_{j=1}^{n} p(B \mid A_j)p(A_j)}$$

式中：$p(A_i)$ 为节点 A_i 的先验概率；$p(B \mid A_i)$ 为父节点 B 的条件概率；$p(A_i \mid B)$ 为节点 A_i 的后验概率。

使用贝叶斯网络进行风险评估的步骤大致如下。

（1）基于风险评估指标体系，根据各层级指标间的关联关系，构建贝叶
斯网络结构模型。贝叶斯网络结构模型中，风险由最底层指标节点向中间节
点，再向目标节点逐层传导，如图2.3所示。R 表示风险评估目标，V 表示中
间层级的风险指标，S 表示最底层的风险指标。

（2）根据样本数据与专家意见，确定证据节点，即最底层风险指标的先
验概率。

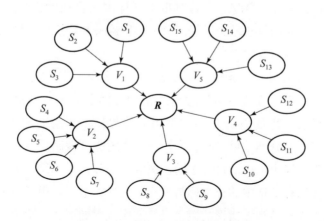

图 2.3　贝叶斯网络结构模型

（3）通过专家人工构造或者利用贝叶斯推理算法，推测中间节点在不同条件下的条件概率分布。

（4）基于贝叶斯公式，根据证据节点的先验概率以及中间节点的条件概率，计算出目标节点的风险概率。

（二）基于随机森林的评估方法

随机森林算法是最早由 Breiman 提出的一种集成机器学习方法，随机森林包含多个相互独立的决策树，每棵决策树都是一个分类器，能够输出自己的分类结果，选取分类结果出现最多的作为最终的分类结果，避免了由于单棵决策树分类规则复杂而引发过度拟合现象。

随机森林算法在存在噪声数据和缺失数据的情况下具有较好的稳定性，运用到风险评估领域，随机森林算法可以实现指标重要性的排序，辅助构建风险指标体系，还可以根据风险数据对评估目标进行风险等级的分类。

随机森林算法主要是由决策树和 Bagging 算法两者相结合形成的，随机森林具有样本选择随机性和属性选择随机性的特点。决策树为树型结构，包含根节点、内部节点和叶子节点，可以根据特征属性对数据进行分类或回归。其中根节点包含还未经过任何分类的原始样本数据；样本数据可根据特征属性逐层划分到子节点中；叶子节点是样本数据的最终分类结果。构建决策树时需要从一系列特征属性中找到最优分类属性，使所有非叶子节点的数据尽量划分到同一个类别，即分类结果纯度越高越好。Bagging 算法是指有放回地从总体样本数据集合中进行抽样，并保证每次抽取的子样本集合规模相同。Bagging 算法可与其他分类、回归算法结合，提高分类的准确率和稳定性，同时通过降低结果的方差，避免过拟合的发生。

1. 随机森林实现特征属性选取的过程

特征属性的重要度排序可以根据"平均准确度下降"的思想来实现，即如果随机打乱某个特征 D 排序后，使用袋外数据预测的准确率大幅度降低，则该特征对于样本分类结果具有较大影响，重要程度偏高。

在构建每一棵决策树的过程中随机选取了部分样本，约有 1/3 的样本没有被选中，这些没有被选中的样本称为该树的袋外样本，可用于模型预测，袋外误差则是袋外样本被预测错误的概率。其选取流程如图 2.4 所示。

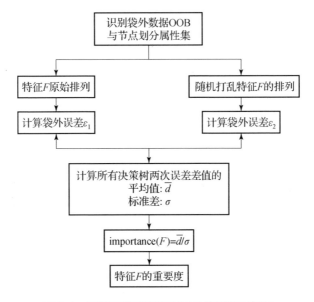

图 2.4　随机森林实现特征属性选取流程框图

（1）假设初始样本特征集合为 $\{D_1, D_2, D_3, \cdots, D_n\}$，将此样本集合作为第一轮特征候选子集，使用袋外数据计算每棵决策树的误差 ε。

（2）随机打乱某个特征 D 的顺序，重新计算每棵决策树袋外误差 ε'，并计算两次误差的差值 $c = \varepsilon' - \varepsilon$。

（3）计算所有决策树差值的平均值 e 和标准差 σ。

（4）特征 D 的重要度通过 e/σ 可得，计算出每个特征属性的重要度并排序。

（5）从当前特征集合中删除最不重要的特征，剩余 $n-1$ 个特征作为第二轮候选子集。重复前述操作，直至最后一个特征。

（6）如果第 i 轮特征子集的误差最小，则将此集合中的特征属性作为最优特征属性集输出。

2. 随机森林算法进行风险分类评估的过程

（1）样本随机选择。构造每棵决策树时，每次有放回地从总体样本中抽取相同规模的数据，每个样本被抽中的概率是相同的。

（2）随机属性选择。构造决策树过程中，决策树分裂时从该节点 m 个属性中随机抽取包含 n 个属性的子集，再从属性子集中找到最优分类属性进行划分。每棵树在构建过程中随机生成的分类属性很难相同，增强了决策树之间的独立性。

（3）构建决策树。可以根据基尼系数完成决策树的构建，基尼系数越小，则代表所构建的决策树分类结果的纯度越高。随机森林算法中，决策树的数量过少会造成分类或回归结果存在较大误差，分类性能较差；决策树过多，增加了模型复杂度与计算的时间成本，泛化能力差。决策树的数量可通过试探法确定。

（4）结果输出。决策树构建好后，输入测试数据，可以使用线性集成方法对随机森林中所有决策树的分类结果进行投票，每棵决策树占一票，获得票数最多的分类结果即为随机森林算法的输出类别。

（5）模型评估。随机选择样本时，约有 1/3 的数据一次也未被抽中，被称为"袋外数据"。袋外数据可直接用于测试评估模型。

三、风险评估方法比较

风险评估研究的关键是评估分析方法的选择与确定，选择合适的评估方法关系到评估结果的科学性和准确性，因此在选择时需要综合考虑各个评估方法的特点、适用范围以及评估对象的特点来确定。熵权法、层次分析法、模糊综合评价法、灰色理论评估法、贝叶斯网络法和随机森林法对比分析如表2.6所列。

表 2.6　风险评估方法对比

风险评估方法	特点		适用范围
熵权法	优点	深刻反映指标的区分能力、赋权更加客观、算法简单	结合一定的专家打分法共同确定指标的权重，确定权重前需要对非极性的指标进行预处理或剔除
	缺点	无法考虑到指标与指标之间的横向影响，对样本依赖性大，可能出现权重失真的情况	
层次分析法	优点	兼顾了定性分析和定量分析，实现主观性和客观性的统一	适用于无结构特性系统的指标权重确定；当数据信息较少，以及侧重于定性分析时较多被应用
	缺点	评估指标因素较多时，结果的一致性需要经过多重讨论，过程较为复杂	
模糊综合评价法	优点	能够有效处理边界不明确、数据难以获取的定量指标，实现定性分析与定量分析的转换	适用于评估影响因素较多，且因果关系较为复杂的系统
	缺点	无法有效处理各个指标之间的重复信息，准确性难以得到保证	
灰色理论评估法	优点	计算方法简单、准确性较高	适用于评估过程中存在信息不完备、不全面、不充分的情况
	缺点	依赖白权化函数，而白权化函数较难确定	
贝叶斯网络法	优点	能够处理不完全的信息，可将对象的因果关系纳入分析	适用于指标因素较多，无法准确获取充足信息，需要进行概率分析并解释推理过程的分析
	缺点	需要确定先验概率，而先验概率难以准确确定	
随机森林法	优点	能够确定特征的优先级，具有自我学习和容错能力	适用于非线性、较为复杂的系统分析，不需要对推理过程进行解释的评估
	缺点	构建决策树一些指标会被剪枝、依赖于充足的数据进行训练	

对典型的社会安全事件进行风险评估时，一般具有以下特点：

（1）数据不完全、信息不明确；

（2）需要借助主观经验对风险因素进行模糊评价，并将模糊评价定量处理；

（3）涉及多方面的风险指标，需确定各个指标的权重。

结合社会安全事件风险评估特点以及各个模型的优、缺点，可以确定以下两种评估方案。

（1）当所需评估的社会安全事件涉及的风险指标结构较为单一时，可以选取层次分析法确定指标风险体系的各级权重，在此基础上选取模糊综合评价法评价各级指标风险，并逐级向前推导，最终确定事件发生的风险概率值。

（2）当所需评估的社会安全事件涉及的风险指标较多、结构比较复杂时，使用层次分析法确定各指标权重，需要经过多次打分和计算，较为繁琐。这种情况下，可以选择贝叶斯网络法，在专家打分的基础上确定各指标的先验概率，利用相关软件计算出社会安全事件发生或者造成危害等级程度的风险评估结果。当其中一个指标节点的先验概率发生变化时，贝叶斯网络可以动态调整，重新进行风险评估的相关计算。

第四节　面向特定区域的社会安全风险评估

一、特定区域风险概述

根据第一章的论述，社会安全不仅仅是狭义的社会保障体系，而且是人民群众生活稳定、经济社会平稳发展、国家政治体制安定的基础。

从国外角度来看，国家是最主要的行为体，民族国家的概念逐渐弱化，对于社会安全的整体评价将重点关注国家层面风险。对我国而言，最需要关注的区域是"一带一路"沿线国家。"一带一路"沿线国家面临日趋严重的社会风险，如近年来巴基斯坦恐怖袭击频发，恐袭呈现上升趋势，袭击手段和方式多样，恐怖主义造成的负面影响惨重，以"俾路支解放军"为代表的恐怖组织甚至出现针对我驻外企业和人员的恐怖袭击活动，以获得更大的社会影响；埃及冲突不断，经济水平呈现衰退趋势，可能引发国家政局动乱，影响我国境外项目的正常发展和境外人员的人身安全。

从国内角度来看，近年来由于我国城镇化的速度较快，各方面发展出现不同程度的不协调和不均衡，快速城镇化进程中产生的城镇发展自身不可避免的问题以及各种因素不协调引发的社会问题、社会冲突并存，使城镇化进程运行处于一种高风险状态。在城镇化进程中，直辖市或特别行政区、计划单列市、副省级城市、省会城市、区域强市在人口迁移、产业转移、劳动力交流上具备主导性，对当地政府以及管理者治理能力的巨大挑战和考验，是需要关注的特定区域。

（一）国外重点区域风险

"一带一路"共建国家处于大国博弈、恐怖主义威胁、地缘政治冲突的地区，随着全球恐怖主义活动进入"恐怖主义 3.0 时代"，"一带一路"共建国家面临着更为多元复杂的风险威胁，其中暴力恐怖袭击、严重暴力犯罪、示威游行事件、突出违法犯罪问题等社会安全风险尤为突出。从 2019 年发生的斯里兰卡连环恐怖爆炸事件来看，恐怖主义威胁不仅没有减缓的倾向，而且出现了新的发展趋势，"一带一路"共建国家出现的政局动荡、游行示威潮等问题又严重加剧了我国海外利益面临的社会安全风险。

1. "一带一路"共建国家社会安全风险指数较高

"一带一路"沿线地区社会安全风险指数较高，社会安全问题突出，尤其是我国重点投资的"一带一路"共建国家所属的南亚、西亚、西非、南非、中非和北非等地区，社会安全风险威胁较大。在"一带一路"倡议的重点投资地区中，南亚、西亚和北非地区社会安全风险指数最高，其次是中亚、南美洲地区。根据对 2018—2019 年"一带一路"共建国家社会安全形势的分析，"一带一路"共建国家的社会风险指数可分为高风险、中等风险和低风险三类。社会安全高风险国家主要有伊拉克、阿富汗、尼日利亚、叙利亚、巴基斯坦和马里等国，主要表现为恐怖主义活动频繁，暴力恐怖袭击高发，风险来源主要是新培植的恐怖主义、具有极端主义思想的年轻人和"圣战"分子。国际恐怖组织"伊斯兰国"活动转入地下后，通过互联网和社交媒体等非传统模式招募、培植年轻人，向全球渗透。巴基斯坦"俾路支解放军""自由党人"等组织再度活跃。中等风险国家以印度、也门、埃及、菲律宾、土耳其、利比亚和南苏丹等国家为代表，主要表现为受地缘政治或政局动荡的影响，恐怖主义活动活跃，社会治安状况较差。低风险国家以缅甸、沙特阿拉伯、西班牙、法国和英国等国家为代表，表现为恐怖主义袭击偶发，政治、社会问题带来的社会安全风险隐患较大。

2. 恐怖主义活动出现新趋势

从新闻媒体公开报道的 2019 年 1—6 月发生在 "一带一路" 共建国家的 60 起恐怖袭击事件来看，当前暴力恐怖袭击事件中呈现出两个特点：一是传统上恐怖主义袭击事件多发的西亚、南亚地区仍是高发地区，其中阿富汗、巴基斯坦、伊拉克发生 26 起，占比 43%；二是恐怖活动由单一区域向周边国家蔓延扩散，恐怖主义活动转移扩散趋势出现。2019 年 3 月 15 日，新西兰南岛基督城一座清真寺发生枪击事件；2019 年 4 月 21 日，斯里兰卡一天内发生了 8 起连环爆炸案。在极端主义组织 "伊斯兰国" 失去了控制领地的 "后伊斯兰国" 时代，其组织活动由地上转入了地下，其极端的意识形态和恐怖主义活动仍是全球社会安全面临的主要威胁。2016 年以来，"伊斯兰国" 在正面战场遭到了沉重打击，逐渐从半军事化的新型恐怖组织转化为传统的常规型恐怖组织，其势力加紧向其他地区转移扩散，近年来中亚、南亚、西欧、撒哈拉以南非洲等地区均出现了 "伊斯兰国" 活动的身影，加剧了周边地区的恐怖局势。2018 年以来，全球发生的重大恐怖袭击事件及造成的后果表明，在主战场溃败后的 "伊斯兰国" 恐怖活动开始向全球蔓延，恐怖势力依然不容小觑。从 2019 年发生的新西兰、斯里兰卡恐怖袭击事件来看，恐怖主义威胁不仅没有减缓的倾向，而且正向一些长期和平、稳定、反恐力量薄弱的国家和地区蔓延。一方面，"伊斯兰国" 等恐怖势力可能会卷土重来；另一方面，地区局势的复杂及相关国家政局动荡又不断孳生新的恐怖力量。因此，恐怖主义活动仍是影响 "一带一路" 共建国家社会安全形势的最主要因素。从 2018—2019 年 "一带一路" 共建国家发生的社会安全事件尤其是暴力恐怖袭击事件来看，袭击方式多种多样，主要包括枪击、爆炸、纵火、暗杀、汽车炸弹袭击、劫持及各类大规模杀伤性武器袭击等，其中枪击、简易爆炸物袭击、纵火为主要的袭击方式，尤其是使用简易爆炸物已成为最主要的袭击方式。简易爆炸物袭击方式在中东、北非、亚洲等地区的 "一带一路" 共建国家较为常见。分析发现，运用简易爆炸物袭击事件高发的主要原因在于 "独狼式" 恐怖袭击的增多和简易爆炸物的便利性。全球恐怖活动进入 "恐怖主义 3.0 时代" 后，恐怖主义组织不仅开始利用互联网传播极端思想和培养 "独狼式" 恐怖分子，而且传授具有易得、便携、低廉特征的简易爆炸物制作方法，以便择机随时随地发动爆炸袭击。

3. "黑天鹅"事件使社会安全形势更趋复杂化

2018—2019 年,"一带一路"沿线共建国家严重影响社会安全的各类"黑天鹅"事件频发,典型的有:从非洲的埃塞俄比亚到拉美的智利、玻利维亚,再到欧洲的法国、西班牙、英国,示威潮不断;沙特阿美石油公司（Saudi Aramco）遭受无人机袭击;土耳其发起"和平之泉"军事行动。2019 年 9 月 14 日沙特阿美石油公司的一处炼油设施遭到也门胡塞武装的无人机袭击,导致该地区局势紧张。这次袭击对于恐怖分子而言,可能起到了一个示范作用。一方面,恐怖组织开始利用无人机对重要民用工业设施实施恐怖袭击;另一方面,无人机可能会成为一种新的被恐怖分子普遍采用的袭击手段,甚至改变全球恐怖主义活动的性质。土耳其"和平之泉"行动加剧了地缘政治风险和社会安全风险,这是继 2018 年"橄榄枝行动"以后,土耳其武装再次进入叙利亚境内与库尔德武装交战。随着土耳其军队再次与叙利亚境内的库尔德武装发生冲突,该地区局势重新走向动荡,也成为相关大国博弈的前哨,同时也可能致使打击极端组织"伊斯兰国"的成效受到冲击。根据有关报道,库尔德控制区内有大批极端组织"伊斯兰国"成员及其支持者可能脱逃,加剧了该地区的反恐形势。极端组织"伊斯兰国"头目巴格达迪被美军击毙后,"伊斯兰国"恐怖袭击活动也可能会强力反弹。

4. 绑架、抢劫、盗窃、电信诈骗等犯罪侵害问题突出

有些"一带一路"共建国家社会控制力较为薄弱,表现为政局动荡不断、政府社会治安控制力弱、打击犯罪力量和效率严重不足等,导致社会治安问题积重难返。以南非为例,2017—2018 年全年发生超 200 万起严重犯罪活动,其中有 20336 人遭到杀害,相当于每天有 57 人被谋杀,而且大多死于枪击;西开普省在 2019 年南非警方专项行动中,逮捕了近 6000 名犯罪嫌疑人,并缴获 100 部枪支、196 发弹药和 565 把刀具。西非、东非和北非等地区的国家,如尼日利亚、安哥拉和马里等,针对外国人的抢劫、绑架案件高发,加上频发的恐怖袭击事件,社会安全问题十分突出。东南亚、南亚地区电信网络诈骗问题突出,是当前电信诈骗活动的主要基地和服务基站所在地。在马来西亚,我国驻马来西亚大使馆也一再提醒公民注意防范电信诈骗。

（二）国内重点区域风险

以直辖市区、省会城市、民族自治区为代表的国内重点区域,从经济、政治、文化、科教都具有重要战略意义,作为重点城市,省内外的重点社会安全

事件将直接影响到当地甚至国家的社会安全稳定，除了出行、住房、饮食、就业等社会安全需求外，还面临高效社会治理、提高公共服务水平、保障公民合法权益、打击新型违法犯罪活动等多种社会安全问题。

　　国内重点区域目前主要关注的社会安全风险集中在因经济、社会、民生等领域内突发事件引发的群体性事件以及特殊人群可能导致的暴恐活动情况，各地公安在 2021 年召开的公安工作会议上，都明确提出要"防范化解重大风险"。例如，2020 年受房地产形势影响，南京市多个楼盘爆发质量危机，房企暗自降低交付标准，将商用办公用地包装成民用公寓欺诈售卖、长时间延期交付等问题，南京万达茂商业中心将部分楼栋的办公用地包装成"酒店公馆"作为公寓房出售，存在误导或欺骗购房者行为，受影响业主超过 400 户，经过两年维权，相关退房等诉求与开发商反复交涉未果，群体性事件具有向摩擦冲突发展的可能，人民群众切身利益受到严重影响，形成极大的社会风险。

　　1. 境外势力与极端活动

　　当前我国的反恐形势总体较好，自昆明暴恐事件后，我国加大了对特定地点和特定地区的巡查管控力度，在我国境内的恐怖主义事件的绝对数已然呈下降趋势。然而在一些特定的地区，恐怖主义威胁依然严重，在境外势力的操控下，恐怖主义活动死而不僵，仍有沉渣泛起之势。极端势力与境外势力的勾结，必然威胁到我国与中亚各国的社会稳定。当前的"一带一路"战略，必然会受其反恐形势的影响。若应对不及，我国的复兴之路必受其累。另外，在香港发生的"反修例"运动中也能看到境外势力暗中对暴力人员的资金支持、物资协助等行为。在境外势力的帮助下，恐怖主义活动死而不僵，我国的反恐形势依然严峻。

　　2. 暴恐活动特征变化

　　随着时代的发展，恐怖主义危害社会的手段也日益演化。呈现手段多样化、成本简易化、伤害扩大化等特征。在特定场合和特定时段，恐怖分子只需要运用极低的成本，就能造成极大的破坏。以美国为例，2017 年美国拉斯维加斯一场音乐节上，一名极端分子在高楼楼顶上朝人群开枪，造成大量人员伤亡。无独有偶，在德国的一个集会上一辆卡车被极端分子驾驶冲撞人群，同样造成大量人员伤亡。我国枪支管控力度相对较强，由枪支引发的大规模平民伤亡的恐怖主义事件发生的概率相对较小。然而在人员密集场合，不需要强力的杀伤性武器，一辆卡车便可以造成足够大的人员伤亡，或者仅仅在人员密集的场所，使用毒蛇等足以引起人群慌乱的道具，进而引起踩踏事故等，便能造成和恐怖袭击同等的效果。此外，暴恐手段的应用不止于直接造成人员伤亡，对基础设施的破坏也不可小觑。就我国当前高铁线路而言，若极端组织对高铁运行线路进行损坏，仅靠高铁巨大的势能便足以引发严重的事故。另外，长达千里的中国与中亚的石油管道，在无人看守的情况下，也可能遭到极端分子的蓄意破坏。暴恐手段的多样化提醒我们，必须要紧跟时代步伐，增强我们在反恐领域的相关意识，提高反恐能力。

3. 刑事案件与个人极端行为

2019 年 8 月，江西南昌红谷滩，一男子对与自己素不相识的女子挥刀相向痛下杀手，致该女子死亡。同年 7 月在长沙，一男子仅因为"饮酒后心情抑郁"，拿出水果刀刺伤一女子。此类案件虽是个人犯罪行为，但是危害性极大。一方面，它突破了中国传统"因果联系"，使每一个人都有可能突然成为违法犯罪份子的潜在侵害对象；另一方面，当今时代信息传播极快，网络舆论的放大效应使此类案件极易引起群体性恐慌。刑事犯罪不同于其他类型犯罪，能够对广大人民群众造成直接的人身威胁。由此可见，在当前阶段，对刑事案件进行管控，尤其是对个人极端暴力犯罪事件的管控，是我国保障社会安全、维护社会治安工作的重中之重。

4. 民生领域违法犯罪与新型犯罪

民生领域主要分为以下八大领域，即教育、就业、金融、医疗卫生、社会保障、征地拆迁、抢险救灾和移民补偿。其中，医疗卫生、征地拆迁和移民补偿这三个领域的违法犯罪，极易引起社会性关注甚至群体性事件出现，从而严重威胁社会安全。以医疗卫生这一领域为例，2018 年长生生物的疫苗事件引爆了朋友圈，在社会上引起重大反响。从 7 月起陆续爆出的长生制药公司若干批次的疫苗不合格问题，引发了群体性恐慌。事件曝出后舆论一片哗然，幼儿家长群体群情激奋，险些酿出群体性事件。其中政府在这个事件中作为监管者的失位，和药品生产企业缺乏相对的社会责任感，都成了公众为之谴责的重点。而在移民拆迁和征地补偿领域，也是发生恶性群体性事件的重点领域。屡屡爆出的"强拆事件""钉子户自焚"事件等，同样在社会上引起极大反响。此类事件若处置不当，一方面会侵害民众利益，引发极端事件危害社会稳定；另一方面也会损害政府的形象，不利于工作开展。

5. 传统治安"顽症"与地方黄赌毒问题

社会治安领域是社会安全防范工作的重点领域，地域治安状况直接影响公众生活的安全感和幸福感。以美国为例，美国在枪支管控上的不力，导致其国内枪击案频发，使社会大众每每笼罩在不安全感的阴影之下。我国是全球枪支管控最严格的地区之一，枪支违法犯罪极少，但是其他类型的社会治安问题仍值得警惕。近来，各地区的偷盗案件、抢劫案件、故意伤害案件仍时有发生。保障社会治安、维护社会安全仍是当前社会治理工作的重要内容。另外，地方黄赌毒问题仍是危害社会治安的主要问题。以河南省为例，《河南省社会治安民意调查报告》显示，50%以上的人民群众认为"赌博"这一问题在当地是一个突出的不良现象。娱乐场所涉黄问题在部分地方仍比较普遍。而在云南、广西等省份的边境地带，吸毒、贩毒等问题依然突出，需重点整治。而且，"黄赌毒"问题极易引发其他社会犯罪行为，任其泛滥将严重威胁社会安全稳定。

二、特定区域社会安全风险评估体系

(一) 风险源

风险源状态的变化是社会安全事件爆发的主要诱因，也是风险形成机理的起点。在实际案例中，社会安全事件的诱因有些是由行为人直接组织、策划并实施的，行为人因素是主要的风险源构成部分。

从国外尤其是"一带一路"国家来看，我国在"一带一路"共建国家的机构、企业和人员面临着社会安全的双重风险：一方面，面临着日常高发的犯罪，尤其是暴力犯罪侵害的"灰犀牛"类的风险；另一方面，面临着多发的暴力恐怖袭击的"黑天鹅"类风险，这些风险与当地政治局势、政策风险、法律风险交叉叠加，放大了风险危害概率和损害后果。英国脱欧游行以来，法国、意大利、西班牙和荷兰等国的众多民粹主义活动活跃，社会动荡不安。

从国内来看，中国的东部沿海地区由于特殊的地理位置优势和交通资源等优势，利用改革开放的契机先行富裕起来，而西部地区由于地处内陆，且受交通、基础设施的影响还相对比较贫困，东西部省份之间贫富差距大，而中国的新疆、西藏等省份地处祖国西部，虽然能源资源丰富，但自然环境较差，且基础建设相对落后，加之又是少数民族自治区域，历来常出现政治不稳的问题，国家在这些地区保稳定才是第一位的工作，导致经济增速较为缓慢。沿海地区、东北老工业基地、中部山区等地区的农民、厂矿企业退休人员、在职和下岗职工、个体业主、教师、转复军人、学生、干部、受害受灾群众等个体与群体因不同矛盾主题、合理要求、不合法的行为有不同的原因动力，造成事件反复不断。

（二）管理控制机制

管理控制因素主要指以公安机关、国家安全机关、涉外机关为代表的应急管理部门对社会安全事件的预警防范和调控能力。

从国外尤其是"一带一路"国家来看，沿线地区社会安全风险指数较高，社会安全问题突出，尤其是我国重点投资的"一带一路"共建国家所属的南亚、西亚、西非、南非、中非和北非等地区，社会安全风险威胁较大。新冠疫情暴发以来，受各类因素影响，全球分化现象愈发严重，如经济复苏分化、疫苗接种分化、行业发展分化、观念分化和收入分化等。世界各国、社会各阶层之间撕裂。而收入差距造成社会内部日益加剧的两级分化和怨恨，都将影响社会稳定，对个人福祉和经济生产造成负面影响。根据全球风险感知和国家风险感知调研数据，自疫情暴发以来，社会凝聚力削弱成为全球范围内恶化最严重的风险，也是未来十年最具潜在破坏性的威胁。而远程办公快速普及，工作和商务交流更加依赖数字化及网络，这加剧了潜在网络威胁，加剧了管理控制的难度。

从国内来看，十九大报告指出，中国特色社会主义进入新时代，我国社会主要矛盾已经转化为人民日益增长的美好生活需要和不平衡不充分的发展之间的矛盾。在社会主要矛盾理论的覆盖下，是我国社会在同时期的加速转型。所谓转型期，最显著的变化是社会主要矛盾的变化。在这一变化之下，同时伴随着各种社会次级要素的变化，如经济增长方式的变化、社会贫富差距的变化以及城市发展类型的转变等。每一个变化中都潜藏着一定的风险因素。而且各种风险因素相互叠加，有时候还会引发连锁效应形成互相影响，进一步推高管理控制机制的成本。

（三）潜在攻击目标

社会安全事件的攻击目标包括人、物、地等实体目标以及心理、舆论、媒体等感性作用目标，最终影响社会安全与稳定，甚至传导至其他领域，影响国家安全。

从国外尤其是"一带一路"国家来看，2018年，外交部和驻外使领馆全年处置海外中国公民安全事件比 2017 年有所上升，共计有 85439 起，平均每天约 234 起，其中社会治安案件 13188 起，涉及中国公民 141577 人，盗窃、抢劫、绑架人质和意外伤亡事故是主要案件类型，我国公民海外社会安全风险较大。相比较而言，南非、尼日利亚和安哥拉等非洲国家普遍社会治安形势严峻，暴力恐怖事件和针对我国海外公民的暴力犯罪高发。中亚五国、缅甸、法国等政局不稳，政治冲突、示威活动不断，严重影响我国海外公民的人身和财产安全。

从国内来看，女性、儿童等弱势群体是社会安全风险事件的重点目标，社会安全事件发生后经过网络的传播，很可能放大不安全感，导致人人自危，对公众的个体安全感产生严重破坏，进而影响整个社会的安全稳定。2019 年在江西南昌红谷滩发生的随机杀人事件，一女子被一个不相识的男性捅伤致死。虽然在客观上，这一事件是一偶发的刑事案件，但是经过网络传播、发酵后，在社会上引发了关于女性人身安全的大讨论，一时间年轻女性人人自危，社会舆论氛围风声鹤唳。更有不良媒体将舆论风向引向男性对女性的压迫，将偶发的刑事案件曲解为男女的性别对立，导致社会矛盾进一步加剧。无独有偶，在北京红黄蓝幼儿园虐待男童事件中，网络也同样起到了放大舆论的作用，个人的违法案件，经过网络的传播之后谣言四起，甚至将军方牵涉其中，直到最后才予以澄清，还了军方一个清白。

三、特定区域风险评估方法比较

针对特定区域，需要重点厘清区域内面临的主要社会安全风险。我国近期几种社会安全事件的重要性排序为群体性事件、恐怖袭击事件、网络安全事件、涉外突发事件；"一带一路"主要国家几种社会安全事件的重要性排序为恐怖袭击事件、群体性事件、网络安全事件、涉外突发事件。

从国外尤其是"一带一路"国家来看，以恐怖袭击事件为主。例如，2019 年 3 月 15 日，新西兰南岛基督城一座清真寺发生枪击事件；2019 年 4 月 21 日，斯里兰卡一天内发生了 8 起连环爆炸案。

从国内来看，以群体性事件为主。例如，2010 年在江苏省苏州市，因与苏州市高新区政府在拆迁补偿上未达成一致却遭遇强拆，高新区通安镇农民乡镇政府讨公道。然而当地官员却未能有效处理，导致发展成一起对政府设施打砸抢的暴力型群体性事件，最终引发了警民长达半个月的对峙。

从传统评估方法和智能化评估方法比较来看，各个评估方法具有以下特点。

（1）模糊综合评价法根据模糊数学的思想对受到多因素制约的事物或对象做出一个定量评价，运用于风险评估领域，可对风险发生的可能性或者风险的严重程度进行评估。

（2）层次分析法应用于风险评估领域，可以确定风险指标体系中各个层次的风险指标的权重。

（3）灰色理论法以不确定系统为研究对象，运用灰色聚类、灰色关联度等相关方法，对系统中已明确的信息的研究，解释整个系统运行的原理，了解系统运行的规律。在风险评估中，灰色理论常用于对一个系统或项目的风险等级进行评估。

（4）贝叶斯网络法是一种基于概率推理的不定性因果关联模型，能够在数据不完整或者信息不准确的情况下，对事件内部各个要素间复杂的逻辑关系进行建模，有效预测该事件的发生概率，或者对该事件进行风险评估。

（5）随机森林法包含多个相互独立的决策树，每棵决策树都是一个分类器，能够输出自己的分类结果。选取分类结果出现最多的作为最终的分类结果，在存在噪声数据和缺失数据的情况下具有较好的稳定性。运用到风险评估领域，随机森林法可以实现指标重要性的排序，辅助构建风险指标体系，还可以根据风险数据对评估目标进行风险等级的分类。

根据上述评估方法的特点，特定区域评估方法的适用度按照 1~5 进行评分，其中 1 分为极不适用，5 分为很适用，形成特定区域评估方法比较如表 2.7 所列。

表 2.7　特定区域评估方法比较

评估方法	适用度分析	
	适用度	特点
模糊综合评价法	4	体系具备分级特点，部分指标可能量化存在难度，可以进行模糊评价转化，操作简单
层次分析法	3	体系具备分级特点，但指标间可能出现非正交情况，影响一致性检验效果

评估方法	适用度分析	
	适用度	特点
灰色理论法	3	体系具备分级特点，但白权化函数较难确定
贝叶斯网络法	4	体系具备分级特点，专家需要量化数值和先验概率
随机森林法	2	体系具备分级特点，但随机属性选择特点不太适用于整体评估

四、特定区域风险量化评估

（一）应用对象

1. 对象选取

社会安全事件风险评估模型的验证不同于工程领域、交通领域等，无法进行仿真模拟，为了验证风险评估模型的科学性和准确性，一般借鉴已经发生的具体案例来进行模拟验证。社会安全事件是一个不断发展变化的系统，其属性、特征会随着时代的发展、环境的变化而改变。从国家地区来看，对我国海外利益影响最大的是"一带一路"沿线国家，由于国内政治变动频繁，在腐败控制、政府效力、管制质量、公民参与等方面产生的国家稳定性下降、社会风险上升的情况，直接影响到"一带一路"重大项目、工程、海外派遣人员的安全；从事件来看，对于"一带一路"主要国家来说，恐怖袭击事件占据较高的排序。中巴经济走廊是中巴两国发展计划对接的结果，是一个旨在实现双赢、多赢的国际合作项目，中巴两国政府加大了推进中巴经济走廊建设的力度，近年来走廊建设获得明显进展。但中巴经济走廊建设仍面临一些挑战：巴国内政治掣肘致使项目执行效率较低；民众期待过高；精英阶层对华态度分化；沿线安全问题严重；外部势力干扰等。2022 年 4 月 26 日下午，巴基斯坦卡拉奇大学孔子学院班车在校内遭遇自杀式恐怖袭击。目前已造成 3 名中方教师遇难，1 名中方教师受伤，另有多名巴方人员伤亡。该恐怖袭击事件呈现明显的针对性，因此，选择巴基斯坦进行相关评估理论实证具有一定意义。

2. 巴基斯坦概况

巴基斯坦伊斯兰共和国简称巴基斯坦，意为"圣洁的土地""清真之国"。从宗教来看，95％以上的居民信奉伊斯兰教，少数信奉基督教、印度教和锡克教等。从民族来看，巴基斯坦是一个多民族伊斯兰国家，其中旁遮普族占63%，信德族占18%，普什图族占11%，俾路支族占4%。巴基斯坦位于南亚次大陆西北部，东接印度，东北与中国毗邻，西北与阿富汗交界，西邻伊朗，南濒阿拉伯海，海岸线长980千米，较长的海岸线和边界线为境外势力，为恐怖组织进入国内提供了机会，巴基斯坦国内的俾路支分离主义问题自巴基斯坦建国以来长期困扰着巴基斯坦联邦政府。

巴实行多党制，现有政党200个左右，派系众多，主要政党包括：正义运动党，主张重点关注打击腐败、扶贫减贫、改善民生；巴基斯坦穆斯林联盟，党章规定要在巴基斯坦实现政治、社会和经济改革；巴基斯坦人民党，主张议会民主、自由平等、经济私有化。

根据世界银行数据，巴基斯坦经济以农业为主，农业产值占国内生产总值的19%，工业基础薄弱。2019—2020财年（2019年7月至2020年6月）主要经济数据如下：国内生产总值2782.2亿美元；人均国内生产总值1363美元。国内生产总值增长率为 – 0.38%。从工业数据来看，2019—2020财年，巴基斯坦工业产值占国内生产总值的19.29%，工业增长率为 – 2.64%。最大的工业部门是棉纺织业，棉纱产量250万吨，棉布产量76.3万吨，其他还有毛纺织、制糖、造纸、烟草、制革、机器制造、化肥、水泥、电力、天然气和石油等。从农业数据来看，2019—2020财年，巴基斯坦农业增长率为2.67%，其中种植业产值占农业产值的21.73%，增长2.98%，畜牧业占农业产值的60.56%，增长2.58%，林业增长2.29%，渔业增长0.6%。主要农产品有小麦、大米、棉花、甘蔗等。全国可耕地面积5768万公顷，其中实际耕作面积2168万公顷。农业人口约占全国人口的66.5%。

从交通运输来看，国内客货运输以公路为主。公路全长26万千米，有各种机动车辆约941.38万辆。巴基斯坦公路客运占客运总量的90%，公路货运占货运总量的96%；铁路全长7791千米；水运现有卡拉奇和卡西姆两个国际港口，承担巴基斯坦国际货运量的95%；空运巴基斯坦国际航空公司有民航飞机44架，飞往38个国际机场和24个国内机场。航线总长38.97万千米。五个国际机场分别在伊斯兰堡、卡拉奇、拉合尔、白沙瓦和木尔坦；城市轨道交通，2020年10月拉合尔轨道交通橙线项目运营开通，这是巴基斯坦全国首条城市轨道交通线路。我国在交通要塞拉合尔和卡拉奇均设立领事馆，2022年4月在卡拉奇针对孔子学院的恐怖袭击事件造成了相当大的影响。

3. 卡拉奇大学孔子学院恐怖袭击事件概况

卡拉奇大学孔子学院由卡拉奇大学和四川师范大学合办，自 2014 年 1 月中旬正式开课，迄今已有八年。

据新华社报道，2022 年 4 月 26 日，巴基斯坦卡拉奇大学孔子学院中方教师班车遭遇恐怖袭击，三名中方教师不幸遇难，一名中方教师受伤，另有多名巴方人员伤亡。此次恐袭是"俾路支解放军"下属"马吉德旅"策划和组织的，该组织发言人称，一名为"Shaei Baloch"（莎莉·俾路支）的女性发起了这起自杀式炸弹袭击。

中国驻巴基斯坦使领馆已在第一时间启动应急预案，要求巴方全力救治伤员，对此次袭击事件进行彻查，严惩凶手。同时要求巴基斯坦各级相关部门，务必采取切实有效措施，全力确保在巴基斯坦中国公民、机构和项目安全，确保类似事件不再发生。

2022 年 4 月 26 日晚，巴基斯坦总理夏巴兹赴中国驻巴使馆吊唁，表示巴基斯坦政府将对事件进行深入调查，对肇事者严惩不贷，全面加强在巴中国人员、项目和机构的安保工作，绝不允许任何势力破坏巴中友谊。信德省和卡拉奇当地政府有关部门已全面展开调查与缉凶工作。

当地时间 2022 年 4 月 30 日中午，巴基斯坦总统阿尔维就卡拉奇大学孔子学院班车遇袭事件来到中国驻巴基斯坦大使馆吊唁。

当地时间 2022 年 5 月 9 日，巴方向中方移交卡拉奇大学孔子学院班车遇袭事件遇难中方人员遗体。

2022 年 5 月 16 日，据央视军事微博消息称，巴基斯坦卡拉奇大学孔子学院遇袭事件的策划者被巴基斯坦反恐部门逮捕。

巴基斯坦反恐部门 2022 年 5 月 18 日表示，当天凌晨，反恐部门人员与情报机构人员在信德省首府卡拉奇的马里普尔区进行了一次联合行动，与涉嫌发动卡拉奇萨达尔爆炸袭击的恐怖分子发生交火，两名恐怖分子被打死，另有两人逃脱。

（二）建立风险评估模型

卡拉奇大学孔子学院恐袭事件折射出巴基斯坦在反恐机构设置、反恐法制建设、反恐策略方法上存在一定疏漏，国内以"俾路支解放军"等为代表的分离主义已经开始针对中国等外部国家地区进行恐怖活动。根据前文构建的风险评估体系，从风险源因素、管理控制因素和潜在攻击目标因素选出最具有代表性的 11 个三级指标、28 个四级指标和 70 个五级指标构成巴基斯坦国内恐怖袭击风险评估指标体系，如表 2.8 所列。

表 2.8　巴基斯坦国内恐怖袭击风险评估指标体系

一级指标	二级指标	三级指标	四级指标	五级指标
巴基斯坦国内恐怖袭击风险评估	风险源	个体威胁属性	外表特征	性别
				年龄
			身份特征	社会身份
				工作职业
			地域特征	常住地
				出生地
		重点危险行为	交通轨迹	前往敏感地区次数
				来自敏感地区情况
				重点区域出现时长
		国内环境因素	社会保障	最低生活保障情况
				失业保障情况
				医疗保障情况
				弱势群体保障情况
			生活成本	房价收入比
				恩格尔系数
				居民物价指数
			贫富差距	失业率
				基尼系数
				贫困人口比例
				收入差距
			民生安全	食品安全状况
				药品安全状况
				环境安全状况

续表

一级指标	二级指标	三级指标	四级指标	五级指标
巴基斯坦国内恐怖袭击风险评估	风险源	国内环境因素	政府治理	舆情状况
				政府公信力水平
				信息公开渠道
				利益诉求机制
	管理控制机制	应急保障	物资保障	战略物资保障
				生活必需品保障
				救灾物资保障
				专用应急物资与装备保障
			人员保障	专职应急人员保障
				应急专家保障
				社会应急组织
				志愿者保障
				军队保障
			应急管理	应急预案制度
				应急管理制度
				应急组织能力
		技术支持	技术保障	基础设施保障能力
				实时视频监测
				应急通信服务
				公众通信网络
			系统建设	专用应急响应系统
				应急常规值班系统
		监测预警	风险监测	风险识别能力
				风险评估能力
				风险监测能力

一级指标	二级指标	三级指标	四级指标	五级指标
巴基斯坦国内恐怖袭击风险评估	管理控制机制	监测预警	风险预警	风险预测能力
				风险告警能力
				风险控制能力
		应急响应	应急响应	事件评估能力
				指挥协调能力
				应急处置能力
		舆情控制	舆情控制	舆情信息收集
				舆情安全事件通报
				舆情影响评估
				网络舆情监测
				新闻发布制度
				主流媒体宣传
	攻击目标	吸引力	政治敏感性和象征性	政治敏感性和象征性
			人员密集程度	人员密集程度
		脆弱性	攻击目标识别性	攻击目标识别性
			攻击目标可接近性	攻击目标可接近性
			内在危险性	内在危险性
			危险抵抗能力	危险抵抗能力
			应急处突能力	应急处突能力
			安全防范教育水平	安全防范教育水平
		敏感性	目标重要程度	目标重要程度
			社会影响力程度	社会影响力程度

（三）风险评估

使用贝叶斯网络法对巴基斯坦国内恐怖袭击风险进行评估，具体步骤如下。

1．确立基本因素集合

确立基本因素集合的目的是明确贝叶斯网络结构中的各个节点，基本因素集合的确立主要基于指标体系和实际情况，根据实际工作中所掌握的情报信息，先期预测事件可能发生的类型，根据其类型结合所在区域的具体情况选取合适的指标体系，从中筛选和确定所需的基本因素集合。依据社会安全事件风险评估整体指标体系，结合贝叶斯网络构建的原则，本书将一级指标社会安全事件风险水平（F）作为目标节点；将二级指标风险源因素（S_1）、管理控制因素（S_2）和攻击目标因素（S_3）作为中间节点；将 11 个三级指标作为证据节点，分别为个体威胁属性、重点危险行为、国内环境因素、应急保障、技术支持、监测预警、应急响应、舆情控制、吸引力、脆弱性和敏感性作为证据节点，将证据节点以 $d_1 \sim d_{11}$ 进行标记。综上，本书构建的贝叶斯网络结构共有 20 个节点，其中有一个目标节点、三个中间节点和 11 个证据节点。

2．确定贝叶斯网络结构

在确定了网络节点的前提下，根据贝叶斯网络拓扑结构的构建原理，通过有向边将各个节点进行连接，从而形成一个非循环有向图，按照证据节点指向中间节点，中间节点指向目标节点的原则，构建出巴基斯坦国内恐怖袭击风险贝叶斯网络结构。

3．条件概率的确定

1）确立评价级

巴基斯坦国内恐怖袭击风险因素很难给出精确的表达，因此需要引入相关的语言评价级来描述变量。本书引入的七个自然语言变量为非常低、低、偏低、中等、偏高、高和非常高，来表示巴基斯坦国内恐怖袭击发生的风险程度，如表 2.9 所列。

表 2.9　评价级与三角模糊数对应关系

评价等级	三角模糊数	概率范围/%
非常低	(0.0,0.0,0.1)	小于 1
低	(0.0,0.1,0.3)	1 ~ 10
偏低	(0.1,0.3,0.5)	10 ~ 33
中等	(0.3,0.5,0.7)	33 ~ 66

评价等级	三角模糊数	概率范围/%
偏高	(0.5,0.7,0.9)	66 ~ 90
高	(0.7,0.9,1.0)	90 ~ 99
非常高	(0.9,1.0,1.0)	大于99

2）专家评价

由于巴基斯坦国内恐怖袭击风险因素的评价等级缺少充足的数据资源和确定的规则，因此依据专家评价法，采用匿名评价的方式，借助问卷调查的形式反复对证据节点进行评判和预测，最后汇总为较一致的评判结果，弥补无法获取数据资源来确定证据节点概率的缺陷。

3）三角模糊数处理

利用三角模糊数作为隶属函数来对专家语言进行解模糊，模糊数一般包括上限、下限和中间的可能值，将巴基斯坦国内恐怖袭击风险评估隶属集设为 A，三角模糊数上限和下限设为 a、b，隶属集 A 的隶属度为 1 时的取值为 m，则三角模糊数 A 表述为 $A = (a, m, b)$，a 和 b 代表模糊的程度，$b - a$ 的值越大，模糊的程度就越高。

4）条件概率计算

在获取专家意见并将其解模糊为三角模糊数后，需要对量化的三角模糊数进行处理，从而计算每个证据节点的概率信息，处理流程主要包括均值化、解模糊和归一化。在建立完成贝叶斯网络的基础上，对每一个节点进行赋值计算。

4. 计算结果的分析

将所有条件概率信息赋值到各个节点之后，更新贝叶斯网络，获取所有节点的条件概率，根据因果推理的流程，将证据节点的概率信息输入贝叶斯网络，计算出最终目标节点的概率，并根据发生概率及危险性对事件进行分级，得出巴基斯坦国内恐怖袭击的发生概率。

第五节　面向特定事件的社会安全风险评估

一、特定事件风险辨析

社会安全的特定事件主要涉及恐怖袭击事件、群体性事件、涉外突发事件、网络舆情事件等，各类事件的风险辨析如下。

（1）2016 年 1 月 1 日正式实施《中华人民共和国反恐怖主义法》，把恐怖主义犯罪定义为通过暴力、破坏、恐吓等手段，制造社会恐慌、危害公共安全、侵犯人身财产，或者威胁国家机关、国际组织，以实现其政治、意识形态等目的的主张和行为。

（2）群体性事件的发生一般与经济接轨和社会转型过程中一部分群众经济利益受损和心态失衡以及敌对势力渗透破坏等因素有关。群体性事件是指一定人群以非法的方式聚集，采取集会、游行、示威甚至暴力等非法手段表达某种诉求，寻求一定的利益，扰乱社会正常秩序和人民生活的规模性聚集事件。

（3）涉外突发事件的发生往往与国内外的政治、经济、文化、外交和宗教等因素有关，是指事件的行为主体或被侵犯的客体具有涉外因素，可能对国家安全利益、社会公共秩序和安全产生重大影响，需采取必要的应急处置措施加以应对的突发事件。

（4）网络舆情事件是公众对于涉及民众利益的热点问题或突发事件，通过网络表达态度、情绪、立场以及对政府部门的要求，在相对短的时间内产生大量具有倾向性的言论，经过不断传播和扩散，形成具有持续影响力的网络舆情浪潮，引起强烈的社会反应。网络舆情是社会舆情在互联网上的直接映射，反映了一定的社会问题。

二、特定事件社会安全风险评估体系

（一）恐怖袭击事件因素分析

1. 风险源

恐怖袭击具有暴力、非法、政治性、破坏性、不确定性和地域性等特点，其行为往往受多重因素驱使，既有恐怖主义者自身心理因素，也受霸权主义、强权政治、军事干预、贸易战争以及不公正的国际秩序影响。恐怖袭击往往运用绑架、残杀、自杀、生化武器等非法方式来达到目的的行为，对世界各国各地区的政治稳定、经济繁荣以及居民生命财产安全造成了巨大威胁。

近年来，恐怖主义呈现出主体基层化、对象平民化、地域重点化等特点。2022年4月26日下午，巴基斯坦境内的"俾路支解放军"对卡拉奇大学孔子学院发动自杀式恐怖袭击，巴基斯坦卡拉奇大学孔子学院班车在校内遭遇自杀式恐怖袭击。目前已造成三名中方教师遇难，一名中方教师受伤，另有多名巴方人员伤亡。"俾路支解放军"是一个有印度和美国背景支持的恐怖组织，近年来在巴基斯坦针对中国人频繁发起恐怖袭击，意在破坏中巴友谊，并以此为基础掣肘甚至破坏中国的整个"一带一路"倡议。袭击事件发生后，国内各有关部门和地方政府迅速行动，分工协作，做好应急处置工作，中国外交部和驻巴基斯坦使领馆第一时间启动应急机制，派员赶赴现场处置，同时采取更有力措施，全力保障在巴基斯坦中国公民和机构安全，绝不让此类事件再次发生；中国外交部负责人和驻巴基斯坦使领馆负责人多渠道要求巴方全力做好救治和善后工作，立即彻查此事，缉拿凶手并依法严惩。

随着"一带一路"建设推进，夹杂着新冠疫情给全球经济带来的负面影响，中国在海外利益方面面临的恐怖袭击风险日益增加。2018年11月23日，中国驻巴基斯坦领事馆遭袭，三名非法武装分子试图闯入中国驻巴基斯坦卡拉奇领事馆未得逞，并在随后的交火中被击毙，事件造成四人死亡，其中两名巴基斯坦警察殉职；2021年7月14日，中方企业承建的开伯尔 – 普什图省达苏水电站项目出勤班车在赴施工现场途中遭遇爆炸，造成九名中国工人死亡；2022年8月20日，恐怖分子在俾路支省瓜达尔地区，针对载有中国公民的车队进行"自杀式袭击"，其中一名中方人员受轻伤。

2. 管理控制机制

1）加强情报共享平台建设

情报工作是反恐预警的关键核心，是掌握反恐主动权的根本措施，加强情报共享平台建设，是为了更好地对恐怖活动做出预警和指导实战。要想实现情报预警功能，就要加强全方位、多层次的反恐情报共享平台建设，强化各部门协作，实现情报信息快速流转。反恐预警应依托反恐情报共享平台，整合各部门情报信息资源，深化"大数据"应用，确保情报信息数据实时、准确、全面。

2）加强快速反应能力建设

加强快速反应能力建设，在准确分析和判断恐怖袭击特点的基础上，完善应急预案。提高指挥决策效率，做好情报、指挥、通信、网络等部门的值班备勤，确保全天候通信畅通，指挥员在位，机动力量待命，随时应对突发情况。只有具备快速行动能力，才能及时、有效遏制恐怖袭击影响蔓延。此外，还要防范"独狼成群"情况发生，作战力量必须做好连续作战准备，迅速完成任务，及时交接，以备新的命令下达。

3）加强网络媒体舆情引导

随着恐怖组织操纵和利用媒体水平的不断提高，加强媒体管控，严防其成为恐怖组织宣传恐怖主义的帮凶已经成为反恐防控的重点工作。面对恐怖主义活动情况，官方媒体在掌握第一手信息后应当做到：一是不回避问题，恐怖袭击发生后要及时对信息进行梳理，协调口径，并制定专门的发言人对社会所关心的问题作出回应；二是避重就轻，尊重案件事实，在反恐战略条件允许的情况下，及时、客观地向外界发布有关事实和信息；三是不推卸责任，实事求是地回应群众、满足群众要求，充分发挥官方媒体对涉恐舆论的积极引导作用。

4）加强国际反恐力量联合

反恐怖工作，不是某一个国家或某一个政府的义务，它是国际义务，既然恐怖主义威胁世界范围内的公民生命和财产安全且在一定时期内都将存在，因此单纯依靠一国或地区进行反恐，势必难以取得明显的效果。反恐工作需要世界各国或地区共同参与，加强合作，特别是在恐怖主义犯罪活动比较猖獗的边境地区，通过国际或区域间的反恐合作，共同打击恐怖主义犯罪是一条切实可行的反恐怖路径。只有解决好国际恐怖主义问题，加强国际反恐司法合作，构建国际反恐合作平台，加强国际反恐情报共享，加强国际反恐经验交流，才能有效打击国内恐怖主义，从而彻底根除恐怖主义威胁。

5）构建全民防恐与反恐体系

在反恐怖工作中，公安机关是主要力量，需要加强社区警务建设。公安民警，特别是社区民警，必须立足于社区，经常深入到社区中去开展各项宣传和调查工作，及时发现各种涉恐情报信息，并对其进行分析研判，争取在预谋准备阶段及时破获恐怖组织。同时要积极动员和组织社区群众，实行更为全面的警民合作，按照群众路线工作方针来开展各项工作。通过不断发动群众，增强社区民众参与社区各项治安管理、预防违法犯罪的意识，组建以广大人民群众为主体的群众反恐力量，积极开展群防群治工作，构建全民参与的防恐和反恐体系，开展反恐人民战争工作模式。

3. 潜在攻击目标

从攻击目标来看，恐怖分子的主要攻击目标有政府机关、火车站、菜市场及其他公众设施等，其中以政府机关为攻击目标的，具体针对的主要是政府工作人员，特别是警察；以火车站、旅游景点、菜市场及其他公众设施为攻击目标的，具体针对的则是无辜群众。这也是当前恐怖袭击事件发展的一个趋势，即攻击目标更加随意化。

从攻击手段来看，恐怖分子所使用的攻击手段仍主要处于近似"冷兵器"并逐步向"热兵器"转化的阶段。在攻击手段上，恐怖分子主要使用的是刀、斧等冷兵器，并伴随有汽油、爆炸装置等。在多起恐怖袭击中，恐怖分子并非选择单一手段进行恐怖袭击，而是同时使用多种攻击手段来实施恐怖袭击。

（二）群体性事件因素分析

1. 风险源

群体性事件是由社会矛盾积累到一定程度而引发的，是一定人群为争取自身权益或发泄不满，以集会、游行、示威、罢工罢市和围殴打砸等非法方式形成规模性聚集，对社会和人民生活的正常运行产生破坏性作用。

群体性事件的发生有以下因素。

1）经济发展与利益重新分配

随着我国经济体制改革的深入、城镇化进程的加快和互联网等新兴行业的兴起，带来了产业结构快速转型和利益格局剧烈变化，其中一些利益受损的群体，在矛盾的不断累积的情况下，由于维护自身利益频繁引发群体性事件。

近年来，供给侧结构性改革大力推进，经济结构不断调整升级，加上新冠疫情引起的全球经济增长缓慢，一些企业由于经营困难改制重组或亏损倒闭，出现拖欠薪资、待遇降低的情况，从而引发了一系列劳资纠纷问题；随着城镇化进程的加快，征用土地、拆迁安置等问题形成的利益纠纷明显增多；互联网等信息技术产业的兴起带来了生产和消费方式的巨大变化，许多传统产业和经营模式受到冲击，利益受损。这些问题的不断累积极易引发群体性事件。

2）社会结构变化引发的心态失衡

我国的经济社会快速发展，社会结构分化程度也加深加快，出现了社会阶层分化、劳资关系紧张、贫富差距拉开、基尼系数超过了 0.4 的国际公认警戒线等各种情况，导致社会不同利益群体之间由于政策制度和资源配置的不均衡产生相对剥夺感，各类矛盾交织叠加引发社会冲突，爆发群体性事件。

3）维权意识觉醒与法律意识缺失

随着中国特色社会主义政治建设的推近，公民民主意识、维权意识进一步增强。经济发展和社会转型引发社会层级分化，利益分配格局改变，各个群体的需求复杂多变，一些与利益分配和资源配置相关的问题，应依靠客观、公正的法律法规得以解决，利益受损的群众想通过一些方式来争取自己的合法权益，怀着法不责众的心理，聚众向政府施压，希望问题能够得到重视并快速解决，由此爆发了群体性事件。

4）社会控制能力不足

随着经济社会发展，民众对自身权益的维护意识增强，对民主法治、公平正义的需求日益增长，生态环保、资源分配等问题也备受关注，但是不少地方政府决策环节缺乏透明公开，运作过程不规范，未能充分听取民意，这种替民做主行为容易引发群众偏见甚至误解，引发社会纠纷，致使部分人民群众对政府的信任力下降。另外，一些基层干部缺乏处置群众问题的经验，没有及时发现和解决问题，预防和化解矛盾纠纷的能力不足，导致矛盾逐渐积累甚至激化，部分群众维护利益的渠道不通畅，选择使用过激行为来维护自身权益，引发群体性事件。

5）敌对势力渗透破坏使事态复杂

国外敌对势力以"民主""自由"为借口，对我国社会发展中出现的矛盾问题进行炒作，煽风点火，刻意放大，比如大肆炒作环境卫生问题，抹黑反腐倡廉政策，把小矛盾扩大化、全局化、复杂化、对抗化，企图用这种手段渗透并破坏我国的政治制度，对群体性事件起到了推波助澜的作用。

2. 管理控制机制

群体性事件的管理控制涉及源头预防、信息发布和舆论引导、强化现场处置、做好善后工作、加强综合评估等方面。

1）重视源头预防

群体性事件的发生，大多是因为经济利益纠纷没有得到及时处理，从小矛

113

盾逐渐演变为激烈的维权斗争。因此，处理群体性事件时，要注重源头预防，加强政务公开，建立政府与人民之间的良性互动渠道，加强基层组织建设，改进干部作风，主动加强排查，畅通信访渠道，对日常生活中的各类社会矛盾做到早发现、早处理、早解决，维护群众的合理诉求，把矛盾纠纷遏制在萌芽状态，则能避免一些群体性事件的发生。

2）健全信息发布和舆论引导机制

信息发布和舆情浪潮贯穿于群体性事件处置的全过程，在群体性事件的处理过程中，完善健全信息发布和舆论引导机制，加强官方媒体的建设，发挥好主流媒体的作用，引导舆论正向发展，增强政府公信力尤为重要。群体性事件爆发后，通过官方微博、微信等新闻媒体，适时适度向社会发布权威信息，及时公布事件起因、进展情况及处置结果，让公众在第一时间了解真实情况，达到稳定民众情绪、防止事态扩大的效果。

3）强化现场处置机制

群体性事件事发紧急、事态发展变化迅速。针对事发现场，需要建立快速高效的现场处置机制，快速启动应急响应，成立领导小组统一指挥并协调调动政府相关部门、新闻媒体等社会力量参与处置工作，及时疏导群众情绪、疏散围观聚集群众、减少现场人员，把事件平息在初始阶段，对于事态恶化升级、发生打砸抢烧等违法犯罪活动的群体性事件，迅速决策研判，依法采取强制措施，果断处置。

4）做好善后工作

大部分群体性事件是由于群众利益受损，诉求维权导致的。平息事件的核心是解决群众反映的问题，对于诉求合理的问题，要督促相关部门在一定期限内解决，维护好群众的合法权益，从根本上解决问题，对于诉求无理的问题，要做好思想教育与心理疏导工作，防止此类问题再次发生，对于违法行为，要依法进行处理。

5）加强群体性事件综合评估

根据群体性事件的诱因、组织者特征、参与人员特征、事件影响和破坏程度等各个方面，在以往群体性事件处理经验上，建立风险数据库，完善群体性事件的评估机制，实现对事件整个过程的发展趋势及其可能造成的影响和损失的初步评估，辅助事件处理和决策。

3. 潜在攻击目标

群体性事件参与者因为具有共同的利益目标而联合起来，近年来群体性事件的组织性与串联性越来越明显，事件的组织者和策划者往往会制定标志和诉求口号，选择交通要道、党政机关门口或繁华场所，在重要节日或早晚高峰等人流密集时段，怀着"法不责众"的心理，集中人员进行非法聚集、堵路堵门、拦截交通、罢工罢市、围殴打砸等违法群体性活动，企图向政府及相关单位施压，使问题得到解决。

很多群体性事件选择在一些重要的或人流量较大的时间和地点，采用闹事的方式使事态扩大，引起大量观众围观，扰乱原本的社会秩序，甚至与执法人员相对抗，威胁社会安全稳定，造成交通拥堵、财产受损、人员伤亡等严重后果。

(三) 涉外突发事件因素分析

1. 风险源

全球化背景下，各国之间在政治、经济、文化、科技等方面的交织愈加深入，风险也随之呈现全球化的趋势，一个国家爆发危机，对局部国家与地区乃至周边区域，甚至全社会的稳定和谐都会产生一定的影响。自改革开放以来，我国经历了经济转轨和社会转型，对外开放不断深入，与世界接触日益频繁，各种涉及我国安全的涉外突发事件数量不断上升。涉外突发事件具有突发性、偶然性和不确定性，其发生与以下两点因素有关。

1) 经济全球化

经济全球化进程不断加快，国家之间的联系日益紧密，与此同时安全形势也趋于全球化，单个国家的安全风险也不断扩张外溢，影响到周边国家甚至全球各国。在这种形势下，维护国际安全秩序已经成为各个国家都需要面对的问题。

自改革开放以来，我国积极参与国际事务，跟随经济全球化的脚步，对外贸易不断加大，与各国的交流愈加频繁。随着"一带一路"战略的实施，许多中资企业不断在境外投资，对外承包工程也呈日益增长的趋势，越来越多的中国公民出国务工，不同国家的稳定程度、自然环境条件和政治文化的差异都会成为潜在矛盾，引发涉外突发事件。

2) 全球安全形势复杂

随着经济全球化，全球政治呈现多极化的特征，国际安全形势日益复杂，局部地区局势动荡。恐怖活动频繁发生，全球恐怖主义不断蔓延扩大，呈现碎片化趋势，增加了风险不确定性。"一带一路"建设过程中，巴基斯坦境内的恐怖分子以破坏中巴友谊为目的，制造了许多针对中国公民的恐怖袭击事件，对我国公民的人身安全造成了严重威胁，对中巴关系也造成了一定程度的负面影响。

2. 管理控制机制

涉外突发事件的影响程度与后果一般与新闻发布与舆情引导、涉外法律法规、预案机制和处置保障机制的完善程度等多种管理控制因素有关。

1）完善新闻发布制度

如今网络已成为公民表达意见的公共领域，成为政府与公众的信息沟通桥梁。建立和完善新闻发布制度，提高信息发布的时效性与规范性，在突发事件的处理中及时、有效地进行信息公开，重视舆论引导工作，避免不实、不当的宣传报道，对于获取民众信任和维持局势稳定具有很大帮助，也有利于政府应急处置工作的开展。

2）建立开放的国际合作机制

我国应积极参加有关国际组织，学习和借鉴有关国家、地区及国际组织在应急处置领域的先进经验，与其他国家一起共同应对各类跨国或世界性突发事件，积极参与国际应急救援，提高我们处置突发事件的水平。

3）完善涉外的法律体系

我国处理涉外突发事件的主要法律依据为《中华人民共和国宪法》《中华人民共和国突发事件应对法》《国际公约》及《双边条约》等。由于涉外突发事件涉及多国，有时会出现我国宪法或内部规定与国际公约或双边条约发生冲突的情况，因此应建立涉外突发事件处置国内法规范与国际法规范相协调的制度。

4）建立情报信息预警机制

涉外突发事件受到国内外诸多因素的影响，其从萌芽到爆发这一阶段必然是有迹可循的，及时捕捉涉外突发事件的苗头，才能把不良事件遏制在萌芽状态，从而掌握处置工作的主动权，建立灵敏的情报信息预警机制十分重要。通过多层次、多渠道地收集情报信息，建立情报信息数据库，加强跨地区、各警种之间的情报信息共享，捕捉涉外突发事件的苗头。

5）建立科学的预案机制

公安机关应持续关注国内外社会动态，大量收集有关涉外突发事件处置案例，研究分析以往涉外突发事件的特点、成因和演变规律，对目前社会不安定因素的发展趋势做到心中有数，可根据突发事件的不同类型以及可能产生影响的大小，分等级制订科学的处置预案。

6）建立完善的处置保障机制

加强应对突发事件的警力保障和装备保障，培养精通外语、掌握涉外法律法规、具备涉外知识以及丰富应急处置经验的专业技能人才，同时加强传统武器装备的研制开发，以及情报处理等风险评估预警智能化装备的研究与投入。

3. 潜在攻击目标

涉外突发事件具有一定的涉外因素，从受害对象的角度和事件发生地点的角度，可分为在中国领域内发生的、外国国家或外国人为受害对象突发事件、或者在中国领域外发生的、中国国家和中国公民为受害对象的突发事件。

涉外突发事件从攻击手段来看，可分为刑事突发事件、治安突发事件和灾害突发事故。刑事突发事件主要指涉及外国国家或外国的空海陆偷盗抢劫行动、恐怖袭击活动等重大刑事案件，如非洲抢劫事件、中欧班列盗抢事件、巴基斯坦恐怖袭击事件；治安突发事件主要指涉及外国国家或外国人的违反治安管理的事件，若不加以控制，很有可能进一步演化成为具有极大破坏性的刑事案件；灾害突发事故是指不以人的意志为转移的，涉及外国国家利益或外国人的不可抗拒的自然灾害与突发事故。

（四）网络舆情事件因素分析

1. 风险源

互联网已经成为社会舆论发表和传播的一个渠道，网络上的言论错综复杂，一些关于社会热点和突发事件的舆论往往经过发酵而广泛传播，其中一些负面的言论容易对社会的稳定性产生一定影响，因此进行网络舆情的监测预警、构建和谐网络环境具有十分重要的意义。

1）公民权利意识觉醒

自改革开放以来，公民权利意识和主人翁意识渐渐觉醒，产生了更多发表自身观点、维护自身利益的需求，维权事件迅猛增长。伴随着网络的普及和快速发展，一些网络媒体，如微博、微信公众号等成为连接政府与群众的纽带，互联网的即时性和广泛传播性成了公民发表诉求一种选择，希望通过舆论发酵引起相关部门重视，让问题得到解决。

2）社会转型期间的矛盾与冲突

随着经济体制改革不断推进，社会贫富差距加大，不同群体之间的利益分化程度加剧，引发了一系列社会矛盾和冲突，如城镇化进程中的拆迁矛盾，国企体制改革以及收入分配不合理引发的劳资纠纷矛盾、贪污腐败现象引起的社会矛盾。其中一些因利益受损处于弱势的群体，由于心理落差感，或者问题得不到快速有效的解决，失意和不满等负面情绪不断累积，选择在互联网上发泄不良情绪，对网络舆情起到了推波助澜的作用。

3）政府治理理念

目前我国基层治理决策中，大多数依靠政府的行政手段，这种"指挥式"管理方式因为广大群众未能参与进来，决策实施后，往往引起一些群众不满，甚至损害部分群众的利益。此外，由于一些基层组织可能缺乏相应的危机预案与处置经验，致使这些矛盾在发生初期没有被及时察觉并予以化解，便会愈演愈烈，一些群众可能会选择网上曝光的方式，试图通过掀起舆论浪潮使事情获得政府重视，进而得到解决。

4）网络环境

互联网上的主流媒体和一些专家有着意见领袖的作用，他们发表的文章或观点对广大网民的认知有着极大的影响，如果一些片面或者不实的报道传播开来，会使社会矛盾进一步激化，甚至影响政府公信力。此外，互联网因其具有虚拟性和开放性，网民来自于各个领域和各个阶层，其上也会存在一些虚假言论和负面言论，通过有心之人加以炒作，扰乱群众心态，对社会的稳定造成影响。

5）敌对势力

互联网上的一些不满情绪也成为反华势力的关注点，敌对势力刻意夸大和渲染网络上微小的负面情绪和矛盾，或扭曲事实，对一些不明真相的群众进行误导，放大群众的不满情绪，诱导其产生对政府的敌对情绪，企图在网络上掀起轩然大波，给我国的政治稳定带来不良影响。

2. 管理控制机制

网络舆情事件的管理控制机制，涉及构建舆情监测预警防控体系、构建和谐网络环境、完善网络舆情应急反应机制等方面。

1）构建舆情监测预警防控体系

网络舆情的发展一般会经过潜伏、萌芽、爆发、衰退和平息五个阶段，每个阶段在新闻报道数量、公众情感偏向、评论转发数量等多方面都会表现出不同的特征，可以对新闻跟帖、微博、微信、论坛等媒介实施舆情监测，并对舆论中的情感偏向进行分析，及时察觉舆情异常，在舆情的潜伏或萌芽阶段及时预警，相关部门可及时采取行动，防止舆情的进一步扩散。

2）构建和谐网络环境

网络中充斥着真假难辨的各类信息，网民素质参差不齐，有些媒体或个人账号为了吸引公众注意力，特意发布一些不实消息，或者夸大事实，误导一些缺乏分辨能力的群众，一些激烈评论经扩散后逐步发酵，形成舆论浪潮。对此要及时检测网络舆情环境，对于一些不文明发言、不实言论、反动信息进行删除和屏蔽，净化网络环境，同时通过一些具有意见领袖作用的主流媒体发布权威信息，在舆论引导中形成正面力量，营造和谐网络环境。

3）完善网络舆情应急反应机制

网络舆情爆发后，政府要快速掌握网络舆情热点话题指向，跟踪研判网络舆情趋势发展，及时对网络舆情反映的事实进行调查处理，通过各类网络媒体发布准确、可靠的调查结果，开展互动交流，回应公众关切问题，平息公众质疑，牵引舆论导向，形成"首声效应"。

3. 潜在攻击目标

我国正处于经济快速发展和社会结构转型时期，社会矛盾凸显，由突发事件引起的网络舆情不断涌现。网络舆情反映了公众对现实生活中一些热点问题的观点、态度和情绪，是社会舆情的直接反映。舆情中往往蕴含着激烈的情绪，伴随着公众对相关权力机关的质疑与要求，若不及时疏导和平息，经过迅速传播到达舆论高潮后，就会对政府公信力造成极大削弱，形成更有影响力的舆论事件，甚至进一步引发线下的群体性事件，对社会的稳定性带来巨大的负面影响。

三、特定事件风险评估方法比较

恐怖袭击事件、群体性事件、涉外突发事件和网络舆情事件等特定事件的风险源、管理控制机制、潜在攻击目标都有所异同，进行风险评估时，需要结合各类事件风险因素特点，构建各级指标权重及风险发生概率。

各类事件风险定性分析对比如表2.10所列。

表 2.10 各类事件风险评估定性分析比较

事件类型	风险因素类型	风险因素定性分析
恐怖袭击事件	风险源	历史问题
		经济发展不平衡
		国际因素影响
		受境外恐怖主义组织的影响
	管理控制机制	加强情报共享平台建设
		加强快速反应能力建设
		加强网络媒体舆情引导
		加强国际反恐力量联合
		构建全民防恐与反恐体系
	潜在攻击目标–攻击对象	政府机关、火车站、菜市场及其他公众设施、无辜民众等
	潜在攻击目标–攻击手段	爆炸、枪击、劫持、纵火、生物化学武器等
群体性事件	风险源	经济发展导致利益重新分配
		社会结构变化引发心态失衡
		敌对势力渗透破坏
	管理控制机制	重视源头预防
		健全信息发布和舆论引导机制
		强化现场处置机制
		做好善后工作
		加强综合评估
	潜在攻击目标–攻击对象	党政机关门口、交通要道、繁华场所等
	潜在攻击目标–攻击手段	非法聚集、游行示威、堵路堵门、拦截交通、罢工罢市、围殴打砸等

续表

事件类型	风险因素类型	风险因素定性分析
涉外突发事件	风险源	经济全球化
		全球安全形势复杂
	管理控制机制	完善新闻发布制度
		建立开放的国际合作机制
		完善涉外的法律体系
		建立情报信息预警机制
		建立科学的预案机制
		建立完善的处置保障机制
	潜在攻击目标-攻击对象	中国领域内发生的、外国国家或外国人为受害对象
		中国领域外发生的、中国国家和中国公民为受害对象
	潜在攻击对象-攻击手段	刑事突发事件
		治安突发事件
		灾害突发事故
网络舆情事件	风险源	公民权利意识觉醒
		社会转型期间的矛盾与冲突
		政府治理理念
		网络环境
		敌对势力
	管理控制机制	构建舆情监测预警防控体系
		构建和谐网络环境
		完善网络舆情应急反应机制
	潜在攻击目标-攻击对象	涉事政府、地区和当事人
	潜在攻击目标-攻击手段	负面舆情

在风险评估方面，可以得到以下三点结论。

（1）从风险源来看，各类事件的爆发都受到经济社会发展变化、境外环境等因素影响。其中恐怖袭击事件、涉外突发事件的发生都受国际环境因素的影响，与复杂的国际安全形势、国际经济格局发展不平衡有关系；恐怖袭击事件、群体性事件、网络舆情事件的爆发与我国经济接轨和社会转型引发的经济发展不平衡、心理产生落差感以及境外敌对势力煽动有关系。

（2）从管理控制机制来看，各类事件涉及应急保障、情报工作、技术支持、舆情引导和评估预警等管理控制手段。其中群体性事件更加注重从源头上预防，做到矛盾的早发现、早处理、早解决。

（3）从潜在攻击目标来看，除网络舆情事件外，恐怖袭击事件、群体性事件、涉外突发事件的攻击手段都涉及打砸烧抢等对抗性暴力手段，其中恐怖袭击事件、群体性事件大多发生在政府机构附近或人员密集地区，造成恶劣影响。

综上来看，恐怖袭击事件随机性较大，具有极大的破坏力，风险评估相对侧重于潜在攻击目标方面；网络舆情事件、涉外突发事件需要政府及时控制引导，来避免事态进一步扩大，相对侧重于管理控制机制方面的评估；群体性事件与经济社会发展不平衡、认知差异等内部因素密切相关，相对侧重于风险源方面的评估。

四、特定事件风险量化评估

使用层次分析法和模糊综合评价法对网络舆情事件进行风险评估，具体步骤如下。

1. 使用层次分析法确定风险指标体系中各个层级的风险指标的权重

1）构造判断矩阵

根据 Santy 等提出的一致矩阵法中的九个标度，对风险指标体系中同一层级的 n 个指标进行两两比较并人为打分，打分结果构成 n 阶判别矩阵 A。

2）层次单排序

对判别矩阵需进行一致性检验，若矩阵通过一致性检验，则将该矩阵最大特征值对应的特征向量进行归一化，取归一化后的向量作为层次单排序的权向量，代表该层次所有指标的相对重要性权值。

3）层次总排序

计算每一层级的所有指标对于该事件最终风险（一级指标）的相对重要

性权值排序,层次总排序是从一级指标到五级指标逐层计算的,得出每个层级各个指标的重要性权值排序,即各层指标的权重。

2. 使用模糊综合评估法进行各级指标的风险评估

模糊综合评价法根据模糊数学的思想对受到多因素制约的事物或对象做出一个定量评价,对风险发生的可能性或者风险的严重程度进行评估。

1)确定评价集合

对模型中的评价因素设立评价标准,评价标准中可包含多个等级,如低风险、一般风险、较大风险和重大风险,从而构成一个评价集合 V。

2)低层级指标风险评估

从第五级指标开始,逐层向前对其父指标进行定量评价。通过专家打分确定所有五级指标对评价集合 V 中各个评价等级的隶属度,每一个指标都对应一个评价隶属度集合,将同一个父指标下的子指标划分为一组,构成多组指标的模糊评价矩阵 R_i。

通过 $B_i = A_i \cdot R_i$ 计算得出其父节点指标,即第四级指标的评估结果隶属度集合,即评估结果向量矩阵,A_i 为该层所有指标的权重向量矩阵。

3)一级指标风险评估

除第五级指标以外,其余层级指标的评价结果可通过该节点下的所有子节点构成的权重矩阵 A_i,与所有子节点的模糊评价结果向量矩阵构成的矩阵 C_i 做运算 $A_i \cdot C_i$ 可得,依次向前,得到一级指标的模糊综合评价结果,取隶属度最大的评价结果为最终的风险评估结果。

第三章　社会安全风险事件的演化推演

第一节　社会安全风险事件特点

维护社会安全是保障国家安全必不可少的重要环节。自进入 21 世纪后，社会安全面临的危机事态有以下特点：①重大自然灾害发生频率、量级加大，经济损失严重；②随着工业化、现代化和城市化的发展，事故灾难的影响越来越突出；③生物和公共卫生危机严重影响公众的健康问题；④恐怖主义的危险存在各种各样的规模化，随之而来的损失、影响也越来越大；⑤经济危机连锁反应，造成社会各种危机交相激荡。在我国处于改革开放、经济高速发展的关键时期，需要尤为关注社会安全问题；各种影响社会安全的事件频频发生，给国家、社会和人民造成了重大损失，对我国社会安全体系也形成了巨大冲击，引起了社会各界的极大关注和重视。

一、社会风险事件的定义和基本特征

(一) 社会风险事件定义

社会风险事件是指一种对社会主体自身物质、心理及生存环境所需重要价值有威胁可能性或现实性伤害的，在其产生和发展过程中具有广泛低于社会影响的社会事件。世界各国各地区的相关法律条文对社会风险事件的定义大多注重事件的外延，总体而言，对社会风险事件有两种分类思路，即基于来源属性的分类思路和基于特征属性的分类思路。前者从事件产生的源头将社会风险事件分为自然引起的社会风险事件（如地震、火山喷发、飓风、暴雨、雪灾、洪水和干旱等）与人类引起的社会风险事件（如恐怖袭击、生产运营过程中的事故）。而后者侧重于从各种社会安全风险事件中总结出一些共性的特征后再依据这些特征进行分类。参考中国《国家突发公共事件总体应急预案》，

社会安全事件是指群体性事件、恐怖袭击事件、经济安全事件和涉外突发事件等。国务院在 2016 年颁布了《特别重大、重大突发公共事件分级标准》，将社会安全事件归为六类，分别是群体性事件、金融突发事件、涉外突发事件、影响市场稳定的突发事件、恐怖袭击事件和刑事案件。

（二）基本特征

借鉴前人研究成果，本书将社会风险事件分为以下几类。

1. 恐怖袭击事件

恐怖袭击一般指针对平民或政治、经济象征性目标等非战争目标，有组织地使用暴力或暴力威胁手段，通过造成人员伤亡、财产损失、营造恐怖气氛，以达到某种政治或社会目的的行为。

恐怖主义主要包括民族极端恐怖主义、宗教极端分子恐怖主义和政治极端分子恐怖主义等。宗教恐怖主义具有明显的宗教狂热特征，或以宗教为名义从事邪教恐怖活动。恐怖主义表现出国际化趋势、袭击方式多样化、袭击目标广泛和试图获取大规模杀伤性武器等显著的特征。受武器、袭击方式和袭击目标以及社会、经济和政治因素等的影响。一般地，恐怖袭击具有以下特征。

（1）带有政治性目的是恐怖袭击最本质的特征，也是判定某件袭击事件是否属于恐怖袭击的主要依据。如果某袭击事件没有政治性目的，只是为暴力而暴力、为袭击而袭击，或者它只是单纯为了经济利益目标而袭击，那么这种袭击只能归类于一般的暴力犯罪或经济犯罪。

（2）采取暴力和残酷的袭击手段是恐怖组织实现恐怖目的的基本途径。

（3）恐怖组织在寻找袭击对象、确定袭击地点、选择袭击方式、扩大袭击影响等一系列行动策划过程中无不体现着极强的恐怖性，在何时何地对何人或何物用何种方式发动袭击能够造成最大的恐怖效果是恐怖分子最为重视的。

（4）恐怖袭击从策划到实施都需要做好充足的准备工作，这其中的一系列过程通常都是有组织的。

（5）恐怖袭击不同于一般性的暴力活动，它客观上需要通过宣传扩大社会影响力，并且在宣传策略上突出恐怖气氛的渲染和极端思想的鼓吹，因此，渲染性与鼓吹性是恐怖袭击的重要特征。

2. 群体性事件

群体性事件至今没有统一称谓，具体叫法略有差异，具体包括"突发事件""突发性事件""群体性上访事件""群体性治安事件""群体性暴力事件""突发性抗争事件""聚众活动""群众事件""群体性事件""群众闹事事件""集群行动"和"集体行为"等。群体性事件一般是指由人民内部矛盾引发，不特定多数人共同实施以表达诉求、维护权益、发泄不满为目的的群体行为，并直接对社会秩序和社会稳定造成负面影响的事件。

受不同历史时期政治、经济、文化、社会等因素的影响，群体性事件这一类社会事件的表现形态不断演化，我国对群体性事件这类社会事件的认识和界定也经历了一个逐步加深、不断发展的过程，在不同时期对这一类社会事件有着不同的称谓，其涵盖范围也不尽相同。就总体而言，群体性事件称谓的演变过程经历了一个从贬义词演变为中性词的过程。在中国广大地区，由于地理和历史原因，资源、人力分布严重不均。所以，各个地区或者不同地区的不同时期，参与群体性抗争的人们采取的行动模式或者抗争工具都会有所不同。

群体性事件一般具有以下特征。

（1）群体性事件的主体是在特定的时空条件下不特定多数人的聚合，具有群体的性质和表现。群体性事件属于人民内部矛盾爆发的极端表现形式。虽然存在一定的暴力行为甚至少数人的违法犯罪行为，但从主要方面看，整体上不具有对抗性，处于可控状态。参与事件的群众针对的是地方政府部门或相关单位的具体事项，既不否定社会主义制度，也不动摇共产党的执政地位，绝大多数不涉及政治权利的诉求，更多的是具体利益的抗争。因此，不具有政治性，属于人民内部矛盾，不属于敌我矛盾。

（2）群体性事件主体实施群体行为，其主观目的是特定的，是为了达到表达诉求、维护权益或发泄不满的目的。如果不是基于上述目的而是其他目的，如为了颠覆国家政权、推翻社会主义制度、分裂国家等目的实施群体行为而导致的事件，则不能认定为群体性事件并按照群体性事件来处理。近年来，群体性事件频发，参与主体越来越复杂，有国有企业的失业职工、私营企业和外资企业的权益受损职工、失地农民、农民工、房屋被拆迁居民、库区移民、下岗的军转干部、出租车司机、环境污染受害者等。群体性事件中的参与群众往往是基于相同或相近利益诉求的社会弱势群体，当他们的利益受到损害或者面临威胁的时候，就希望通过某种极端方式来加以维护和实现。可以说，整体上，参与者的利益具有相关性。

（3）偶然性和难以预测性。群体性突发事件的发生往往以某一具体事件为导火索，令人出乎预料，猝不及防，超出了初始阶段当事人的估计，由此导致预防上的极大困难。

（4）行为方式更加多样化。在暴力程度加剧的同时，和平理性的表达方式也越来越多。有的群体性事件采取有组织地集会、上访请愿、游行示威、静坐，有的表现为暴力性的械斗、聚众围攻政府要害部门、堵塞交通、纵火等打、砸、抢、烧等法律法规禁止的方式，但也有采取"散步""购物""集体喝茶""集体休息"、去北京或省会"旅游"等更加理性和有效的方式。

（5）一般会对社会造成重大负面影响，群体性事件中的群体行为直接地表现为对社会秩序的扰乱和对社会稳定的危害，从而对群体行为所指向的对象产生负面社会影响。

（6）仿效性。随着网络媒体及手机微博等新型传播方式的兴起与普及，群体性事件的传播速度异常迅速便捷。一些群体性事件刚刚发生，其他地方几乎同时获得了相关信息，引发公众心理共鸣纷纷效仿，使参与人数不断增多、波及区域迅速扩大。近年公众对各类重化工项目的共同抵制就充分证明了这一点。

3. 网络安全事件

随着我国步入经济转轨与社会转型的关键时期，各种深层次矛盾日趋凸显，在此过程中不可避免地会引发不同程度的社会安全事件。这些事件的发生给国家的安全与和谐带来了严重的威胁，借助网络等多媒体引起巨大波澜，成为国民茶余饭后关注焦点及讨论热点。

网络安全事件一般有以下特征。

（1）网络传播的匿名性正是网络安全事件大肆传播的最主要原因。一方面，突发事件一旦发生，网民可通过网络迅速接收到信息，每个人只要具备联网的终端就可以对事件发表评论，表明态度，准入门槛较低；另一方面，网络身份的不明性，使每个人都去扮演与自身并不完全相同的网络角色，发表的观点一般不需承担社会责任或法律责任，使网民在网络上的发言更为随意和不加考究。

（2）网络安全事件传播手段具有多样化。一方面，网络传播的信息集成度高，获取信息的难度降低；另一方面，结合图文声像等多样化的传播内容，门户网站、论坛博客、即时通信等多样化的传播手段，使事件本身信息更加生动全面地展露在网民面前，网民可以通过各种类型的新闻报道和公众人物的看法等去了解事件的始末，理解事件的整个发展脉络。

（3）网络安全事件传播的即时性。传统媒体对新闻事件的报道至少要经过采写编评的阶段，存在一定的时延。网络安全事件传播的时效性强，传播范围广，可以在极短的时间内迅速引起社会舆论。在信息的交流过程中，受众可以与存在于网络信息节点中的任何一个人进行信息共享和交流沟通。网络安全事件传播的即时性特征使相关事件在短时间内备受关注。

（4）网络安全事件传播的失真性。传统媒体中对信息传播具有严格意义上的把关机制，只有筛选过的信息才会传达到受众，而网络安全事件传播的低门槛性和自由性使人人都可以不加筛选地提供内容，信息的客观真实和正确性难以得到保证，舆论的传播也呈现出多变性和不稳定性，会造成网络安全事件信息的失真。

4. 涉外突发事件

涉外突发事件一般指公安机关为了防范和应对涉外突发性事件，其机关内部建立起来的快速反应、相互协作、有效运转、处置得当并且以维护国家利益和确保社会公共秩序及安全为目的的应急工作模式。

涉外突发事件区别于其他类型的事件，有以下显著特征。

（1）涉外性。涉外性是指事件的行为主体、被侵犯的客体或法律事实三要素中必定有一个要素具有涉外因素，所谓涉外因素是指与外国人（包括无国籍人）、外国组织机构、外国国家、国际组织发生联系。由于各国的国家利益和主张权利不同，对同一事实的认识都有可能产生矛盾。国际争端就成为涉外突发事件的外在表现。这是涉外突发事件区别于其他突发事件的最基本特征。

（2）突发性。出乎意料，突然引发是涉外突发事件的重要特征。在涉外突发事件发生之前往往没有明显预兆，事件突如其来、偶然难测，常常是在来不及或难以防范、控制的情形下发生。

（3）危害性。涉外突发事件一旦发生，必然会引起国内外媒体的广泛关注，严重者还会对中外公民的人身权和财产权益造成侵害，甚至对国家安全利益和国家关系造成损害。

（4）涉外突发事件的政治敏感性。

（5）突发涉外事件处置涉及社会各界，掺杂爱国主义感情因素等，处置过程高度敏感。例如，2012 年日本"购买钓鱼岛"所引发的国内各大城市爆发反日游行及打砸等涉外群体性事件，处置过程吸引着全球媒体的目光，容易演变成全球性热点新闻。

（6）涉外突发事件的复杂性。涉外突发事件由于其所涉主、客体对象身份敏感，造成事件产生的原因种类繁多，事件一旦发生后可控性差、反复性大、隐蔽性和突发性强，这些复杂性的特质决定了涉外突发事件更复杂，处置涉外突发事件难度更大。

从侵害对象的角度分类，涉外突发事件可分为侵害外国国家的突发事件、侵害外国人的突发事件、侵害中国国家的突发事件、侵害中国公民的突发事件。从行为对象的角度分类，涉外突发事件可分为以外国国家或外国人为对象的突发事件、以中国国家和中国公民为对象的突发事件。从事件发生地点的角度分类，涉外突发事件可分为发生在中国领域内和中国领域外的涉外突发事件。从事件性质的角度分类，涉外突发事件可分为涉外刑事突发事件、涉外治安突发事件和涉外突发灾害事故。

二、社会安全风险事件的生命周期

社会安全事件从最初的酝酿到事态的结束，整个过程会完成一次事件的"生命周期"，几何呈现就是一条不规则的动态抛物线，如图3.1所示。分阶段解读和研究，可以把这条抛物线划分成四个阶段，即诱因阶段、爆发阶段、扩散或衰退阶段、恢复阶段。

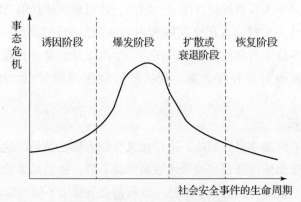

图3.1　社会安全事件生命周期

1. 诱因阶段

社会安全事件有其自身的客观规律，但在整个"生命周期"过程中受人为因素导向明显。每一件社会安全事件，如恐怖袭击事件、集会游行等，其发生原因都是某种社会矛盾的长期积累，并且积累程度已经达到冲破社会基本价值体系和行为构架。往往引发社会安全事件的普通事件只是一个导火索，并不是深层次矛盾。正是因为在诱因阶段，社会安全事件存在这样的特点和规律，为政府和媒体提供了预测和监控的可能性。对于诱因阶段社会安全事件的及时处置至关重要，了解并把握民意，及时公布事态动向，做好舆论导向工作，可以有效避免事件的进一步恶化。

2. 爆发阶段

社会安全事件发生在社会领域，潜伏时间长、积累矛盾深、政治敏感性强，一旦爆发将会造成一定的生态、人员生命和财产威胁或损失。从诱因阶段到爆发阶段，会产生两种不同的结果，如果事件的预警和监测工作足够支撑对事件诱因阶段的把控，及时解决问题，化解矛盾，事态就会进入平息期，避免爆发；如果在诱因阶段预警信息没有及时、全面发布或在处置过程中出现工作失误，进一步恶化事态，极有可能引发社会安全事件。"石首事件"就是一起典型的在诱因阶段没有妥善处置，信息公开不到位而引发的群体性事件。

3. 扩散或衰退阶段

社会安全事件的扩散或衰退阶段在四个阶段中持续时间最长，导火索事件已经发生，事件背后的深层次矛盾依然存在。此时的民众已由爆发期的感性冲动转向理性成熟的思考阶段，他们不仅追求事件的客观真实动态，还渴望得到对事件的深度分析和妥善的处理结果。因此，政府和媒体在第三阶段要保持和民众的沟通互动，及时掌握民众实际和内心所需。做好危机处理工作的前提下，尽量弥补事件本身和间接带来的损失，全面提升信息公开能力，听取群众意见，不断调整应对和补偿方案，把扩散时间压缩到最短，尽快消除事件危害。

4. 恢复阶段

这一时期事件基本得到解决，事件相关责任人依法受到制裁，受害人也得到相应补偿，受众情绪通过理性思考逐渐恢复平静，社会基本价值体系和行为框架在局部受众范围得到修复。但这一阶段的处置依旧不可掉以轻心，根据社会安全事件四阶段的生命周期理论，从宏观上讲，其本身就是一个循环过程，即恢复阶段和诱因阶段是首尾相连的。因为事件背后的矛盾是长期存在的，主要问题在于其能否突破社会基本价值体系和行为构架的束缚，一旦挣脱束缚，同类社会安全事件将伴随导火索事件的出现而再次爆发。因此，在事件后期政府对正义的守护、社会道德的维护是对群众最好的回应，给大众足够的信任和反思时间，让问题得到真正的解决。

三、社会安全风险事件的关系类型

社会安全风险事件关系类型一般是指事件之间存在的因果关系、时序关系。在事件时序关系研究中，存在较多分类体系。这里以 Allen 的时序关系分类方法为例进行介绍，时序关系分类方法见表 3.1。

表 3.1　Allen 时序关系分类方法

时序关系	解释
Before	A 发生在 B 之前
After	A 发生在 B 之后
Equals	A 和 B 同时发生
Meets	A 的结束时间是 B 的开始时间
Met_by	A 的开始时间是 B 的结束时间
Includes	A 发生的时间包含 B 发生的时间
During	A 发生的时间被 B 发生的时间包含
Starts	A 和 B 的开始时间相同或 A 的结束时间早于 B 的结束时间
Started_by	A 和 B 的开始时间相同或 A 的结束时间晚于 B 的结束时间
Finishes	A 和 B 的结束时间相同或 A 的开始时间晚于 B 的开始时间
Finished	A 和 B 的结束时间相同或 A 的开始时间早于 B 的开始时间
Overlaps	A 的开始时间早于 B 的开始时间或 A 的结束时间晚于 B 的结束时间或 A 的结束时间晚于 B 的开始时间
Overlaped_by	A 的开始时间晚于 B 的开始时间或 A 的结束时间早于 B 的结束时间或 A 的结束时间晚于 B 的结束时间

具有因果关系的事件，按照事件作用方向可以分为影响事件（Affect）和结果事件（Effect）。Wolff 将因果关系分为 Cause、Enable、Prevent 和 Despite。Mostafazadeh 按照条件概率模型将因果关系分为 Cause、Enable 和 Prevent。

第二节　社会安全风险事件演化分析技术

一、案例库构建技术

对事件原始案例进行收集、翻译、整理等工作，构建事件结构化描述案例库，为研究社会安全风险的发展演变机理、提出科学预警的技术架构与应用模式提供数据基础。

根据事件结构化模型，通过人工收集、Python 自动抓取两种方式获取案例数据信息，其中，针对典型案例以及无法抓取的案例数据，采取人工收集方式获取数据。人工采集方式较 Python 自动抓取而言，采集效率低，无法结构化处理，采用 Python 自动抓取方式则可以迅速获取大量数据并进行标注。由此，依据实际情况采取人工收集案例信息和 Python 自动抓取信息两种方法，完成案例信息的构建工作。案例库构建基本方式如图 3.2 所示。

图 3.2　案例库构建基本方式

（一）人工采集方法及数据

从内部安全与外部安全两方面进行分析，研究提取社会安全风险关键影响因子的来源、性质、类型、危害程度等属性；调研恐怖袭击事件、群体性事件、民族和宗教事件三类事件信息可采集性；进而提出三类事件结构化模型，构建案例库。

（二）自动抓取方法及数据

根据恐怖袭击事件、群体性事件的结构化模型，抓取案件信息，构建三类事件的案例库。依据案例数据来源分布等实际情况，选择采取分布式爬虫主从模式完成三类事件的相关数据信息采集与处理工作。

● 案例库信息采集流程

案例库信息采集的具体流程如图 3.3 所示。

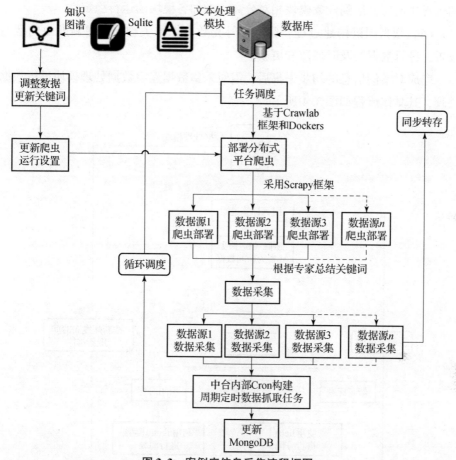

图 3.3 案例库信息采集流程框图

● 案例库信息采集步骤

（1）基于 Crawlab 框架和 Docker 部署分布式爬虫平台。

（2）采用 Scrapy 框架构建不同数据源的数据抓取程序并部署至分布式爬虫平台中。

（3）根据不同数据源的数据更新周期和数据量，通过 Cron 构建周期定时数据抓取任务。

（4）根据专家总结的关键词作为数据抓取程序的启发式设定进行数据抓取。

（5）将获取的原始数据存储至 MongoDB，同时使用文本处理模块对原始数据进行预处理，并将处理后的数据存储至 Sqlite 数据中，以供后续图谱构建和可视化使用，达到任务模块相对分离，增加各模块的运行稳定性。

（6）根据图谱构建过程，删除和补充数据抓取关键词，更新爬虫的运行设置，进行数据的及时抓取和更新。

完成对案例信息的初步采集后，需对采集数据建立数据处理模块进行数据处理，其具体流程如图 3.4 所示。

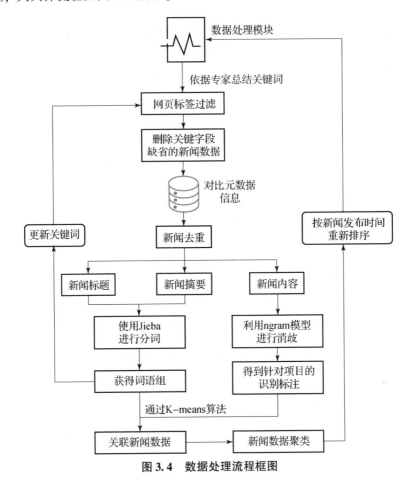

图 3.4　数据处理流程框图

● 数据处理步骤

（1）删除具有关键字段默认的新闻数据，利用元数据信息对新闻数据去重、网页标签过滤。

（2）使用 Python 的 Jieba 对新闻标题和摘要部分进行分词，同时利用 Ngram 模型进行消歧完成针对本项目的专有名词（如国家、地名）和事件名的识别标注。

（3）利用分词所获得的词语组，通过 K－means 算法进行新闻数据的关联，即将相同或相似的事件新闻进行聚类。

（4）根据新闻发布的时间对新闻数据进行重新排序，便于后续事件网络的相关信息标注。

二、事理图谱技术

（一）事理图谱定义

事理演化图谱（Event Evolutionary Graph，以下简称"事理图谱"）是一个描述事件之间顺承、因果关系的事理逻辑知识库，从结构上看，事理图谱是一个有向有环图，其中，节点为事件，有向边代表节点事件间的逻辑关系。事理图谱概念最初是由哈尔滨工业大学的刘挺教授于 2017 年的中国计算机大会"知识图谱预见社交媒体"分论坛报告会上提出来的，其本质即为一种以事件为节点的知识库，是知识图谱研究下的一种延伸与演化，故其发展源头可追溯至 20 世纪 70 年代的专家系统。事理图谱发展历程见图 3.5。

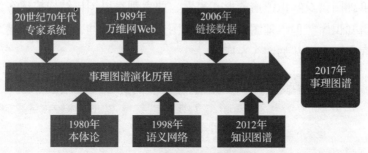

图 3.5　事理图谱发展历程

20 世纪 70 年代的专家系统（Expert Systems）是指利用知识和推理过程来解决那些需要人类专家辅助才能解决的问题的计算机程序，其构建过程需要人类专家提供知识，再将知识映射并储存至知识库中加以利用。由此构建的多为常识类知识库，即人类认知系统中的概念、语言规则知识库，如 Word Net、Hownet、Framenet 等。早期由人工构建的知识图谱具有很高的准确性和利用价值，但存在构建耗时、耗力且覆盖性较低的问题。1989 年万维网的出现为知识获取提供了极大便利，1998 年万维网之父蒂姆·伯纳斯·李再次提出语义网络（Semantic Web），为了让机器能够像人类一样更好地获取并使用知识，语义网络利用资源描述框架（RDF）技术直接向机器提供可直接用于程序处理的知识表示，但由于语义网络的设想较为宏观且实际模型是"自顶向下"的，导致其很难落地，于是链接数据的概念应运而生。2006 年伯纳斯·李提出链接数据（Linked Data），其旨在公开数据，建立数据间的链接以形成一张巨大的数据链接网，著名的 DBpedia 数据库就是第一个大规模开放域链接数据，其利用语义网络技术与众多知识库建立链接关系，构建了一个巨大的数据链接网络。在此期间，基维百科的出现大大推动了百科类数据库的构建，如DBpedia、Yago、Freebase 等。2012 年谷歌团队正式提出知识图谱（Knowledge Graph）概念，其宗旨为改善搜索引擎性能，并收购 freebase 知识库作为后台知识图谱支撑。在此之后，知识图谱技术成为研究热点并得到了大规模应用，但其在描述知识的动态性和认知智能思考上存在严重的局限性，知识图谱只针对确定性事实，却无法描述动态变化的事物。同时知识图谱只能解决"是什么"（What）的问题，却不能回答"怎么做"（How）的问题。于是，能充分描述动态事理逻辑的事理图谱的概念被提出并引起大量关注。

（二）事理图谱特点

从事理图谱及知识图谱的形式来看，两者都是以图谱结构描述客观世界知识的逻辑知识库，但事理图谱作为知识图谱的一种延伸，与知识图谱之间存在诸多异同之处，具体如图 3.6 所示。

	事理图谱	知识图谱
研究对象	谓词性事件及其关系	名词性实体及其关系
组织形式	有向图	有向图
主要知识形式	事理逻辑关系，及概率转移信息	实体属性和关系
知识的确定性	事件间的演化关系多数是不确定的	多数实体关系是确定的
主体之间的关系	因果关系、顺承关系	包含和被包含关系
回答问题	Why/How	When/Who/What/Where
知识状态	动态的	相对静态，变化缓慢

图 3.6 事理图谱及知识图谱的区别

知识图谱以实体、概念为研究的知识单元，即知识图谱中的节点为实体，其能够以图结构表示丰富的文本语义信息，并且描述客观世界概念间的关联关系，而事理图谱较知识图谱而言，事理图谱采用了比本体概念粒度更大的事件作为知识单元，使其表达信息的形式更加丰富，能够更为全面、有效地揭示事件之间的逻辑关系；知识图谱中的知识以三元组的形式储存，知识状态相对静态，事理图谱的知识储存则是包含事件、论元集合、逻辑关系的多元组形式，知识逻辑不确定，存在一种转移概率；在应用上，知识图谱可以完成 When/Who/What/Where 常识问题，而事理图谱可以对"Why/How"等动态问题给出很好的答复。

（三）事理图谱构建

事件知识图谱构建与实体知识图谱类似，通常采用基于本体的构建方法进行知识建模，先构建事件知识图谱顶层表示模式，再向下细化补充实例。目前事件知识图谱的相关研究主要集中在事件知识的自动获取方面，包括事件抽取和事件关系抽取，也是事件知识图谱构建的关键技术。由于事理图谱具备良好的描述事件间演化规律和模式的能力，其应用场景十分广泛，特别是在以具体事件间关系作为研究对象的学科中，构建相关学科的事理图谱具有重要意义，如金融、医疗等。丁效等基于大规模财经新闻文本提出了一套面向金融领域的事理图谱，该图谱可用于检索与金融行业相关的信息，并对金融事件进行预测，其可视化界面如图 3.7 所示；李忠阳等基于知乎"旅行"话题下的 32 万篇用户问答对，提出一套面向出行领域的事理图谱，该图谱可帮助用户综合了解出行状况、酒店、换乘等信息，从而更好地进行路径规划；周京艳等提出了面向情报应用的事理图谱，该图谱基于情报判读工作的特点，通过分析事件之间的顺承、因果等关系，来揭示事件演化规律与逻辑，作为情报判读的支撑。此外，事理图谱也逐渐在医疗、历史、法律等领域得到不同程度的应用。

面向特定领域的事理图谱自动构建框架，该框架主要由四部分组成，分别是数据获取、事件抽取、事件关系抽取及事理图谱构建，构建框架如图 3.7 所示。

1. **事件抽取**

事件是一种重要的知识表现形式，人类的命题记忆就是以"事件"为储存单位的。事件被定义为特定的人、物在特定时间和特定地点相互作用的客观

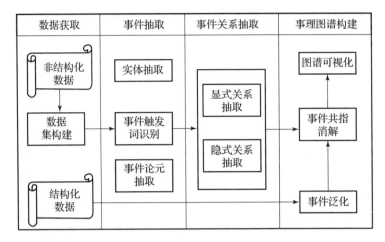

图 3.7　事理图谱自动构建框架

事实，一般来说是句子级的。事件抽取任务旨在从文本中抽取事件信息，以回答 "5W1H" 的问题，即 "Who、When、Where、What、Why、How"。从该任务本质来看，事件抽取任务可以分为封闭域事件抽取和开放域事件抽取，封闭域事件抽取拥有特定的事件预设结构，抽取的内容是事件类型及事件论元角色，将其组合作为事件抽取结果输出。

根据构建事理图谱对于事件节点的要求，事件抽取任务为封闭域抽取，以下采用 ACE 评测任务中对事件的组成元素进行事件的描述，其中包括事件提及、事件触发词、事件类型、事件论元及论元角色。

事件提及：包含一个或多个事件的句子。

事件触发词：能清晰表达事件发生的关键词，多为动词和名词。

事件类型：ACE2005 定义了八种事件类型和 33 种子类型。对于每个事件类型都有一套特定的事件模板，在确定事件类型之后，可按照模板对事件元素进行槽填充。

事件论元：对应具体事件的实体，如参与者、时间或其他特定角色。

论元角色：事件论元在事件中充当的具体角色，如访问事件中的访问者、受访者等。

图 3.8 所示为根据事件抽取模板完成的文本事件抽取样例，抽取句子中的事件表示。

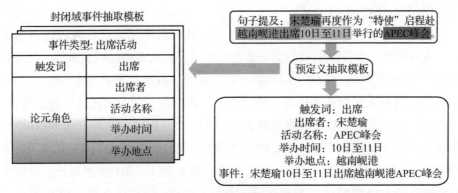

图 3.8　文本事件抽取样例

　　事件抽取是自然语言处理中的一项重要任务，其旨在对非结构化文本进行事件元素的抽取。从研究方法上看，事件抽取主要有基于模式匹配、机器学习两种方式。基于模式匹配的事件知识抽取是在一些模板的指导下进行的某类事件的识别和抽取，包括有监督的和弱监督的模式匹配。基于模板匹配的事件抽取准确率很好，尤其是对于特定域而言，但模板的构建过程还是较为繁琐，加之大数据的兴起和在事件抽取评测比赛的推动下，用于事件抽取任务的训练语料越来越多，于是基于机器学习的事件抽取方法获得了更多的关注和应用。基于机器学习的事件抽取将事件抽取任务划分成四个子任务，即触发词的检测与分类和论元的检测与分类，触发词检测与分类是指判断输入句子是否包含触发词并根据触发词判断事件类型，论元的检测与分类是指抽取事件中是否存在论元及确定其论元角色。根据该任务定义，基于机器学习方法的主要思想就是利用已标注的语料进行分类器训练，并且利用训练好的分类器对原始文本进行事件抽取。用于事件抽取任务中分类器训练的常用机器学习方法有支持向量机（SVM）、最大熵模型（Max Ent）、依存结构分析（Dependency Structure Analysis）、结构感知机（Perceptron）和深度学习方法等。随着深度学习的不断发展和模型的良好表现，基于深度学习的方法被更多地应用到事件抽取任务中。作为机器学习方法的一种，基于深度学习的事件抽取方法也依赖于分类器的训练，但与以上传统机器学习模型不同的是，深度学习的文本特征由原来的词法、句法等浅层特征变成了更深层的特征，且利用神经网络将事件抽取建模成端到端的系统，使用包含丰富语言特征的词向量作为输入，通过神经网络自动提取特征并分类进行事件抽取，不需要或者极少地依赖外部的 NLP 工具。

1）数据集构建

在事件抽取任务的研究中，高质量的公开数据集是该任务发展良好的基础，现有的用于事件抽取的数据集多是由相关评测比赛构建后发布的，如著名的 ACE 2005 数据集、TAC – KPB2015 数据集等。ACE 数据集是由 ACE 比赛在 2005 年事件抽取评测任务中发布的公开标注数据集，其中标注内容包括实体、时间、事件和关系。ACE 数据集共包含了 599 个已标注的文档和近 6000 余个事件，语料分别涉及英语、中文和阿拉伯语，其数据来源丰富，包括新闻文本（NW）、广播（NB/BC）、微博（WL）等。除了 ACE 2005 数据集外，常用于事件抽取任务检测的公开数据集还有 TAC – KPB 2015 数据集，该数据集是 TAC – KPB 评测任务于 2015 年公布的事件语料库。由于评测中的事件部分任务主要专注于对事件提及、事件类型和子类型的检测，于是所发布的数据集以 ACE 事件标注模板为基础，自定义了 9 种事件类型及对应的 38 种子类型。

在面向特定领域事件标注时，由于特定域文本的特殊性，上述公开数据集的事件分类方式和标注模板在政治领域文本中并不具有普遍适用性。首先，ACE 等数据集对于事件类型的分类过于泛化，无法聚焦于特定主题的文本，并不能很好地覆盖多数特定类文本事件类型。同时，在构建特定领域事理图谱时，对于中文文本事件的抽取必不可少，现有公开数据集面向中文文本的语料较少，亟待扩充。

2）数据标注方法

序列标注（Sequence Labeling）是解决自然语言文本处理的基本问题之一，其序列指的是一个句子，一个元素指的是句中的一个词。序列标注可分为以下两类。

（1）原始标注指的是每个元素被标注为一个标签。

（2）联合标注表述所有涉及的分段被标注为同样标签。信息抽取问题可转化为序列标注问题，如提取触发词、实体、时间、地点等抽取内容。

命名实体识别（NER）是信息抽取的一个子任务，其结果是将元素定位和分类为人名、地点、时间、组织名。本书采用联合标注的方法，可标注句子中的整个短语，而不是将两三个词分别标注。例如，"北京是中国的首都"，可将北京、中国联合标注成地名。实现联合标注可转化为原始标注方法。针对事件抽取任务将获取的源数据的标注采用 BIO 标注体系，其标注符号及说明如表 3.2 所列。事件抽取任务的前提是需先定义事件的组成元素。

表 3.2 联合标注符号及说明

标注符号	说明
B－X	属于 X 类型且以此元素为开头
I－X	属于 X 类型的中间位置
O	不属于任何类型

定义（事件）：设事件 E 由五个基本要素组成，表示为五元组 $E = \{O, V, P, T, L\}$，O 为事件参与者，V 为事件触发词语，P 为事件发生地点，T 为事件发生时间，L 为事件发生程度（不断、很、非常、相当、一点、明显地等）。对选定的猪瘟热点话题语料通过事件定义及 BIO 标注体系的语句标注如下：

"2018/B－T 年/I－T 8/I－T 月/I－T 初/O，中/B－L 国/I－L 首/O 例/O 非/B－O 洲/I－O 猪/I－O 瘟/I－O 疫/O 情/O 出/B－V 现/B－V 并/O 不/B－L 断/I－L 延/B－V 续/I－V，截/O 至/O 2019/B－T 年/I－T 3/I－T 月/O，生/B－O 猪/I－O 存/I－O 栏/I－O 及/O 能/O 繁/B－O 母/I－O 猪/I－O 存/I－O 栏/I－O 下/B－V 降/I－V 了/O 18.8%/O 和/O 21%/0，生/B－O 猪/I－O 养/I－O 殖/I－O 布/I－O 局/I－O 发/O 生/O 变/B－V 化/I－V，猪/B－O 肉/I－O 消/I－O 费/I－O 的/O 活/O 力/O 表/O 现/O 不/B－V 足/I－V，且/O 母/B－O 猪/I－O 存/I－O 栏/I－O 下/B－V 降/I－O 对/O 猪/B－O 肉/I－O 市/I－O 场/I－O 的/O 冲/B－V 击/I－L 最/O 大/O，价/B－O 格/I－O 上/B－V 涨/I－V 明/B－L 显 B/L，年/O 平/B－L 均/I－L 涨/O 幅/O 达/O 到/O 21.4%/O"。

按照此标注规则，经过数据标注人员共同标注文档 6000 条，随后利用卡帕值评价标注的一致性，最终结果为 Kappa = 0.88，由一致性分数较高的前提下，此标注数据的结果文件可以使用到事件抽取方案中，抽取出触发词、事件参与者、时间、地点、程度的事件要素。

（3）预训练模型。

在自然语言处理任务中，随着近年来算力的不断提升，深度学习以其优异的任务表现成为业界的主流方法，但大多数深度网络模型的训练都属于监督学习，即表示深度学习方法依赖于大量标注数据。而预训练技术旨在通过使用大规模无标注的文本数据来进行深层网络模型的训练，从而得到模型参数，并将其参数应用于后续的下游任务中，其思想源于迁移学习，即在一个数据集中训练基础模型，然后通过微调等方式将该模型应用于其他下游任务中。起初预训练模型最早被应用于计算机视觉领域，其有效地减轻了任务对于标注数据的要求，且大幅改善了模型效果，在自然语言处理领域，起初预训练技术也得到了一些应用，如词向量技术（word2vec、GloVe）等。这些常用的语言表征技术是早期的静态预训练技术，通过语言模型的训练得到文本词汇间的长期依赖和层次关系，将通过词向量得到的词语表征接下游任务网络，并作为网络输入的第一层一同进行网络训练，大幅提升任务效果。但以上技术对于不同语境中的同一词语的词向量表示是一样的，即无法解决一词多义的问题，这对下游任务的效果会产生较大影响，故此，结合上下文信息的动态预训练技术相继涌现，如 ELMo、GPT 等。在此基础上，2019 年被誉为自然语言处理领域发展里程碑的预训练模型 BERT 横空出世，一扫阅读理解、文本匹配等 11 项自然语言处理的经典任务。BERT 模型利用堆叠 Transformer 子模型来构建网络机构，与 ELMo 不同的是，BERT 使用 Transformer 模型结构并且加入残差，这表明 BERT 的网络结构深度可以更深，而不用担心梯度消失问题且能获得更长距离的依赖关系。与 GPT 不同的是，BERT 使用了 Masked – LM 的训练方法，即随机遮盖输入文本的 15% 的词，并通过输出概率分布来调整模型参数，该方法真正实现了双向语言模型的效果，以捕捉到更深层的文本表征特征，以大幅改善下游任务的效果。

出于以上预训练模型在语义表征方面的优秀特性，引入预训练模型 BERT，采用 BERT + BiLSTM 序列标注模型应用于事件抽取任务。作为可以同时抽取事件触发词和论元的联合模型，该方法可有效减少误差传递。预训练模型 BERT 很好地提取句子中的不同层次的特征关系，全面反映句法特征，且能获取更多语义信息，避免歧义问题的出现。在 BERT 的下游添加 RNN 网络可以很好地补充对于句子序列特征的获取。

针对中文事件抽取问题，之前的神经网络较好的改进方法是加入字向量，而使用的 BERT 预训练模型对中文并不进行分词，而是将单字作为输入文本的基本单元，这有效解决了中文事件抽取对于分词结果的依赖性并减少了误差传递。模型结构如图 3.9 所示。

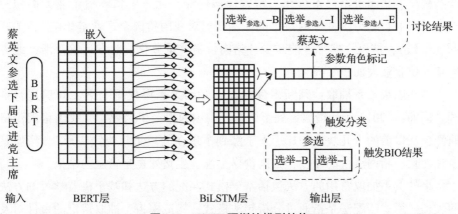

图 3.9　BERT 预训练模型结构

2. 事件关系抽取

事件关系的抽取和构建可以揭示事件发展规律，厘清事件关联并全面了解事件，进而构建事件知识图谱。事件关系抽取以事件为基本的语义单元。自动抽取事件之间的逻辑关系，包括事件的因果关系、顺承关系、共指关系和时序关系等。因果关系指事件之间的作用关系，即某个事件是另一事件的结果。例如，"美国制裁中兴通讯股份有限公司"和"中兴通讯股份有限公司缴纳罚款"两事件间存在因果关系，前事件为后事件发生的原因。

因果关系是语义关系的一种，其关系的抽取对文本深层语义的理解具有重大意义。作为安全领域中重要的关系类型，因果关系在许多任务中起着重要作用，如事件预测、情景生成、知识问答及文本蕴含。研究事件间关系有助于获取事故逻辑演变的过程，有助于进一步认识事故的发生、发现事故因果发展规律，从而能够为决策者提供用于预判事故的后期发展情况和事故发展趋势的重要信息。

关系提示词（Relation Phrases）是用来表征句式的关系词，如通过"导致""造成"等词可知前后文为因果关系，由"随后""其次"等词可知前后文的顺承关系。从文本中抽取事件关系时，根据文本中是否含有关系提示词，可将关系抽取任务划分为显式关系抽取和隐式关系抽取。

显式因果关系抽取：根据文本中出现"因为""由于""造成"和"导致"等关联词进行抽取，可细分为一因多果、一因一果、多因一果、多因多果。例如，"从 2018 年 8 月以来的非洲猪瘟对我国猪肉全产业链影响导致实际产能减少、猪肉价格严重分化、跨省运输停滞，北方生猪养殖企业大面积亏损"。原因（从2018年8月以来的非洲猪瘟对我国猪肉全产业链影响），关联词（导致），结果（实际产能减少、猪肉价格严重分化、跨省运输停滞，北方生猪养殖企业大面积亏损）。

隐式因果关系抽取：判断事件的原因和结果需要根据上下文知识进行推理。例如，"2019年，猪瘟传到了中国，中国的很多生猪死亡，我国猪肉价格疯涨，从以前的十几块钱一斤一下子涨到了现在的三十几块钱一斤"。猪瘟是生猪死亡、猪肉涨价的原因，猪肉价格上涨、生猪死亡是猪瘟的结果。

事件关系抽取常用的方法包括基于模式匹配的方法和基于机器学习的方法两大类。模式匹配法是指通过分析句法模式，构造模板，抽取特定的事件对及其关系的方法。模式匹配法抽取因果关系需要设计具有领域适用性的模板和抽取规则，这种方法常用于显式关系的抽取，抽取的准确率较高。另一种常用的因果关系抽取方法是基于机器学习的方法。最常用的方法如 SVM、卷积神经网络（Convolutional Neural Network，CNN）、循环神经网络（Recurrent Neural Network，RNN）、长短期记忆网络（Long Short‐Term Memory Networks，LSTM）等。2017年6月谷歌机器翻译团队提出的自注意力机制，是对注意力机制的一种改进，它无视词之间的距离直接计算依赖关系，能够更好地学习句子的内部结构。该模型被广泛应用于词嵌入、机器翻译、命名实体识别、序列标注等任务中，并被证明能够有效提高试验效果。利用自注意力机制能够更全面地捕获句子语义信息这一优势，在传统的 BiLSTM 网络上增加自注意力机制，将其应用于事件间隐式关系的抽取，旨在获得更好的因果关系抽取效果。

1）基于知识库匹配的显式关系抽取

模式匹配法是使用语言模式作为因果语义关系的形式化表示，将因果关系抽象为某些特定的模式，然后通过匹配来找到其他符合同一语义关联的模式和实例。这种抽取方法准确率高，更接近人的思维，符合人的思维习惯。

文本中用来表征关系句式的关系词被称为关系提示词，显式关系的抽取直接依赖其存在的关系提示词在关系知识库中进行模板匹配。因此，关系知识库的构建极其重要，其中包括建立关系词库、关系模式库等。由于关系词在句中的位置不同，且分析的句法模式十分丰富，构建的关系知识库要能够更全面涵盖更多的句式模板和关系词。

借鉴对于因果型关系的知识库构建工作，根据关系提示词出现的位置和出现的数量将匹配句法模式分为"居端式""居中式"和"配套式";根据关系提示词的词性,将句法模式分为"明确""精确"和"模糊"三种,其中,"明确"表示关系词为连词,"精确"表示关系词为动词或副词,"模糊"表示关系词为介词;对于因果关系事件对,根据原因事件及结果事件的相对位置,将句法模式分为"由果溯因"和"由因到果"两种。具体因果提示词对应的句法模型如表3.3 所列。

表 3.3 因果提示词对应句法模型

句法模式	匹配模板	因果提示词(部分)
规则 1:由果溯因配套式	< Conj > {Effect} , < Conj > {Cause}	<[之]所以,因为) │〈[之]所以,由于〉│ <[之]所以,缘于>
规则 2:由因到果配套式	< Conj > {Cause} , < Conj > {Effect}	〈因为,从而〉│ <因为,为此> │ <既然,所以〉│〈因为,为此 > │ <由于,为此 > │ <只有│除非,才> │ <由于,以至[于] > │ <既[然],却>
规则 3:由因到果居中式明确	{Cause} , < Conj... > {Effect}	于是 │ 所以 │ 故 │ 致使 │ 以至[于] │ 因此 │ 以至[于] │ 从而 │ 因而
规则 4:由因到果居中式精确	{Cause} , < Verb │ Adverb... > {Effect}	牵动 │ 导向 │ 使动 │ 导致 │ 勾起 │ 引入 │ 指引 │ 使 │ 予以 │ 产生 │ 促成 │ 造成 │ 引导 │ 造就 │ 促使 │ 酿成 │ 引发 │ 渗透 │ 促进 │ 引起 │ 诱导
规则 5:由因到果前端式模糊	< Prep... > {Cause} , {Effect}	为了 │ 依据 │ 为 │ 按照 │ 因 [为] │ 按 │ 依赖 │ 照 │ 比 │ 凭借 │ 由于
规则 6:由因到果居中式精确	{Cause} , < Prep... > {Effect}	以免 │ 以便 │ 为此 │ 才
规则 7:由因到果前端式明确	< Conj... > {Cause} , {Effect}	既[然] │ 因[为] │ 如果 │ 由于 │ 只要

句法模式	匹配模板	因果提示词（部分）
规则8：由果溯因居中式模糊	{Effect) < Prep...> {Cause}	根源于｜取决｜来源于｜出于｜取决于｜缘于｜在于｜出自｜起源于｜来自｜发源于｜发自｜源于｜根源于｜立足[于]
规则9：由果溯因居端式精确	{Effect} < Conj...> {Cause}	因为｜由于

根据表3.3所列因果关系的匹配模板，本书将对输入的每条新闻进行关键词匹配，如满足表3.3所列规则，则返回句中的因果事件句，并利用事件抽取中训练的事件抽取模型对其进行触发词及事件论元的抽取，最终返回抽取出的事件对及其关系类型的元组形式。

例如，关于猪瘟的语料，从2018年8月以来的非洲猪瘟对我国猪肉全产业链影响导致实际产能减少、猪肉价格严重分化、跨省运输停滞，北方生猪养殖企业大面积亏损"。采用显式因果抽取模型可将语料抽取出原因事件为"从2018年8月以来的非洲猪瘟对我国猪肉全产业链影响"；因果关联词为"导致"；结果事件为"实际产能减少、猪肉价格严重分化、跨省运输停滞，北方生猪养殖企业大面积亏损"。

2）基于Attention_BiLSTM的隐式关系抽取

对于大部分未含关系关联词的句子来说，隐式关系抽取可以完成事件间的关系抽取任务，但与显式关系抽取不同，隐式关系抽取无法通过句式模板来界定关联事件的起始和结束，于是在两者操作流程上存在着差异。首先，显式关系抽取的输入是一条包含若干自然句的新闻文本，而隐式关系抽取的输入则是若干个已经完成事件抽取的事件对。其次，显式关系抽取利用模板匹配完成关系的识别，而隐式关系则是通过深度学习捕捉各个事件间的深层语法特征进行关系的判别。最后，显式关系抽取的是句子级别的事件关系，而隐式关系抽取的是文档级别的事件关系。

隐式关系抽取相比显式关系抽取，没有明显的关联词，语义之间的歧义性大且容易与承接关系产生混淆，抽取的难度大于显式事件关系抽取。其事件关系抽取的语料库来自于网络爬虫，然后对数据清洗、BIO 标注体系标注数据，接着采用 BERT 词空间向量化，随后双向 LSTM 模型对事件句进行事件因果关系抽取，流程如图 3.10 所示。

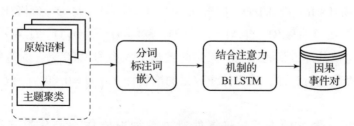

图 3.10　隐式关系抽取流程

对隐式事件因果抽取进行研究，由于在输入端是序列数据，输出端也是序列数据，因此可采用序列标注的方法解决该问题。对于需要联合标注问题可采用原始标注方法，即可用 BIOE 标注体系，包括：词语位置为开始、中间、结束；语义角色为原因、结果；因果事件序号及其他词语。具体标注标签如表 3.4 所列。

表 3.4　标注标签

标注	方法
词语位置	B－开始，I－中间，E－结束
语义角色	C－原因，R－结果
事件序号	I－N－原因或结果
其他词语	0

例如，热点话题事件句"报告显示，2018 年 8 月初，中国首例非洲猪瘟疫情出现并不断延续。截至 2019 年 3 月，生猪存栏及能繁母猪存栏下降 18.8% 和 21%，生猪养殖布局发生变化，猪肉消费活力不足，母猪存栏下降对猪肉市场的冲击最大，价格上涨明显，年平均涨幅达到 21.4%"。标注示例如下。

"报告/O　显示/O　2018/O　年/O　8/O　月/O　初/O　中国/O　首例/O　非洲　B－C－1　猪瘟/E－C－1　疫情/O　出现/O　并/O　不/O　断/O　延续/O　截至/O　2019/O　年/O　3/O月/O　生猪/B－R－1　存栏　I－R－1　及　E－R－1　能/O　繁/O　母猪　B－R－2　存栏　I－R－2　下降　E－R－

2 18.8%/O 和/O 21%/O 生猪/B-R-3 养殖 I-R-3 布局 I-R-3 发生/O 变化/E-R-3 猪肉/B-R-4 消费/I-R-4 活力/O 不足/E-R-4 母猪/B-C-2 存栏/I-C-2 下降/E-C-2 对/O 猪肉/B-R-1 市场/I-R-1 的/O 冲击/E-R-1 最/O 大/O 价格/B-R-2 上涨/E-R-2 明显/O 年/O 平均/O 涨幅/O 达到/O 21.4% /O"。

针对猪瘟的热点话题语料，采集的数据集大小为1000条。通过两名标注人员对数据集进行标注，最终标注数据的准确性 Kappa = 0.89，一致性高，数据可用。

使用深度学习的方法，将事件对关系抽取看作一个分类问题，利用 Attention + BiLSTM 模型进行特征提取，并训练一个三分类器，用以判断事件对间的因果关系，如图3.11所示。

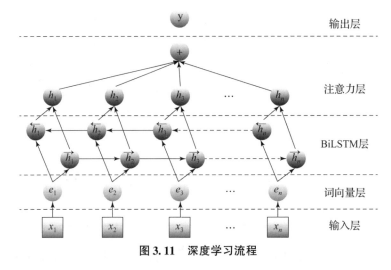

图 3.11 深度学习流程

基于标注体系将数据集进行标注，接着对数据集用 BERT 模型对其进行词空间向量化作为神经网络模型的输入，利用长短时记忆模型流行变体及注意力机制的学习，再将输出结果用条件随机场作为最终的模型输出，最后将得到的事件对判断因果关系。

（四）事理图谱生成

1. 事件共指消解

在同一篇文档内，存在不同事件表述项指代的是同一事件的现象，如"发动机着火"与"引擎起火"。事件的共指消解解决的是事件不同表述项归一化的问题，通常是通过计算两个事件元组对应向量的相似性来判定两个事件的相似程度。

词嵌入是事件共指消解的重要准备工作。将所有词汇都映射到同一个向量空间上，对促进计算机理解自然语言具有重要作用。采用方法是 word2vec 模型，word2vec 可以利用样本单词和该词的上下文一起训练词向量，所以训练出的词向量包含了词的上下文语义信息。众所周知，词的语义由词的上下文决定，如果两个词的上下文相同，则这两个词在语义上相似。如果两个词对应的词向量相似，说明对应的上下文内容相似，则这两个词是相似的。也就是说，词向量的相似度，可以在数值上量化词的相似度，词向量的空间距离接近时，词之间的语义就是相似的。两事件元组对应向量的相似性计算是事件共指消解的核心工作。在对事件相似性度量时，事件元组中参与计算的仅为｛主语，触发词，宾语｝三部分。两事件的相似度为元组中各个论元的相似度的均值。

文本相似性度量的方法多种多样，常用的方法有基于标记的相似性函数和基于编辑距离的相似性函数。

基于标记的相似性函数。这种方法是使用某种函数将待匹配的文本字符串转换为一系列子串的集合，这些字符串被称为标记。常用的这类方法有余弦相似性和系数（Jaccard）相似性。

余弦相似性：用向量空间中两个向量夹角的余弦值来衡量两个事件元组间差异的大小，余弦值越接近于 1，两个事件元组就越相似。余弦相似性是常用的相似性度量方法，计算结果准确，适合对短文本进行处理。

系数相似性：系数等于两个集合的交与并的比值，即交集除以并集，两个事件元组共同都有的词除以两个事件元组所有的词，可用于衡量两个集合的相关性。基于系数的相似性函数优点在于集合相交操作与集合中子串的顺序无关，因此字符串的先后顺序对相似性度量结果基本没有影响。因果关系抽取所得的因果关系事件元组本质上是短文本的集合，可以选用余弦相似性、系数相似性、曼哈顿距离和欧几里得距离的均值。

2. 事件泛化

众所周知，因果关系具有传递性，即具有链式特性。对于同一篇文档的多个因果关系事件对来说，通过事件共指消解可将这些因果关系事件对首尾相接形成链条或图，对于跨文档的多个因果关系事件对来说，这些具体事件在表述上差异性更大，很难做到一类事件归一化，这对形成一个用于发现事件普遍因果演化规律的事理图谱来说是一个阻碍。为了把具体的事件泛化，SadongZhao 等采用的方法是借用公共词典将事件表示中的每个动词以 VerbNet 中的动词类别替代，将事件表示中的每个名词以 WordNet 中的名词上位词替代。借鉴这种方法，对安全事件泛化采用的方法是将所有具体事件与安全领域本体映射，以领域本体中的表述替代原有的事件表述，从而达到将事件泛化的目的，泛化后的事件更便于构建成图，且更易于普遍规律的发现。

与领域本体映射时，领域本体中的概念是字符串类型的，没有上下文信息，因此具体事件与领域本体映射的主要工作是计算两字符串的相似性，即计算每个事件与安全领域本体中元组的相似度。将所有事件映射并改写成安全领域本体中的概念，这样做的好处是：①把具体的事件概念化，有助于理解事故演化的一般模式和规律；②使用本体中的概念统一表示事件，使单一事件因果关系图的融合、事理图谱的构建更容易；③有利于原事理图谱的扩建，当再有新的事件时，容易链接到原有的图谱中，使该安全因果关系事理图谱数据规模不断壮大。

3. 边转移概率

生成安全领域事理图谱的主要目的是揭示事故发展规律和模式，为了度量事件因果发展的可能性，在事理图谱的边上标注了事件转移概率。边上转移概率表示的是在事件 A 发生的情况下，事件 B 发生的可能性，即事件 A 导致事件 B 发生的概率。

$$p(E_j \mid E_i) = \frac{\text{count}(E_i, E_j)}{\Sigma_k(E_i, E_{jk})})$$

式中：$\text{count}(E_i, E_j)$ 为 E_i 发生且 E_j 也发生的频率；$\Sigma_k(E_i, E_{jk})$ 为 E_i 发生的情况下所有可能发生的事件的总数。

4. 事理图谱展示与分析

政治学研究需要进行关系网络分析，重视个体间的逻辑关系，需要一种更有逻辑性的数据挖掘、管理和分析方法，来捕捉文本事件间的互动模式和关系模式。例如，话题网络是对内容分布关系的分析；传播网络是对信息传播路径和历史的分析；冲突或合作网络是对行为网络的分析；面向政治领域的事理图谱是对已发生的政治领域重大事件间的关联关系的分析。就政治领域关系分析而言，相较于传统的政治学研究方法，即定性、定量及中庸辩证法，自动构建的事件关系网络能更好地从对具体现实问题有解释能力和指导意义方面来描述、解释和预测关系。因为关系性往往具有非线性、互动复杂、高维度等特征，传统的定量和定性方法在处理复杂互动的高维度数据方面比较困难，中庸辩证法似乎也并不能有效地解决解释和指导具体现实的问题。而事理图谱，因为结合了大数据文本信息自动抽取和社会科学中对关系的定义，恰恰有助于我们更深入地理解政治事件中的"关系"，辅助专业领域研究者进行事件间的互动关系的深度挖掘，从而进一步推动国际政治的关系理论研究。

事理图谱示例如图 3.12 所示。

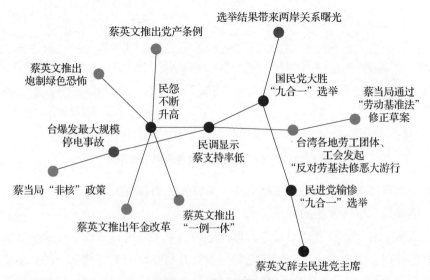

图 3.12　事理图谱示例

例如在航空安全事故事理图谱中，是以"冲偏出跑道"这个事件为中心节点，其余节点是与该事件相关的、具有代表性的原因事件和结果事件，如图 3.13 所示。

在"冲偏出跑道"这类事件因果事理图谱中，可以看到造成冲偏出跑道的原因有很多。例如，由于下雨造成跑道积水，进而影响了航空器刹车性能，导致了航空器冲偏出跑道，这在传统方法中只会归结为天气原因一个节点。再如，机长使用了非对称推力，所以不能控制航向，于是冲偏出跑道这样一个事件因果发展链，传统方法会归结为机组操作失误，而不显示是哪种操作不恰当，即不展示事故发生的详细过程。从这部分事理图谱中还能看到，受波及的一些后续事件，如起落架坍塌、轮胎爆裂、飞机蒙皮损坏、跑道边灯被撞坏等

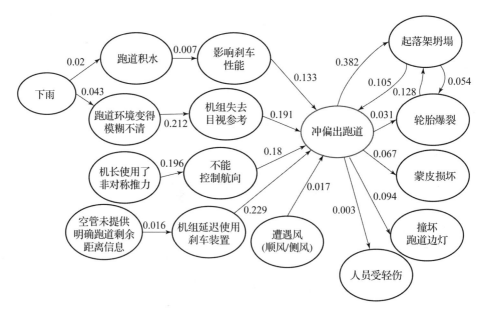

图 3.13　"冲偏出跑道"事件因果事理图谱

结果。事理图谱能够描述该主题下各个事件发生的相互关联，梳理事件发展脉络，能够建立事件发生的因果关系。

从航空安全事故事理图谱中看出，这种因果关系事理图谱不仅能展示造成事故的原因，还能描述这些因素是如何发展并最终影响到事故结果的。由此看来，事理图谱对于事故的演化模式可以进行良好的组织和刻画。根据事理图谱展示的因果关联事件，可以预测事件的后续演化模式，并可以通过改变某些关键因素来影响事件的发展走向，为事故因果关系分析和事故预防预测提供支持。

三、事件预测技术

近年来，越来越多的研究工作在文本推理相关的任务中通过引入外部知识来提升相关任务的性能。例如，在阅读理解和问答系统等任务中引入知识图谱可以帮助更好地表示文本语义信息，进而提升阅读理解和问答系统的性能。然而，这些典型的任务主要引入的是关于实体的关系和属性知识。对于一些依赖事理逻辑知识（如事件的因果和顺承关系）的文本推理任务来说，事理图谱将会发挥更大的作用。知识驱动的文本推理可以借鉴认知科学中的双通道理论。在人脑的认知系统中存在两个系统，即系统 1 和系统 2。系统 1 是直觉系统，它可以通过人对相关信息的直觉匹配寻找答案，这个系统快速而简单；系统 2 是分析系统，它需要通过一定的推理、逻辑找到答案。系统 1 可以基于事理图谱来实现，在此基础上可以进行相关信息的匹配和扩展；而系统 2 可以基于一个图神经网络来实现，在图神经网络中可以做一定的推理和决策。下面将以脚本事件预测为例，介绍事理知识如何帮助文本推理任务。

脚本是人工智能领域的一个重要概念，提出于 20 世纪 70 年代，当时的研究方法是基于专家的人工知识工程。直到 2008 年，Chambers 和 Jurafsky 提出了基于指代消解技术利用自动的方法从大规模语料中自动抽取脚本事件链条，并提出了经典的挖词填空式的评估标准来评估脚本事件推断模型，这种思路被称为统计脚本学习。这一工作引领了一系列后续的统计脚本学习研究工作，其中 Granroth – Wilding 和 Clark 的工作对该领域的研究起到了重要的推动作用。Granroth – Wilding 和 Clark 提出了多选项完形填空（Multiple Choice Narrative Cloze，MCNC）的评估方法（图 3.14）：给定一个脚本事件上下文和五个候选后续事件，推理模型需要从中准确地挑选出唯一正确的那个后续事件。

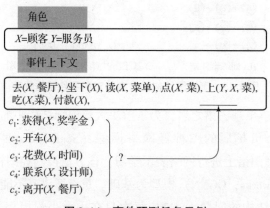

图 3.14　事件预测任务示例

前人在脚本事件预测任务上应用的典型方法包括基于事件对的 PMI 和 EventComp，以及基于事件链条的 PairLSTM。尽管这些方法取得了一定的成功，但是事件之间丰富的连接信息仍没有被充分利用。为了更好地利用事件之间的稠密连接信息，李忠阳等提出构建一个叙事事理图谱，然后在该图谱上进行网络表示学习，进一步预测后续事件。

基于叙事事理图谱进行事件预测的主要动机如图 3.15 所示。给定事件上下文 A（enter）、B（order）、C（serve），推理模型需要从 D（eat）和 E（talk）中挑选出正确的后续事件。其中，D（eat）是正确的后续事件，而 E（talk）是一个随机挑选的高频混淆事件。基于事件对和事件链的方法很容易挑选出错误的 E（talk）事件，因为图中（b）中的事件链条显示 C 和 E 的关联性比 C 和 D 的关联性更强。然而，基于（b）中的链条构建（c）中的事件网络后，可以发现 B、C 和 D 形成了一个强连通分量。如果能够学习到 B、C 和 D 形成的这种强连接图结构信息，则推理模型更容易预测出正确的后续事件 D。

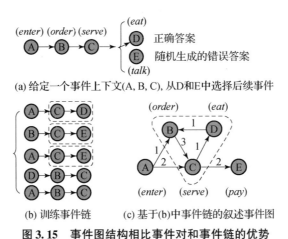

图 3.15　事件图结构相比事件对和事件链的优势

有了一个叙事事理图谱之后，为了解决大规模图结构中的推理问题，李忠阳等提出了一个可扩展的图神经网络模型（Scaled Graph Neural Network，SGNN）在该事理图谱上进行网络表示学习。该方法以门控图神经网络（Gated Graph Neural Networks，GGNN）模型为基础。重点解决其不能直接用于大规模叙事事理图谱图结构的问题。SGNN 每次只在一个小规模相关子图上进行计算，通过此训练将 GGNN 扩展到大规模有向有环加权图上。该模型经过修改也可以应用于其他网络表示学习任务中。SGNN 每次从中抽取出待推理问题相关的一个子图，然后将其送入 GGNN 模型中，学习并更新该子图上的事件表示。具体地，每个子图包括一个事件上下文和所有候选事件节点，以及这些节点之间的有向边。在更新事件表示的过程中，SGNN 充分学习到了事理图谱的图结构信息，进而可以更好地帮助预测后续事件的发生。

第三节　社会安全风险事件智能抽取

事件抽取任务是自然语言处理领域研究的难点与热点，其目的是从非结构化的语言文本中抽取出事件及事件相关信息，并以结构化的形式存储和展现给用户。本节主要介绍在对社会安全风险事件领域运用自然语言处理中事件抽取的技术，从文本数据中提取社会安全风险事件。

一、事件抽取国内外研究现状

（一）国外研究现状

事件抽取的研究最早开始于 20 世纪 70 年代，Roger Schank 开展有关文本理解的研究，他们尝试使用应用脚本理论从特定新闻文字（如工人罢工、地震等事件）中抽取特定的事件来分析。

20 世纪 80 年代，在 MUC、ACE 等国际测评会议的推动下，通过建立公开标注的事件抽取数据集以及抽取结果的测评机制，使事件抽取的研究得到很大提升，并取得了一系列科学研究成果。

1995 年，Kim 等在 MUC 语料中的恐怖事件的数据集上，进行模板匹配的事件抽取，并且融入了 WordNet 语义，开发了平行自动语言知识习得（Parallel Automic Linguistic Knowledge Acquisition，PALKA），该系统在恐怖事件抽取任务上有着较高的准确率。

2007—2011 年，Jakub Piskorski 等提出了名为 NEXUS 的事件抽取系统，通过使用聚类算法对文本进行预分类，然后使用自然语言处理工具对不同类别进行事件信息的提取。

自 21 世纪以来，机器学习算法随着计算机运算能力的提升，得到了很大发展。基于机器学习或者深度学习进行事件抽取逐渐成为事件抽取的主流方法之一。刚开始，研究人员使用基础的机器学习算法进行事件抽取工作，研究人员使用过支持向量机（Support Vertor Machine，SVM）、朴素贝叶斯等方法分别进行事件抽取的尝试。Dieter 等使用最大熵隐马尔可夫模型，对英文单词进行分类来完成事件抽取任务，最大熵模型可以利用全局信息进行分类，事件抽取的准确率得到很大提升。

2006 年，Ahn 等使用一种模型组合方法，将事件抽取任务分为两个子任务，即触发词识别和论元识别，组合两种机器学习的模型，然后分别训练这两种模型去完成两个子任务。实验证明，将事件抽取任务分为两个子任务的方法优于单一机器学习的方法。这种方法在后来的事件抽取中逐渐成为主流的方法。

2018 年，由 Google AI 研究院提出了一种预训练模型即 BERT 预训练模型。BERT（Bidirectional Encoder Representation from Transformers）在机器阅读理解顶级水平测试 SQuAD1.1 中表现出惊人的成绩：全部两个衡量指标上全面超越人类，并且在 11 种不同 NLP 测试中创出 SOTA 表现，包括将 GLUE 基准推高至 80.4%（绝对改进 7.6%）、MultiNLI 准确度达到 86.7%（绝对改进5.6%），成为 NLP 发展史上里程碑式的模型成就。

（二）国内研究现状

与英文相比，中文事件抽取起步相对较晚。中文事件抽取相关研究较少，中文语言特性也导致了中文事件抽取效果不如英文。中文事件抽取效果较差，主要因为：①中文自然语言处理基础研究还不够完善，如中文分词、命名实体识别、句法分析和语义角色分析等，影响到事件抽取的性能；②中文事件抽取较多地停留在使用基本特征和句法特征方面，忽略了上下文的知识和语义；③中文中一词多义的情况更为常见，且中文句子变化多，多省略结构，因此中文事件抽取研究存在较大的提升空间，中文事件抽取还需要更为深入的研究。

在模板匹配的事件抽取方面，姜吉发等在 2005 年提出一种领域通用事件模式匹配方法 IEPAM，将事件抽取模式分为语义模式、触发模式和抽取模式，在 MUC-7 语料的飞行事故事件抽取中获得优异结果。

在机器学习的事件抽取方面，Chen 等研究了中文事件抽取中不同特征对性能的影响。将事件识别任务分为事件识别和事件分类两个子任务，将论元识别任务分为论元识别和角色分类两个子任务，使用级联模型将四个任务串联起来，形成整个事件抽取的框架。分类任务的输入变量词汇、句法、语义、实体信息等特征，分类器使用最大熵分类器。针对中文分词带来的触发词不一致问题，提出了两个解决方法来提高触发词识别的召回率，即基于词的方法和基于字符的方法。基于词的方法使用一个全局勘误表来更正分词带来的错误；基于字符的方法将触发词识别作为序列化标注问题。

赵妍妍等为了解决训练数据正负样例不平衡和训练数据稀疏的问题，使用中文同义词来扩展训练集中的触发词，产生候选事件及其类别，并对候选事件进行二元分类。在论元角色判断阶段，分别训练了三个使用不同训练数据的分类器进行论元角色标注。将中文事件抽取看成级联的分类任务，使用局部特征选择方法来确保触发词抽取的性能，加入多级模式来提高模式的泛化能力，以改进论元抽取性能。

以上研究人员大都将事件抽取任务分为两个子任务，即事件分类（触发词识别）和论元角色分类，且都使用的是级联模型，即将这两个任务按照先后顺序执行。近些年来，有研究人员指出使用级联模型的缺点，即两个任务无法利用彼此的信息作为本任务的输入，为了解决级联任务的缺点，研究人员提出了基于联合模型的事件抽取。联合抽取模型，即将事件抽取的两个子任务——事件分类与论元角色识别放在一个分类任务中。2016 年，Chen 等使用双向 LSTM 网络并结合动态多池化操作构建了事件联合抽取模型，通过双向 LSTM 加强了模型对句子上下文的语义感知能力，并使用一个张量层来对事件论元元素间的依赖关系建模和预测，取得了较好的事件抽取效果。

二、事件智能抽取方法介绍

（一）基于模板的事件抽取

模板即定义了事件信息抽取的规范。基于模式匹配的事件抽取是指通过定义好的模板来识别某一类事件和抽取与事件相关的元素信息。通过定义模板，形成最终的模板库，类似于对知识进行总结然后形成知识库一样，对整个系统起支撑作用。模板抽取的大致流程如图 3.16 所示。

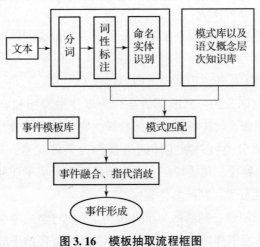

图 3.16　模板抽取流程框图

基于模板匹配的事件抽取在抽取时一般分为三个步骤：第一步是先将待抽取的事件句进行分词以及句法依存分析，找出句子的核心动词；第二步是用预先设置好的模板进行匹配，找出句子中的事件论元结构以及根据模板判断事件类型；第三步是匹配之后的事件融合以及指代消歧。

基于模式匹配事件抽取主要分为有监督的模式匹配方法和弱监督的模式匹配方法两大类。

有监督与弱监督模式的区别主要体现在数据标注任务中。有监督的模式匹配方法依赖于人工标注语料进行事件模式学习；弱监督的模式匹配方法只需对语料进行预分类或指定种子模式的少量人工标注工作，然后采用主动学习模式学习，并产生大量的训练数据集。

模式匹配事件抽取方法在特定的领域事件抽取任务中性能优异，尤其是在特定领域配置大量模板之后，其性能以及准确率都在机器学习方法之上，但模板的制作需要耗费大量人力和时间，且模板局限于领域背景，很难在通用领域事件抽取任务中应用。

（二）基于机器学习的事件抽取

基于机器学习的方法将事件抽取建模成分类任务，是目前的主流研究方向。尤其是深度学习和神经网络，已经成为事件抽取的主要手段，全连接神经网络、卷积神经网络和循环神经网络都已经成功应用到事件抽取任务中。此外，弱监督的方法能够自动生成标注语料数据，缓解数据稀疏问题，也逐步应用到事件抽取任务中。

1. 基于特征工程的方法

传统的机器学习方法将事件抽取任务建模为多分类问题，提取文本的语义特征，然后输入分类器进行事件抽取。在 2006 年有研究人员将事件抽取分为四个阶段的多分类子任务，包括以下内容：

（1）事件触发词分类：判断词语是否为事件触发词和事件类型——利用词汇特征、字典特征、句法特征、实体特征，完成触发词分类子任务。

（2）事件元素分类：判断实体词语是否为事件元素——利用事件类型、触发词特征、实体特征、句法特征，完成事件元素分类子任务。

（3）事件属性分类：判断事件属性。

（4）事件共指消解：判断两个事件实例是否属于同一事件。

传统的机器学习事件抽取多分类方法中，各个阶段的子分类任务是相互独立的，导致误差从前面的环节向后面的环节传递，性能也因此逐级衰减，并且无法处理全局的依赖关系。

2. 基于神经网络的方法

事件抽取的机器学习传统方法不仅需要人工设计特征，而且需要借助外部的 NLP 工具抽取特征，并且部分语言和领域缺少相关的 NLP 工具。在各种特征的抽取过程中会产生误差，造成误差的积累和传播。

神经网络的方法将事件抽取建模成端到端的系统，使用包含丰富语言特征的词向量作为输入自动提取特征，不需要或者极少依赖外部的 NLP 工具，避免了人工设计特征的烦琐工作。

3. 弱监督的方法

弱监督的事件抽取方法希望通过结构化知识库或者少量人工标注数据，自动生成大规模、高质量的标注数据。

三、事件分类体系及编码存储

（一）事件分类体系

事件分类体系是事件抽取的前期准备，也是事件抽取的重要环节之一。针对不同研究领域，制定合适、准确的事件分类体系是完成事件抽取任务的前提与关键因素之一。

GDELT 数据库是一个全球社会数据库，是有史以来最大、最全面、分辨率最高的人类社会开放数据库，在 Google 的支持下，GDELT 项目用超过 100 种语言监控世界上几乎每一个角落的广播、印刷和新闻，并识别人物、地点、组织、主题、来源、情感、计数、引用、图像和事件。

GDELT 数据库对事件的分类体系以及编码规范采用了 CAMEO（Conflict and Mediation Event Observations，冲突与调解事件观察），是用于分析国家间政策相互影响的一种新的事件数据框架。CAMEO 共定义了 20 大类和将近 300 小类的冲突与调解事件，其中 20 大类事件编码如表 3.5 所列。

表 3.5　CAMEO 事件大类体系

编码	描述
01	发表公开声明（MAKE PUBLIC STATEMENT）

续表

编码	描述
02	呼吁（APPEAL）
03	表明合作意愿（EXPRESS TNTENT TO COOPERATE）
04	商议（CONSULT）
05	进行外交合作（ENGAGE IN DIPLOMATIC COOPERATION）
06	进行实质性合作（ENGAGE IN MATERIAL COOPERATION）
07	提供援助（PROVIDE AID）
08	让步、屈服（YIELD）
09	调查（INVESTIGATE
10	要求（DEMAND）
11	反对（DISAPPROVE）
12	拒绝（REJECT）
13	威胁（THREATEN）
14	抗议（PROTEST）
15	武力展示（EXHIBIT FORCE POSTURE）
16	削弱关系（REDUCE RELATIONS）
17	强制措施（COERCE）
18	袭击（ASSAULT）
19	战争（FIGHT）
20	使用非常规大规模暴力（USE UNCONVENTIONAL MASS VIOLENCE）

（二）编码存储

如上面内容所述，本书采用 CAMEO 对事件抽取结果进行编码存储。CAMEO 是用于全球范围内在政治领域分析冲突与调解事件的编码框架。CAMEO 已成为迄今为止最成功的事件数据项目的基石。

1. 事件编码

事件编码如表 3.5 所列，将事件分为 20 个大类，大类编码为 01～20。在 20 个大类下面又具体分为 300 个小类。

160

2. 参与者编码

参与者编码比事件编码要复杂一些，对参与者的编码有 ActorCode、ActorCountryCode、ActorKnownGroupCode、ActorEthnicCode、ActorReligionCode 和 ActorTypeCode。

其中，ActorCode 为参与者的 CAMEO 码。CAMEO 是一组编码属性，指示参与者的各种信息，每个属性信息均用三个字母的缩写，以可能的顺序排列组成 CAMEO 码。而 ActorCountryCode、ActorKnownGroupCode、ActorEthnicCode、ActorReligionCode 和 ActorTypeCode 则为参与者的各个分属性，当参与者的国家信息、所属组织、民族信息、宗教信息、角色信息已知时，将它们单独列出，是 ActorCode 中的一部分三位编码，也可能和 ActorCode 相同。ActorCode 由一系列三个字母组成，按照层级图的顺序编写。

给予参与者的编码长度取决于适用于参与者的这些组的编号，不过 TABARI 目前将总字符限制为 15 个，即五个三个字母的编码。一些重要的参与者拥有自己独特的三字符代码，但大多数只是使用特定和通用代码的组合。参与者的编码遵循以下两个基本规则：

①从一般到具体；

②在选择合适的三个字母分级的分级放置时，保持一致的模式。

没有参与者会使用层级图中列出的所有类别，但规则和层次结构为编码人员提供 CAMEO 编码方案中有两种类型的参与者，即国内和国际。参与者如何编码取决于参与者是哪种类型。

对于国内参与者，CAMEO 代码的前三个字符表示参与者的国家。联合国标准三字母国家代码清单用来识别国家。联合国网站上可以找到目前的清单以及更改和添加的代码清单。

非国家身份的参与者可以采取国际代码。不同的通用代码被用来区分各种国际和跨国行为者。IGO（国际政府组织）、IMG（国际军事组织）、NGO（非政府组织）、NGM（非政府运动）和 MNC（跨国公司）是主要的通用代码。它们既可以单独使用也可以作为更详细代码的前三个字符。一些特殊情况下的宗教团体，种族和国际区域作为国际参与者来处理，但不以国际代码开头。

另外，我们有代码 UIS（未经证实的国家行为者），当一个参与者被认为是一个国家或政府，或者已知代表一个国家或国家行事时使用这个代码，但是这个特定的身份国家在报告中并没有披露（如"外交官"）。同样，如果一个国际参与者不能以任何理由归类，INT 可以作为最后的代码。

通用角色代码（国内）被分配给参与者，以便在各自国家内表明其角色和状态。它们附在最初的国家和地区代码上。通用角色代码的全面列表可以如表 3.6 所列。对主要角色代码、次级角色代码和三级角色代码进行了重要性区分。在合理的情况下，编码者应使用主要角色代码来确定国内参与者的角色，其中 GOV、MIL、OPP、INS 或 SEP（以前的 REB）实际上是最常用的，示例如表 3.6 所列。

表 3.6　角色代码（国内）示例

分级	代码	角色描述
主要角色代码	COP	警察部门、警察机关
	GOV	政府
	MIL	军事
	OPP	政治抗争
	INS	叛乱分子
	……	……
次级角色代码	AGR	农业
	BUS	商业
	CRM	犯罪
	EDU	教育
	……	……

对参与者并非都来自一个国家的情况进行国际编码，大多数国际参与者以国际代码开头，表 3.7 是一些通用的国际代码。

表 3.7　角色代码（国际）示例

代码	描述	例子	例子编码
IGO	国家或地区政府间组织	联合国	IGOUNO
		世界贸易组织	IGOWTO

代码	描述	例子	例子编码
IMG	国家或地区 国际军事化组织	基地组织	IMGMOSALQ
		阿布沙耶夫武装组织	IMGSEAMOSASF
INT	未知的国际参与者	国际特使	INT
		国际观察员	INT
		国际社会	INT
MNC	跨国公司	哈里伯顿	MNC
		跨国公司	MNC
		壳牌石油公司	MNC
…	…	…	…

四、事件类别识别与论元分类

（一）基于模板抽取的事件类别识别与论元分类

事件类别识别一般是建立在触发词识别的基础之上，即对抽取事件的类别进行判别。事件类别识别是事件抽取最重要的两个子任务之一，影响事件类别识别最重要的因素即触发词识别，一般将这两个问题放在一起研究。

事件元素抽取，主要是在实体和事件触发词抽取基础之上，即对事件中的事件元素（如事件的发起者、承受者、事件时间和地点等）进行抽取。事件元素识别是事件抽取中最重要的两个子任务之一，事件元素识别依赖于句子分词、触发词识别等前置任务影响（触发词识别和事件元素识别也可以生成联合模型同时进行两个任务）。通常的事件元素识别方式是以识别触发词和事件类型为前提，根据事件类型，在通过模板匹配或者机器学习算法来得到不同的事件元素。

1. 构建模板

根据前文对事件体系的划分，可以建立模板抽取的模板，模板以触发词为核心。在抽取时识别出含有触发词的句子，将含有触发词的句子称为候选事件。由于标注的模板或者模板的触发词有限，容易造成很多事件并不能被识别出来。例如，事件句为"习近平在北京接见美国总统拜登"，假设"接见"不在建立模板的触发词表中，该句就不能被模板匹配识别成为事件。但是"接见"和"会见"的词义很相近，而"会见"又是本书构建的事件体系中"04 - 商议"事件中的一个触发词，所以在构建模板时，需要尽可能考虑同义词的情况，尽量使建立的模板全面涵盖该事件所包含的核心动词及模板。

触发词是相对于不同的事件类别，一个句子中的核心意义往往由核心动词表达，尤其对于事件类别识别来说，触发词是识别事件类别的最重要方式。例如，"阿富汗北部非政府武装袭击了一处警察局"这句话，根据"袭击"这个词就很容易判断出这是一个袭击事件，虽然并不是所有包含"袭击"的句子都是袭击事件，但是含有"袭击"，特别是"袭击"作为核心动词的句子则更可能成为一个袭击事件。将触发词汇总分类整理成触发词典，就可将此词典当作知识库，为事件类别判断提供先验知识。通过对语料的分析，人工定义不同事件类别的事件触发词表如表 3.8 所列。

表 3.8　触发词表

类别	触发词集
发表公开声明（MAKE PUBLIC STATEMENT）	表示　声明　宣布　…
呼吁（APPEAL）	呼吁　号召　倡议　…
表明合作意愿（EXPRESS TNTENT TO COOPERATE）	合作　联合　协作　…
商议（CONSULT）	商议　商谈　商讨　…
进行外交合作（ENGAGE IN DIPLOMATIC COOPERATION）	合作　团结　联合　…
…	…

2. 使用句法依存处理事件句

依存句法通过词汇之间的依存关系表达整个句子结构，这些依存关系表达了句子各成分之间的语义依赖关系。所有词汇之间的依存关系构成一棵句法树，树的根节点为句子核心谓词，用来表达整个句子的核心内容。通过依存句法树中的依赖关系，可以获得具有特定语法关系的两个词汇。具有依存关系的两个词汇不一定相邻，两词之间往往存在其他词汇。

依存句法通过分析语言单位内成分之间的依存关系揭示其句法结构。直观来讲，依存句法的目的在于分析识别句子中的"主谓宾""定状补"这些语法成分,并分析各成分之间的关系。

依存句法的结构没有非终节点,词与词之间直接发生依存关系,构成一个依存对,其中一个是核心词,也称为支配词,另一个称为修饰词,也称为从属词。

依存关系用一个有向弧表示,称为依存弧。依存弧的方向为由从属词指向支配词,当然反过来也是可以的,按个人习惯统一表示即可。

例如,"国务院总理李克强调研上海外高桥时提出,支持上海积极探索新机制。"对这句话利用哈尔滨工业大学的 LTP 模型进行句法依存分析,其结果如图 3.17 所示。

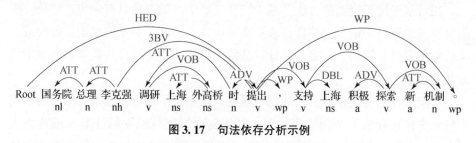

图 3.17　句法依存分析示例

3. 基于模板进行事件类别识别与论元分类

完成模板建立以及句法依存分析之后,便可按照配置好的模板进行匹配,从而完成事件抽取任务。例如,有模板为"source{对}target(表示){抗议}",在这个模板中,"表示"为核心动词,这个模板是"发表公开声明"这种事件类别下的模板,即当文本匹配上该模板,表示这个句子抽取的事件将被分为该事件类型。模板中 source 为占位符,在抽取中会将 source 位置的词语抽取出来当作事件论元中的事件发起者,同样 target 也为占位符,会将 target 位置的词语抽取出来当作事件论元角色中的承受者。例如,"韩国对朝鲜发射火箭表示抗议。"这个事件句,在模板匹配过程中,会命中刚刚的模板,会把这句话抽取成事件,事件类型即为发表公开声明,"韩国"将会被命中,作为事件论元的发起者,"朝鲜"会被命中,作为事件论元中的承受者。

(二) 基于机器学习的事件类别识别与论元分类

基于机器学习的事件类别识别,其本质就是构建一个分类模型。将句子中的词向量作为模型的自变量因素,将事件的类别作为模型的因变量。输入已经标注好的数据集作为训练数据,训练得出事件分类模型。

基于机器学习的事件元素识别将该问题归为多分类问题，即通过词向量特征、词间距特征、词频特征、句法依存树特征等相关特征作为模型的输入变量，将事件元素类型作为模型的因变量。其中深度学习的事件元素识别，即在多分类任务中使用深度神经网络作为多分类任务的模型算法。

1. 传统机器学习事件分类与论元分类

模板匹配的方法中，需要找到尽可能多的数据知识及语言特征，这种方法在特定领域的效果往往比较好，但是模板匹配的方式可移植性比较差，一个特定领域的知识库形成需要大量的积累，并且很难移植到其他领域。在抽取开放数据时，这种方法效果不好。

相对基于模板规则的方法，基于统计机器学习的方法具有响应速度快、对语料规模和语料中语义完整性要求不高等优势。因此，对于要求响应时间或语义信息不完整的语料，或者不是针对某特定领域，使用统计机器学习的触发词方法会更具优势。

对于事件的分类任务，一般都与触发词识别密不可分。通常的做法为：将事件分类任务分为一个两阶段任务，即触发词识别与触发词分类（或称为事件分类)。在该任务中，第一阶段是负责判断分词之后的每个词是否为该句的触发词，其本质为一个二分类问题；第二阶段则是对第一阶段判断出的触发词进行事件类别分类，其本质是一个多分类问题。在第一阶段的判断触发词的任务中，又可以在原来二分类的基础上加入一些过滤，如过滤掉助词、形容词等，这样会提高模型的效率及准确率。这种两阶段来解决事件分类问题的方法，本质是将一个复杂任务拆分成两个相对简单的任务，其好处就是可以使问题简单化，并减少了数据不平衡带来的问题。

基于这样的思想，基于两阶段方法的触发词识别模型，并通过对不同阶段的不同分类任务选择适合的特征和分类器进一步提升性能。本章基于特征选择和词向量的两阶段触发词识别模型包括了图 3.18 中的五个处理模块。

（1）文本预处理。对语料进行处理，构建数字化实例。

（2）过滤助词、形容词等。通过过滤句子中的助词、语气词及形容词等不会成为出发词的词，降低模型的复杂度以及提高效率。

（3）特征选择。通过特征选择算法，该任务的下一步选择合适的特征，选择的特征要把握好不能数量过少或者信息熵较少，导致模型欠拟合，同时特征选择也不能太多，使模型过于复杂，导致模型过拟合。

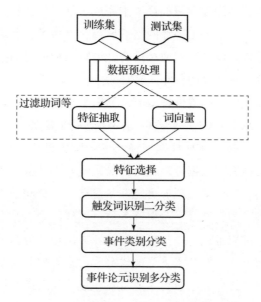

图 3.18　基于机器学习事件分类流程框图

（4）触发词识别。判定当前词语是否为事件的触发词，并不判定其具体类型。通过 SVM 完成该阶段的二分类任务。

（5）触发词分类。判定触发词识别阶段预测的触发词正例的具体触发词类型。通过遗传算法完成该阶段的多分类任务。

（6）事件论元识别多分类。判定不同词在事件结构中的论元角色类型。可以不同的多分类模型算法，如 SVM、CRF、RNN、BILSTM 等算法模型完成。

2. 基于深度学习事件分类

近些年来，随着计算机技术的发展以及深度学习理论的成熟，深度学习的一些算法已经被广泛用于构建复杂模型，并应用于许多 NLP 任务中，如事件抽取、机器翻译等。深度学习模型能够自动、有效地提取句子中的重要特征。与传统的特征提取方法相比，深度学习方法可以自动提取特征。它可以对语义信息进行建模，并在更高的层次上自动组合和匹配触发特征。这些方法的有效性在自然语言处理中得到了验证，并取得了许多突破。在事件提取任务中使用深度学习可以使许多研究人员消除特征提取工作。

基于深度学习的事件类别识别与机器学习的方法并无本质区别，在方法步骤上基本相同，只是深度学习采用的是卷积神经网络（CNN）、条件向量场

（CRF）、自注意机制等深度学习的算法来完成事件分类任务。

深度学习的概念源于人工神经网络的研究，含多个隐藏层的多层感知器就是一种深度学习结构。深度学习通过组合低层特征形成更加抽象的高层表示属性类别或特征，以发现数据的分布式特征表示。

大多数基于深度学习的事件提取方法通常采用监督学习，这意味着需要高质量的大数据集。ACE 2005 是少数可用的标记事件数据之一，手动标记新闻、博客、采访和其他数据。ACE 数据规模小是影响事件提取任务发展的主要因素。依赖人工标注语料库数据耗时耗力，导致现有事件语料库数据规模小、类型少、分布不均匀，事件提取任务可能非常复杂。一个句子中可能有多个事件类型，不同的事件类型将共享一个事件参数。同样的论点在不同事件中的作用也是不同的。根据抽取范式，基于模式的抽取方法可分为基于管道的抽取方法和基于联合的抽取方法。对基于管道的模型学习事件检测模型，然后学习参数抽取模型。联合事件提取方法避免了触发器识别错误对参数提取的影响，但不能充分利用事件触发器的信息。

五、指代消歧

（一）基于规则的指代消歧

Hobbs 算法是最早的指代消歧算法之一。基于纯句法知识规则的 Hobbs 算法被称为朴素 Hobbs 算法，此外也有其他同时考虑句法知识和语义知识的改进 Hobbs 算法。

Hobbs 算法大致的思路是，先对文本构建句法分析树，然后对句子中的一个固定照应语，在句法分析树节点上进行从左到右的广度优先搜索，即倾向于选择同一个句子中离该照应语更近的主语成分实体作为先行语。下面介绍朴素 Hobbs 算法原理实现流程。

（1）在关于 S 的分析树中，从直接支配代词的 NP 节点开始。

（2）沿着树枝向上，直至遇到一个 NP 节点或 S 节点，称该节点为 X，称该段路径为 p。

（3）按从左至右广度优先的方式遍历 X 节点下面且在路径 p 左部的所有分支；如果有 NP 节点 Y；而且在该节点与 X 节点之间也有 NP 节点和 S 节点，则 Y 作为先行语，否则，进入步骤（4）。

（4）如果节点 X 不是句子的最高层 S 节点，继续步骤（5）；否则，依次从右向左遍历前面句子的句法分析树,直至找到一个可接受的先行语。在遍历每棵树时,同样采取从左到右广度优先的方式,如果找到相应的 NP 节点 Y,就作为先行语,如果 X 不是句子中最高的 S 节点,继续步骤 (5)。

(5) 从节点 X 处向上找到第一个 NP 节点或 S 节点,称之为新的 X,并称到达该节点的路径为 p。

(6) 如果 X 是 NP 节点,并且如果到达 p 的路径没有通过由 X 直接支配的 N 节点 (记为 N),将 X 作为先行语。

(7) 遍历 X 节点下面且在路径 p 左部的所有分支,但不再在任何 NP 或 S 节点以下继续遍历,将 NP 或 S 节点作为先行语。

(8) 如果 X 是 S 节点,按从左到右广度优先方式遍历路经 p 右部的 X 的所有分支,但不继续在任何 NP 或 S 节点以下遍历,将遇到的任意 NP 节点作为先行语。

(9) 继续步骤 (4)。

以句子"小明的妈妈是一名教师,家长们很欣赏她"为例,构建句子的句法依存分析树,如图 3.19 所示。

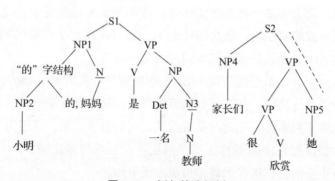

图 3.19 例句的分析树

根据朴素的 Hobbs 算法,步骤 (1) 的开始节点应为 NP5。于是 S2 便成为 X 节点,用虚线表示路径 p。遍历 S2 的左部,遇见 NP4 节点,但 NP4 与 S2 之间没有任何 NP 或 S,因此,NP4 不能是 NP5 的先行语。若将例子稍作改变,将"家长们"改为"张芸的父母",那么"张芸"作为 NP 是满足要求的,因为在该 NP 与 X 之间有一个 NP 节点——"张芸的父母",此时"张芸"可以作为"她"的先行语。

再看上述例子,当 NP4 不满足要求时,由于 X 已经是句子的最高节点 S2,

因此，要进入前面一句 S1。遍历 S1，第一个 NP 便是 NP1，于是"小明的妈妈"作为"她"的先行语。

(二) 基于机器学习的指代消歧

机器学习方法最早应用到指代消歧中的是二元分类模型。在这种二元分类框架下，最常见的做法是提取实体表述对（Mention – pair），然后构建这些实体表述的词法特征、上下文特征、关系距离特征等，之后选择一种机器学习分类算法，通过大规模标注语料训练这些特征与表述对指代与否之间的潜在关系，最后将训练后模型输出的二元分类结果合并为最终的指代实体。

在上述框架中，有两个关键点需要特别关注：一是实体表述特征的选定对最终性能的影响至关重要，因此需要大量的先验知识约束和尝试；二是选择采用的分类算法需要能够尽可能地学习到特征与目标的关系，又能保证较好的泛化性。

实体表述特征的选择，各项研究经历了长期的探索尝试和优选的过程。目前经实验证实有效的特征分为以下几类，包括词汇（Lexical）、距离（Position）、语法（Grammatical）、语义（Semantic）等。其中词汇特征指的是表述的词性、是否为某一类命名实体等；距离特征考虑的是表述之间在句子、段落内的相对或绝对距离；语法特征表示当前表述在句子中充当的语法成分；语义特征则表示各表述是否承担相同的语义角色。

算法方面，最先采用的是基于 C4.5 的决策树分类算法，该方法通过信息增益率来选择最优特征，具有很好的可解释型；朴素贝叶斯也被运用到指代消歧模型中，用于判断各表述对与是否指代之间的概率关系，但因为其基于条件独立的基本假设而存在模型精度不足问题；在一系列算法中，SVM 被证明拥有极好的分类性能，在指代消歧中也被广泛采用。

由于大量标注数据获取困难，除了二元分类的有监督学习，也有研究者提出采用聚类等无监督学习的指代消歧方法。聚类使用的特征向量构建和分类方法类似，采用的聚类算法有图划方法、谱聚类、EM 算法和 LDA 等。

(三) 基于深度学习的指代消歧

自 2018 年谷歌公司发布 BERT 模型并打破多项自然语言处理任务的记录以来，BERT 便成为该领域深度学习的重要技术。在最新的指代消歧研究中，BERT 预训练模型作为词嵌入层，通过其 Transformer 编码器的自注意力机制（Self – attention）捕捉文本序列内部的深层次依赖关系，构建基于表述排序的端到端歧义人称代词消解模型，取得了超过以往所有模型的最好效果。

BERT（Bidirectional Encoder Representation from Transformers，双向 Transformer 的 Encoder），因为译码器是不能获要预测信息的。BERT 是一个用于预训练深度 Transformer 编码器的自监督方法，在预训练后可以针对不同的下游任务进行微调。BERT 针对两个训练目标进行最优化，即带掩膜的语言模型（Mask Language Modeling，MLM）和单句预测（Next Sentence Prediction，NSP），其训练只需使用不带标签的大数据集。

BERT 提出的是一个框架，主要由两个阶段组成，分别是预训练及微调。模型的主要创新点都在预训练方法上，即用了 Masked LM 和 Next Sentence Prediction 两种方法分别捕捉词语和句子级别的 representation。

此后，一种称为 SpanBERT 的预训练方法在原版 BERT 的基础上提出了以下改进：

（1）对随机的邻接分词（span）添加掩膜，而非随机的单个词语（token）添加掩膜；

（2）增加一个通过边界预测 span 本身的训练任务。

由此预训练的 SpanBERT 模型尤其在基于 Span - ranking 的指代消歧方法中效果显著。比如 SpanBert 模型中，分词 an American football game 上添加了掩码 MASK。模型之后使用边界词 was 和 to 来预测分词中的每个单词。

第四节　社会安全风险事件智能推演

一、社会安全风险事件智能推演的必要性

战略推演作为战略决策的重要组成部分，已成为一些国家战略决策的常态化手段，帮助检验自身的重大战略决策和构想，从而在决策制定中起到关键作用。

社会安全风险事件智能推演，研究构建面向社会安全领域基于事件的战略级推演体系，全面模拟博弈各方的角色、目标、活动、策略以及动态演化的博弈过程，综合反映社会安全的格局演化，体现恐怖袭击、群体性、民族和宗教等社会安全事件，其所蕴含的政治、经济、军事和外交等复杂因素的战略较量对社会安全的影响，实现博弈策略标准化、推演过程可视化、推演裁决定量

化、推演过程可复盘等能力，提供推演分析和决策论证手段，帮助应对国际局势发展变化、全球性挑战及国内重大问题，为国家战略管理提供决策支持和解决方案。

二、社会安全风险事件智能推演的方法

（一）桌面推演

桌面推演也称桌面演练，是指参演人员利用地图、沙盘、流程图、计算机模拟和视频会议等辅助手段，针对事先假定的演练情景，讨论和推演应急决策及现场处置的过程。桌面推演通常在室内进行，针对预先设定的事件情景以口头交流方式对事件处置流程、角色职责、多方协同与决策等内容进行推演，通过模拟场景和事件的处置过程来促进参演人员掌握应急职责和程序，提高参演人员的风险感知能力、信息研判能力和解决问题能力。相比于实战演练，桌面推演不需要实际调动组织力量，具有投入少、风险小、操作性强、省时省力、形式灵活且不受场地限制等优点，被广泛应用于军事、应急管理、教育培训等领域，并发挥着重要作用。例如，在军事领域，沙盘、兵器和仿真等桌面推演技术可以逼真地反映实际作战过程，从而为作战计划和指挥决策等提供科学依据；在应急管理领域，桌面推演通过模拟应对突发事件的活动，可达到检验应急预案、完善应急准备、锻炼应急队伍、磨合应急机制和普及应急知识等综合效果；在教育培训领域，桌面推演通过角色扮演、案例分析、情景模拟等手段，可实现学员在理论知识、专业技能、沟通协调和团队合作等方面的综合培训。

随着信息技术应用的不断深入，桌面推演类软件和信息平台得到陆续开发，地理信息系统、虚拟现实、三维场景建模、仿真系统等技术的应用大大提高了桌面推演的真实感和有效性。结合情景构建、大数据仿真等前沿技术可以显著提高桌面推演的互动性和科学性，为决策者掌握事态演变过程提供预见性，并支撑在关键时刻做出科学而有效的决策。与此同时，大规模桌面推演过程中产生了海量涉及应急处置问题、参与人员、处置流程、处置结果、效果评估等应急管理政策制定相关信息，利用大数据技术等对这些信息进行分析，可以更好地理解并解决复杂的公共政策和应急管理问题，支撑治理流程创新和治理政策评估，促进政策信息学的发展，并提高应急决策的智能化水平。

1. 桌面推演情景构建技术

"情景"最早被定义为对未来可能出现的和可以使事态由初始状态向未来状态发展的一系列事实的描述，在突发事件应急决策中，情景是在突发事件发生后决策主体面临的真实情况，而且是随事件不断发展变化的。"情景"为应急演练提供了科学、可信的背景信息，同时提供了演练目标和要求，有利于形成复杂复发性灾害事件的综合应对能力。如何构建当前情景并分析推演下一情景，为突发事件决策者掌握情景实时演变过程提供预见性，从而在关键时刻做出科学且有效的决策是突发性灾害事件应急管理的关键问题。

情景构建是结合历史案例研究、工程技术模拟对未来一定时期内可能发生的后果极其严重的事件情景进行科学假设和全景式描述，根据事件演化过程模拟计算事件后果，并依此开展应急任务梳理和应急能力评估，从而完善应急预案、指导应急演练，最终实现应急准备的提升。针对突发性灾害事件的不确定性、破坏性和紧迫性，传统的"预测—应对"型应急管理模式逐渐转变为科学、高效的"情景—应对"型应急管理模式，其中，如何科学地构建和描述突发性灾害事件情景的理论与方法最具有前沿性和挑战性。

目前，情景构建与推演主要采用"情景—任务—评估"技术框架，主要包括情景分析、任务梳理和能力评估三项主要内容。其中，情景分析通常采用经验总结、德尔菲法、头脑风暴法、事故预想、事件树分析和案例分析等手段构建突发事件情景，采用情景链、情景网络等描述"突发事件—承灾载体—应急管理"情景要素间的复杂关系，并运用模糊推理、复杂网络、超网络、贝叶斯网络等理论与方法推演突发事件发展演化过程。任务梳理过程中形成任务清单，为制订应急处置预案提供依据。能力评估旨在为应急缺陷整改、应急能力提升等提供对策建议。基于情景构建技术，可事先分析确定最大可信度事件，提前开展情景后果分析和应急能力准备，提高可预见性、降低不确定性，从而为系统提升突发事件的预防与准备、监测与预警、响应与救援、恢复与重建等能力提供技术支持。

针对常规管理模式无法应对的"小概率、大后果"突发性灾害事件，情景构建技术基于风险管理思想，"从最坏处准备，争取最好的结果"，从而为应急工作提供先导和目标，其所构建的情景事件具有典型性和代表区域最高风险的特点，可以在突发事件应急管理中很好地推广应用。例如，国内外学者开展了针对冰雪灾害危机事件演化、水污染突发事件演化、不确定性洪水应急物流、重大突发公共卫生事件疫情传播等场景的桌面推演情景构建。在国家层面，以"重大突发事件情景"引导的应急准备工作已经成为西方国家开展应急准备的标准化方法和抓手性策略。例如，美国自 2001 年"9·11"事件后开展"国家应急规划情景"（National Planning Scenarios）工作，总结提出了具有严重后果的 15 种威胁情景，包括潜在恐怖袭击与自然灾害，并整合集成为具有共性特点的八个重要情景组，用以指导各层级政府开展应急准备工作；德国自 2004 年开始针对"重大突发事件情景"持续地开展跨州演练工作；英国从 2008 年开始开展"国家安全风险清单"工作，每两年一次动态分析未来五年威胁其国家安全的最坏可信情景，并将结果向社会公众开放；丹麦、荷兰等国家在民防和突发事件应急管理风险评估指南中均对情景构建提出了系统化论述和标准化要求。此外，旧金山、东京等地以历史灾难为参考，以现实背景为依据，构建了详尽的地震情景，用来指导地方政府开展应急准备工作；我国在近年来也积极开展情景构建工作，如北京在 2012 年"7·21"特大暴雨灾害后启动了"北京市巨灾情景构建"工作、国家安全生产应急救援指挥中心于 2013 年 5 月开展"石化行业重大突发事件情景构建"工作。

2. 桌面推演大数据仿真技术

突发性灾害事件具有复杂性、动态性、不可预测性和破坏性等特点，但以往桌面演练由于无法提供相对真实的事件灾害场景和生动的应急背景，通常存在真实性差、可信度低等问题；建模与仿真技术以其安全、可控、可重复、无破坏性、不受时间和空间约束等特点，在突发性灾害事件应急管理方面具有广泛的应用前景和价值。美国于 2002 年将"系统分析、建模与仿真"列为应对恐怖威胁的七项支撑技术之首。在我国，综合利用管理学、信息学、心理学等多学科优势融合，基于建模与仿真技术开展"情景—应对"型应急管理的理论、方法、技术及操作平台的研究已成为突发性灾害事件应急管理的重点。

桌面推演建模与仿真通过应用虚拟现实、大数据仿真、实时渲染等技术构建科学且相对逼真的模拟仿真应急演练平台，以较小的费用模拟并反复快速重建各种突发事件灾害现场，从而节省实战模拟演练场景搭建费用，降低演练综合成本，并提高演练的真实感，保证演练的安全性，可应用于突发事件的预防、发生、发展等阶段。例如，为预防突发性事件，针对各种可能的情景进行构建与仿真推演，以提出有效应对措施、形成动态应急预案；为应对突发事件，根据已发生的情景在仿真模型库中匹配相应的应急预案，利用收集到的实际信息不断更新情景推演方向，并据此对应急预案进行调整。

针对突发性灾害事件逐渐非常规化、多样化、复杂化、网络化、社会化的发展趋势，传统的基于运筹学、案例分析、模糊推理等的推演技术在处理事件演化的不确定性、信息的动态性、复杂社会网络中的交互性等方面存在明显弊端。相比之下，大数据仿真技术利用计算机模拟灾害发生、演化等应急情景，通过获取实时的实际数据实现全过程动态模拟仿真推演，更适用于实际的大规模复杂系统。一种典型的桌面推演大数据仿真技术框架如图 3.19 所示，主要包括演练想定（脚本）、三维视景生成、建模与仿真、虚拟演练与评估等内容。大数据仿真技术有助于掌握各类突发事件在不同条件下的演变过程，并根据发展状况实时推演突发事件动态发展方向，为应急预案调整和应急决策制定提供技术支持。例如，周柏贾等应用虚拟仿真应用技术构建了虚拟地震应急演练平台，使演练者能够通过看地震灾害现场，做出相应决策；李璐等应用多主体仿真技术构建了传染病政策仿真系统，从微观层面模拟个体行为，进而推演出系统的宏观结果，实现了突发性传染病的传播动态过程再现及预防控制政策的模拟实施。此外，借助人群接触网络、人工社会建模、平行系统演化、社会计算等先进理论方法的大数据仿真技术，通过大样本计算试验能更真实地反映突发事件在复杂社会系统中的演变机制。例如，陈彬等使用非常规突发事件应急管理计算试验平台 KD – ACP（图 3.20），针对新冠疫情的传播开展多代理

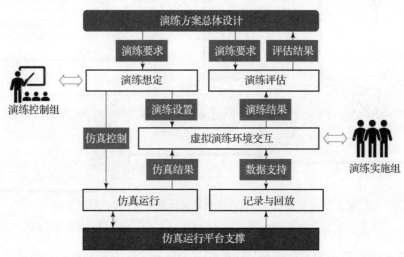

图 3.20 桌面推演大数据仿真技术框架

仿真试验，构建了千万级以上人口的人工城市，实现了对疾控预案设置的事前评估与防控措施的精细化评测；周芳等针对复杂多变、快节奏、强对抗的战场环境，提出了一种实时态势数据驱动的平行仿真推演方法，以提升战场态势瞬息变化超前预测与快速决策能力。

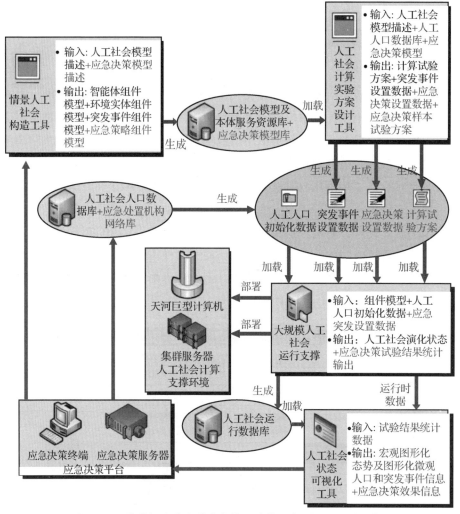

图 3.21　非常规突发事件应急管理计算平台 KD – ACP 架构

（二）基于事理图谱的事件推演

基于事理图谱的事件推演是在已知某一事件发生之后，推测它可能导致的后续事件，事件推演方法具体步骤如图 3.22 所示。

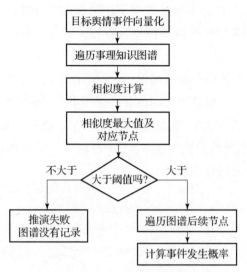

图 3.22　事件推演步骤

　　为保持一致，对于目标事件通过遍历已构建的事理知识图谱，基于下列公式计算目标事件与图谱各个节点的相似度，找到相似度最高的节点。

　　将事件文本向量化处理，通过相似度计算解决以上两种问题。具体方法如下：对所有事件进行分词处理获得原始语料数据，使用 Word2Vec 模型处理所有原始数据，得到单词向量，使用事件文本组成词的向量和平均值作为事件向量，公式为

$$n_{ivec} = \frac{\sum w_{ivec}}{\mathrm{sum}(w_i)}$$

式中：w_i 为事件 n_i 的组成词汇；w_{ivec} 为对应单词向量，n_{ivec} 为事件节点 n_i 的向量。

　　进一步，计算事件之间向量余弦相似度，计算公式为

$$\mathrm{Simi}(n_{i,j}) = \frac{n_{ivec} * n_{jvec}}{\| n_{ivec} \| \times \| n_{jvec} \|}$$

式中：$\mathrm{Simi}(n_{i,j})$ 为事件节点 n_i 与 n_j 的相似度。若两个事件相似度高于预定阈值，则分为以下两种情况：

　　针对重复描述同一舆情事件存在的因果逻辑，删除重复描述，即同一事件内每种因果逻辑只保留一条记录；

　　针对属于不同舆情事件但内容相同的因果逻辑，如"暴雨引发山体滑坡"

事件，在"2019 年 7 月上中旬长江中下游洪水"，"四川'8·20'强降雨特大山洪、泥石流灾害"等舆情事件中都存在，合并为同一事件节点，并增加对应边的权重。

如果相似度最大值小于预设阈值，说明图谱中没有目标事件对应节点，无法进行推演；否则根据图谱中后续节点推测现实中可能发生的事件。若某节点有多个后续事件，根据边权重系数计算可能发生概率。如图 3.23 所示，在"泥石流发生"所引发的后续事件中，"淹没村镇"发生概率为 4/11，且发生可能性低于"冲毁公路设施"。

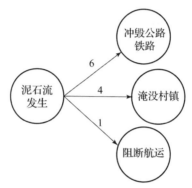

图 3.23　事件发生概率计算示例

相似度阈值的设置对模型推演效果有着显著的影响。若相似度阈值设置过小会造成事件过度匹配，即事理知识图谱中不存在的事件记录匹配到了事件知识，造成错误的推演结果；相反，若相似度阈值设置过大会造成事件欠缺匹配，即事理知识图谱存在的事件记录未匹配到事件知识，同样造成推演结果的错误。

第四章 社会安全风险预警方法

社会安全风险预警的核心目的是发现威胁社会公共秩序和人民群众生命财产安全的社会潜在风险，便于及时通过预防、降低、转移和规避等手段进行事前或事后的处理，是维护社会安全的辅助手段。社会安全风险预警是建立在长期且实时地对较为全面反映社会安全风险的信息进行采集，以权威机构发布的官方数据为主，对数据进行量化分析，从事件、专题、特定区域等层面展开分析研究。

第一节 社会安全风险预警的国内外现状

一、国外研究现状

（一）预警理论

纵观人类历史发展，安全与危机事件层出不穷，最早的危机主要来自于自然灾害，因此，国外较早的安全研究重点围绕自然灾害的防治及救助体制机制研究。第二次世界大战后，西方各国就开始了政府和社会预警的理论探索，并取得了丰富的研究成果，风险预警理论逐渐从危机预警前移至相关风险预警。20 世纪中叶，美国最先把预警理论运用到管理领域的实践，并不断探索相关理论在其他领域的应用可能，包括国际关系与自然灾害等领域。20 世纪后半叶，出现了战略风险管理理论，极大地丰富了风险管理理论的相关研究，但其多以危机发生后的应对策略为主要研究内容，对风险与危机的转化互变过程缺少机理性的分析。90 年代后，以英、美、日三国为代表，关于危机管理的理论研究有了更深层级的探索，相关研究对预警理论的研究从单一的性质维度拓展到了数量维度，即实现了预警的定性与定量相结合的研究，将预警从单点推向了全面。

例如，Barry 提出了 Ibrahim – Razi 模型，从组织系统的内部结构出发，将异变到诱发再到彻底爆发，将其演进过程划分为七个阶段；Pasman 和 Vrijling 提出借助技术风险结构将社会安全事件的风险定量化，从而更准确地对社会稳定性进行评估；Bai 和 Xia 借助社会学的研究方法，对如何收集分析社会安全事件的风险进行了探讨，最终设计了风险评估的组织模型；Yan 通过对收入分配、受教育程度、失业率与犯罪之间的长期和短期的关系，研究了社会安全事件的风险形成机理；Taylan 等对整体风险进行了分析，重点研究了动态环境对风险的影响；Marivate 借助社交媒体的相关数据，通过分析 Twitter 中的信息数据与社会安全事件的相关性，来评估南非地区社会安全事件的风险。

目前，国外对预警的相关理论与实践的研究，大体上可分为三类。首先是以企业为中心的预警研究。在《企业危机管理》一书中，美国学者安度尔（Stephen J. Andriole）对危机预测进行了相关研究，不同于以往重理论轻实践的研究方向，作者更注重相关研究对于实践工作的指导与应用，提出了一些较为新颖的方法，具有重要的实践意义；其次是以国家为中心的预警研究。英国雷吉斯特（Michael Regester）从危机管理的角度入手，认为在当下的复杂社会环境中，组织首先需要对公共危机预警机制的研究意义加以重视，明确其价值观，通过新闻媒体加深理解，以灵敏的反应应对危机预警工作。最后是基于全球范围的危机管理与预警研究。如德国著名风险理论学者沃里希·贝肯提到，社会风险威胁着人类的生存，西方的政治、经济、法律制度不仅滋生了风险，还看似正当且合理地掩盖了风险。人类必须对此提高警惕，通过建立一种新的参照系，包括生态、经济与技术风险及其影响的识别与评估。

（二）指标预警

自 20 世纪 60 年代以来，从美国兴起了社会指标运动，进而风靡世界。社会学家设计了各种各样的指标体系，用来对非物化社会现象进行定量研究。运用社会指标方法已经成为现代社会科学研究的重要趋势之一。目前国际上对社会预警指标体系研究方面已比较成熟。

蒂里阿基安提出了由三个方面构成的测量社会动荡的指标框架：一是都市化程度的增长；二是性的混乱及其扩张以及对其进行社会限制能力的丧失；三是非制度化、合法化宗教的极大增长。20 世纪 60 年代末，美国商业环境风险情报研究所的 F·T·Haner 教授设计并给出了"富兰德指数"，它是一个综合反映政治、经济和社会风险的评价指标体系，该指标体系包含外汇收入、外债、外汇储备、政府融资能力、经济管理能力、政府贪污和渎职程度等指标。1968—1971 年，德罗尔提出"系统群研究"的分析方法，该方法确立了 12 项内容的指标体系，鼓励将社会预警的分析与政策自觉结合起来。美国纽约国际报告集团提出一个称为"国家风险国际指南"的风险分析指标体系，"国家风险国际指南"的风险分析指标体系包括：13 个政治指标，即领导权、法律、社会秩序与官僚程度等；5 个金融指标，即停止偿付、融资条件、外汇管制及政府撕毁合同等；6 个经济指标，即物价上涨、偿付外债比率、国际清偿能力等。美国外资政策研究所提出了"政治体系稳定指数"，该指标包括社会经济特征指数、社会冲突指数与政治过程指数，评分时各占三分之一，成为美国综合性社会分析和预警的重要参照依据。20 世纪 60 年代末，以罗马俱乐部为代表的未来学派，在《增长的极限》等著作中试图建立一个涵盖人口、原料、环境、能源、水源、食品、卫生、教育、就业、经济发展、城市条件和居住环境等 12 个要素在内的综合性社会预警研究模型，在这个模型中各个要素之间形成一个相互作用的客观系统网络，与政治、经济、心理和日常行为等因素相互交织，形成众多交错点和危机点。美国以内布拉斯加（Nebraska）为代表的系统学派，于 1982 年研究出基于代理的系统模型分析工具，对美国中西部六个州的区域社会管理在预警的基础上实施全面优化调控和管理决策。近年来，这种方法已成为联邦政府进行社会决策体系的基本组成部分。爱茨则对社会不稳定状态进行了描述，他将社会不稳定指标划分为六个方面：一是社会组织中的精英人物专权；二是大众需求得不到满足的程度严重；三是社会资源日趋贫乏；四是政治动荡不安；五是家庭结构处于崩溃状态；六是传统文化力量处于崩溃状态。1980 年《International Reports》的编辑们（1992 年转移到 PRS 集团）创建了"国际国家风险指数"（International Country Risk Guide，ICRG），用于衡量和比较不同国家之间的政治、金融和经济风险。在 ICRG 的风险评级体系中，政治风险评估根据对现有资料的主观分析得出，金融和经济风险评估根据客观数据得出。政治风险对应的指标有政局稳定状况、社会经济条件、投资执行状况、有无内部冲突、有无外部冲突、政府腐败状况、军队在政治中的影响、宗教状况、法律与秩序、种族状况、民主负责和行政效率。1989 年布热津斯基提出了由国家信念的吸引力、社会心理情绪、人民生活水平、执政党士气、宗教活动、民族主义与意识形态矛盾、经济私有化、政治反对派活动、政治多元化和人权问题等十个方面的指标组成的"国家危机程度指数"，并运用这套指标体系对一些国家的危机进行了社会预警。自 2005 年起，美国《外交政策》双月刊和美国和平基金会（Fund for Peace）共同编制了脆弱国家指数（Fragile States Index，FSI），基于社会、经济、政治和军事相关的 12 个特征指标，对各国总体的社会稳定性进行排名。

近几年，国际货币基金组织（IMF）使用报道社会动荡指数（The Reported Social Unrest Index，RSUI）来衡量 1985 年以来 130 个国家社会动荡情况，主要数据来源为道琼斯的 Factiva 新闻聚合器，样本为美国、英国和加拿大的主要英文报纸和网络所出版的印刷文章。

（三）预警模型

预警模型研究方面，Mohtadi 和 Murshid 创造性地将极值理论与恐怖袭击事件的风险评估相结合；Chatterjee 等在国土安全部风险评估方法的基础上进一步研究了恐怖袭击区域的风险模型；P. Y. Chong 借助云模型的方法，从恐怖分子的角度，对威胁品运输节点的可接近性、可识别性进行评估，从而解决运输过程中恐怖袭击事件风险评估的模糊性和随机性；F. Argenti 等通过对潜在攻击目标的吸引力、脆弱性和抵抗能力进行研究，从攻击目标的视角来评估恐怖袭击事件的风险；Estrada 通过对 2015—2016 年巴黎和布鲁塞尔发生的恐怖袭击事件进行分析，研究恐怖袭击事件风险因素中的经济因素，试图从经济维度来预测恐怖袭击事件的风险；此外，还有诸多研究集中于风险概率的分析、风险结果的评估以及个人风险的评估，大部分属于仅局限于某种特定类型社会安全事件的研究。

此外，国外部分学者使用机器学习、贝叶斯网络等大数据方法进行科技预警。例如，Wu 从信息安全威胁评估涉及的技术和管理两个方面构建一种基于贝叶斯网络和 OWA 算子的信息安全威胁评估模型；Guo 对城市的安全体系进行研究，建立了安全系统风险熵模型，然后使用贝叶斯网络和模糊综合评价法确定模型中的参数；Doguc 在应用基础上直接提出将贝叶斯网络用于各种系统的可靠性评估。Pflueger 等利用最近有犯罪行为人员的定罪历史，预测三种类型的犯罪累犯，即一般累犯、暴力累犯和性再犯。N. Tollenaar 等分析了 259 名精神病患者的数据，基于随机森林算法，利用精神病人先前的定罪数量、年龄、犯罪历史的多样性和药物滥用等特征，评估精神病患者刑事犯罪的风险；M. S. Vural 等利用虚拟数据，基于朴素贝叶斯算法，选取犯罪事件的日期和地点、犯罪类型、犯罪 ID 和熟人信息等，预测犯罪事件可能的犯罪嫌疑人。

数据是社会安全预警的基石，许多国家和组织构建了用于预警的事件数据库。

1. 全球事件数据库

全球事件数据库（The Global Database of Events，Language Tone，GDELT）依托谷歌公司的海量数据存储、处理和检索能力，时刻搜集世界各国超过100种语言的广播、刊印和网络新闻报道。通过语义规则模型实现了对新闻内容的自动识别、提取和分类，核心识别人员、位置、组织、数量、主题、数据源、情绪、报价、图片和每秒都在推动全球社会的事件，并依据戈尔德斯坦量表对不同类型事件进行评分。GDELT 数据库可以给目前很多问题的研究提供思路和研判依据。基于此数据库，美国新闻总署利用数据挖掘技术，在 2011 年利比亚内战发生半年前就预测到利比亚发生大规模骚乱和政变的可能性。

2. 社会政治和经济事件数据库

社会政治和经济事件数据库（The Social，Political and Economic Event Database Project，SPEED）从 1946—2005 年全球新闻报道档案中提取事件数据，将文本新闻报道转换为编撰完整的事件记录，对数百万条新闻报道进行分类。该事件数据库将政局动乱事件分为政治表达事件、政治动机攻击事件、不稳定状态事件、政治重构事件、群众运动和灾难性事件。事件库提取了事件的发起者、受害者、位置、事件发生时间以及事件类型等信息。

3. 武装冲突地点和事件数据集

武装冲突地点和事件数据集（Armed Conflict Location & Event Data Project，ACLED）是有关发展中国家政治暴力数据最全面的公开数据库，它收集了非洲、中东、拉丁美洲和加勒比、东亚、南亚、东南亚、中亚和高加索、欧洲和美国所有在媒体上刊登过的政治暴力和抗议事件的日期、行为者、地点、死亡情况和类型。事件数据来自战区、人道主义机构和研究出版物的报告。ACLED 目前编码了包括暴力和非暴力的六种类型事件和 25 种子类型事件。

（四）预警应用

预警应用方面，在国际政治与安全领域的研究也逐步走向成熟，20 世纪70 年代，美国国防先进研究计划局采用综合危机预警系统（Integrated Crisis Early Warning System，ICEWS）用来监测、评估和预测国家、地方和国际危机。ICEWS 收录了全球 300 多个领域的政治事件，运用人类行为理论框架，帮助指挥官对全球范围内的政治危机作出预见并进行反应，且准确率超过八成。ICEWS 利用国家的外交、情报、军事和经济资源，提供战略、战术以及资源的综合判断，减少预测的不确定性。20 世纪 90 年代，加拿大挪曼柏森国际关系事务学院启动了"国家外交指标"项目，通过科学的选取相关外交指标，对外交风险进行分析评估。21 世纪初期，斯德哥尔摩国际和平研究所开启了"预防政策的预警指标"，旨在根据现实情况及时对相关预防政策予以修改完善。

美国国土安全部下设的美国联邦应急管理署（Federal Emergency Management Agency，FEMA），持续开展着对社会安全的检测预警。

1. 综合公共警报与预警系统

综合公共警报与预警系统（Integrated Public Alert and Warning System，IPAWS）由 FEMA 建立，旨在保护国家免受各种灾害、减少财产和人员损失（这种灾害不仅包括飓风、地震、洪水、火灾等自然灾害，还包括恐怖袭击和其他人为灾难）。该系统试图将现有的各种预警系统整合起来，加强各层级政府与各类行业机构之间应急信息共享与沟通，实现通过一个入口就可以发布不同类型预警的目的。

美国发生的"9·11"事件和卡特里娜飓风袭击时，预警系统运转不灵，带来了巨大的损失，美国政府招致了广泛的批评。2006 年 6 月 26 日，美国前任总统小布什批准第 13407 号行政法令，要求建立"一个有效、可靠、整合、灵活和综合的系统"，并适当考虑"私立部门、联邦系统内部的所有层级政府的职责、能力和需要，确保在任何情况下总统都能向美国人民发表讲话"，以便在战争、恐怖袭击、自然灾害或者其他灾难危险发生的情况下可以向美国人民发出预警。根据这一要求，FEMA 建立了综合公共警报与预警系统（Integrated Public Alert and Warning System，IPAWS），如图 4.1 所示。IPAWS 系统重点在于改革美国警报与预警基础结构，整合预警系统与技术，最终形成一个建立在风险基础上的综合性应急管理系统，涵盖灾害预防、保护、反应、恢复和减灾各个领域，被 FEMA 称为"预警系统的系统"。

目前，系统以综合公共警报与预警系统为核心，整合了国家预警系统（NAWAS）、应急警报系统（EAS）、国家海洋与大气管理署（NOAA）下属的气象电报服务系统（NWWS）和气象广播系统（NWR）、商业移动警报系统（CMAS）、网络警报与转播网络系统（WARN）、地理定位警报系统（GTAS）等多个预警系统。此外，将警报器、数字公路信号、计算机模拟系统、数字信

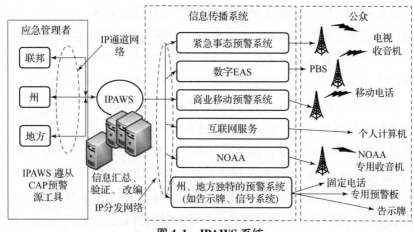

图 4.1　IPAWS 系统

号、警报器系统、互联网搜索引擎、社会分享网站和即时通信等设备功能也融入了其中。

上述预警系统中 NAWAS、EAS、NWWS、NWR 等系统在美国社会中应用最为广泛。

国家预警系统（the National Warning System，NAWAS）是隶属于 FEMA 的电话预警系统，通过联邦、州和地方三级应急运行中心向政府机构发送警报。NAWAS 起源于冷战期间，最初被用于警告敌人袭击，现在主要用于发布自然类和技术类灾害预警信息。NAWAS 由 2200 个专用电话组成，24 小时不间断运行，按照分级分区原则进行应急响应。联邦层面的 NAWAS 有两大运行中心，分别是设在弗吉尼亚州的联邦应急管理署运行中心（FEMA Operations Center，FOC）和设在佐治亚州的联邦应急管理署后备运行中心（FEMA Alternate Operations Center，FAOC）。

应急警报系统（Emergency Alert System，EAS）是直接面向公众发布预警的主要预警系统，建立于 1994 年 11 月，可以在紧急状况下向全国公众传送灾害信息。EAS 接受联邦应急管理署和联邦通信委员会（FCC）联合管理，可以通过所有的广播台、无线电视台和有线电视台网发布预警，包括 1.4 万家以上的广播台和无线电视台以及 1 万家以上的有线电视台，基本上可以覆盖全美绝大多数居民。EAS 起源于 1963 年的应急广播系统（EBS），最初用于应对核武器威胁袭击，到 20 世纪 90 年代后，由于技术升级换代更名为 EAS。目前 EAS 正在向以数字技术为基础的 DEAS（Digital Emergency Alert System）转化。

EAS 主要有两个功能：一是在全国性应急期间为总统服务，在全国、州和地方三级层面上向公众发布紧急通告，但是该功能从来没有被真正使用过；二是向州和地方政府领导人提供服务，向当地公众发布应急公告。

美国国家海洋与大气管理署气象电报服务系统（NOAA Weather Wire Service，NWWS）是由美国国家气象局（National Weather Service，NWS）管辖的卫星数据收集和发布系统，负责通过有线网络向州政府、联邦政府、商业用户和私人提供实时的气象、水文、气候和地球物理信息。NWWS 可以在不到 10 秒的时间内向用户发布相关预警信息。预警信息包含嵌入式数字识别信息，可以识别特定威胁和有潜在风险的特定区域。NWWS 发布的信息可以通过 C 波段和 Ku 波段的卫星接收器或者互联网进行接收。

美国国家海洋与大气管理署气象广播系统（NOAA Weather Radio，NWR）是另一家由美国国家气象局管辖的预警发布机构，主要负责通过广播台网 24 小时发布天气预报，拥有 1000 多个发射器，可以服务全美 95% 人口，覆盖美国所有联邦州。NWR 主要发布天气及其相关灾害的预测预警信息，目前已经拓展到可以发布非天气类的警报信息，涵盖所有的灾害种类，例如通过应急警报系统发布全国性安保警报以及自然的、环境的和公共的安全警报。

2. "国家风险指数"

"国家风险指数"（National Risk Index）是 FEMA 推出的一款在线地图应用程序，可识别最容易受到 18 种自然灾害影响的社区（图 4.2）。该应用程序通过可视化方式呈现了自然灾害风险指标。用于帮助社区更新应急行动计划、加强减灾计划和资源分配优化等。

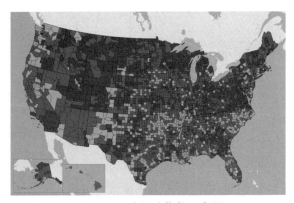

图 4.2　国家风险指数示意图

18 种自然灾害包括雪崩、沿海洪水、寒潮、干旱、地震、冰雹、热浪、飓风、冰风暴、山体滑坡、闪电、河流洪水、强风、龙卷风、海啸、火山活动、野火和冬季天气。

在国家风险指数中，风险被定义为自然灾害造成的潜在负面影响。风险指数背后的风险方程包括三个部分，即自然灾害部分（预期年度损失）、后果增强部分（社会脆弱性）和后果减少部分（社区复原力）。每个社区都有一个综合风险指数评分和 18 个危险类型的风险指数评分（如龙卷风风险指数评分）。

$$风险指数 = 预期年损失 \times 社会脆弱性 \div 社区复原力$$

$$预期年损失 = 曝光 \times 年化频率 \times 历史损失率$$

一个社区的分数描述了它在给定组件的同一级别的所有其他社区中的相对位置。例如，一个县的风险指数得分和评级是相对于美国所有其他县的，而人口普查区的风险指数得分和评级是相对于美国所有其他人口普查区的。

每个国家风险指数成分的值都进行了"最小－最大归一化"，将所有分数都限制在 0（最低值）~100（最高值）范围内。此外，计算预期年损失时，在"最小－最大归一化"之前先进行了立方根变换。

3. HAZUS 系统

HAZUS（Hazard United States）于 1997 年发布，主要用于估计地震、洪水、飓风和大风灾害对物理、经济和社会的影响。例如，美国华盛顿州刘易斯县使用 Hazus 软件对 7.0 级地震的潜在影响进行建模，为该县减灾计划提供依据，并提出改进学校、建筑物结构等预防措施。

HAZUS 系统依靠地理信息系统（GIS）技术来评估灾害的物理、经济和社会影响。评估模型依据清单信息（建筑物、基础设施和人口）、灾害范围与强度数据和损害函数来估计灾害的影响。分析内容包括：灾害对基础设施的影响，包括住宅、商业建筑、学校等设施；灾害对经济的影响，包括失业、业务中断、维修和重建等；灾害对社会的影响，包括估计住房需求、流离失所的家庭数量以及遭受洪水、地震、飓风、海啸的人数。

（五）反恐预警

近年来，恐怖主义、极端主义全球蔓延，给人类社会带来重大灾难。2001年 9 月 11 日，美国发生震惊世界的恐怖袭击事件，2996 人死亡。2002 年 10月 12 日，印度尼西亚巴厘岛汽车炸弹袭击事件，202 人死亡。2004 年 3 月 11日，西班牙马德里列车连环爆炸案，190 人死亡、1500 余人受伤。2004 年 9

月1日，俄罗斯别斯兰人质事件，造成包括186名未成年人在内的335人死亡、958人受伤。2005年7月7日，英国伦敦连环爆炸案，52人死亡、700多人受伤。2008年11月26日，印度孟买连环恐怖袭击案，195人死亡、近300人受伤。2011年7月22日，挪威奥斯陆爆炸枪击事件，77人死亡。2013年9月21日，肯尼亚内罗毕恐怖袭击事件，72人死亡、168人受伤。2015年11月13日，法国巴黎系列恐怖袭击事件，132人死亡、300多人受伤。2016年3月22日，比利时布鲁塞尔连环爆炸案，35人死亡、300多人受伤。2016年12月19日，德国柏林恐怖袭击事件，12人死亡、49人受伤。2017年1月1日，土耳其伊斯坦布尔恐怖袭击事件，39人死亡、69人受伤。2017年11月24日，埃及北西奈省恐怖袭击事件，235人死亡、109人受伤。据不完全统计，2018年全球发生1127起恐怖袭击事件，造成13000多人死亡。

恐怖主义、极端主义已成为当今世界一大公害，严重威胁世界和平与发展，严重危害世界人民生命财产安全。严厉打击恐怖主义，深入开展去极端化工作，是国际社会的共同责任，也是保障人权的必然选择。传统的国家安全战略不足以应对这些"非国家武装行为者"。许多国家和组织开展了针对反恐领域的预警研究。

1. 美国国家反恐中心

美国国家反恐中心（National Counter Terrorism Center，NCTC）隶属于美国中央情报局，于2004年8月27日成立。NCTC中心有权访问美国政府持有的所有与恐怖主义有关的信息，主要执行威胁分析、身份管理、信息共享、战略运营规划和国家情报管理五项关键任务，负责对恐怖主义问题进行综合和跨机构协调的分析评估，并酌情发布警告、警报和建议。

美国国家反恐中心（NCTC）赞助了全球恐怖主义事件追踪系统（WITS），系统包括2005年1月1日至2010年12月31日的73866起恐怖主义事件，并向使用者提供了下述关于恐怖主义事件的信息，包括区域与国家、日期、恐怖袭击参与人特点、恐怖袭击被害人类型与特点、武器类型与伤亡情况。

2. 全球恐怖袭击事件数据库

全球恐怖袭击事件数据库（Global Desceiptor Table，GTD）建于2001年，由总部设在马里兰大学的国家恐怖主义研究和应对恐怖主义联盟（START）的研究人员收录，是恐怖主义的最大数据库之一，存储了1970年以来的全球恐怖主义事件的信息，事件数量达 98000 件以上，每个事件包含了发生的日期、地点、使用的武器、目标的性质、伤亡人数以及负责的团体或个人等信息，每个事件的信息量至少有 45 个，最近的事件信息量超过 120 个。GTD 中的数据信息全部来源于公开可用和非机密的媒体文章、新闻档案和书籍杂志等。团队应用自动筛选和人工收集相结合的方法，首先采用关键字过滤技术在不计其数的文章中找寻，这一机制每月可筛选出 40 万篇相关文章，之后采取语言处理（NLP）等技术进一步确定，在人工收集阶段，GTD 研究人员每月大约复审一万六千篇文章，根据 GTD 纳入标准辨别袭击事件并编码。

3. 世界恐怖主义事件数据库

兰德公司 RAND 的国家安全研究部在"9·11"袭击事件前就已对恐怖主义研究长达 40 多年，RAND 旗下的世界恐怖主义事件数据库（The RAND Database of Worldwide Terrorism Incidents，RDWTI）汇总了自 1972 年到 2009 年间的 36000 起恐怖事件，包含了日期、区域、国家、参与人、恐怖主义策略、武器、目标、自杀式袭击、国内针对国外的恐怖袭击、死亡率和伤亡率等事件信息。

4. 国际反恐研究所

国际反恐研究所（the International Institute for Counter – Terrorism，ICT）成立于 1996 年，是世界领先的反恐学术机构之一，旨在促进全球反恐斗争中的国际合作。ICT 是一个独立智囊团，提供恐怖主义、反恐、国土安全、威胁脆弱性、风险评估、情报分析、国家安全和国防政策方面的专业知识。

ICT 的工具库中包含了对开源情报的全面调查（OSINT）系统。OSINT 系统中可以访问 ICT 的事件和活动家数据库，是世界上关于恐怖事件最全面的非政府资源之一。数据库汇编了自 1975 年以来的信息，记录了 37000 多起事件，包括成功的恐怖袭击、挫败袭击、反恐行动以及事件的背景和后续信息等。

ICT 旗下还设立了一个专门研究和分析圣战的网站监测小组（JWMG），由精通阿拉伯语的研究人员组成，负责监控支持和服务全球圣战组织的网站。JWMG 团队整合了各类来源的阿拉伯语材料，有助于提升对本地和全球范围内事件的完整理解。

此外，与 ICT 合作的 CTS 公司（Counter – Terrorism Solutions Ltd）旨在为客户的安全计划和一揽子计划提供蓝图，提醒他们注意特定情况的威胁和潜在危害，为构建量身定制的战术安全行动奠定坚实的基础。CTS 借鉴了 ICT 研究人员的经验和专业知识，以及来自以色列安全和情报界的前高级人员库，专门分析现有的恐怖组织和个人，为用户提供威胁评估服务。CTS 的威胁评估服务概述了国际恐怖主义趋势以及它们将如何影响西方政府和组织。无论是评估特定国家或地区恐怖分子渗透的脆弱性，还是检查国际赛事场馆、关键城市或国家基础设施、世界各地已知危险区的潜在恐怖威胁，CTS 都提供了案例研究、概述和详尽的分析，简明扼要地阐述了当前风险状态，提出了相关建议。

5. 以色列国家安全总局

以色列是最早在反恐中使用大数据技术的国家之一，以色列国家安全总局（ISA，也称辛贝特）"网络旅"前负责人罗嫩在他离职后的首次采访中说，大数据分析在辛贝特和以色列军方的情报部门早已被广泛使用，用来追踪和预防恐怖分子的行动。在以前的加沙战争中，以色列军方和辛贝特用大数据技术追踪定位哈马斯几名头领。以情报机构搜集到的海量杂乱无序看似无关的视频文件、图片、文字和讲话，通过大数据挖掘分析与对比，提炼出十分有用的行动性情报线索，提炼给高级别的情报分析员做出判断，最终由以色列军方采用这些情报来追踪和击杀哈马斯领导人。

6. Anti – terrorisme

Anti – terrorisme 是荷兰的一个反恐网站，汇集包括荷兰的恐怖主义、外国情报服务、欧洲和反恐、北约、大规模毁灭性武器、海上安全、网络恐怖主义和毒品恐怖主义等不同类别的网络资源。人们可以将搜索范围扩大到犯罪学、监狱、报纸、外国媒体、警察和私人安全等更普遍话题。

7. 南亚恐怖主义网

南亚恐怖主义网由 K. P. S. Gill 在新德里维护，网站收集和分析了关于孟加拉国、不丹、印度、尼泊尔、巴基斯坦和斯里兰卡的信息。每个国家都可以找到关于恐怖主义集团的评估、书目、数据表、文件、时间表和信息。这些数据表基于当地新闻来源，比国际新闻来源更详细和具体。印度和巴基斯坦是发动国际恐怖主义前十名的国家。该网站提供了非常丰富和详细的研究材料，还提供了平民、安全部队和恐怖分子死亡人数的统计数据。

8. 芝加哥安全与威胁项目

从恐怖分子到叛乱分子再到犯罪团伙，现代武装网络规模不断扩大，涉及复杂的国家和非国家行为者及其对社交媒体、自杀式恐怖主义和其他技术的使用。芝加哥安全与威胁项目（Chicago Project on Security and Terrorism，

CPOST）研究这些行为者的行为，发现可以提供预警并确定和平解决方案的模式。

二、国内研究现状

（一）预警理论

预警理论方面，王光与秦立强于 2002 年对我国社会治安环境的评价与预警进行了相关研究，并对警义、警源分析与预警指标体系相关概念予以界定，同时对其设置提出了初步的设计。王大伟、贾迪认为，所谓危机警务即是指公安机关根据其职能与任务要求，在应对各类公共安全（案）事件时，所采取的有关前期预防、中期处理、后期恢复的各项警务活动与措施的一种警务模式。刘鹏提出将应急管理的重心放在预测预警环节，同时强调对突发事件的预测预警不能仅仅依赖于政府自身，应当将社会组织和群众的力量纳入预测预警工作中来，共同应对风险。张敏提出，城市管理工作应该重视危机事件的风险评估和预测预警，政府应该制订科学的风险评估和预测方案，并建立独立完善的应急管理体系。刘东鑫从管理控制的角度对安全事件的风险评估和预测预警进行了研究，提出问责制度与风险评估和预警工作要相互对应，并强调要做好危机情报的收集、传递和共享工作。

其次是相关风险预警工作的意义研究，陆勇华在相关研究中提出，在一定的社会背景下，一般的社会治安类（案）事件如聚众斗殴与寻衅滋事，轻伤及以下的故意伤害案件都有可能会向涉黑涉恐类的案件转化，因此重视对前三类事件的预警与预防，对于黑社会性质犯罪与恐怖主义犯罪的防控具有十分重要的意义。

随着社会信息化程度的不断加深，互联网成为民众舆情舆论的集中阵地，徐跃飞在相关研究中，从网络舆情控制的角度出发，深入剖析了公安机关应在面对公共危机事件舆情的应对策略。徐跃飞指出，网络舆情舆论随着信息科技的迅猛发展变得更方便、更快捷，在相同的时间内，有着更多的信息交换，针对危机事件的网络舆情有双面性，公安机关应该根据其形成规律与特点，尽早介入并干预舆论走向，抢占舆论高地，及时表态，将权威性的官方处理结果及时公布，防止谣言四起而加深公共危机事件的影响。如此一来，公安机关在网络舆情公共危机事件中占据了主动权，及时封锁不良舆情信息传播渠道，维护互联网舆情空间的和谐稳定成为可能。

（二）指标预警

20 世纪 80 年代，国内一批学者开始关注诸如群体性事件社会风险的预测、预报和预防问题，开始了有关基于指标的社会预警方面的研究。

南京大学的宋林飞教授是较早开展社会预警研究的，他在 1989 年、1995 年和 1999 年三年里对社会风险系统进行分析，并构建了相关的社会预警指标体系。此外，朱庆芳进行了社会保障指标体系研究，王地宁和唐钧设计了计量社会发展水平的"社会发展指标体系"，李冬民探讨了社会指标体系的内在统一性问题，阎耀军构建了计量社会稳定的指标体系及其运行平台——"社会稳定监测 – 预警 – 预控管理系统"。

特别是 2003 年春季，SARS 事件爆发后，社会风险的防范成为各个领域备加关注的热点，因此，社会预警研究更加引起了学者乃至政府的广泛重视，呈现出一片蓬勃发展的局面。值得注意的是，吴竹提出了群体性事件预警指标，该指标由"生存保障指数""经济支撑指数""社会分配指数""社会控制指数""社会心理指数"和"外部环境指数"构成。

此外，许多专家学者结合实际应用场景作了进一步研究。杜静等采用孕灾环境理论分析了沿海城市的生产安全风险因素，从技术因素、人为因素、自然因素三大方面构建了评估指标体系和评估模型，并运用该模型对江苏东南部某沿海县开展评估验证。罗云等结合我国小康社会的具体要求，融入政府部门管理需要，选定了城市安全所涵盖的 12 大领域，如社会治安、生产安全、社会稳定等。王国栋等针对贵州六盘水市开展了城市风险评估，主要分析了城市生产安全风险，从工业风险源、人员密集场所、公共设施以及其他可能导致生产安全事故因素四个角度构建了评估指标体系。贾文梅从城市公共安全涉及领域和影响后果两个角度出发，分析了重庆市的风险因素，提出了自然灾害、事故灾害、公共卫生、社会安全、脆弱性和抵抗能力六大指标方向。徐丰良从城市灾害学、城市社会学角度分析了城市安全涉及内容，建立了城市灾害、消防、生活保障等九大要素构成的城市安全评价指标体系。苏拓研究城市公共消防评估指标体系，以海南省某沿海城市为例，在消防基础、救援力量的基础上新增了消防安全形式、火灾预防效果两项内容，同时设置定量化评分判定基准，运用模糊集值统计法评估区域消防安全水平。丁爱君在现有风险评估基础上，从城市区域特征、火灾危险负荷、消防实力水平和社会管理水平四大方面构建一套完善的消防安全系统风险评估指标体系，针对北京西城区实际情况，按照管理功能依据街道划分研究范围，开展风险评估。孙华丽从社会抗灾能力、人口转移、城市脆弱性三大方面构建了上海市的城市公共安全评估指标体系，并运用主成分分析法进行细化指标挑选，对上海市 2007—2016 年期间公共安全水平进行分析。刘承水运用因子分析法，从受灾载体脆弱性和城市防灾减灾能力两个维度对城市安全开展分析，构建包含自然、人为、设备、管理水平四大部分的城市安全风险评估模型。叶茂盛等总结城市特点，得出城市具有人口密度高、内部组成部分重多等特征，通过对研究城市的事故统计数据进行分析发现，城市安全相关事故主要包含了火灾爆炸、人员踩踏，因此在城市公共安全管理工作中主要需要针对人员密集场所、建筑结构、城市管理现状等侧重点开展风险辨识评估工作。李德文针对西安火车站及周围商业网点开展火灾风险评估，分析了类似火灾的危险性及特点，使用作业危险性方法开展实际风险辨识评估分析，并采用模糊综合评估方法计算区域火灾风险指数。锁利铭认为，通过分析城市风险类型，将城市的风险主要划分为经济支撑、社会和谐、城市预期等系统，使用突变评估法对四川省 2003—2009 年期间城市风险的指标进行评估，并计算各年度城市总体风险等级。项寅以 GTD 数据库为依据，基于改进神经网络理论，从威胁、脆弱性、后果三个维度构建风险评估指标体系，从而建立恐怖袭击风险预警模型；曾润喜等以网络社会安全事件为研究对象，基于网络社会的安全状况，建立网络社会安全事件风险评估指标体系，应对网络社会安全风险。

（三）预警模型

预警模型研究方面，张松柏针对核恐怖事件提出了用于风险评估的简易概率方法；叶金福等从政府安全管理的角度，提出要建立社会稳定的风险评估机制；卢国显以网络群体性事件为研究对象，从风险成因、风险识别和风险评估方法几个方面探究了网络群体性事件的风险评估；刘岩和邱家林以社会转型期的环境型群体性事件为对象，提出建立重大项目社会风险评估机制和冲突预警机制；施从美等通过引入改进的风险矩阵方法，建立和完善群体性事件的风险评估工作。

风险预警体系研究方面，赵颖和孙正对公安机关预警机制进行了相关研究，在针对社会治安的预警机制构建上，他们认为通过建立资源整合、网络严密的预警模型，可以提高公安机关应对危机的能力，也是消除危机的第一步。该预警体系在建设中首先需要保证信息来源的广泛性，因此完善信息管理的工作模式至关重要，在具体预警决策时，情报信息经过通常的沟通网络迅速到达决策层，为各项政策的制定提供了科学的依据；冯丽萍在其相关研究中提出，公安机关应积极参与各类突发事件的处置，公安机关的预警机制建设对于提前发现相关风险，识别危害并及时预警，从而达到控制安全事态演变方面起着至关重要的作用，应通过建立警种部门联动系统实现协作配合能力的提升，为预警处置提供警力资源的保障。王小锋提出关于建立立体化社会治安防控预警体系的构想，他认为社会治安预警体系的建设是公安机关根据现实社会治安情况，及时调整管理对策的重要依据，对于社会治安的管理，应该通过建立该体系以追求管理的主动权。

数据库构建方面，慧科新闻数据库是全球最大的中文媒体资讯服务提供商，采取一站式方案，综合处理大中华区内各大报刊的新闻内容，涵盖大陆、港澳地区及东南亚、欧美等国 1500 余家主流媒体新闻，新闻总量超过 3 千万条，每月更新超过 50 万篇文章。可根据特定媒体、版面、新闻报道、作者、日期、标题、内文等进行检索。通过限定国家为中国，结合高频词搜索加人工筛选的方法检索非法集会事件的新闻报道，并通过使用案例分析、层次分析、情景推理等方法对案例事件进行拆解，获取事件属性及其他相关数据。

（四）预警应用

余凌云从情报信息收集的角度入手，通过公安机关与情报机关的类比，发现公安机关机关无论是在信息种类还是信息数量的收集方面都存在不足，通过借鉴情报机关的信息收集机制，结合公安反恐情报收集的工作实际情况提出建议，丰富了公安反恐预警机制的理论智库，对预警工作的实践提供了理论遵循依据。同时，在社会转型与经济转轨时期，社会安全状况极不稳定，各类不安定因素不断出现并迅速转型，安全风险逐渐累积，极易诱发群体性事件。而妥善处理此类情况，需要建立科学完善的预警机制，将危机事态控制在最初萌芽阶段，防患于未然；同时制订科学可行的应急预案，做好应急管理制度上的准备工作。

陈刚、李松岩以异常行为信息为研究对象，通过对各类侦察工作中生成的异常行为信息进行比对，提出了构建积分预警系统的思考，通过建立相应的规则对不同领域的高危人群进行积分匹配工作，利用侦察工作中的行为信息，生成相应的预警等级，从犯罪行为的先期准备活动环节入手，根据积分的等级对高危人群的行为进行实时监测，根据具体情况采取相应措施进行落地查控。

第二节　面向事件的安全风险预警方法

维护社会安全包括防范、消除、控制直接威胁社会公共秩序和人民群众生命财产安全的治安、刑事、暴力恐怖事件，以及规模较大的群体性事件。

本节介绍一种面向事件的社会安全风险预警方法，事件数据大多来源于文本数据，经过文本分析发展热点事件，并量化事件发展趋势和情感变化，从而实现对关键核心事件的长期量化监测。

一、热点事件发现

在互联网高速发展的新时代，网络化让人与人更容易连接，网络信息传播内容丰富，网络舆论走向多元化，新闻作为主流舆论媒介，其传播力、导向力、影响力和公信力在反映社会客观事实、通达社情民意、引导社会热点、疏导公众情绪方面发挥着重要作用。新闻数据量正在急速膨胀，如何从海量新闻中准确快速挖掘事件信息成为研究难点和热点，马旭等提出一种基于大数据技术的新闻采集和事件分析系统，陈思雯等研究了面向网络新闻的爬虫开发与热点新闻事件分析，张伦等提出一种基于文本挖掘的公共事件分析方法。基于新闻的事件分析方法被广泛应用，黄诒蓉研究分析了金融研究中的新闻分析框架及应用，方树欣研究了地方政府利用新媒体进行公共舆论引导的策略，樊红等开展了基于事件分析的 Web 地震新闻时空信息挖掘研究。实体信息抽取算法是进行新闻文本的事件信息和观点提取研究的关键技术，公冶小燕等提出基于改进的 TF‑IDF 算法及共现词的主题词抽取算法，龙光宇等提出 CRF 与词典相结合的疾病命名实体识别方法，邹纲等开展了面向 Internet 的中文新词语检测研究，李娟等开展了基于新词的新闻命名实体识别研究。中文自然语言处理技术不断进步，对于新闻文本的实体识别能力不断提高，但大多为针对单篇文本的处理研究，从海量新闻中感知事件的研究不够成熟，此外目前通用的全球事件数据为谷歌维护的 GDELT 数据，事件的类型是固定不可调整的，提供的分析服务实现方法和代码不开源，因此，在进行国内事件分析研究时，需要进一步展开针对海量中文新闻文本数据的能够高效率发现热点事件的技术研究。

随着计算机处理能力和存储容量的迅速提高，热点事件发现不限于基于文本的方式，各种视频信息处理、识别与跟踪技术的出现，全程数字化、网络化的视频监控，为实时发现社会安全事件发生提供了条件。基于视频的热点事件发现主要依赖以下几个方面。

1. 视频人物识别

人体属性特征包括性别、年龄、头发、鞋子、衣着服饰等，基于卷积神经网络的行人属性识别方法取得了很大的成功，使用 CNN 模型来学习多属性识别，将属性识别问题转化为多标签分类问题，还有一些方法试图利用属性间的空间关系和语义关系来进一步提高识别性能。这些方法可分为以下三个基本类别。

（1）基于相关性的方法：一些研究利用语义关系来辅助属性识别。

（2）基于注意力机制：一些研究者介绍了属性识别中的视觉注意机制。

（3）基于局部信息：基于局部信息的方法通常从一些局部的身体部位提取特征。

2. 视频文字识别

视频中往往伴随有横幅、标语、特殊标志等文字信息的出现，这些文字与事件本身强相关，可以辅助分析发生社会安全事件的情况。特定安全标志可以体现事件发生场所的危险程度和事件严重程度，特定社会安全标志识别，本质上是一个分类问题，根据颜色形状标识等显著特征进行迭代训练，之后通过模型获取分类概率得到最终分类结果，实现技术已经比较成熟。自然场景中横幅、标语形式多变，背景复杂，且无法提前预知语种，可能是多语种检测识别问题，一般分为两个步骤，分别为横幅、标语的位置检测以及内容识别。现有的检测算法大致分为两类，即基于回归的方法和基于分割的方法。因为在自然场景的横幅和标语中，很有可能出现文本区域不规则的情况，一般情况下可以使用四点进行框定，而特殊不规则文本需要使用不定点多边形进行框定，这就需要使用的检测算法能够尽可能贴近不定点多边形。而常用的检测方法中基于分割的方法能够在像素水平进行预测，故而能更好地描述自然场景中不同形状的文本，对不规则形状的文本进行矫正后再送入语种分类模块进行语种分类，可以提高语种分类和文本内容识别准确率。

3. 特定物品识别

通过对特殊物品进行目标检测，可以辅助发现判断事件性质，进一步结合人体关键点检测，可以进行行为分析判断，比如可以提高对持有武器的暴恐事件识别发现的准确率，通过对刀、枪、管制刀具等物品的识别，可将事件分成有武器事件和无武器事件，或可进一步根据物品种类，细化事件类型和事件性质，如刀、枪、血、火、旗帜、船、飞机、大炮、装甲车等。其采用的是以目标检测方式进行的分类，可以根据是否识别出物品进行一次粗分类，之后再进行细致的分类。但需要注意的是，事件性质与出现的物品并非完全一致，菜市场或超市等场所经常会出现手持菜刀的情况，显然是正常的行为，所以简单地通过目标检测的方式对图片或视频中事件定性是欠佳的，在考虑场所等多影响因素下，物品识别结果才可辅助进行事件性质判定。

通过以上技术方式，可实现从文本数据或者视频数据中分析发现各类型热点事件，对于特定事件类型，应该准备就针对性的事件数据，通过实质性的算法预处理，具有针对性的数据源选择和模型建立，从而获得更高的识别准确率。

二、事件趋势分析

社会安全事件演化过程中，因为媒体介入、用户参与、政府宣发部门加入等因素，会有不同的演化趋势。事件趋势可以从多个维度进行分析，如事件演化分析、事件热度分析和事件流行度预测等。多角度进行事件趋势分析有助于全面了解事件的发展情况。

事件在信息传播过程中是不断变化的。随着时间的推移，事情本身会发生变化。同时媒体的介入和用户的参与也会促使事件进行演化。通过分析事件的变化过程，对事件进行追踪，可以帮助相关研究人员理解事件的进展和演化情况，为引导和决策提供支持。事件趋势分析基于知识与统计特征，分析事件相关文本的所属领域或与话题模型之间的相关程度，对其进行分类，以严重程度作为趋势分析依据，从而分析其演化过程。基于社会安全事件词典的关键词提取模型，根据相关度和兴趣度对关键词进行提取，获取特定时间段内的关键词，从而进一步丰富事件趋势分析词典。基于知识与统计的社会安全事件趋势分析主要过程如下：

（一）社会安全事件数据导入

事件趋势分析基于非结构化的新闻文本数据，首先进行新闻数据的导入和文本解析，更新统计库内新闻信息。然后根据关键词和时间进行新闻检索，若搜到相应新闻，则进行新闻的预处理，包括分词、去停用词和词频统计等，为新闻打分做基础。

1. 数据的导入管理

从公开来源获取的新闻数据为不同新闻网站定时更新的关于国际、政治、经济、军事和科技相关板块的新闻，对离线新闻的文本结构进行解析，按照规定的格式批量解析新闻，尽量提取出新闻文本中的各类要素，如作者、来源和发布时间，提取出新闻文本并且进行中文分词处理，便于对文本数据进行关键词提取及实体提取、摘要提取及创建索引等处理。

2. 原始新闻粗过滤

对原始新闻数据进行粗过滤，对解析后的新闻数据，根据提取出新闻标题、新闻发布时间、新闻来源、新闻作者和新闻正文等要素，以及对文本数据进行中文分词处理、关键词提取、实体提取、摘要提取等提取信息，进行索引创建。

3. 创建全文索引

根据提取的新闻要素创建全文索引并进行存储，主要存储了新闻解析提取的各类信息包括创建时间、新闻所属类别等环境信息及部分统计信息。全文索引尽可能地包含原始新闻提供的信息以便后续的统计和新闻趋势计算。

（二）社会安全事件数据预处理

利用自然语言处理技术，尽可能提取出新闻中各类语言、语义要素，根据搜索条件、关键词快速搜索新闻数据，应用自然语言处理技术对新闻内容进行预处理，对新闻正文进行中文分词并过滤掉停用词，之后根据词语词性及条件随机场（CRF）算法提取新闻中出现的实体；通过 TextRank 算法进行词频统计，便于后续计算新闻分数。

（三）社会安全事件词典构建

针对特定社会安全事件，以键值对的方式存储词及其分值的文本文件，即构建社会安全事件的词典。根据关键词和新闻源等参数，通过具有针对性的搜索引擎查询语句，快速筛选过滤大量新闻数据，应用自然语言处理工具汉语言处理包对新闻内容进行去停用词的分词处理，筛选描述事件严重程度的词语，经过词频统计和分析对词语打分，构建反映事件严重程度的词典。

（四）社会安全事件趋势模型构建

基于词典可计算衡量单篇新闻的指标特征，进一步建立事件随时间的演变模型，以天作为统计粒度，建立社会安全事件趋势分析模型，根据地区和时间等参数，从搜索引擎中快速过滤查询相关新闻，应用自然语言处理工具对新闻内容进行去停用词的分词处理，将分词结果分别与词典进行匹配，实现单篇新闻严重程度分支计算，建立事件严重程度衡量模型，按时间维度绘制事件严重程度曲线。

（五）社会安全事件趋势模型分析

基于知识与统计的社会安全事件趋势分析，按时间维度进行社会事件发展趋势分析，根据事件严重程度计算结果数据在时间维度的统计分析，根据新闻发布时间，将新闻及其分值按天进行统计，得到长时间维度的事件发展曲线。针对新闻的时效性，还需要应用通用的衰减模型对计算结果进行平滑处理，并且对数据进行累加处理以对每天分值进行累加分析。

（六）社会安全事件趋势模型可视化

利用折线图等多种表现方式可对基于知识与统计的社会安全事件趋势曲线进行可视化展示，示例如图4.3所示。

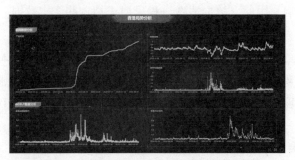

图4.3　以香港"反修例"局势为例的可视化

三、事件情感分析

社会安全事件演化的过程中，往往伴随着网络舆情的传播，在事件不同的发展阶段，舆情具有不同的情感特征，对事件情感进行时间、空间等不同维度的分析不仅有助于政府部门及时对风险进行预警，而且对进行公众心理健康引导、准确把握网络舆论走向具有重要意义。

情感分析是指在特定主题背景下，对包含主观性感情色彩的文本进行推理挖掘和提取极性的过程。传统情感分析方法主要包括基于情感词典和基于机器学习的方法，近些年深度学习逐渐成为情感分析的主流方法，和传统机器学习模型相比，该方法通过构建神经网络模型在训练过程中自动提取文本特征以挖掘更深层的语义信息。事件情感分析的相关技术和流程如下。

（一）社会安全事件数据获取与预处理

一般利用爬虫软件抓取某一社会安全事件相关的网络新闻、报道或者言论。文本预处理过程包括的主要步骤有分词、过滤停用词、发现新词以及对词性进行标注等。通过文本的预处理过程，可以保留对区分文本类别有用的词语，减少特征维数，去除噪声特征，将非结构化的文档结构化。

1. 数据清洗

这一过程主要包括去除停用词和错误数据等。停用词（Stopping Word）是指在分析和检索文本中没有任何价值或意义的数据。从用法的角度看，中文停用词可以分为两类：一类是使用频繁、广泛存在于各种文本语料中的字或词，如"你""我""他"等；另一类是构成句子辅助部分的语言辅助词，如连接词、介词、形容词、副词和情态词，如"啊""哇"等。此外，由于格式转换等原因，文本集中可能会包含一些错误数据或者不合法数据，这些数据会对后续分析造成影响。因此，数据清洗过程需要去掉这些文本数据。

2. 中文分词

中文分词是指根据文本的上下文关系和词性等信息，将输入的文本分割为有意义的、语义连续的词。此步骤是文本数据处理中的重要步骤，分词的结果直接影响后处理的结果。可以采用 JIEBA 等分词工具、TF – IDF 等算法进行分词。

（二）社会安全事件文本向量化

文本预处理是为了将原始数据整齐化，仍停留在文字层面，而文本向量化是为了便于机器学习的算法对文本进行训练，是将文本向数字编码转换的关键一步。可以通过 Word2vec 将单词转化为向量，Word2vec 可以在固定维空间中创建词典词，并用坐标表示出来，这样就可以定量地分析词与词之间的关系，并与词性信息生成的词性特征向量（Part of Speech Feature，POSF）和位置信息生成的位置特征向量（Position Feature，PF）融合，生成多特征融合向量。

（三）社会安全事件情感分类

情感分析基于对事件的评论进行挖掘和分析，以识别人们在网上表达对某件事情或事物的看法时的情绪倾向性。此外，将情感文本分为积极评价和消极评价，或根据情感强度进行分类、评分等相关任务。情感分类时，需要考虑哪些词、哪些句子是用户情感表达的主要部分，对于情感表现重要的词句要赋予更高的计算权重，以此提升情感分析模型的效果。此外，根据对文本特征的分析，不同身份的用户影响力之间存在较大的差别，在社交网络舆情发展过程中，不同用户对舆情发展所产生的影响也不同。

近些年，深度学习逐渐成为情感分析的主流方法，和传统机器学习模型相比，该方法通过构建神经网络模型在训练过程中自动提取文本特征以挖掘更深层的语义信息。比较有代表性的是使用 CNN（卷积神经网络）和 BiLSTM（双向长短期记忆神经网络），将多特征融合向量分别输入由 CNN 和 BiLSTM 构建的多通道层，并在其后引入注意力机制，通过 Softmax 函数将融合层的输出特征进行情感分类预测。

（四）社会安全事件情感分析可视化

对事件情感进行分类后，可以基于词频统计、时间统计和地域统计等对情感进行可视化分析。基于词频统计的情感可视化分析是指通过正面情绪词云和负面情绪词云对事件的正度面舆情观点进行直观化展示；基于时间统计的情感可视化分析是指对事件发展过程中，公众的正、负面情绪变化趋势进行可视化展示；基于地域统计的情感可视化分析是指对不同阶段，各个省市乃至城市的舆情情绪以热力图的形式进行展现。情感可视化分析的展现形式如图 4.4 所示。

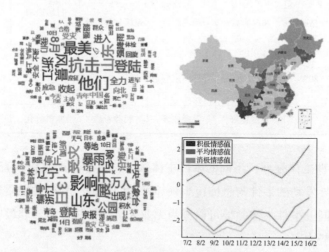

图 4.4　事件情感可视化展示方式

四、事件等级衡量

首先需要明确的是，此处介绍的事件等级是指事件对社会安全影响等级，不仅是事件本身的严重程度，也包括事件在社会舆论中的扩散。事件评价的主要依据是社会运行与社会稳定理论，事件严重程度是一种典型的非物化的社会现象度量的问题，通过建立衡量事件的指标体系，能够有效地对事件进行具化、量化。事件是各方面因素经过长时间的积累所产生的对稳定社会系统的扰动，反映了社会风险的存在，主要是由社会矛盾诱发的，从而体现了社会安全的下降，事件的严重程度也取决于社会环境稳定程度和社会扰动控制能力等方面。

从事件主体领导、事件发生地点、事件形式、事件性质目的、使用工具、社会环境等方面来建立事件评价体系，每个方面具备不同的影响因子，分为多个严重程度级别，如表4.1所列。

表4.1　事件严重程度影响因素

影响因素	影响因子	严重程度1	严重程度2	严重程度3	严重程度4	严重程度5
事件主体领导	15%	无业人员	知识分子	邪教成员	恐怖组织	国外势力
事件发生地点	10%	山区农村	偏远县城	中小规模城市	省会城市	一线城市
事件形式	15%	和平方式	示威游行	破坏公共设施	打砸政府行政单位	威胁生命财产安全
事件性质目的	20%	小群体利益	维护民主利益	小规模反对抗议	大规模反对抗议	武装分裂
社会环境	25%	发展良好	发展放缓	利益矛盾	两极分化	突出矛盾

（1）事件主体领导，不同的事件主体领导，对事件严重程度有直接影响，知识分子领导发动的事件与恐怖组织领导发动的事件，其事件性质和事件严重程度完全不同，事件主体领导可以分为无业人员、知识分子、邪教成员、恐怖组织和国外势力等。

（2）事件发生地点往往决定了事件扩散速度和事件影响范围，偏远山区发生的事件很难进一步扩散发酵，而一线城市发生的事件对社会的冲击往往更大，事件发生地点可以分为山区农村、偏远县城、中小规模城市、省会城市和一线城市等。

（3）事件形式是严重程度的直观体现，事件形式可以分为和平方式、示威游行、破坏公共设施、打砸政府行政单位、威胁人民生命和财产安全等。

（4）事件性质目的决定了事件对社会带来的风险大小，可以分为小群体利益、维护民主利益、小规模反对抗议、大规模反对抗议和武装分裂等。

社会环境相当于事件发生的容器，在社会环境发展良好的情况下，事件具有更高的可控性，社会出现突出矛盾时，则事件更容易发生扩大升级，社会环境可以分为发展良好、发展放缓、利益矛盾、两极分化和突出矛盾等。

对于一个具体的事件，参照表4.1，通过对数据的汇总整理，得到一组数据矩阵。量化结果越大，事件的危害越大，事件的等级越高。

五、事件预警机制

现代社会的发展伴随着各种各样的风险，既有难以预测的小概率"黑天鹅"事件，也有可以预测的大概率"灰犀牛"事件，且风险已经变得复杂、多样、突变及不确定，很多微小的突发公共事件在新媒体时代信息裂变的情况下可能会引发"蝴蝶效应"。

（一）根据指标体系进行事件预警

可将具有代表性的可能引起群体性事件爆发的典型指标以及群体性事件的警兆、警源和警情指标纳入监控和预警范围，实时监测典型指标波动幅度、超出或低于阈值程度和突变频率等，从而判定群体性事件发生的概率，预测社会发展趋势。群体性事件预警机制就是通过对社会系统运行中的不良因子或负面因素进行监测和评估，就社会运行接近爆发群体性事件危机的临界值的程度做出早期预报。群体性事件预警试图在群体性事件爆发之前，通过监测与群体性事件爆发紧密相关的各项指标，识别群体性事件产生的根源，确定警兆，分析警情，计算群体性事件发生的可能性（概率），及时发出警报，以引起决策者的关注并及时采取措施，消除引发群体性事件的隐患，从而化解社会矛盾，降低社会风险。

事件预警指标选择原则：反映事件产生根源、影响其变化情况的统计指标散落在不同的社会统计指标体系中，且数量庞大，一些统计指标存在交叉性、重叠性等问题，这就需要按照一定原则和方法对这些统计指标进行遴选和整合。遴选群体性事件预警指标应遵循下列原则。

（1）选择关键指标，充分考虑指标对社会稳定和群体性事件发生的影响程度。

(2) 选择具有代表性的指标，能够反映群体性事件的典型特征。

(3) 选择规则、稳定、连续的官方统计指标，避免波动，保证预警的准确性。

(4) 选择能够及时收集数据的指标，保证预警的可行性和可操作性。

(5) 选择容易理解和可接受的指标。

(6) 选择能够全面反映各种类型的指标。

(7) 选择独立性的指标，避免指标重叠和互相包含。

（二）事件传播防范

根据 QuestMobile 研究院《2020 中国移动互联网春季大报告》数据，2020年 3 月移动互联网月活跃用户突破 11.56 亿，同时，微信、微博、抖音、快手等新媒体平台活跃用户数也获得大幅增长。可以说，基于移动端的新媒体平台已成为当下突发公共事件信息传播的主要渠道和网络舆情风险的主要平台，伴随着公民知识素质、专业水平的不断提高，公民通过微信、微博等各类新媒体平台发布、转发、评论突发公共事件信息，进行情感抒发和意志表达，对政府治理中存在的问题进行反思并提出相关政策建议，这既是突发公共事件信息传播的规律，也是时代发展不可避免的趋势。以微博、微信为代表的新媒体，具有自由、交互、即时、多元、虚拟、移动等信息传播特点，其传播模式不同于线性、控制、社会等经典信息传播模式，呈现出一些新的特点，由"强关系"传播转向"弱关系"传播。"强关系"和"弱关系"理论是由美国社会学家马克·格兰诺维特（Mark Granovetter）于 1974 年提出来的，他认为关系的强弱决定了能够获得信息的性质以及个人达到其行动目的的可能性。他通过对美国求职关系的研究发现，"强关系"的组成者相似度高，他们之间信息的重复性也高，通过强关系传播的信息更可能限制在较小的范围内；"弱关系"中的信息传播由于经过较长的社会距离，因此能够使信息流行起来。对于新媒体下的突发公共事件而言，微信传播主体一开始因相互熟悉而添加成好友或组建朋友圈，通过朋友圈途径传播信息，或因趋同的兴趣爱好而聚集，他们通过关注公众号建立关系，分享、评论信息。但随着朋友圈的不断扩大，乃至个人微信公众号越来越多，微信好友不断由熟人关系向外拓展，促使微信的社交关系链趋于庞大。根据 iiMediaResearch（艾媒咨询）数据显示，同时拥有两个及两个以上微信号的用户约占 48.9%；而根据另一项微信公开课数据显示，接近 5000 个好友上限的用户接近 100 万人，已经远远超出了英国人类学家罗宾·邓巴（RobinDunbar）提出的"150 定律"，即著名的"邓巴数字"，指人类智力允许人类拥有的稳定社交网络（"强联系"）大约是 150 人。这表明，微信从一开始的"强关系"已经逐步转化为"弱关系"为主的信息传播形态。

（三）事件关联图谱

知识图谱本质上是一种语义网络，包含实体以及实体之间的关系。实体是知识图谱中最基本的概念，一个实体代表了现实世界中的一个事物或者一个概念。关系代表的是实体和实体之间的关联。另外，知识图谱中的属性代表的是实体具有的某个特征，其描述了实体的相关信息。知识图谱刻画了现实世界中的事物以及事物之间的各种关系，其主要表示形式是三元组，包括属性三元组和关系三元组。知识图谱存储了结构化数据，适合对数据进行搜索和推理，已经在知识问答、智能搜索等方面发挥了重要的作用。事件是文本中包含的一种信息，其定义为在某个特定的时间以及特定的地点，由多个相关角色参与的一件事情或者一组事情。随着知识图谱技术的发展，越来越多的研究者开始关注一种特殊的基于事件的知识图谱，即事件图谱。在此基础上，本书将事件图谱定义为：一种以事件为中心，用来描述事件信息以及事件之间各种关系的图谱。事件图谱和知识图谱主要的不同点是事件图谱主要的研究对象是事件，描述了与事件相关的知识、事件的演变过程以及事件间的关联关系。而知识图谱主要的研究对象是实体，主要描述的是实体属性以及实体之间的关系。在事件图谱中，图的节点表示事件，图上的连边表示事件之间的时序、因果、顺承、包含等关系。

在事件图谱的构建、推理与应用过程中，需要用到多种智能化信息处理技术，核心技术主要包括事件抽取技术、信息补全技术、关系推断技术以及事件预测技术。面对开放网络上的文本数据，首先要做的是事件抽取。事件抽取技术可以从非结构化的文本数据中提取出与事件有关的信息，并将信息以结构化的形式呈现出来。而信息补全技术是利用事件图谱中已有的知识，推理补全事件图谱中缺失的事件论元知识。关系推断技术则是利用文本中的信息来推断出事件之间的共指、时序及因果等关系。最后，事件预测技术被用来预测未来可能发生的事件，分析事件的演变趋势。构建好的事件图谱具有广阔的应用场景，主要包括热点事件检测、事件脉络分析以及未来事件预测等。

事件图谱示例如图 4.5 所示，图 4.5 展示了收购事件、股价上涨事件和股价下跌事件的事件论元以及事件之间的关联关系。从图 4.5 中可以看到，收购事件的收购方是公司 A，被收购方是公司 B，收购金额是 350 亿美元，收购时间是 2020 年 10 月 27 日。另外，由于收购事件导致了股价上涨事件和股价下跌事件的发生，因此收购事件分别与股价上涨事件、股价下跌事件之间具有因果关系以及隐含的时序关系。

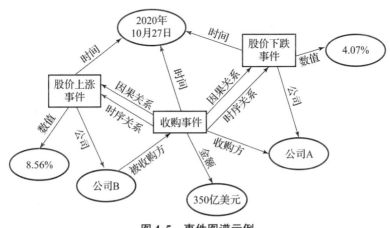

图 4.5　事件图谱示例

第三节　面向特定区域的社会安全风险预警

第十三届全国人民代表大会第五次会议上发布的政府工作报告指出，我国面对"全球疫情仍在持续""局部疫情时有发生""外部环境更趋复杂严峻和不确定"等复杂严峻的国内外形势和诸多风险挑战，计划推进国家安全体系和能力建设，强化网络安全、数据安全和个人信息保护。

当前国内大部分地区群众安全度较高，但存在发生群体性、网络安全、涉外突发等事件的风险，下面针对这类典型地区进行社会特点分析、社会风险分析和社会安全事件分析，建立相应预警模型。

一、社会特点分析

（一）经济承压

当前疫情多点散发，经济承压，更需以法治稳企业稳预期、保就业保民生。最高人民检察院报告称，2021 年起诉破坏市场经济秩序犯罪 13.4 万人，同比基本持平。力防企业因案件陷入困境，根据具体案件性质、情节和对社会的危害程度，持续落实对企业负责人涉嫌经营类犯罪依法能不捕的不捕、能不诉的不诉、能不判实刑的提出适用缓刑建议等检察政策；涉企等单位犯罪不起诉率 38%，同比增加 5.9 个百分点。进一步抓实在辽宁、江苏、广东等十个省市检察机关开展的涉案企业合规改革试点：依法可不捕、不诉的，责成涉案企业作出合规承诺、切实整改；与国务院国资委、全国工商联等八部门共建第三方监督评估机制，司法、执法、行业监管联手，以严管体现厚爱。湖北一民营企业在经营中涉嫌犯罪，检察机关办案中促其合规整改，六个月后，经第三方严格评估、确认合格，依法决定不起诉。该企业整改后生产经营步入正轨，新增投资上亿元，带动就业上百人。针对一些涉企案件长期"挂案"，该结不结、该撤不撤，2019 年起会同公安部持续专项清理出 9815 件，对证据不足、促查无果的，坚决落实疑罪从无，督促办结 8707 件，企业活力得以释放。商司法部在天津、重庆、四川等 11 个省区市试点，允许遵守监督管理规定、表现良好的社区矫正对象临时赴外地从事生产经营活动。弹性监管融入信任，更利改造、更利发展。

积极推动金融风险防范化解。设立驻中国证监会检察室，联合公安部、中国证监会专项惩治证券违法犯罪，集中办理 19 起重大案件，指导起诉康得新案、康美药业案，助力依法监管资本市场，维护投资者合法权益。起诉金融诈骗、破坏金融管理秩序犯罪 4.3 万人，同比上升 3.3%；会同公安部督办 36 起重大非法集资案。依法惩治涉虚拟货币、网贷平台等新型金融犯罪。协同中国人民银行发布典型案例，起诉洗钱犯罪 1262 人，同比上升 78.5%。从严追诉洗钱犯罪，使上游"罪"与"赃"无处遁形。

（二）数字经济和信息产业蓬勃发展

当前，数据要素成为推动经济转型发展的新动力。近年来，国内数字经济和信息产业蓬勃发展，5G、大数据、人工智能、区块链等技术不断落地应用。2020 年我国数字经济规模达到 39.2 万亿元，占 GDP 比例达 38.6%。

新业态新技术在推动经济转型升级的同时，数据规模不断扩大，数据泄露、滥用等风险日益凸显。此外，计算环境比以往更加复杂，通常跨越公共云、企业数据中心以及从物联网传感器到机器人和远程服务器的众多边缘设备，这种复杂性使攻击面扩大，这对监控和保护更具挑战性。

在此背景下，数据安全已成为事关国家安全与经济社会发展的重大问题。防范数据安全风险、构建数据安全保护体系成为各方共识。

网络虚拟空间，依法治理要实。2021年最高人民检察院会同公安部等出台办理电信网络诈骗等刑事案件指导意见，全链条打击、一体化防治，起诉利用网络实施诈骗、赌博、传播淫秽物品等犯罪28.2万人，同比上升98.5%。协同推进"断卡"行动，起诉非法买卖电话卡和银行卡、帮助提款转账等犯罪12.9万人，是2020年的9.5倍；针对一些在校学生涉案，会同教育部发布典型案例，开展校园反诈，既防学生受害，也防受骗参与害人。继取快递女子被造谣出轨案自诉转公诉，接续发布公民人格权保护指导性案例，从严追诉网络诽谤、侮辱、侵犯公民个人信息等严重危害社会秩序、侵犯公民权利犯罪，起诉3436人，同比上升51.3%。吴某从网上下载一女子与其外公的合影照片，编成"老夫少妻"的恶搞信息发布，阅读量逾4.7亿人次。广东公安机关以公诉案件立案，检察机关批准逮捕。注重源头防范，办理个人信息保护领域公益诉讼2000余件；上海、重庆等地检察机关对利用手机软件违法收集使用个人信息开展专项监督，推动网信、通信管理等部门综合治理。

二、社会风险分析

（一）危害社会治安

最高人民检察院工作报告指出，2021年全年批准逮捕各类犯罪嫌疑人868445人，提起公诉1748962人，同比分别上升12.07%和11.02%。专项斗争荡涤效果凸显，社会治安秩序持续向好，与2020年相比，起诉涉黑涉恶犯罪下降70.5%，杀人、抢劫、绑架犯罪下降6.6%，聚众斗殴、寻衅滋事犯罪下降20.9%，毒品犯罪下降18%。配合公安机关持续开展"打拐""团圆"行动，严惩拐卖人口犯罪，深挖历史积案。2000—2021年，检察机关起诉拐卖妇女儿童犯罪从14458人降至1135人，年均下降11.4%；起诉收买被拐卖的妇女儿童犯罪由155人增至328人。贯彻《中国反对拐卖人口行动计划（2021-2030年）》，继续从严从重追诉拐卖人口犯罪；同时与有关部门形成合力、综合整治，对收买、不解救、阻碍解救被拐卖妇女儿童犯罪坚决依法追诉、从严惩治。推进常态化依法战疫，深化运用疫情初期发布的10批55件涉疫典型案例，接续发布伪造疫苗接种证明犯罪等5批24件典型案例，维护良好防疫秩序，起诉涉疫犯罪 4078 人，同比下降 63.7%。起诉危险作业、重大责任事故等危害安全生产犯罪 4135 人，同比上升 26.4%；重在源头防范，办理该领域公益诉讼 1.4 万件。

（二）危害数据安全

北京炼石网络技术有限公司发布的《2021 数据安全与个人信息保护技术白皮书》指出，当前以数字经济为代表的新经济成为经济增长新引擎，数据作为核心生产要素成为了基础战略资源，数据安全的基础保障作用也日益凸显。伴随而来的数据安全风险与日俱增，数据泄露、数据滥用等安全事件频发，为个人隐私、企业商业秘密、国家重要数据等带来了严重的安全隐患。

（1）数据收集风险。在数据收集环节，风险威胁涵盖保密性威胁、完整性威胁、可用性威胁等。保密性威胁指攻击者通过建立隐蔽隧道，对信息流向、流量、通信频度和长度等参数的分析，窃取敏感、有价值的信息；完整性威胁指数据与元数据的错位、源数据存有恶意代码；可用性威胁指数据伪造、刻意制造或篡改。

（2）数据存储风险。在数据存储环节，风险威胁来自外部因素、内部因素、数据库系统安全等。外部因素包括黑客脱库、数据库后门、挖矿木马、数据库勒索和恶意篡改等，内部因素包括内部人员窃取、不同利益方对数据的超权限使用、弱口令配置、离线暴力破解和错误配置等；数据库系统安全包括数据库软件漏洞和应用程序逻辑漏洞，如 SQL 注入、提权、缓冲区溢出；存储设备丢失等其他情况。

（3）数据使用风险。在数据使用环节，风险威胁来自于外部因素、内部因素、系统安全等。外部因素包括账户劫持、APT 攻击、身份伪装、认证失效、密钥丢失、漏洞攻击和木马注入等；内部因素包括内部人员、DBA 违规操作窃取、滥用、泄露数据等，如非授权访问敏感数据、非工作时间、工作场所访问核心业务表、高危指令操作；系统安全包括不严格的权限访问、多源异构数据集成中隐私泄露等。

（4）数据加工风险。在数据加工环节，泄露风险主要是由分类分级不当、数据脱敏质量较低、恶意篡改/误操作等情况所导致。

（5）数据传输风险。在数据传输环节，数据泄露主要包括网络攻击、传输泄露等风险。网络攻击包括 DDoS 攻击、APT 攻击、通信流量劫持、中间人攻击、DNS 欺骗和 IP 欺骗、泛洪攻击威胁等；传输泄露包括电磁泄漏或搭线窃听、传输协议漏洞、未授权身份人员登录系统和无线网安全薄弱等。

（6）数据提供风险。在数据提供环节，风险威胁来自于政策因素、内部因素和外部因素等。政策因素主要指不合规的提供和共享；内部因素指缺乏数据复制的使用管控和终端审计、行为抵赖、数据发送错误、非授权隐私泄露/修改、第三方过失而造成数据泄露；外部因素指恶意程序入侵、病毒侵扰、网络宽带被盗用等情况。

（7）数据公开风险。在数据公开环节，泄露风险主要是很多数据在未经过严格保密审查、未进行泄密隐患风险评估，或者未意识到数据情报价值或涉及公民隐私的情况下随意发布的情况。

第四节　社会安全风险预警分析处理

社会安全风险预警的触发条件是长期监测的数据信息发生了异常变化，经过数据处理和预警模型分析后，判断异常变化是否有可能带来社会安全风险，需要构建预警指标体系，同时遵循预警等级划分原则，在此基础上，应进一步分析出哪些环节会产生风险，应该从什么角度采取什么措施防范、规避风险预警，结合以往危机处置案例，给出预案辅助决策，以达到快速发现风险、快速应对风险及快速解决风险的目的。

一、社会安全风险预警指标体系

通过收集影响恐怖袭击、经济衰退、政局动荡和非法集会等社会安全事件的开源数据和事件数据，完成影响事件发展内在因素的梳理工作，在此基础上通过专家知识、机器学习等方法，重点调研并总结社会安全风险事件的发展规律和内在因素，初步形成科技预警指标；并在此基础上对恐怖袭击、经济衰退、政局动荡、非法集会等社会安全事件的开源数据集和事件数据进行扩充，在初步构建的科技预警指标的基础上，结合抽取的社会安全事件和识别出来的风险点要素，通过专家知识、机器学习等方法，对初步构建的科技预警指标进行调整，进一步确定社会安全科技预警指标。

（一）恐怖袭击预警指标

通过专家知识、文献查阅，利用 GTD、FSI 等恐怖袭击相关开源数据库，完成恐怖袭击事件的特征分析，初步构建恐怖袭击科技预警指标体系以及恐怖袭击事件属性。针对初步构建的恐怖袭击科技预警指标体系以及事件属性可能存在冗余的情况，考虑到随机森林可以随机选择特征子集且不需要单独划分交叉验证集，进一步使用随机森林算法对初步构建的恐怖袭击科技预警指标体系以及事件属性进行筛选；通过西北政法大学"反恐怖主义信息网"公布的全球涉恐事件以及反恐学术报道对恐怖袭击事件进行扩充和调整，形成恐怖袭击科技预警指标。图 4.6 所示为恐怖袭击科技预警指标构建的整体流程框图。

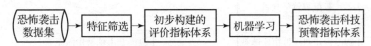

图 4.6　恐怖袭击预警指标构建整体流程框图

考虑到 GTD 数据集属于恐怖袭击事件特征数据集，本书考虑从数据筛选和特征筛选两方面对 GTD 数据集进行预处理，初步构建恐怖袭击事件特征，图 4.6 给出了数据预处理的技术思路。

从图 4.7 可以看出，初步构建恐怖袭击事件特征的具体步骤主要包括以下几个。

（1）数据筛选。对恐怖袭击数据集/库进行数据筛选，筛选发生在"一带一路"沿线国家的恐怖袭击事件数据。

（2）特征筛选。去除数据集/库中的冗余特征以及对恐怖袭击事件影响较小的特征，保留余下特征初步构建恐怖袭击事件特征。

为了使构建的科技预警指标更具科学性，因此，考虑进一步使用随机森林算法对初步构建的恐怖袭击科技预警指标体系以及事件属性进行筛选，具体的技术路线见图 4.8，具体步骤主要包括以下几个。

（1）使用随机森林的超范围错误（OOB）误差计算各个特征的相对重要程度。

（2）通过降序排序对特征的相对重要程度进行排序。

（3）设定阈值剔除不必要的特征，得到新的特征集及其对应的 OOB 误差值，选择 OOB 误差值最低的特征集作为预警指标。

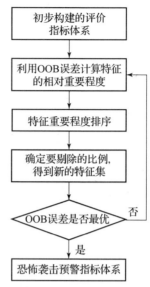

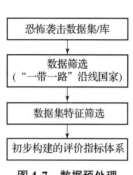

图 4.7　数据预处理
技术思路

图 4.8　随机森林算法
确定预警指标的技术路线

使用随机森林算法，并参考全球恐怖主义指数对 nkill、nwound 和 propextent 指标融合确定的恐怖袭击风险等级作为预测指标，进一步筛选面向"一带一路"沿线国家的恐怖袭击科技预警指标，对事件特征和指标进行筛选。随机森林筛选特征的相对重要程度直方图见图 4.9。

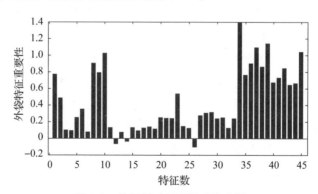

图 4.9　特征相对重要程度直方图

通过文献查阅、数据筛选、特征筛选以及随机森林等方法构建的恐怖袭击科技预警指标体系见表 4.2。

表 4.2 恐怖袭击预警指标

类别	指标编码	指标	指标说明	数据来源
社会性指标 K0000000	K0000001	人口压力	考虑了人口本身或其周围环境对国家的压力。例如，该指标衡量与粮食供应、获得安全饮用水和其他维持生命的资源或健康（如疾病和流行病流行率）有关的人口压力	脆弱国家指数 https://fragilestatesindex.org/ （目前包括 2006—2021 年 179 个国家的数据，进行年度更新）
	K0000002	难民和国内流离失所者	衡量由于社会、政治、环境或其他原因导致大社区被迫流离失所而对国家造成的压力，衡量国家内部的流离失所情况以及难民流入其他国家	
	K0000003	外部干涉	考虑了外部行为者在国家运作（特别是安全和经济）中的影响。一方面，外部干预侧重于政府、军队、情报部门、身份团体或其他可能影响国家内部力量平衡（或冲突解决）的实体在面临风险的国家内部事务中秘密和公开参与的安全方面；另一方面，外部干预还侧重于包括多边组织在内的外部行为者通过大规模贷款、发展项目或对外援助进行经济参与，如持续的预算支持、对财政的控制或对国家经济政策的管理，从而产生经济依赖性	
经济性指标 K0001000	K0001001	人才流失	考虑了（出于经济或政治原因）人类流离失所的经济影响及其对一国发展可能产生的影响	
	K0001002	不平衡经济发展	考虑了经济内部的不平等，而不管经济的实际表现如何，如该经济着眼于基于群体（如种族、民族、宗教或其他身份群体）或基于教育、经济地位或地区（如城乡差距）的结构性不平等	

类别	指标编码	指标	指标说明	数据来源
经济性指标 K0001000	K0001003	经济衰退	考虑了一个与国家内部经济衰退相关的因素。例如，该指标着眼于整个社会的逐步衰退模式，以人均收入、国民生产总值、失业率、通货膨胀、生产率、债务和贫困水平或企业倒闭来衡量	
政治性指标 K0002000	K0002001	政府的正当性	考虑了政府的代表性和开放性及其与公民的关系。该指标着眼于民众对国家机构和进程的信心水平，并评估了缺乏这种信心的地方的影响，这些影响表现为大规模公众示威、持续的公民不服从或武装叛乱的兴起	
	K0002002	公共服务	该指标指存在为人民服务的基本国家智能。一方面，这可能包括提供基本服务，如保健、教育、水和卫生、运输基础设施、电力和电力与互联网的连通性；另一方面，它可能包括国家通过感知到的有效警务来保护其公民的能力，如恐怖主义和暴乱	
	K0002003	人权法治	考虑了国家与其人民之间的关系，只要基本人权得到保护，自由得到遵守和尊重。该指标着眼于是否存在对法律、政治和社会权利的广泛滥用，包括个人、团体和机构的权利，如对新闻界的骚扰、司法机构的政治化、内部为政治目的使用军队、镇压政治对手)	
安全性指标 K0003000	K0003001	安全机构	考虑了对国家的安全威胁，如爆炸、袭击以及与战斗有关的死亡、反叛运动、叛乱、政变或恐怖主义	

续表

类别	指标编码	指标	指标说明	数据来源
安全性指标 K0003000	K0003002	精英阶层的自私	考虑了国家机构在民族、阶级、种族或宗教方面的分裂，以及统治精英之间的边缘政策和僵局	
	K0003003	集团之间的矛盾	侧重于社会中不同群体之间的分裂，特别是基于社会或政治特征的分裂以及他们在获得服务或资源以及融入政治进程中的作用	

（二）经济衰退预警指标

首先，通过查阅国内外参考文献，结合先前相关学者的研究成果和经验以及机器学习方法，利用联合国贸易和发展会议数据库、世界银行数据库、埃及国家统计局、巴基斯坦国家统计局以及全球宏观经济数据平台新浪财经等开源数据库，对经济衰退特征以及特征相关性进行分析。其次利用机器学习方法对指标进行特征相关性分析，特征相关性分析的热力图如图 4.10 所示。其中，对角线数值表示该指标和自身的相关性，数值越高相关性越高，数值越低相关性越低。其利用的机器学习方法主要是基于树的方法（决策树、随机森林），初步构建经济衰退科技预警指标。相关成果见表 4.3。

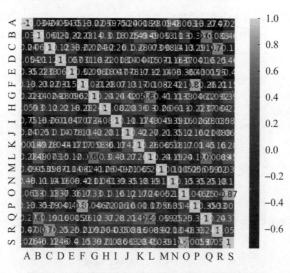

图 4.10　经济衰退指标之间相关性分析热力图

表 4.3 经济衰退预警指标

类别	指标编码	指标	指标说明	数据来源
就业指标 J0000000	J0000001	15 岁以上人口就业率 ((总人口数 - 未就业 人数)/总人口数)×100% (所有人口均只考虑 15 岁以上)	就业人口比率是指 某一国家中就业人员 占人口的百分比,一 般将 15 岁（含）以 上人口视为劳动适龄 人口,是反映劳动就 业程度的指标	新浪财经 https://finance.sina. com.cn/worldmac/ (整理提供近 200 多 个国家 1960—2021 年的 经济指标数据,进行年 度更新)
	J0000002	总失业率 (未就业人数/总人口 数)×100% (所有人口均只考虑 15 岁以上)	失业人数是指目前 没有工作但可以参加 工作且正在寻求工作 的劳动力数量	
进出口 贸易指标 J0001000	J0001001	进口贸易增长率 (本年进口总额/上年 进口总额 - 1)×100%	反映国家之间的贸 易往来（购入）	巴基斯坦/埃及国家 统计局 https://www.pbs. gov.pk/ https://www.capmas. gov.eg/ (提供本国的各经济 指标的数据,更新至 2021 年,进行年度更新)
	J0001002	出口贸易增长率 (本年出口总额/上年 出口总额 - 1)×100%	反映国家之间的贸 易往来（外销）	
三大产业 相关指标 J0002000	J0002001	服务业增长率 (本年服务业营收 - 上年服务业营收)/上年 服务业营收×100%	服务业增长率是指 服务行业在一个周期 内（一般以年计）和 上个清算周期的增长 值之间的增长比率	
	J0002002	农业增长率 (本年农业营收 - 上 年农业营收)/上年农业 营收×100%	农业增长率是指农 业在一个周期内（一 般以年计）和上个清 算周期的增长值之间 的增长比率	

续表

类别	指标编码	指标	指标说明	数据来源
三大产业相关指标 J0002000	J0002003	制造业增长率 （本年制造业营收 – 上年制造业营收）/上年制造业营收×100%	制造业增长率是指制造业在一个周期内（一般以年计）和上个清算周期的增长值之间的增长比率	
	J0002004	工业增加值（年增长率） （本年工业营收 – 上年工业营收）/上年工业营收×100%	工业增长率是指工业在一个周期内（一般以年计）和上个清算周期的增长值之间的增长比率	
债务相关指标 J0003000	J0003001	短期外债（占总储备比例） （短期债务 = 短期借款 + 应付票据 + 一年内到期的长期借款）	短期外债是指一年期以内（含一年）的外债，包括短期国际商业贷款、国际金融组织贷款和外国政府债务等	世界银行数据库 https://data.world bank.org/ （提供近260多个国家的政治、经济、社会等各方面的指标数据，更新至 2021 年，进行年度更新）
	J0003002	对私营部门的债权 （年增长率占广义货币的百分比）	指国家和私营部门之间的债务关系。国家提供给私营部门的财政资源	
货币相关指标 J0004000	J0004001	广义货币增长率 （GDP 增长率 + CPI （居民消费价格指数）增长率 + 资产价格增长率）	广义货币是银行外的货币；除中央政府外的活期存款；除中央政府外的居民定期、储蓄和外币存款；银行和旅行支票；其他证券如存单和商业票据之和。广义货币年增长率是反映货币供应年增长情况的指标	新浪财经 https://finance.sina.com.cn/worldmac/ （整理提供近 200 多个国家1960—2021 年的经济指标数据，进行年度更新）

续表

类别	指标编码	指标	指标说明	数据来源
货币相关指标 J0004000	J0004002	实际有效汇率指数 （名义汇率 - 通货膨胀率）	实际有效汇率（REER）考虑了贸易伙伴之间的价格水平差异。实际有效汇率的变动表明一个国家的总体外部价格竞争力的演变	联合国贸易和发展会议数据库 https://unctadstat.unctad.org/EN/ （提供200个国家和地区官方年度商品贸易数据，更新至2021年，进行年度更新）
人口指标 J0005000	J0005001	人口年度增长率 [（年末人口数 - 年初人口数）/年均人口数 × 100%]	人口是根据约定俗成的人口定义确定的，计算所有的居民，无论他们是否拥有合法身份或公民身份	世界银行数据库 https://data.worldbank.org/ （提供近260多个国家的政治、经济、社会等各方面的指标数据，更新至2021年，进行年度更新）
国民收入相关指标 J0006000	J0006001	人均GNI国民总收入年增长率 （人均GNI = 国民总收入/年中人口数） （人均GNI年增长率 = （本年人均GNI - 去年人均GNI）/去年人均GNI ×100%）	国民总收入是所有居民生产者创造的增加值的总和，加上未包含在产值评估中的任何产品税（减去补贴），再加上来自境外的原始收入净收益（雇员薪酬和财产收入）	新浪财经 https://finance.sina.com.cn/worldmac/ （整理提供近200多个国家1960—2021年的经济指标数据，进行年度更新）
	J0006002	经常账户余额占GDP的百分比	"经常账户"又叫"现金账户"，是一国国际收支的主要组成部分，表示一国的经济中外贸贡献比例	联合国贸易和发展会议数据库 https://unctadstat.unctad.org/EN/ （提供200个国家和地区官方年度商品贸易数据，更新至2021年，进行年度更新）

续表

类别	指标编码	指标	指标说明	数据来源
股票指标 J0007000	J0007001	股票交易周转率 （实际交易额/可供 交易股票总额×100%）	一定时期内股票交易额占可交易的股票总额的比率。周转率指一定时期内股票交易总额除以该时期上市公司平均市值的结果	新浪财经 https://finance.sina.com.cn/worldmac/ （整理提供近200多个国家1960—2021年的经济指标数据，进行年度更新）
通货膨胀指标 J0008000	J0008001	按GDP平减指数衡量的通货膨胀（年通胀率） （（本年GDP平减指数－去年GDP平减指数)/去年GDP平减指数×100%）	按GDP平减指数衡量的通货膨胀反映出普通消费者在指定时间间隔（如年度）内购买固定或变动的货物和服务的成本的年百分比变化	
存款利率指标 J0009000	J0009001	存款利率 （年利率＝利息量/本金/时间×100%）	存款利率是商业银行或类似银行为活期、定期或储蓄类存款支付的利率	
生产能力指标 J0010000	J0010001	生产能力指数 （自然资本、人力资本、能源、制度、私营部门、结构变化、运输、信息和通信技术八个类别指数的几何平均值）	生产能力指数（PCI）建立在贸易和发展会议的概念和分析基础之上，以衡量三个支柱的生产能力水平，包括生产资源、创业能力和生产联系，它们共同决定一个国家生产商品和服务的能力，并使之发展	联合国贸易和发展会议数据库 https://unctadstat.unctad.org/EN/ （提供200个国家和地区官方年度商品贸易数据，更新至2021年，进行年度更新）

续表

类别	指标编码	指标	指标说明	数据来源
消费价格指标 J0011000	J0011001	消费价格指数年平均增长率 ［（本年消费价格指数－去年消费价格指数）/去年消费价格指数×100%］	消费者价格指数CPI是衡量消费者购买的消费品和服务价格的加权平均值的通胀指标。CPI的变化用于评估与生活成本相关的价格变化	

（三）政局动荡预警指标

其次，通过查阅国内外相关文献，采用专家知识、机器学习等方法，利用SPEED社会政治和经济事件数据库及政治风险评估的国外机构指标体系，完成政局动荡事件的特征分析研究，初步实现政局动荡科技预警指标；利用高烈度政治动荡（Political Instability Task Force，PITF）公布的事件数据库对政局动荡事件进行扩充，对指标进行调整，政局动荡预警指标体系构建整体流程如图4.11所示。

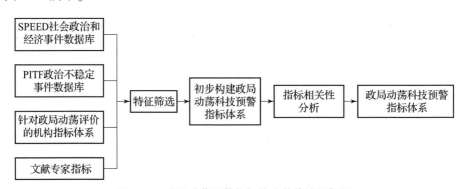

图4.11 政局动荡预警指标构建整体流程框图

步骤1：构建初步评价指标体系。对政局动荡事件数据库、国内外机构针对政局动荡风险的成型指标以及文献内提及的指标进行搜集和整理，构建政局动荡初步评价指标体系。对政局动荡事件数据库属性进行分析，对事件数据库以及国内外机构已形成的政局动荡评价指标进行详细分析，清除数据缺失过多的指标。

步骤 2：基于相关性分析筛选政局动荡风险预警模型指标。对经过数据预处理的初步政局动荡指标作进一步筛选，采用 Pearson 评价准则计算指标间线性相关程度，寻找有区分的指标确定作为政局动荡预警指标体系。政局动荡预警指标体系共有 34 个属性，全部属性两两绘制散点图过于庞大，因此随机选择其中十个属性进行两两组合绘制散点图政局动荡指标相关性分析如图 4.12 所示。

图 4.12　政局动荡指标相关性分析

当前构建了包含以下 34 个属性的评价指标体系，政治与政府类指标 16 个、经济与环境类指标 11 个以及人口与社会类指标 7 个，形成政局动荡预警指标体系，相关成果见表 4.4。

表 4.4　政局动荡预警指标

类别	指标编码	指标	指标说明	数据来源
政治与政府 P0000000	P0000001	话语权和问责制	评估国家公民参与政府决策的程度，以及言论自由、结社自由和媒体自由权利	WGI 全球治理指标 http://info. world bank. org/governance/wgi/ （包括 1996 年至今 200 个国家的数据，按年度更新，免费）
	P0000002	政治稳定和没有暴力	评估政府可能被暴力手段破坏或推翻的情况，包括出于政治动机的暴力和恐怖主义	

类别	指标编码	指标	指标说明	数据来源
政治与政府 P0000000	P0000003	政府效能	评估政府公共服务质量、政策制定和实施的力度以及政府对此类政策承诺的可信度情况	
	P0000004	监管质量	评估政府制定和实施促进私营部门发展的政策和法规的能力	
	P0000005	法律规则	评估公众对社会规则的信任程度和遵守程度，以及犯罪和暴力的可能性	
	P0000006	控制腐败	评估公共权力为私人利益驱使的程度，包括腐败以及国家对于腐败的管理情况	
	P0000007	有无内部冲突	评估该国政治暴力情况及其对治理的影响，政治暴力指武装或民间反对政府、政府对本国人民实施直接或间接任意暴力以及正处于内战	ICRG 政治风险国家 https://epub.prsgroup.com/products/icrg （包括 1984 年至今 140 个国家的数据，按月度更新，收费）
	P0000008	有无外部冲突	评估现任政府因外国行动而面临的风险，如国家遭受非暴力外来压力和暴力外来压力，影响国家经济情况和社会结构	
	P0000009	种族状况	评估国家因种族、国籍或语言分裂而造成社会矛盾情况	
	P0000010	民主问责	衡量政府对民众诉求的回应程度以及国家民主程度	
	P0000011	行政效率	评估国家政府发生变革时行政权利体系的稳定程度	
	P0000012	政府稳定	评估政府执行其宣布的计划的能力和留任能力	
	P0000013	军队在政治中的影响	评估国家是否存在军队参与政治的程度	
	P0000014	宗教状况	评估国家是否存在宗教团体试图统治治理社会，压制宗教自由情况	

续表

类别	指标编码	指标	指标说明	数据来源
政治与政府 P0000000	P0000015	法律和秩序	评估国家法律制度的力度、公正性以及公众遵守法律的情况	
	P0000016	政府腐败状况	评估政治体制内存在扭曲了经济和金融环境，降低政府和企业效率的腐败情况	
经济与环境 P0001000	P0001001	商品贸易	以买卖为目的的纯商业方式的贸易活动，按国家商品进口和出口的总和占国内生产总值衡量	Worldbank https://data.world bank.org/indicator （包括264个国家的数据，不同国家时间跨度不同，按年度更新，免费）
	P0001002	人均GDP	人均国内生产总值	
	P0001003	GDP增长率	以本年国内生产总值与基年国内生产总值比较反映一定时期经济发展水平的变化程度	
	P0001004	中央政府债务	政府未偿还的负债，按该负债值占国内生产总值的比例衡量	
	P0001005	农业灌溉面积	使用水资源浇灌的农业区域，以该面积占农业总面积的比例衡量	
	P0001006	年度通货膨胀率变化	以国内生产总值平减指数的年增长率衡量通货膨胀，国内平减指标为报告期国民生产总值和基期实际国民生产总值的比例	
	P0001007	可用安全淡水水源	国家内部可再生水资源，如内部河流流量和降雨产生的地下水	
	P0001008	食品生产指数	被认为可食用且含有营养的粮食作物的产量增减变动	
	P0001009	耕地面积	可耕地包括粮农组织定义的临时作物用地、用于割草或放牧的临时草地、市场或菜园下的土地以及暂时休耕的土地	

续表

类别	指标编码	指标	指标说明	数据来源
经济与环境 P0001000	P0001010	社会经济条件	评估社会工作中可能会限制政府行动或助长社会不满的经济压力情况	ICRG 政治风险国家 https://epub.prsgroup.com/products/icrg （包括 1984 年至今 140 个国家的数据，按月度更新，收费）
	P0001011	投资执行状况	评估国家在已展开的投资中的风险情况，包括国家投资回报、拖延欠款情况	
人口与社会 P0002000	P0002001	青年人口比例	15～64 岁的人口数占总人口数的百分比	Worldbank https://data.worldbank.org/indicator （包括 264 个国家的数据，不同国家时间跨度不同，按年度更新，免费）
	P0002002	劳动力相对参与率	15 岁及以上从事经济活动的人口比例，以特定时期为生产商品和服务提供劳动力的人数占总人口数的比例衡量	
	P0002003	婴儿死亡率	婴儿死亡率是在一年内每千例活产儿中在一岁之前死亡的婴儿数量	
	P0002004	预期寿命	预期寿命表示如果新生儿在其出生时的死亡率保持不变的情况下，新生儿可存活年份	
	P0002005	中等教育入学率	中等教育总入学率与官方显示的教育水平对应的年龄组人口的比率	
	P0002006	人口	国内所有居民人口数	
	P0002007	人口增长率	一定时期内由人口自然变动和迁移变动而引起人口增长的比率	

（四）非法集会预警指标

最后，通过研读相关文献资料，利用慧科新闻数据库、ACELD 数据库及其他网络数据，构建我国非法集会相关事件数据库，在此基础上，参考张鼎华的相关工作，使用"情景 - 次级情景 - 对象 - 要素"模型对各类群体性事件案例进行分解，提取相关的影响因素，并使用 Apriori 关联分析方法，筛除概率值小于预定值的事件属性，完成非法集会事件的特征分析研究，初步实现非法集会科技预警指标，之后通过中国工人集体行动地图、中国裁判文书网相关数据对非法集会事件进行扩充。技术路线如图4.13所示。

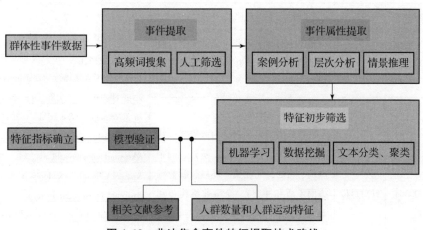

图4.13 非法集会事件特征提取技术路线

根据事件属性提取事件特征主要操作如下：

①对事件属性进行关联分析，得到强关联规则；

②待筛选属性进行统计分析，计算数据完整性占比，删除概率值小于0.3的属性；

③使用单特征选择计算每个特征与事件风险等级间单变量特征选择的相关性；

④结合相关学者研究成果，最终得到非法集会事件的指标。

通过文献查阅、属性提取、关联分析、特征筛选实现非法集会预警指标。预警指标体系见表4.5，事件属性分布情况见图4.14。

表4.5 非法集会、抗议、游行群体性事件预警指标

指标编码	指标	指标说明	数据来源
F0000001	地区频率	事件发生省份频数占比	①慧科新闻数据库 https://vpn2. nlc. cn/prx/000/ https/wisesearch6. wisers. net/wevo/ home（每日更新） ②ACLEDhttps://www. tableau. com/foundation/featured – projects/ acled（每周更新）
F0000002	时间特征	事件发生时间节假日与工作日占比	
F0000003	参与主体	事件各参与主体占比	
F0000004	表现形式	事件爆发表现形式占比	
F0000005	事件规模	根据参与人数进行等级划分	

指标编码	指标	指标说明	数据来源
F0000006	诉求目的	事件诉求各类占比	③中国裁判文书网 https://wenshu. court. gov. cn/（实时更新）④中国工人集体行动地图 https://maps. clb. org. hk/？i18n_language = zh_CN&map = 1&startDate = 2021 - 12&endDate = 2022 - 06&eventId = &keyword = &addressId = &parentAddressId = &address = &parentAddress = &industry = &parentIndustry = &industryName = （每周更新）⑤其他网络数据
F0000007	事件危害程度	参考中国国家标准《公共安全风险评估技术规范》。根据伤亡情况进行划分	
F0000008	针对目标	将冲突焦点类型进行归类，主要划分为政府类、社会类型冲突（涉及征地、拆迁、国企改制、司法、乱收费、环境、就业等方面矛盾和冲突）、企事业机构与利益诉求方的冲突（涉及业主与物业、医患、教育、环境等方面的冲突和纠纷）以及除上述几类冲突之外的其他类型冲突焦点	

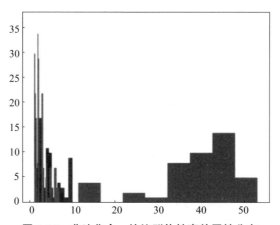

图 4.14　非法集会、抗议群体性事件属性分布

二、社会安全风险预警模型

通过对恐怖袭击、经济衰退、政局动荡和非法集会等社会安全事件的风险界定、关联分析与关键要素研究，使用 AdaBoost、Decision Tree、Xgboost、SVM 算法等方法，初步构建社会安全风险预警模型。

（一）恐怖袭击风险预警模型

针对恐怖袭击风险等级的确定，考虑参考全球恐怖主义指数（Global Terrorism Index，GTI）对恐怖袭击风险等级的划分方法，考虑四个不同因素的加权值对恐怖袭击事件进行计分，不同的加权值见表4.6。从表4.6中可以看出，恐怖袭击事件中死亡总人数的加权值最大。接下来，采用波段映射的方法将恐怖袭击原始分数映射到0~10区间。计算的具体步骤如下：

（1）将所有国家/地区的最低 GTI 分级分数定义为0。

（2）将所有国家/地区的最大 GTI 分级分数定义为10。

（3）使用最大 GTI 分数减去最小 GTI 分数并计算 r：

①Root = 2 × （最大 GTI 分级数 – 最小 GTI 分级数）= 2 × （10 – 0）= 20；

②Range = 2 × （记录最大 GTI 原始分数 – 记录最小 GTI 原始分数）；

③ $r = \text{Range}^{1/\text{Root}}$。

（4）映射波段截止值由 r^n 计算。

表4.6　不同影响因素加权值

因素		加权值
恐怖袭击事件数量		1
死亡总人数		3
受伤总人数		0.5
财产损失总额	不明	0
	轻微（财产损失少于100万美元）	1
	严重（财产损失介于100万美元到10亿美元之间）	2
	非常严重（财产损失超过10亿美元）	3

参考专家知识、事件数据库以及 GTD 全球恐怖主义数据库、GTI 等开源数据库构建恐怖袭击评价指标体系，并参考 GTI 对 nkill、nwound 和 propextent 指标融合进行风险等级的确定。根据恐怖袭击预警指标体系、风险等级和恐怖袭击事件数据库确定样本数据集，并对数据进行预处理得到可直接学习的输入数据类型，将预处理后的样本数据划分形成训练数据和测试数据进行多模型训练学习，同时根据模型性能评价指标对模型进行调整，并利

用测试集数据对模型性能进行验证。恐怖袭击风险预警模型构建的基本思路如图 4.15 所示。

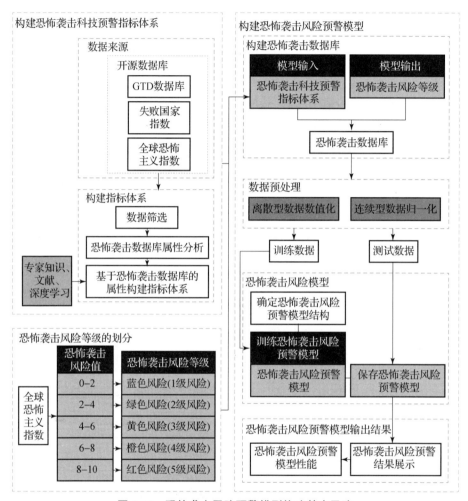

图 4.15　恐怖袭击风险预警模型构建基本思路

随着机器学习应用领域的不断扩大与深入，要求机器学习结果的可靠性不断提高，可信的机器学习研究越来越具有重要意义。所谓可信的机器学习，就是要求机器学习算法不仅要给出判断结果，还要给出这种判断的可信度和可靠性程度。这种可信的机器学习是通过在机器学习算法中引入置信度机制来实现的，把引入置信度机制的机器学习算法称为置信机器学习算法，置信机器不仅可以做出预测，还可以对每一个样本预测产生定量的质量度量方法，即置信度和可信性。对一待测样本，通过分类模型进行分类后，在不考虑分类结果是否正确的情况下，该样本被划分为某类的可信性程度称为单样本分类置信度。

在不确定性理论中，可信度是建立在可能性及必要性测度上的。假设某一事件 A 发生的可能性测度为 $P\_pos(A)$，事件 A 发生的必要性测度为 $P\_nec(A)$，那么事件 A 发生的可信度为

$$C(A) = \lambda P\_pos(A) + (1 - \lambda)P\_nec(A) \quad (0 \leqslant \lambda \leqslant 1)$$

式中：λ 为可能性和必要性的平衡系数，通常可以认为可能性与必要性同等重要，此时 $\lambda = 1/2$。

借鉴不确定性理论中可信度的概念，讨论评估模型的可能性及必要性测度，进而确定评估模型的可信度。事件 A 定义为通过评估模型将应属于 A 类的样本划分为 A 类，则事件 A 发生的可能性测度 P_pos 定义为事件 A 发生的概率，即

$$P\_pos(A) = P\_TA = \frac{N\_TA}{N\_A}$$

式中：P_TA 为事件 A 发生的概率；N_TA 为 A 类样本被正确分类个数；N_A 为 A 类样本总数。

事件 A 发生的必要性定义为不属于 A 类的样本被划分到 A 类的不可能性，于是事件 A 发生的必要性测度 $P\_nec(A)$ 定义为

$$P\_nec(A) = \frac{1 - N\_FA}{(N - N\_A)}$$

式中：N_FA 为不属于 A 类的样本被错误分为 A 类的个数；N 为样本总数。

考虑到 Decision Tree 算法具有时间复杂度相对较小，能够处理多输出问题且只需构建一次就可反复使用等优点，AdaBoost 算法具有构建弱学习器灵活以及充分考虑每个分类器的权重等优点，通过使用 Decision Tree 算法和 AdaBoost 算法构建恐怖袭击风险预警模型。为验证初步构建的恐怖袭击风险预警模型的性能，采集 2006—2019 年中国以及"一带一路"沿线国家共 94220 条数据构建恐怖袭击数据集，训练集包括 2006—2018 年间共 88464 条数据，测试集为 2019 年的 5756 条数据。各模型的检测性能如图 4.16 所示。

从图 4.16 可以看出，进行特征筛选的机器学习的性能比未进行特征筛选的机器学习的性能有了明显提升，从而表明特征筛选的有效性，并且 Decision Tree 模型的准确率可以达到 77.05%，性能较优。

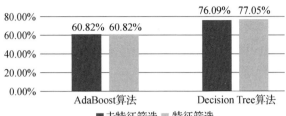

图 4.16 恐怖袭击风险预警模型准确性

为了评估模型的可信度，以 Decision Tree 算法为例计算每类样本的置信度值，即

$$C(1) = \lambda P\_pos(1) + (1-\lambda)P\_nec(1)$$
$$= 0.5 \times (2/3) + 0.5 \times (1 - (20/(5756-3))) = 0.8316$$

$$C(2) = \lambda P\_pos(2) + (1-\lambda)P\_nec(2)$$
$$= 0.5 \times (6/26) + 0.5 \times (1 - (346/(5756-26))) = 0.5852$$

$$C(3) = \lambda P\_pos(3) + (1-\lambda)P\_nec(3)$$
$$= 0.5 \times (288/636) + 0.5 \times (1 - (76/(5756-636))) = 0.7190$$

$$C(4) = \lambda P\_pos(4) + (1-\lambda)P\_nec(4)$$
$$= 0.5 \times (2301/2654) + 0.5 \times (1 - (587/(5756-2654))) = 0.8389$$

$$C(5) = \lambda P\_pos(5) + (1-\lambda)P\_nec(5)$$
$$= 0.5 \times (1838/2437) + 0.5 \times (1 - (292/(5756-2437))) = 0.8331$$

从上述的计算结果可以看出，Decision Tree 算法对每类样本的置信度值分别为 0.8316、0.5852、0.7190、0.8389 和 0.8331，其中，针对样本类别 1、4、5，Decision Tree 算法的置信度已基本达到要求，但针对样本类别 2、3 的置信度值略差，一方面是因为模型针对样本类别 2、3 的分类效果较差，另一方面是因为样本类别 2、3 的样本数量较少，接下来将尝试使用其他机器学习算法和神经网络模型构建恐怖袭击风险预警模型，提高模型的准确率和模型的置信度。

（二）经济衰退风险预警模型

针对来自不同官方经济数据库的 21 个经济指标（20 个预警指标和 1 个评价指标），分析指标之间的相关性与因果性，通过对指标数据进行整合、预处理，将预处理后的样本数据进行划分得到训练数据和测试数据。使用样本数据构建朴素贝叶斯模型、AdaBoost 模型，模型暂以 GDP 年增长率单一评价指标作为判断经济是否发生衰退的标准。考虑朴素贝叶斯算法是一种比较稳定的分类算法，对于小规模的数据表现很好，能很好地处理二分类及多分类任务，而且该算法对于数据缺失不敏感，算法易于实现。其次，AdaBoost 算法将不同的分类算法作为弱分类器，很好地利用弱分类器进行级联，可以得到精度很高的分类效果，验证了对于小样本二分类问题的可行性。最终得到的模型准确率能达到 80% 以上。

　　参考埃及/巴基斯坦国家统计局、联合国贸易和发展会议数据库、世界银行数据库等官方经济数据库，获取指标数据，对数据进行筛选和缺失值补全，结合机器学习方法，构建经济衰退科技预警指标体系。根据经济衰退预警指标体系，对指标数据进行预处理，将数据分为训练集与测试集，然后构建经济衰退风险预警模型，保存训练完的模型进行测试，得出模型评估的结果，并评估模型的性能。最后将结果可视化。经济衰退风险预警模型构建的基本思路如图 4.17 所示。

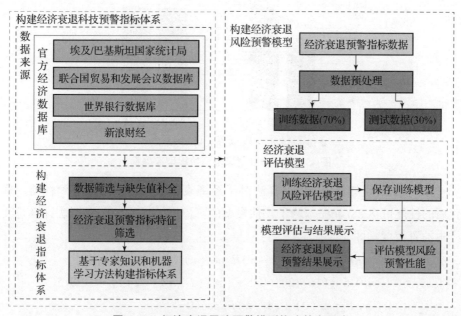

图 4.17　经济衰退风险预警模型构建基本思路

　　在经济衰退风险预警模型构建中，运用测试集评价模型性能时不仅可以采取点估计，还可以考虑置信度，用来描述模型表现的可信程度。对一待测样本，通过分类模型进行分类后，在不考虑分类结果是否正确的情况下，该样本被划分为某类的可信性程度，称为单样本分类置信度。经济衰退模型的置信度计算体系可以借鉴恐怖袭击的置信度计算。假设某一事件 A 发生的可能性测度为 $P\_pos(A)$，事件 A 发生的必要性测度为 $P\_nec(A)$，那么事件 A 发生的可信度为 $C(A)=\lambda P\_pos(A)+(1-\lambda)P\_nec(A)$ $(0\leqslant\lambda\leqslant1$，常取 1/2)，其中 P_pos 定义为事件 A 发生的可能性概率，$P\_nec(A)$ 定义为事件 A 发生的必要性概率。P_pos 可根据公式 $P\_pos(A)=N\_TA/N\_A$ 计算而得，N_TA 表示 A 类样本被正确分类个数；N_A 表示 A 类样本总数。$P\_nec(A)$ 可根据公式 $P\_nec(A)=1-N\_FA/(N-N\_A)$ 计算而得，N_FA 表示不属于 A 类的样本被错误分为 A 类的个数，N 表示样本总数。

　　为验证初步构建的经济衰退风险预警模型性能，采集 1981—2019 年埃及、巴基斯坦国家共 78 条年经济数据构建经济衰退数据集，两个模型的检测性能及优化后的检测性能如图 4.18 所示。

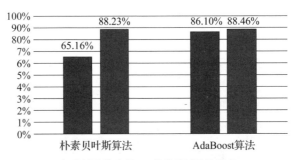

图 4.18　经济衰退风险预警模型准确率

　　由图 4.17 可知，AdaBoost 算法对于经济衰退表现出较好的预测性能，优化后的性能可达 88.46%。为了评估模型的可信度，以 AdaBoost 算法计算每类样本的置信度，即

$$C(1)=\lambda P\_pos(1)+(1-\lambda)P\_nec(1)$$
$$=0.5\times(10/12)+0.5\times(1-(2/(78-12)))=0.9015$$
$$C(0)=\lambda P\_pos(0)+(1-\lambda)P\_nec(0)$$
$$=0.5\times(58/66)+0.5\times(1-(8/(78-66)))=0.6060$$

　　从上述计算结果可以看出，AdaBoost 算法对分类为 1 的样本置信度为 0.9015，对分类为 0 的样本置信度为 0.6060。所以，针对经济衰退样本事件，AdaBoost 算法的置信度已达到要求，针对非经济衰退样本事件的置信度值略

差。分析原因可能是模型对于非经济衰退事件分类效果较差。下一步将接着尝试其他机器学习算法构建经济衰退模型，争取提高 0 类样本的置信度。

针对埃及、巴基斯坦国家，考虑其经济构成的不同，利用来自不同官方经济数据库的 21 个经济指标（20 个预警指标和 1 个评价指标），分析两个国家正样本数据和负样本数据，数据如表 4.7 所列。

表 4.7 选择的埃及、巴基斯坦国家的正、负样本数据

指标编号	埃及正样数据（1991 年）	埃及负样数据（2007 年）	巴基斯坦正样本数据（1993 年）	巴基斯坦负样本数据（1999 年）
J0000001	42.21	43.86	47.83	47.64
J0002001	5.17	13.78	4.63	4.99
J0007001	6.3	44.17	18.79	297.16
J0004001	19.34	19.11	18.13	4.31
J0006002	8.59441	0.31143	−4.66824	−1.18283
J0008001	13.49241626	7.274319326	9.97	4.14
J0002002	2.772883199	3.68036877	−5.286027514	1.948660658
J0006001	0.29	5.65	−1.16	1.31
J0005001	2.272174341	1.75170475	2.749601004	2.765684503
J0001002	41.53917567	14.9204034	−8.592440936	−0.826376223
J0001001	−14.68938202	35.8974359	1.290903856	9.662128476
J0003001	50.13138779	6.939948124	97.52207609	86.43291646
J0010001	22.16200345	26.94393314	24.41578527	24.25399345
J0004002	114.7778817	106.8643637	119.9931819	109.8064397
J0003002	0.43918272	5.739561581	8.279081161	6.025008693
J0011001	19.74854482	9.318969058	9.97366476	4.142637181
J0002003	−0.519946635	7.264551868	4.44027821	4.068503677
J0000002	9.6	8.8	4.28	5.89
J0002004	5.401615827	6.625471221	4.897680659	4.921088604
J0009001	12	6.1	8.834166667	8.145

如表 4.7 所列，以巴基斯坦国家为例，1993 年正样本数据（该年发生了经济衰退事件）显示，指标编号为 J0006001 的指标值为 - 1.16，而 1999 年负样本数据（该年未发生经济衰退事件）指标值为 1.31。说明该指标与是否发生经济衰退事件呈现正相关。指标值为负值，意味着该年经济不景气，可能会发生经济衰退，而如果为正值，说明该年经济相对景气，可能不会发生经济衰退。同理，指标编号为 J0008001 的指标，在 1993 年的指标值为 9.97，而在 1999 年的指标值为 4.14。分析可知，该指标值如果越大说明经济可能越不景气，越小经济越景气。诸如此类指标，其数值波动对经济衰退的影响较大，所以可将其在构建模型时指标权值赋较大的值。然而，指标编号为 J0000002 的指标，在这两年的值分别为 4.28 和 5.89。虽然在发生经济衰退事件时其值会较小，但是明显区别并没有很大，所以可将其权值赋较小的值。

使用 AdaBoost 算法对巴基斯坦国家进行经济衰退预警模型构建，一般 AdaBoost 算法初始化权重都是一致的，即为 $1/N$（N 是指标的个数）。而在本模型中，将上述对经济衰退影响较大的指标权值全部赋值为原来的两倍，将那些对经济衰退影响较小的指标权值全部赋值为原来的一半，进行训练。将训练样本随机选取 33% 作为测试集，剩余为训练集，AdaBoost 中组合弱分类器的个数设置为 100 个，训练得到最终模型。然后应用测试集进行测试，得到测试集预测的分类结果，将结果与实际标签数据进行对比分析，计算得出模型分类的准确率为 81.45%，置信度值为

$$C(1) = \lambda P\_pos(1) + (1 - \lambda) P\_nec(1)$$
$$= 0.5 \times (6/8) + 0.5 \times (1 - (2/(39 - 8)))$$
$$= 0.8427$$
$$C(0) = \lambda P\_pos(0) + (1 - \lambda) P\_nec(0)$$
$$= 0.5 \times (25/31) + 0.5 \times (1 - (6/(39 - 31)))$$
$$= 0.5282$$

（三）政局动荡风险预警模型

参考专家意见、事件数据库以及 ICRG 国家政治风险数据、WGI 全球治理指标等国内外机构针对政局动荡进行评估的成型指标，对其进行搜集和整理，分析事件数据库和国内外机构已形成的政局动荡评价指标属性，融合专家知识构建政局动荡科技预警指标体系。根据政局动荡科技预警指标体系和政局动荡事件数据库确定样本数据集，并对数据进行预处理得到模型可直接学习的输入

数据类型，将预处理后的样本数据划分形成训练数据和测试数据进行多模型训练学习，同时根据模型性能评价指标调整模型结构。利用测试集数据对模型性能进行验证，评估政局动荡风险预警模型的准确性，预测政局动荡事件发生概率。政局动荡风险预警模型构建基本思路如图 4.19 所示。

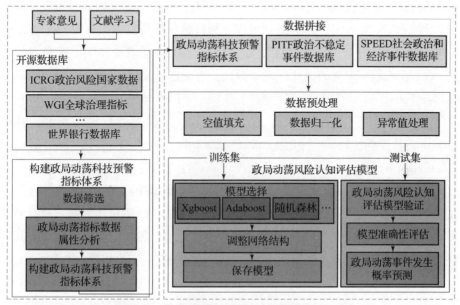

图 4.19　政局动荡风险预警模型构建基本思路

假设事件 z 发生的可能性测度为 $P_{pos}(z)$，事件 z 发生的必要性测度为 $P_{nec}(z)$，那么事件 z 发生的可信度为

$$\text{Confidence}(z) = \lambda P_{pos}(z) + (1-\lambda)P_{nec}(z) \quad (0 \leqslant \lambda \leqslant 1)$$

式中：λ 为可能性和必要性的平衡系数，通常可以认为可能性与必要性同等重要，此时 $\lambda = 1/2$。

事件 z_i 发生的可能性测度 P_{pos} 定义为 X 类事件发生的概率，即

$$P_{pos}(X) = \frac{N_{TX}}{N_X}$$

式中：N_{TX} 为 X 类样本被正确分类个数；N_X 为 X 类样本总数。

事件 z_i 发生的必要性定义为属于 Y 类的样本被划分到 X 类的不可能性，即

$$P_{nec}(X) = 1 - \frac{N_{FX}}{(N-N_X)}$$

式中：N_{FX}为属于 Y 类的样本被错误分为 X 类的个数；N 为样本总数。

考虑时间、国家以及数据完整性，在模型中采用 34 个指标构建政局动荡风险预警模型，集成学习通过将多个学习器进行结合，常可获得比单一学习器显著优越的泛化性能，考虑在 AdaBoost 可以使用各种分类模型构建弱学习器，非常灵活且泛化能力优秀，对新数据样本的适应力强；XgBoost 利用了损失函数的一阶导数和二阶导数值，并通过预排序、加权分位数等技术大大提高了算法的性能；Random Forest 简单、容易实现、计算开销小，随着个体学习器数目的增加，通常会收敛到更低的泛化误差。因此，考虑选择使用 AdaBoost、XgBoost 及 Random Forest 算法评估政局动荡事件发生概率，同时使用基础分类算法 SVM 作为对比，通过比较模型准确性，选用性能最佳的模型进行评估预测，其中 XgBoost 算法准确性较高。使用 XgBoost、AdaBoost、SVM、Random Forest 算法评估政局动荡事件发生概率，通过比较模型准确性，选用性能最佳的模型进行评估预测，其中 XgBoost 算法准确性较高。由于样本数据中存在数据缺失问题，在数据预处理阶段选用均值填充和 KNN 空值填充方法，使用相邻数据点的观测值来填充数据集中缺失值，其中采用 KNN 空值填充模型相较于均值填充模型其准确度有一定程度的提升。政局动荡风险预警模型准确性对比如图 4.20 所示。

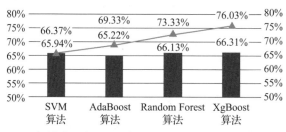

图 4.20　政局动荡风险预警模型准确性

当前政局动荡风险预警模型中 XgBoost 算法准确率较高，以 XgBoost 算法计算每类样本的置信度值，将政局动荡事件定义为 z_i，其中事件发生为 $z_i = 1$ 划为 X 类事件，不发生为 $z_i = 0$ 划为 Y 类事件，则

$$\text{Confidence}(X) = \lambda P_{\text{pos}}(X) + (1 - \lambda) P_{\text{nec}}(X)$$
$$= 0.5 \times (37/113) + 0.5 \times (1 - (76/(468 - 113))) = 0.5567$$
$$\text{Confidence}(Y) = \lambda P_{\text{pos}}(Y) + (1 - \lambda) P_{\text{nec}}(Y)$$
$$= 0.5 \times (336/355) + 0.5 \times (1 - (19/(468 - 355))) = 0.8892$$

从上述的计算结果可以看出，XgBoost 算法中 X 类样本的置信度值为 0.5567，Y 类样本的置信度值为 0.8892，其中，针对 $Y(z_i = 0)$ 类样本，XgBoost 算法的置信度已基本达到要求，但针对 $X(z_i = 1)$ 类样本的置信度值略差，通过分析样本数可知，$X(z_i = 1)$ 类样本数在整体样本中占比较少，影响模型分类效果以及该类样本的置信，接下来将尝试增加 Z 类样本数，并不断尝试机器学习算法构建政局动荡风险预警模型，提高模型准确率和置信度。

（四）非法集会风险预警模型

非法集会事件风险预警模型的构建主要分为三层，其中底层是根据收集的非法集会事件抽取事件属性，通过使用 Apriori 关联分析方法对事件属性（表4.8）进行关联分析（关联规则是形如 $X \rightarrow Y$ 的蕴含表达式，其中 X 和 Y 是不相交的项集，即 $X \cap Y = \varnothing$。关联规则的强度可以用它的支持度和置信度来度量），预设最小支持度为 0.1，最小置信度为 0.9，对群体性事件属性数据集进行挖掘，得到强关联规则（表4.9）。对待筛选属性进行统计分析，计算数据完整性占比（表4.10），并筛除概率值小于 0.3 的属性，初步得到事件特征。

表4.8 从事件中抽取的非法集会事件属性

发生日期	日期属性	发生时间	持续时间
具体地点	地点属性	参与人数	成员构成
参与者情绪	主体人群	发生频率	诱发因素
舆论导向力	政府影响力	主要诉求	直接经济损失
人员伤亡情况	表现形式	围观者行为	是否带有政治性
处置方法	影响范围		

表4.9 非法集会事件属性关联规则挖掘结果

强关联规则	置信度/%
诱发原因为劳资纠纷的群体性事件一般持续时间为 24～72h	90.91
诱发原因为劳资纠纷的群体性事件的抗议者一般为工人	90.91

强关联规则	置信度/%
工人参与的群体性事件一般持续时间为 24~72h	93.75
风险等级为一般的群体性事件持续时间通常小于 24h	90
执法纠纷诱发的群体性事件通常发生在节假日	90
表现为围堵的群体性事件一般参与人数在 100~200 内,产生的后果通常为破坏政府正常工作	90.91
表现为定点集会、参与者身份为当地居民的群体性事件很大可能在工作日的时候发生在政府周边	100
后果为破坏政府正常工作,风险等级为一般的群体性事件通常发生在节假日,发生地点在政府周边	100

表 4.10 非法集会数据完整性占比

属性	占比/%	属性	占比/%
发生日期	100	日期属性	100
发生时间	100	持续时间	100
地点属性	100	参与人数	100
成员构成	100	参与者情绪	3.92
主体人群	3.33	发生频率	6.71
直接经济损失	100	人员伤亡情况	100
表现形式	100	诱发因素	100
围观者行为	8.92	政府影响力	17.8
舆论导向力	12.5		

而后使用单变量特征选择(SelectKBest 和 chi2)计算每个特征与事件风险等级间单变量特征选择的相关性,选出相关性最高的八个特征(表 4.8),并结合先前相关学者的研究成果形成非法集会风险科技预警指标体系;中间层

是非法集会风险预警模型的构建，主要是通过进行"案例—情景—次级情景—对象—要素"对非法集会涉及事件的案例进行拆分以形成情景，最终得到要素，这些要素在不同案例中的不同组合对非法集会和个人极端暴力的演化过程有着不同的影响，以此构建出影响非法集会事件演化的特征属性，进而为评估预测模型的训练提供特征信息丰富的数据集，并对这些特征属性进行特征编码、网络建模、量化赋权和迭代计算，并结合专家指标和事件动态特征构建数据驱动的非法集会风险预警模型；上层是非法集会事件预警模型，主要对收集到的事件的特征属性进行量化、编码处理后，利用朴素贝叶斯模型对其进行事件风险预测。具体研究思路见图 4.21。

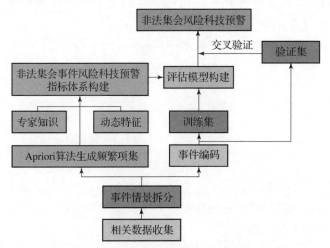

图 4.21　非法集会风险预警模型构建基本思路

　　经过对相关研究资料的研读及非法集会事件的发展规律和数据特征的研究，将非法集会风险预警模型按以下方式设置。

　　针对非法集会事件样本较小、特征较难获取的问题，以事件发生日期、事件持续时间、活动参与人数、参与者身份等十二个事件特征为输入，使用朴素贝叶斯模型、SVM、LSTM 预测该次非法集会事件可能的等级。针对数据编码后样本不平衡的数据集，从中随机采取 70% 的样本作为本书预测模型的训练集，30% 作为测试集。各模型性能如图 4.21 所示。

　　从图 4.22 可看出，朴素贝叶斯模型较其他两种算法模型性能表现较优，可达到 61.91%。

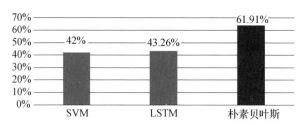

图4.22　非法集会风险预警模型准确率

为评估模型的可信度，需建立模型置信度计算体系，具体如下。

可信度建立在可能性及必要性测度上。假设发生事件的等级为 L_1，可能性为 $P\_pos(L_1)$，必要性为 $P\_nec(L_1)$，则发生事件的等级为 L_1 的可信度为

$$C(L_1) = \alpha P\_pos(L_1) + (1-\alpha)P\_nec(L_1) \quad (0 \le \alpha \le 1)$$

式中：α 为可能性和必要性的平衡系数，通常情况下取 $\alpha = 0.5$。

上式中，$P\_pos(L_1)$ 与 $P\_nec(L_1)$ 计算方法为

$$P\_pos(L_1) = \frac{N_{TL1}}{N_{L1}}$$

式中：N_{TL1} 为等级 L_1 被正确分类个数；N_{L1} 为 L_1 等级样本总数。

$$P\_nec(L_1) = 1 - N_{FL1}/(N - N_{L1})$$

式中：N_{FL1} 为其他等级被错分为 L_1 等级的样本个数；N 为样本总数。

为评判朴素贝叶斯模型表现情况，基于模型运算结果，使用以上方法计算每类样本的置信度值，即

$$C(1) = \lambda P\_pos(1) + (1-\lambda)P\_nec(1)$$
$$= 0.5 \times (2/2) + 0.5 \times (1 - 2/(21-2)) = 0.8947$$
$$C(2) = \lambda P\_pos(2) + (1-\lambda)P\_nec(2)$$
$$= 0.5 \times (2/5) + 0.5 \times (1 - 0/(21-5)) = 0.70$$
$$C(3) = \lambda P\_pos(3) + (1-\lambda)P\_nec(3)$$
$$= 0.5 \times (6/10) + 0.5 \times (1 - 1/(21-10)) = 0.9091$$
$$C(4) = \lambda P\_pos(4) + (1-\lambda)P\_nec(4)$$
$$= 0.5 \times (1/2) + 0.5 \times (1 - 4/(21-2)) = 0.7895$$
$$C(5) = \lambda P\_pos(5) + (1-\lambda)P\_nec(5)$$
$$= 0.5 \times (2/2) + 0.5 \times (1 - (1/(21-2))) = 0.9474$$

从上述计算结果可以看出，朴素贝叶斯算法对各类样本的置信度分别为

0.8947、0.70、0.9091、0.7895 和 0.9474。其中，针对样本类别 1、3、5，朴素贝叶斯算法置信度已达项目基本要求，但样本 2、4 置信度与项目要求相比仍有一定差距。考虑其可能是由于样本数据量偏小且样本分布不均匀导致。在下一步工作中，将继续扩充样本数据量，尝试使用其他机器学习算法构建非法集会风险预警模型，提高模型的准确率和置信度。

第五章　社会安全风险监测信息系统

社会安全风险监测系统以区域（或者国家/地区）社会安全风险监测为视角，构建具备多维度要素评估的监测预警系统，其能全面、动态、整体地对过去和现在的区域社会安全风险态势进行综合展现，实现社会安全风险的有的放矢，实现社会安全事件数据的长期积累，实现数字化、可视化支撑区域社会安全风险的中长期跟踪。系统对多语种、多语义特征的事件信息抽取，跨视频、多模态事件的关联、跟踪与演化，在非完全信息条件下实现安全风险事件预测分析及精准预警。系统建立在计算设施、存储设施、传感网络和通信网络基础上，采取统一的可视化框架，提供数据采集、搜索引擎、地图服务、视频识别、文本处理等共性支撑，支持对新闻、资料、案例、视频等数据进行统一存储运维，能够为相关部门预防和管控社会安全风险提供有效支撑。

第一节　社会安全风险监测系统研究现状

一、理论研究

在社会安全预警系统的理论研究方面，起初以宋林飞教授为代表的学者们提出"社会预警系统是一种系统的社会态度调查网络，通过对公众对于社会事物态度的调查，预见其可能的行为反应，将不稳定事件化解于未然"。1989年，宋林飞教授设计了由 16 个指标构成的社会风险早期预警系统，包含痛苦指数、腐败指数、贫富指数与不安指数四方面指标。1995 年，宋林飞提出社会风险预警指标应该包含三大类，即警源、警兆和警情。警源是指社会问题产生的根源；警兆是指社会问题的隐藏形式及社会冲突的缓慢发展过程；警情是指社会问题的最终表现形式。随后，1999 年他在《中国社会风险预警系统的设计与运行》一书中提出了未来社会秩序的不确定性、社会稳定预期、适度社会成本、非均衡社会、早期预警五种社会风险预警理念；同时提出了"中国社会风险预警系统"，其中包括 18 个警源指标、10 个警兆指标与 12 个警情指标；还设置了各个指标的五级计分法与四个警区，以及社会风险预警的三种具体对策。

　　国内其他学者也对预警系统进行了研究。2006 年张维平认为预警系统应具有预见、警示、延缓和化解功能，构建预警系统应遵循及时、高效和创新原则。2008 年何卫峰、刘茂在《中国公共安全》中讨论了恐怖袭击风险预警系统的组织结构，包括指标管理系统、情报管理系统、数据管理系统、专家分析系统、警情演示系统和预控对策系统六个组成部分。2010 年赵兴涛设计了基于突发社会安全事件的处置流程需求、数据需求和功能需求的预警系统的体系结构，并实现了突发社会安全事件预警系统。2017 年江苏警官学院的黄超等以典型案例为分析基础，构建了影响社会公共安全的指标体系，设计了"社会公共安全风险评估与监测系统"的组织架构，对信息采集点的机构与布局进行了论证，并设计了社会公共安全风险评估与监测信息录入、处理、评估结论输出的计算机网络平台。

　　国外学者对预警系统也有不同的看法。2008 年 U. Meissen 和 A. Voisard 对预警信息的发布进行了较为深入的探讨，提出了基于环境感知的预警信息发布机制，并对该预警系统的有效性进行了评估，以提高预警信息的有效性。2008 年 S. C. Fortier 和 I. M. Dokas 提出了一种基于 IDEF0 和 EXPRESS 技术的预警系统分析建模方法，通过使用 IDEF0 描述预警系统的需求及功能，定义了预警系统的实现框架。2008 年 A. Najgebauer 提出了一种基于语义网络和复杂网络的恐怖袭击预测预警系统，该系统通过实时收集互联网上与恐怖活动和恐怖威胁有关的新闻，分析恐怖活动报道的相互关系，同时根据系统知识库和推理规则建立语义网络模型，在转化为社会信息网络模型后进行分析预测。该系统主要实现了如何用复杂网络模型表示恐怖威胁，选择哪些因素作为恐怖威胁的度量标准，以及该网络模型随时间的演化过程。

　　在反恐预警机制方面，国内能够从公开文献中查到的研究成果并不多见，比较有代表性的观点有两种：一是站在国家和政府机构预防的角度，认为"反恐预警机制是指能灵敏、准确地昭示恐怖活动风险前兆，并能及时提供警示的预警系统，它是国家反恐怖决策组织机构和相关运作、保障机构之间形成的一种监测、评估和预报恐怖活动的运行模式，主要由组织领导机制、情报运行机制和保障机制三方面构成"，是政府部门针对可能发生的恐怖活动提前发出预警、采取措施的一种制度，主要作用在于防患于未然；二是站在反恐机构互动关系的角度，认为反恐预警机制主要有内部预警机制和外部预警机制两种类型，是参与反恐预警工作的职能部门、相关组织和个人为了工作有效运行而形成的相互关系的总称。

二、实际应用

在实际应用中，美国预警系统的设计重点是危机征兆的识别分析以及危机事件趋势态势刻画。美国国防部高级研究计划局的恐怖主义信息识别系统（Terrorism Information Awareness）、国家反恐中心的可疑行动报告系统（Suspicious Activity Report）、美国国家安全局的"源于海量数据的新颖情报"系统（Novel Intelligence from Massive Data）、美国军方的"一体化危机预警系统"（Integrated Crisis Early Warning System，ICEWS）等都是将引发公共安全危机的活动和事件作为预警分析的核心。

在反恐预警系统方面，"9·11"事件发生后，美国面临严重的恐怖主义威胁，政府日益重视反恐预警机制的建设，相关技术和系统一直走在世界前列。2002 年 3 月美国建立了国土安全警报系统（Homeland Security Advisory System，HSAS），2011 年 4 月将其进一步升级为国家威胁警报系统（National Terrorism Advisory System，NTAS）。国土安全警报系统和国家威胁警报系统在运行过程中取得了明显效果，有效遏制了"9·11"式的大规模恐怖袭击事件再次发生，提高了美国全社会防范恐怖主义的能力。欧洲于 2016 年构建了"欧洲反恐怖主义中心"（European Counter Terrorism Centre，ECTC）跨国智能反恐平台，该系统包含智能信息整合与宣传、智能数据采集与识别检测、智能决策与模拟应用三个方面功能。智能信息整合与宣传包括：上传反恐数据包，编制恐怖组织的网络结构图，共享反恐信息，以及在线巡查网络恐怖主义、宣传反恐理念；智能数据采集与识别检测通过开发应用程序，在线采集恐怖分子图片，上传图片数据到云端，研发服务于政府的智能防火墙，推广微表情测谎与虹膜识别；智能决策与模拟应用主要是建立模仿人类反恐专家决策过程的计算机系统，并在相关部门普及智能决策支持系统等。

第二节　社会安全风险监测的信息化基础

构建社会安全风险监测系统所涉及的信息化技术，主要包括国内外数据采集技术、数据预处理技术、数据分析挖掘技术、数据存储集成技术、可视化展现技术以及自主可控基础软硬件相关技术。下面论述以上相关技术的发展现状。

一、数据采集技术基础

网络爬虫是搜索引擎的重要组成部分，相关技术已经发展了 30 多年。1990 年加拿大麦吉尔大学的三名学生发明了 Archie，它是现代网络搜索引擎的先驱；1993 年麻省理工学院学生马休·格雷（Matthew Gray's Wandered）开发出世界上第一个网络爬虫程序，命名为"互联网漫游者"（WWW Wanderer）。在此之后，一些计算机工程师在 Wanderer 的基础上进行了改进，网络爬虫和搜索引擎技术得以进一步快速发展。

1994 年 De Bra P 等提出了 Fish – search 算法，它主要是通过使用查询来指导爬虫抓取数据。1998 年 M. Hersovici 等研究人员在 Fish – search 算法的基础上改进形成了 Shark – search 算法。Shark – search 算法在相关理论基础上，采用文本检索作为搜索策略，与 Fish – search 相比，此算法容易计算，缺点是常常把网络链接里的结果信息忽略掉，准确性并不高。

1999 年美国卡内基·梅隆大学的 A. K. Mc Callum 等学者采取机械认知方式，针对计算机科学设计了主题型搜索引擎 CORA 系统。一年后美国人 Diligenti 等提出上下文图方式，并基于该思想设计出焦点爬虫。C. Aggarwal 等学者提出了 Web 主题管理系统，该系统主要采用集线器、权威逻辑分组算法和向量空间模型设计主题爬虫。M. Ehrig 等设计了一个基于计算相关性的主题爬虫架构和框架。S. Chakrabarti 提出一种采用朴素贝叶斯分类模型的 Web 资源抓取系统，该系统可以忽略关键字和加权向量，抓取的一组页面都是相同的主题。

2003 年学者 Abiteboul 等提出了一种基于在线页面重要指数（OPIC）的抓取战略算法；2013 年 Yadav P 等提出了基于本体的智能内容聚焦抓取新概念。2017 年 10 月在罗马尼亚召开的第 21 届系统理论、控制和计算国际会议

（ICSTCC）中，Catalin 等针对爬虫不断优化带来的新挑战，提出了使用入侵检测系统（IDS）方法和工具相结合的挖掘算法，能够识别可疑网络爬虫的潜在威胁。

在国内，2003 年以来全国多个研究机构针对信息挖掘每年召开了很多的各种类型研讨会。2007 年浙江大学的罗兵针对基于普通网络爬虫抓取的内容少于页面呈现内容的问题，设计了一种深层网络爬虫，它增加了 JavaScript 脚本解析，可以实现 Ajax 通过异步请求返回初始加载内容。2009 年中国科技大学的曾伟辉在对象切片算法基础上构建了一个程序层次模型，但不能全面实现 Ajax 动态采集。同年，国防科技大学的袁小节提出了多层网页关联聚焦抓取模型和易扩展向量模型，设计了一种基于协议驱动与事件驱动的综合聚焦爬虫框架。南京大学的张福炎、潘金贵教授等设计了一个数据采集系统（Internet Data Gather System，IDGS），主要是对互联网上的中英文技术资料进行自动抓取。2012 年熊中阳等提出了一种基于信息自我获取的爬虫搜索策略。2018 年吴林等提出一种新的基于 PageRank 算法，在主题爬虫算法中引入语义相似聚合模型，能够大大提高主题爬虫的查全率。

但目前国内研究主要还存在大规模数据高效采集能力不足、数据时效性难以保障等问题，现在各类互联网应用多如繁星，用户群体庞大，其注册用户量早已突破十亿级别，每日产生的数据量更是十分巨大，要从如此庞大的数据量中获取对于用户真正有价值的数据，必须依靠大规模数据采集技术与高效的数据清洗机制。另外，国内研究主要通过普通的网页爬虫进行数据采集，从抓取到呈现会有一定的时间延迟，延迟较久的数据在大部分情况下便已经失去价值。所以，要使数据始终能在有效期内反馈至采集人员手中，必须依靠机制灵活、抓取高效、规模庞大的爬虫集群以及多种互补的数据采集手段，提高采集精度与时效性，建立有效的分布式反爬机制。

互联网作为新兴的信息载体和公开信息源的地位正在变得越来越突出，新闻网站、论坛、社交网络等各种网络媒体包含的信息量大、内容丰富，时效性、便捷性十分突出。互联网公开信息搜集具有搜集方便、风险低、收效大等特点，但是也存在量大庞杂、资料零散、信息污染和信息内容真伪交织等问题。通过从公开渠道多种来源获得与社会安全相关的信息数据，数据类型除包括结构化数据库数据外，还包括非结构化、半结构文本、图像、音/视频等多种类型数据。互联网数据采集主要包括新闻网站、社交媒体、元搜索引擎等互联网公开来源信息的采集。

（一）新闻网页信息自动采集

通过对新闻网站的页面架构布局、内容要素样式进行分析，定制个性化网页抓取模板采集网站数据是常规的数据获取方式。但各个网站页面布局样式都不尽相同，且更新升级频繁，通过定制模板方式采集数据需要大量专业人员定期维护，以保证数据抓取不会因为网站改版而失效。通过分析典型主流新闻网站的页面架构布局、内容要素样式特征，实现可靠的网页信息通用性内容抽取方法；具有主题偏向性的新闻数据定向采集方法，减少在内容不相关的网页上消耗检测分析能力资源；通过优化网页数据采集去重能力，缓解大规模分布式采集状态下的网页信息去重压力。

1. 通用性网页内容抽取技术

面对众多网站多变的网页布局，准确抽取网页正文内容的算法必不可少。当前该技术领域中常见的解析方法是采用规则特征库方式和网站定制化模板解析方式。该类方法在通用性上存在局限，十分依赖人工扩充，无法应对网页改版的问题。另外，常规规则特征库的构建工作非常庞杂，而且难以处理不同网站规则互斥的情况。结合规则特征库与模板解析这两种思路，可以先将网页源代码重构为 XML 文件，通过构建较弱的规则特征库并引入简单的加权，识别网页源代码中的正文要素，如句号、感叹号、长句等显著特征，并记录其在重构文件中 XPath 路径，然后通过寻找与该路径相同或相似的 XML 节点确定出抽取边界，最终形成一个自学习的通用解析模板。其处理流程如图 5.1 所示。

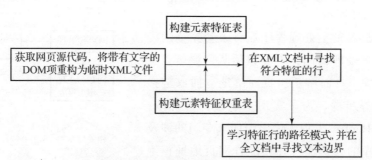

图 5.1　通用性网页抽取技术思路框图

为了实现正文与元数据提取，通过对站点建立特定的用 XPath 表示的抽取模板，并使用 JSoup 工具进行抽取。而对于其他站点的网页，则使用基于去除 HTML 标签的网页内容提取方法进行自动化提取。基于去除 HTML 标签的网页正文提取是一种不必建立 DOM 树的网页正文提取算法，该算法的主要思想是首先去除 HTML 标签，根据去除 HTML 标签后的文字密度判断出正文区域，最后将所有的正文区域合并，取得网页正文内容。去除 HTML 网页标签的网页文本提取算法利用 HTML 文字之间的间隔进行解析，对于结构相对简单的网页来说，正文提取效果比较好。

2. 主题性新闻采集技术

Heritrix 是 Internet Archive 的一个爬虫项目。它基于 Java 开发，是一种开源、可扩展、带有存档性质的网络爬虫，具有高并发及多线程保护机制，开发者可以扩展它的各个组件来实现自己的抓取逻辑。Heritrix 能够获取完整的、精确的、深度的网站内容复制，除了文本信息外，还能抓取图像以及其他非文本信息，抓取后能够存储相关内容。通过配置相应的网站种子、域名、网页地址接收项与拒绝项，结合网页解析提取算法即可实现网页行走流程的控制和对目标数据的获取。

为从海量网络信息中准确获得反映社会安全的相关信息，针对特定领域而非考虑一般通用性的主题爬虫技术具有更多的优势。与一般通用型爬虫的主要工作方式不同，主题爬虫可以通过算法过滤与主题关联度较低的网页链接，将相关度较高的链接加入抓取队列，根据搜索策略从队列中选择下一个要抓取网页的 URL，如此循环直至达到停止条件。主题爬虫与一般通用爬虫最大的区别就在于其对于 URL 的选取和过滤。其运行流程如图 5.2 所示。

Heritrix 的主处理程序拥有一套完整的模块化网页处理机制，主要包括队列调度、页面预处理、页面解析、页面落地、抽取链接再调度等步骤。为了实现主题偏向性抓取，需要在 Heritrix 工程源代码中加入专门的涉及主题词库的处理类，并在配置网页地址拒绝项中予以配合。这样可以针对采集程序的遍历路径进行有效剪枝。但这种方法可能会造成采集程序复杂化，单次采集请求的速度降低，并会导致一些遗漏。

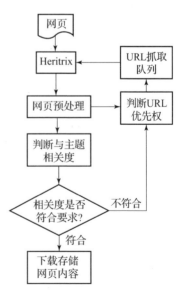

图 5.2　主题爬虫运行流程框图

另一种思路是通过人为指定相关度较高的网站和版块，使用 Heritrix 进行无偏好采集，在落地存储之后再进行主题偏好的匹配与清洗，这种方式较为稳妥。但主题新闻信息出现频率客观上相当低，本身数据稀疏，无偏好采集会导致获取大量无关数据，存储成本和后续处理成本都较高。然而在主题信息时效性要求不高的情况下，这种方式也依然存在可行性。

3. 网页采集的去重机制技术

针对去重索引压力与时效矛盾的问题，从以空间换取时间的思路入手，引入多级去重方案。将主存储索引避开不用，新建去重索引。以采集数据的几个必需要素生成 MD5 作为去重主键。在采集到数据时，分别将主键写入程序内嵌的内存数据库、公用缓存服务器与去重索引。在内存数据库与公用缓存服务器中保存的是最近一段时间采集程序遍历过的网页链接，利用它们的高响应速度与采集程序进行高频交互。采集程序先根据自身内存做去重，如果无重复项，再访问缓存服务器中其他程序进程留下的记录去重，如果无重复项，再访问去重索引中的全量记录，由此确保了采集程序去重的完备性。而数据的完整内容则通过其他线程批量写入主索引库中。

（二）社交媒体信息自动采集

以 Facebook 为代表的社交网站，用户覆盖全球大部分国家，很多政府机构都会在社交网站上开设账号来发布信息，如美国前总统特朗普就有自己的 Facebook、Twitter 账号。社交媒体网站用户数量大，仅 Facebook 每天就会有 25 亿条新增内容、三亿张上传照片和 500TB 的数据增量，因此可以在社交媒体上对社会相关信息进行采集。由于社交媒体网站页面和普通的新闻网站有很大区别，是典型的富客户端应用页面，所以涉及对富客户端页面信息采集技术、重要目标定向采集技术。

基于对社交媒体网站的功能和网页结构特征进行分析，通过程序操作浏览器来模拟人从登录社交网站账号，到搜索关注信息的整个操作过程，然后从浏览器中取出搜索结果，根据搜索结果的网页格式提取相关信息。

社交媒体信息采集包括两方面的内容：一是通用富客户端页面信息采集方法；二是重要目标信息定向采集方法。整体实现流程如图 5.3 所示。获取关注目标信息列表，将目标信息采集任务分发到多个采集器上并行采集，以提高采集效率，每个采集器需要用事先注册好的账号登录社交网站，然后通过网站上的搜索界面对目标信息进行搜索，最后将搜索结果采集下来。

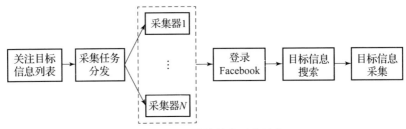

图5.3 社交媒体信息采集流程

1. 通用富客户端页面信息采集方法

社交网站页面是富客户端页面，需要花费大量的精力来对社交网站页面进行分析，找出自己关注内容的生成过程，然后在数据采集程序中编码实现该过程，而且随着社交网站页面改版更新，采集程序需要做相应的调整，这就给后期维护工作带来很大工作量。但是，不管社交网站页面内容生成过程有多么复杂，浏览器总能显示出最终的结果。所以，可以通过程序操作浏览器来访问富客户端页面并获取页面最终显示结果；同时需要通过程序来操作浏览器，模拟用户的文字输入、点击等动作，这样就可以让程序具备类似真人使用浏览器浏览网页的功能。

2. 重要目标信息定向采集方法

由于社交网站数据量庞大，通过全量采集数据的方式来采集重要目标信息需要耗费巨大的资源，基本无法实现。需要在社交网站中定向采集重要目标信息。社交网站页面具有搜索功能，在浏览器中可以通过该功能来搜索自己关注的信息，因此可以通过程序操作浏览器来执行用户登录、目标信息查询、查询结果解析等操作，从而完成重要目标信息的定向采集。

（三）元搜索引擎信息自动采集

互联网公共搜索是目前互联网海量信息检索的必要工具，具有收录数据量大、资源类型丰富、数据格式多样、用户数量大、检索结果关注传播速度快等特点，成为互联网信息数据采集的重要来源。基于元搜索引擎的互联网信息采集方法，聚合搜狗、百度、谷歌等国内外主流公共搜索引擎的检索结果，通过数据项提取形成统一格式，在无需建立和维护庞大索引数据库的情况下获得高效、准确的社会安全相关数据。

互联网现有的独立搜索引擎存在召回率和准确率不高的问题，据研究表明，任何一个搜索结果中相关比率不超过45%，而且由于每个搜索引擎的机制、算法、范围不同，导致同一个关键词的检索在不同的搜索引擎中查询结果重复率不足34%。为了获取更高的查全率来获得较好的检索效果，通常需要综合使用多个具有不同数据搜集范围的搜索引擎。通过元搜索技术聚合、调用、控制和优化利用多个互联网元搜索引擎的检索结果，对检索结果去重、合并、排列组合，从中获得相关度较高的情报信息。

1. 元搜索引擎聚合

元搜索聚合包括百度、谷歌、搜搜、搜狗、必应、雅虎和 AOL 等国内外主流的互联网公共搜索引擎，并提供特定站点的站内搜索，具有比单个搜索引擎覆盖面更广的数据。元搜索引擎能够采用统一的用户界面，将分布于网络中异构的独立搜索引擎集成起来。当用户通过界面向元搜索引擎发出检索请求后，元搜索引擎将此检索请求分发给各个独立搜索引擎；这些搜索引擎完成相应查询后将结果反馈给元搜索引擎。需要从检索结果中去除重复的网页，并对结果进行综合排序后显示。元搜索引擎由三部分组成，即检索请求提交、检索接口代理和检索结果显示。其基本结构如图5.4所示。

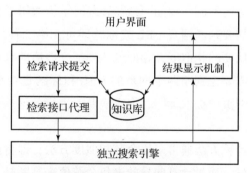

图 5.4　元搜索引擎流程

这三个部分的功能如下。

（1）检索请求提交。负责实现用户个性化的检索设置条件，包括调用哪些独立搜索引擎、检索时间、结果数量等。

（2）检索接口代理。负责将用户的检索请求转化成各个独立搜索引擎要求的检索条件格式。由于不同独立搜索引擎所支持的查询方式不同，即使是同一种查询方式也有不同的表达方法，必须将元搜索引擎中的检索请求映射到对应的独立搜索引擎中，同时保证检索语义信息不能丢失。

（3）检索结果显示。负责把所有独立搜索引擎的检索结果去重、合并、排序和按特定的格式显示。元搜索引擎的检索结果包括网页标题、内容摘要、网页 URL、信息返回时间、所采用的独立搜索引擎标志等，这些搜索结果是多个独立搜索引擎结果的并集。为了满足不同用户的需求，元搜索引擎的检索结果可以实现多种排序方式。

2. 搜索结果去重排序

元搜索对从各个搜索引擎检索得到的综合数据进行数据项提取，经过格式化处理形成统一格式的数据集。数据集包括标题、URL、摘要、作者、站点来源、分类类别、快照地址、发布时间、入库时间和验证时间等数据项。元搜索对数据集消除重复项和死链接、修正不准确的时间项，结合结果项在各个独立搜索引擎中的相关度和权重重新对搜索结果进行排序等处理，生成更精准、更符合检索需要的结果以标准化格式传送给数据存储中心。元搜索的检索结果来自多个独立搜索引擎，虽然不同的独立搜索引擎覆盖范围不一样，但返回的结果中可能存在重复数据，会降低检索结果的质量。因此，在将检索结果返回给用户前，需要将重复内容去除。去重包括两种情况：一种是内容完全一样；另一种是内容相同，标题不同，如同网站在转载时重新编辑了标题。

第一种重复只需要判断网页 URL 或标题即可，第二种重复则需要计算结果中的标题、内容摘要的相似度，相似度达到某一数值即判断为重复。所以在检索结果去重时，需要先判断两个网页的 URL 和标题是否相同，若是则认为重复；否则，再从网页中提取标题、内容摘要，进行分词并计算相似度，判断两个网页是否重复。

文本相似度的计算方法通常采用余弦相似度方法，即将待检测的文本内容表示为一个特征向量，通过计算向量的夹角余弦值来判断是否相似。余弦值越接近于 1，则相似度越高。特征向量采用文本中的字或者词出现次数来表示，令 D_i 为待检测文档，其特征向量表示为

$$D_i = D((t_{i1}, w_{i1}), (t_{i2}, w_{i2}), \cdots, (t_{in}, w_{in}))$$

式中：t_{ij} 为文档 i 的第 j 个特征词；w_{ij} 为该特征词的频次。文档 D_i 和 D_k 之间的相似度计算公式为

$$\text{sim}(D_i, D_k) = \frac{\sum_{j=1}^{n} w_{ij} \cdot w_{kj}}{\sqrt{\sum_{j=1}^{n} (w_{ij})} \times \sqrt{\sum_{j=1}^{n} (w_{kj})}}$$

在去重时，将成员搜索引擎返回结果的摘要文档，去除标点符号后统计每个字出现的次数作为特征向量进行计算，同时设置一个阈值，相似度超过该值，即可判定两份文档重复。

二、数据预处理技术基础

（一）数据清洗技术

数据清洗的主要功能是根据需求完成原始数据的清洗过滤，包括去重、空值处理、无效数据清除等，主要针对数据可能出现的二义性、重复、不完整、违反业务规则等问题，通过试抽取将有问题的记录先剔除出来，再根据实际情况调整相应的清洗操作，以保证数据的有效性。

数据清洗直接影响数据存储到数据库后的清洁度与准确度，关系到数据统计分析与决策分析的可靠性及可信赖程度。

数据清洗设计包含不完整数据处理、错误值检测与处理、重复记录检测与消除和不一致性检测与处理。

（1）不完整数据处理。采用平均值、最大值、最小值或更为复杂的概率估计方法，通过从本源数据源或其他数据源推导出缺失值，完成缺失值的补充，从而达到清理的目的。

（2）错误值检测与处理。采用统计分析的方法识别可能的错误值或异常值，如偏差分析，识别不遵守分布或回归方程的值，支持用简单规则库（常识性规则、业务特定规则等）检查数据值，或使用不同属性间的约束来检测和清理数据。

（3）重复记录检测与消除。通过判断记录间的属性值是否相等来检测记录是否相等，相等的记录合并为一条记录。

（4）不一致性检测与处理。通过定义完整性约束，检测从多数据源集成的数据的语义不一致性，也支持通过数据分析发现联系，从而使数据保持一致性。

（二）数据转换技术

数据转换可根据转换规则将不同数据源的格式转换为目标统一的数据格式，在转换过程中，根据数据主题对异构数据源的数据进行聚合，形成可关联、可理解的主题数据库，为业务系统进行数据访问和关联查询提供支撑。

数据转换过程具有事务性，为数据提供完整的事务控制与保障，以保证数据的一致性；提供完整的日志管理功能，支持异常恢复机制，当出现异常而中断时，数据信息不会丢失，以保证数据的完整性。数据转换设计主要包括数据筛选、映射转换和数据聚合。

（1）数据筛选。支持从异构数据源的海量数据中快速过滤筛选出需要转换的相关原始数据。

（2）映射转换。对抽取的数据按照统一的编码格式和数据字典，从原始格式映射转换为目标格式，支持字段级映射、记录级映射和行列变换，支持一对多、多对一等灵活映射。

（3）数据聚合。对转换后的多数据源数据按照主题进行整合，对于业务系统中不直接存在的数据，支持通过某些公式对各部分数据进行计算获取，保证数据的一致性和完整性，并按要求存入数据库，形成可关联、可理解的主题数据库。

（三）数值预处理技术

对于指标类的数值数据，一般是时间序列数据，即指标数值随时间而变化的统计数据。由于各评价数值指标数据的性质不同，具有不同的量纲和数量级。直接用原始指标值进行分析，如果各指标间的水平相差较大，就会突出数值较高指标的作用，削弱数值水平较低指标的作用。为了保证评价结果的可靠性，需要对原始指标数据进行标准化处理。

数值指标的标准化处理分为两步：第一步是为指标正向化，即在运用指标探究问题前，将指标数值趋势同化，一般的处理是将逆向指标和适度指标转化为正向指标；第二步是指标的无量纲化，即消除指标的量纲和大小，由于不同评价指标往往具有不同的量纲和量纲单位，直接将它们进行综合既不合适也没有实际意义，需要将指标值转化为无量纲的相对数。指标的标准化处理是指标分析的前提，为后续进行熵值法或专家打分进行综合评估提供了有效支撑。

1. 指标趋势同化

指标评价标准中常常用到以下几个概念和定义。

①正向指标：指标值越大从而评价越好的指标，也称为效益型指标或者望大型指标。

②逆向指标：指标值越小从而评价越好的指标，也称为成本型指标或者望小型指标。

③适度指标：指标值越接近某个值越好的指标。

④变异系数：又称离散系数，用于归一化度量概率分布的离散程度，其定义为标准差与平均值之比，即 $y_{ij} = \dfrac{\delta}{\mu}$。

指标趋势同化就是要将不同趋向的指标进行同向化处理，从而能让指标综合评价在同一个指标数值方向上，实现对指标的整体评价。指标趋势同化主要用到倒数逆变算法和倒扣逆变算法。

1）倒数逆变算法

逆向指标正向化：实际应用中常使用将指标取倒数的方法，也就是通过对指标数值取导，消除逆向指标由于大小关系而不能用同一标准化方法取值的弊端。一种方法是将指标数值的大小取逆，写成公式为

$$y_{ij} = \frac{C}{x_{ij}}$$

式中：C 为正常数，通常取 $C = 1$。很明显，用上式作为指标的正向化公式时，当原指标值 x_{ij} 较大时，其值的变动引起变换后指标值的变动较慢；而当原指标值较小时，其值的变动引起变换后指标值的变动较快。当原指标值接近 0 时，变换后指标值的变动会非常快，使指标的无量纲化变得困难。

适度指标正向化，有

$$y_{ij} = \frac{1}{|x_{ij} - k|}$$

式中：k 取该指标值的均值。

2）倒扣逆变算法

逆向指标正向化公式为

$$y_{ij} = \max_{1 \leqslant i \leqslant n} |x_{ij} - k| - |x_{ij} - k| \quad \text{或} \quad y_{ij} = -x_{ij}$$

对适度指标正向化公式为

$$y_{ij} = \max_{1 \leqslant i \leqslant n} |x_{ij} - k| - |x_{ij} - k| \quad \text{或} \quad y_{ij} = -|x_{ij} - k|$$

这种线性变换不会改变指标值的分布规律。

2. 指标无量纲化

目前数据无量纲方法有多种，包括直线形方法（如极差变换法）、折线形方法（如三折线法）、曲线形方法（如半正态性分布）。不同的方法对系统的评价结果会产生不同的影响，常用的无量纲化方法有极差变换法、标准化法和均值化法。

1）极差变换法

$$y_{ij} = \frac{x_{ij} - \min\limits_{1 \leqslant i \leqslant n} \{x_{ij}\}}{\max\limits_{1 \leqslant i \leqslant n} \{x_{ij}\} - \min\limits_{1 \leqslant i \leqslant n} \{x_{ij}\}}$$

2）标准化法

$$y_{ij} = \frac{x_{ij} - \overline{x}_j}{\delta_j}$$

式中：$\overline{x}_j$ 和 δ_j 分别为指标 x_j 的均值和标准差。经标准化后，指标 y_j 的均值为 0，方差为 1，从而消除了量纲和数量级的影响。

3）均值化法

$$y_{ij} = \frac{x_{ij}}{\overline{x}_j}$$

均值化后各指标的均值都为 1，其方差为

$$\mathrm{var}(y_j) = E\left[(y_j - 1)^2\right] = \frac{E\left[(x_j - \overline{x}_j)^2\right]}{\overline{x}_j^2} = \frac{\mathrm{var}(x_j)}{\overline{x}_j^2} = \left(\frac{\delta_j}{\overline{x}_j}\right)^2$$

均值化后各指标的方差是各指标变异系数 $\dfrac{\delta_j}{\overline{x}_j}$ 的平方，保留了各指标变异程度信息。

当综合指标都是客观数据时，一般来说应该用均值化法对指标进行无量纲化；当综合指标是主观数据时，不应保留指标的变异信息，用标准化方法更好。

3. 指标标准化

指标标准化可根据指标的类型分为正向指标标准化、逆向指标标准化和适度指标标准化三种。

1）正向指标标准化

正向指标标准化函数包括直线递增型、S 型递增型、上凸递增型、下凸递增型和抛物递增型五种。

（1）直线递增型。

标准化函数为

$$f(x) = \begin{cases} 0 & x \leqslant \min x \\ \dfrac{x - \min x}{\max x - \min x} & \min x < x < \max x \\ 1 & x \geqslant \max x \end{cases}$$

特点：标准化数值随着实际指标值的增长成等比例增长，当指标值不大于真实指标的无效点时取值为 0，当指标值不小于理想点时取值为 1。

（2）S 型递增型。

标准化函数为

$$f(x) = \begin{cases} 0 & x \leqslant \min x \\ \dfrac{1}{2} \cdot \left[1 + \sin\left(\dfrac{x - \dfrac{\max x + \min x}{2}}{\max x - \min x} \cdot \pi \right) \right] & \min x < x < \max x \\ 1 & x \geqslant \max x \end{cases}$$

特点：标准化数值随着实际指标值的增大而增大，且在接近理想点和无效点处的变化趋势较慢，在远离理想点和无效点处的变化趋势较快。

（3）上凸递增型。

标准化函数为

$$f(x) = \begin{cases} 0 & x \leqslant \min x \\ \sin\left(\dfrac{x - \min x}{\max x - \min x} \cdot \dfrac{\pi}{2} \right) & \min x < x < \max x \\ 1 & x \geqslant \max x \end{cases}$$

特点：标准化数值随着实际指标值的增大而增大，且增大趋势逐渐变缓（导数大于 0 且逐渐减小）。

（4）下凸递增型。

标准化函数为

$$f(x) = \begin{cases} 0 & x \leqslant \min x \\ 1 + \sin\left(\left[\dfrac{x - \min x}{\max x - \min x} \cdot \dfrac{\pi}{2} - \dfrac{\pi}{2} \right] \right) & \min x < x < \max x \\ 1 & x \geqslant \max x \end{cases}$$

特点：标准化数值随着实际指标值的增大而增大，且增大趋势逐渐变快（导数大于 0 且逐渐增大）。

（5）抛物递增型。

标准化函数为

$$f(x) = \begin{cases} 0 & x \leqslant \min x \\ \left(\dfrac{x - \min x}{\max x - \min x} \right)^k & \min x < x < \max x \\ 1 & x \geqslant \max x \end{cases}$$

特点：标准化数值随着实际指标值的增大而增大，且在理想点 $\max x$ 附近随着指数 k 的增大而急剧增大。

2）逆向指标标准化

逆向指标标准化函数包括直线递减型、上凸递减型、抛物递减型、正态分布型和柯西分布型五种。

（1）直线递减型。

标准化函数为

$$f(x) = \begin{cases} 1 & x \leqslant \min x \\ \dfrac{\max x - x}{\max x - \min x} & \min x < x < \max x \\ 0 & x \geqslant \max x \end{cases}$$

特点：标准化数值随着实际指标值的增长成等比例减小，当指标值不大于真实指标的理想点时取值为 1，当指标值不小于无效点时取值为 0。

（2）上凸递减型。

标准化函数为

$$f(x) = \begin{cases} 1 & x \leqslant \min x \\ \cos\left(\dfrac{x - \min x}{\max x - \min x} \cdot \dfrac{\pi}{2} \right) & \min x < x < \max x \\ 0 & x \geqslant \max x \end{cases}$$

特点：标准化数值随着实际指标值的增大而减小，且越远离理想点减小速度越快。

（3）抛物递减型。

标准化函数为

$$f(x) = \begin{cases} 1 & x \leqslant \min x \\ \left(\dfrac{\max x - x}{\max x - \min x} \right)^k & \min x < x < \max x \\ 0 & x \geqslant \max x \end{cases}$$

特点：标准化数值随着实际指标值的增大而减小，且指数 k 越大，指标标准化数值随着指标值的增大会急剧减小至 0 附近。

（4）正态分布型。

标准化函数为

$$f(x) = \begin{cases} 1 & x \leqslant \min x \\ \mathrm{e}^{-(\frac{x-\min x}{\sigma})^2} & x > \min x \end{cases}$$

特点：标准化数值随着实际指标值的增大而减小，且指标值具有正态分布的特点，在理想点处取值为1，σ 越小，指标标准化数值会迅速减小到0附近。

（5）柯西分布型。

标准化函数为

$$f(x) = \begin{cases} 1 & x \leqslant \min x \\ \dfrac{1}{1 + \alpha(x - \min x)^\beta} & x > \min x \, (\alpha > 0, \beta > 0) \end{cases}$$

特点：标准化数值随着实际指标值的增大而减小，且指标值具有柯西分布的特点，在理想点处取值为1，随着参数 α 和 β 的取值不同，指标标准化数值的下降速度有所不同。

3）适度指标标准化

适度指标标准化函数包括正态分布型、柯西分布型和指数型三种。

（1）正态分布型。

标准化函数为

$$f(x) = \mathrm{e}^{-(\frac{x-\mu}{\sigma})^2} \quad -\infty < x < +\infty$$

特点：当指标为 α 时，标准化数值为1，越远离理想点，标准化数值越小，且标准化函数符合正态分布，因此可调节参数 σ 的大小来控制指标标准化数值的下降速度。

（2）柯西分布型。

标准化函数为

$$f(x) = \frac{1}{1 + \alpha(x - \alpha)^\beta} \quad \alpha > 0 \text{、} \beta \text{ 为正偶数}$$

特点：当指标为 α 时，标准化数值为1，越远离理想点，标准化数值越小，且标准化函数符合柯西分布，因此可调节参数 α 和 β 的大小来控制指标标准化数值的下降速度。

（3）指数型。

标准化函数为

$$f(x) = 1 - \mathrm{e}^{-\alpha|x-\alpha|} \quad \alpha > 0 \text{、} -\infty < x < +\infty$$

特点：当指标为 α 时，标准化数值为 1，越远离理想点，标准化数值越小，且指标标准化数值的下降速度随着参数的增大而急剧下降。

（四）文本预处理技术

文本预处理是指从文本中提取关键词以表示文本。文本预处理可以减少数据噪声，改善文本表示质量，对文本分类性能有直接影响，是文本分类过程中的关键技术之一。

在文本预处理中，首先要处理的是文本标记，这些标记不包含任何文本内容，对文本分类没有任何实际意义和帮助，如标点符号、数字和大小写。其次，对文本进行分词，即确定处理的基本单位。对于英文及类似语种来说，词的获取相当简单，因为这些语种的文档本身就用空格或标点隔开了。然而，对于中文来说，由于词与词之间没有空格，因此词的获取必须通过分词技术来实现。从简单的查词典的方法，到后来的基于统计语义模塑的分词方法，中文分词技术已趋于成熟。最后去除文本中的停用词和稀有词。停用词是指不能反映主题的功能词，如中文中的"的""啊""在"等，另外，停用词还包含冠词、助词、副词、代词和连接词等一些虚词。这些词在自然语言中不可缺少，而且频繁出现在各类文档中，但这些词自身并无实际意义，几乎不携带任何信息，对文本的区分能力很弱。因此，在预处理的时候要把这些词去除。在实际应用中，文本分类系统通常会建立一个停用词表，然后对分词得到的词与停用词表进行匹配，如果词存在于表中，表明该词为停用词，则删除；若不在表中，则保留。停用词表的来源有人工构造和基于统计的自动学习两种方式。

1. 中文分词

中文分词（Word Segmentation，WS）指将汉字序列切分成词序列。在中文中，词是承载语义的最基本单元，所以分词是实体识别、指代消歧、句法分析、文本分类、情感分析等多项中文自然语言处理任务的基础。切分歧义是分词任务中的主要难题，传统的切分歧义方法主要分为两类，即基于词典匹配策略和基于机器学习方法，但是单一的方法很难取得理想的分词效果。分词模型基于机器学习框架，同时模型中融入了词典策略，可以很好地解决歧义问题，使分词模型可以很便捷地加入新词信息。将分词任务建模为基于字的序列标注问题，对于输入句子的字序列，模型给句子中的每个字标注一个标识词边界的标记。对于模型参数，采用在线机器学习算法框架从标注数据中学习参数，同时，为了提高互联网文本特别是微博文本的处理性能。

目前比较有影响力的开源分词软件有复旦大学的分词系统和中国科学院计算所开发的汉语词法分析系统 ICTCLAS。

复旦大学的分词系统包括四个模块，即分词预处理模块、歧义检测模块、歧义词消除模块及新词识别模块。该系统通过对中文姓名的常用字进行统计，结合用字规律、姓名用字的频率和语境等信息，实现了中文姓名的自动识别。该系统对十万个以上的中文姓名进行统计，根据综合统计结果建立了姓氏和名字常用汉字频率表；同时利用该表中字串周围的称谓（主席、经理、教授等）、指界动词（说、发言、提议等）、特定模式等语境提示信息，实现对汉字串是否能构成姓名加以辨别。试验表明，系统对中文姓名的识别准确率达70% 以上。此外，该系统对中文文本信息中出现的专有名词和地名也有一定辨别能力。

ICTCLAS 分词系统由中国科学院的两位研究员开发，采用层叠隐马尔可夫模型将中文分词、未登录词识别、歧义词处理和词性标注集成在一起，深受用户好评。

2. 词性标注

词性标注（Part – of – Speech Tagging，POS）是给句子中每个词一个词性类别的任务。词性类别可能是名词、动词、形容词或其他。词性作为对词的一种泛化，在语言识别、句法分析、信息抽取等任务中有重要作用。将词性标注任务建模为基于词的序列标注问题。对于输入句子的词序列，模型给句子中的每个词标注一个标识词边界的标记。对于模型参数，采用在线机器学习算法框架从标注数据中学习参数。

3. 实体识别

命名实体识别（Named Entity Recognition，NER）是在句子的词序列中定位并识别人名、地名、机构名等实体的任务。命名实体识别对于挖掘文本中的实体并分析有很重要的作用。命名实体识别的类型一般是根据任务确定的，将命名实体识别建模为基于词的序列标注问题，对于输入句子的词序列，给句子中的每个词标注一个标记，用以标识命名实体边界和实体类别。在支持传统的人名、地名、机构名三类命名实体的识别基础上，提供时间、电话号码等实体识别和定制规则。

其中机器学习相关的技术包括基于结构化感知机的实体识别、基于条件随机场的实体识别以及基于模式学习的自举实体识别。对于待识别文本，首先是经过流水线中的实体库匹配，需要由专家构造的面向领域的实体库做支撑，只要出现在该库中的词将识别为相关实体，虽然具有最高优先级，但其规模较小，只能处理一些特殊情况。其次，对于识别不了的文本，将经过结构化感知机以及条件随机场的识别模型，模型采用基于监督学习的方法，对于一般领域的实体均有很好的识别率，是整个流水线中最主要的部分之一。最后，对于其他没有识别的文本将经过规则库。该规则库由两部分构成：一是专家添加的识别规则，如在社会安全领域有些特定的模式，后面接连字符或者直接连接数字，对于机型等的识别可以使用类似正则表达式的文法即可以定义出其自身的实体识别规则；二是通过基于模式学习的自举实体识别模型生成的识别规则，因为能对无标注语料进行学习，具有很好的领域迁移学习能力。

1）基于结构化感知机的实体识别

语句在分词之后，往往单个词或者多个相邻的单词组合在一起表示某一具体的对象，而实体识别正在从语句中识别出这些表达实体的短语的过程。可以将实体识别问题建模成寻找一个从输入的语句 $x \in X$ 到输出语句 $y \in Y$ 的映射。其中，X 是所有可能的输入语句集合，Y 是划分实体之后的语句集合（即以实体为单位重新组合这些词，不是实体的词也保留）。给定一个输入语句 x，正确的实体识别的输出语句 $F(x)$ 满足

$$F(x) = \arg \max_{y \in \text{GEN}(x)} \text{Score}(y)$$

式中：$\text{GEN}(x)$ 为对输入语句 x 的所有可能实体划分的结果。

为了计算实体识别输出语句的得分，需要首先将其映射为特征集。一个特征是语句中某一模式是否出现的指示，设计特征如图 5.5 所示。通过定义特征，可以将语句映射到全局的特征向量。将语句 y 的特征向量表示为 $\boldsymbol{\Phi}(y) \in R^d$，其中 d 是模型考虑的特征维数。$\text{Score}(y)$ 即为特征 $\boldsymbol{\Phi}(y)$ 与参数向量 $\overline{\boldsymbol{\alpha}} \in R^d$ 的点乘，其中 α_i 是第 i 维特征的权重；有

$$\text{Score}(y) = \boldsymbol{\Phi}(y) \cdot \overline{\boldsymbol{\alpha}}$$

感知机训练算法就是用来训练权重向量 $\overline{\boldsymbol{\alpha}}$。首先将参数向量都初始化为 0，然后对每个输入的训练语句，用当前的参数向量进行计算，看其输出的实体划分语句是否与标准答案一致，如果不一致则进行调整，即通过训练数据对该向量的值不断调整和更新，如图 5.6 所示。

第一类: 词表特征, 即词本身和左右窗口的内容
1—word[—1]=的Label=b_country
2=word[0]=的Label=b_country
3—word[—1]=的Label=b_country
4=word[—1]word[0]=中国的Label=b_country
5=word[0]word[+1]=的态度Label=b_country
第二类: 词性特征, 词本身和左右窗口的词性
6=pos[—1]=uLabel=b_country
7=pos[0]=uLabel=b_country
8=pos[1]=uLabe1_b_country
12=pos[—1]pos[0]=nsuLabe1=b_country
13=pos[0]pos[+1]unLabel=b_country
第三类: 词模式特征: 词模式指词是由全数字构成、是否包含英文字母、是否包含 "—"
符号等特征: 此处将数字、字母、 "—" 符号作为特殊字符: N代表不符合预定的特征。
同时包含数字、字母、 "—" 为Y1, 只包含数字和一般字符为Y2、必须包含数字
9=cht[—1]=NLabel=b_country
10=cht[0]=NLabel=b_country
11=cht[+1]=NLabel=b_country
第四类: 词(包括前一个词和后一个词)与该类别已知的中心词列表的相似性。Y代表该词属于
中心词; H代表高; M代表中; L代表低; N代表无相似度
14=isRoleWord[—1]=NLabel=b_country
15=isRoleWord[0]=NLabel=b_country
16=isRoleWord[+1]=NLabel=b_country
17=isDeviceWord[—1]=NLabel=b_country
18=isDeviceWord[0]=NLabel=b_country
19=isDeviceWord[+1]=NLabel=b_country
20=isRegionWord[—1]=NLabel=b_country
21=isRegionWord[0]=NLabel=b_country
22=isRegionWord[+1]=NLabel=b_country
23=isCountryWord[—1]=YLabel=b_country
24=isCountryWord[0]=NLabel=b_country
25=isCountryWord[+1]=NLabel=b_country
26=isOrgnizationWord[—1]=NLabel=b_country
27=isOrgnizationWord[0]=NLabel=b_country
28=isOrgnizationWord[+1]=NLabel=b_country
29=isPersonWord[—1]=falseLabel=b_country
30=isPersonWord[0]=falseLabel=b_country
31=isPersonWord[+1]=falseLabel=b_country

图 5.5　实体识别算法考虑的特征

2）基于条件随机场的命名实体链指

实体链指技术主要由命名实体识别和实体消歧两部分组成。首先基于规则和统计融合方法，根据预设规则和字典，运用条件随机场（Conditional Random Fields，CRF）模型，完成命名实体识别，确定实体类型；然后基于上下文信息，针对实体相似度进行候选排序，消除实体歧义。CRF 模型通过可

```
Inputs: training examples (x_i, y_i)
Initialization: set ā=0
Algorithm:
    for t=1, 2, ···, T, i=1, 2,···, N
        calculate z_i=arg max_{y∈GEN(x_i)} Φ(y) · ā
        if z_i ≠ y_i
            ā=ā+Φ(y_i)−Φ(z_i)
Outputs: ā
```

图 5.6   实体识别的感知机训练算法

观测状态判别隐含变量，其生成概率由标注集统计得到，是一个判别模型。与传统的隐形马尔可夫模型相比，可以引入更多的特征，包括词语本身的特征和词语所在上下文的特征。

CRF 是给定一组输入随机变量条件下另一组输出随机变量的条件概率分布模型，如图 5.7 所示，即采用一阶链式无向图结构计算给定观察值条件下输出状态的条件概率，其特点是假设输出随机变量构成马尔可夫随机场。相比于传统的隐马尔可夫模型（Hidden Markov Model，HMM），HMM 是状态序列的马尔可夫链（Markov Chain）。而 CRF 主要用于预测问题，在机器学习领域里，CRF 一般用作处理序列标注问题。

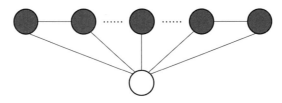

图 5.7   线链 CRFs 的图形结构

设 $O = \{o_1, o_2, \cdots, o_T\}$ 表示被观察的输入字串序列，$S = \{s_1, s_2, \cdots, s_T\}$ 表示将被预测的词位标记序列，则在给定一个输入字串序列的情况下，对参数为 $\Lambda = \{\lambda_1, \lambda_2, \cdots, \lambda_K\}$ 的线链 CRFs，其输出的词位序列的条件概率为

$$P_\Delta(S \mid O) = \frac{1}{Z_O} \exp\left(\sum_{t=1}^{T} \sum_{k=1}^{K} \lambda_k f_k(s_{t-1}, s_t, o, t) \right)$$

式中：Z_O 为归一化因子，定义为

$$Z_O = \sum_S \exp\left(\sum_{t=1}^{T} \sum_{k=1}^{K} \lambda_k f_k(s_{t-1}, s_t, o, t) \right)$$

$f_k(s_{t-1}, s_t, o, t)$ 是一个任意的特征函数，用于表达上下文可能的语言特征，

通常是一个二值表征函数，表示为

$$f_k(s_{t-1}, s_t, o, t) = \begin{cases} 1, \text{如果满足条件} \\ 0, \text{否则} \end{cases}$$

λ_k 是一个需要被学习的参数，其取值范围对应于每一个特征函数的权值，可以是 $-\infty \sim +\infty$。给定一个 CRF 模型，对任意的输入字串，其最佳词位标记序列应满足公式

$$S^* = \underset{S}{\operatorname{argmax}} P_\Delta(S \mid O)$$

要求出使 $P_\Delta(S \mid O)$ 最大的标记序列 S^*，可以使用 Viterbi 算法进行计算。

为表示转移特征和状态特征及其权值，建立以下三大类特征函数。

①词特征：文本分词后，每个分词都是一种特征，将每种词特征组合起来就可以较为完整地反映整个文本的信息。因此，如果语料的规模足够大时，使用词的特征可以对命名实体进行识别。

②词性特征：在文本分词过程中同时对每个词进行词性标注，把词性作为一种特征建立 CRF 模型，可显著地提高识别度。

③左、右边界词和中心词特性：在这里不对词特性做详细介绍，主要是根据文本信息词特性建立完备的左、右边界词库和中心词库。

为了实现表达文本特征，融合上述三种特征，建立了多种特征模板。为了提高命名实体识别的性能，将活动窗口设置为 3，刚好包含当前词前后两个词的特性。

针对上述特征模板，基于统计机器学习方法实现命名实体识别过程如下：首先，在预处理阶段对语料库进行预处理，然后对语料库中的训练语料和测试语料选择和提取复合特征；之后在训练语料上对 CRF 模型进行训练，产生 CRF 模型 C_1；而后，将模型 C_2 对未标注的测试语料 U 进行命名实体识别，待测试完毕后对 U 的结果进行估算置信度，设置置信度要高于 90%，从测试语料中进行选择，将其设置为子集 u，之后将 u 补充到训练语料 L 中，同时从测试语料 U 中删除 u；之后按照上述步骤进行迭代，就会依次产生 CRF 模型 C_1，C_2，…，C_{k-1}，C_k。假设迭代出的 CRF 模型 C_k 的置信度与模型 C_{k-1} 的置信度的差异均小于 0.5% 时，代表此 CRF 模型达到预期效果，终止迭代，从而产生最优的 CRF 模型 C_k。最后利用最优的 CRF 模型在测试语料中进行命名实体识别，使用基于词典的方法对识别结果进行校正，得到最终的识别结果。

3）基于模式学习的自举实体识别

上述实体识别算法是监督学习，需要事先给定大量人工标注的标准答案，从而限制了对一些特殊类型实体以及特殊语句句法中的实体识别能力。基于模式学习的自举实体识别技术是一种混合的实体识别技术，它结合了统计和规则方法的优势，在现有统计模型的基础上，用少量预先定制的模式和实体，从未标记语料中迭代地学习出更多的模式，并用统计模型识别的结果对模式进行描述。该技术允许自定义实体类别，解决类别细分的问题；不需要进行大量的语料标记，也不需要大量的人工构建规则库，大大降低了领域模型和规则库构建的难度。

基于模式学习的自举实体识别算法采用了以下流程：①采用训练好的分词模型、词性分析模型、通用实体识别模型，对未标注的文本进行划分和标注，标注的信息将用于定义模式；②从少量人工定义的模式和种子实体出发，从未标记的文本中学习模式（模式包含实体上下文的词语、词性、实体类型等信息）；③根据每个模式匹配实体的能力，对模式进行评分，选取分数最高的几个模式作为候选模式；④用候选模式对文本进行匹配，发现更多的实体，并对实体进行评分，选取评分最高的几个实体作为候选实体；然后采用新发现的实体发现更多的模式，迭代地执行③和④，直到没有更多的实体和模式被发现为止。

在以上算法流程中，关键问题有三个，即模式定义、模式特征提取和评分以及实体特征提取和评分。由于汉语分词及语法的特殊性，现有的英文算法无法完全应用于汉语中。在模式定义上，针对中文文本的特点，抽取上下文的词性、实体类型、句法依赖等特征，生成匹配模式；在模式特征提取和评分上，处理未标记实体是一个技术难点，为未标记实体提取了若干特征，综合判断其属于正向实体的可能性，并使未标记实体参与到模式评分，使结果更加客观准确；在实体特征提取和评分上，考虑多个适用于中文的特征维度（如实体与正向和反向实体的编辑距离、实体的分布式相似度以及通用领域和社会安全领域内的 TF–IDF 值等），并且通过大量试验选取合适的特征集合以及特征权重。此外，针对现有算法存在的由模式数量多引起的时间复杂度过高问题，可以采用限制条件对其进行优化，达到了识别准确度和效率的平衡。

4. 文本分类

文本分类是一个有监督的学习过程，是在给定的分类体系下，根据文本内容自动确定文本类别的过程。它通过一个已经被标注的训练文档集找出文档类别与文档特征之间的关系模型，然后利用这个学习得到的关系模型将新的文档分到已有的类别。常用的文本分类方法主要有传统的机器学习方法和深度学习方法。传统的机器学习分类方法主要用频次法、TF – IDF、互信息方法、N – Gram方法等从原始文档中提取特征，然后指定分类器如 LR、SVM 等算法训练分类模型对文章进行分类。近年来，深度学习模型中的循环神经网络（RNN）和卷积神经网络（CNN）在文本分类领域有了非常普遍的应用。通过神经网络的强大特征提取能力，不需要做过多人工特征提取就能训练得到很好的文本分类模型。

在实际应用中，文本分类的过程分为训练过程和分类过程两个阶段。通过对训练集进行训练之后得到文本的表示模型和分类模型，然后用训练得到的模型对测试文本进行分类，预测文本所属的类别。具体过程如图 5.8 所示。

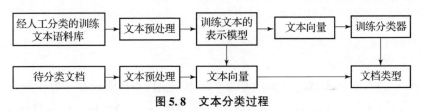

图 5.8　文本分类过程

文本分类主要用来解决两个问题，即文本过滤与文本组织。文本过滤是后续处理的基础，通过排除大量无关数据，既提升处理速度又避免引入噪声。文本组织是将文本信息分到政治、经济、军事等不同类别，从而支撑面向这些不同领域的应用分析需要。

目前文本分类最常用的方法是最大熵模型（Maxent），即使用较为简单的词频作为特征值，其二分类的平均准确率也能达到 90% 以上。业界主流的自然语言处理工具，如 opennlp、stanford nlp 等都提供了基于最大熵模型的文本分类工具进行英文数据的分类。

针对中文文本的分类问题，主要需要解决的就是特征选择问题。采用基于最大熵模型的中文文本分类，首先利用分词等方法进行文本的预处理，然后采用将特征模板与词权重相结合的方法生成特征函数，最后利用最大熵模型对文本进行分类。

1）文本分类过程

文本分类主要由两个步骤组成，即分类器的训练和分类器的测试。在基于最大熵模型的文本分类过程中，训练部分主要分为训练集文本的预处理和特征表示，测试部分则包括测试集文本的预处理和分类。

基于最大熵模型的文本分类过程如图 5.9 所示。首先是训练部分，对训练集中的文本进行预处理，包括分词、去虚词和去停用词三个步骤，生成各个文本的特征项；然后采用最大熵的特征函数生成方法对各个文本中的特征进行表示，进而计算出最大熵分类器所需要的各个参数。在进行测试时，

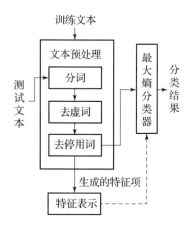

图 5.9　基于最大熵模型的
文本分类过程

同样需要对测试文本进行预处理流程，最后通过分类器进行分类计算得到分类结果。

2）最大熵模型

在进行文本分类时，以每一篇文本作为一个样本。假设有一个样本集合为 $\{(d_1,c_1),(d_2,c_2),(d_3,c_3),\cdots,(d_N,c_N)\}$，$d_i(1\leq i\leq N)$ 表示某一具体文本，$c_i(1\leq i\leq N)$ 表示该文本被分类的结果。采用最大熵模型得出在特征限制条件下具有最优的概率分布，即概率值 $p(c\,|\,d)$。根据最大熵原理，概率值 $p(c\,|\,d)$ 的取值符合下面的指数模型，即

$$p_\lambda(c\,|\,d)=\frac{1}{Z_\lambda(d)}\exp\Big(\sum_i \lambda_i f_i(d,c)\Big)$$

式中：$Z_\lambda(d)$ 为范化常数，$Z_\lambda(d)=\sum_c\exp(\sum_i\lambda_i f_i(d,c))$；$f_i$ 为特征函数，或简称特征，一般情况下是一个二值函数；λ_i 为特征 f_i 的权值，即特征 f_i 对于模型的重要程度。根据最大熵原理求最优的概率分布模型可转化为求最优参数 λ_i（$1\leq i\leq n$，其中 n 为特征总数）。估算最优参数 λ_i 常采用的方法是通用迭代缩放算法（Generalized Iterative Scaling，GIS）或改进迭代算法（Imporved Iterative Scaling，IIS），可以采用 IIS 方法计算参数 λ_i。

3）预处理与特征选择

文本分词后包含的词具有其对应的特征项，最后构成的特征总数将非常大。由于不同词性对文本分类的贡献不同，文本分词预处理后需要过滤掉标点符号以及词性为形容词、副词、介词、代词等词性的词，剩下的词大多数为名词和动词。最后对剩下的词进行停用词过滤。

选择一个"词—类别"对作为特征，使用词频作为特征值。对于词 w 和类别 c'，它的特征函数为

$$f_{w,c}(d,c) = \begin{cases} \mathrm{num}(d,w) & c = c' \\ 0 & 其他 \end{cases}$$

式中：$\mathrm{num}(d,w)$ 为词 w 在文本 d 中出现的次数。

5. 文本摘要

文本摘要技术是指一段从一个或多个文本中提取出来的文字，它包含了原文本中的重要信息，其长度不超过或远少于原文本的一半。自动文本摘要主要是通过机器自动输出简洁、流畅、保留关键信息的摘要。文本摘要当前主要采取抽取式，即从原文中抽取一定数量的原句作为摘要，其中 TextRank 排序算法具有简洁、高效的特点而被广泛运用。

TextRank 做文本摘要的思想是先去除文章中的一些停用词，之后对句子的相似度进行度量，计算每一句相对另一句的相似度得分，迭代传播直到误差小于某一个阈值。对得到的关键语句进行排序，便能得到想要的摘要。文本摘要技术主要包括三个部分，即主题提取、文摘句抽取和摘要生成。

1）主题抽取

主题抽取将文档中的每个句子作为一个样本，采用层次化方法对文档中的句子样本进行聚类，发现潜在主题。首先是建立句子为样本的向量空间并优化空间，再对样本进行聚类。

（1）语句特征提取。

根据向量空间模型（Vector Space Model，VSM），将文本看成句子的序列，其中每条语句的信息可抽象为空间中的一个向量 $(w(t_1),w(t_2),\cdots,w(t_n))$，其中 t_i 代表语句中的词，$w(t_i)$ 代表特征词对应的权重。每个句子基于词的特征向量通过 TF – IDF 方法计算得到

$$w_{\mathrm{TFIDF}}(t) = \mathrm{tf}(t) \cdot \mathrm{idf}(t) \quad (t = 1,2,\cdots,n)$$

式中：$\mathrm{tf}(t)$ 为词频，表示该词在句子中出现的频率；$\mathrm{idf}(t)$ 为反文档频率，是

一个全局值，有

$$\mathrm{idf}(t) = \log \frac{N}{n_t} \quad (t = 1, 2, \cdots, n)$$

式中：N 为文本中句子总数；n_t 为所有句子中包含词语 t 的文档数。

（2）语句主题聚类。

将向量化的语句进行层次化聚类，将句子划分为主题的集合；从主题集合中抽取句子组成文摘即能兼顾文摘内容的覆盖度和冗余度。

首先，对特征向量的相关度进行定义，即

$$\delta_{ij} = \alpha \cdot \mathrm{Sim}_{ij} + (1 - \alpha) \cdot \frac{\beta}{d_{ij}}$$

式中：Sim_{ij} 为语句 i 和语句 j 特征向量的余弦距离；d_{ij} 为两语句之间的距离。

其次，以语句相关度作为聚类准则，将文本中的语句通过层次化方法进行聚类，得到 N 个主题，形成相应主题的语句集合 $S_k(k = 1, 2, \cdots, N)$。

2）文摘句提取

文摘句提取计算聚类后的句子在分类中的重要性，提取主题代表句作为文摘句。通过对文本中语句的基本重要性、频度重要性和结构中心性进行度量，并加权求和作为句子在文本中的重要性表征，再根据重要性排序对文摘句进行提取。

（1）基本重要性。

根据语句本身的位置和长度信息，对位于文本中的首段与末段中语句，以及位于文本中各段的首条和末条语句，进行重要度加权得到 Score_1，对语句的长度进行评分得 Score_2。

（2）频度重要性。

它指语句中包含的关键词，即统计关键词和预设关键词，得到 Score_3。

（3）结构中心性。

根据语句相关度得到语句关联关系图，图中每条边表示语句之间的相关度。利用图论中的中心性度量方法对该图中的语句进行重要性分析。

令 $G = (V, E)$，其中 V 为节点集由 a 中主题集合的句子组成，$E \subseteq V \times V$，令候选关键句图 $G = (V, E)$ 是由节点 V 和边集 E（当 $\delta_{ij} > 0$）组成的有向图，对任意一个节点 v_i，令 $\mathrm{In}(v_i)$ 为指向节点 v_i 的集合，$\mathrm{Out}(v_i)$ 表示节点 v_i 所指向的节点集合。相关度 δ_{ij} 作为节点 v_i 指向 v_j 的边的权重，对于任意一个节点 v_i，有

$$\text{In}(v_i) = \{v_j \mid \langle v_j, v_i \rangle \in E\}$$
$$\text{Out}(v_i) = \{v_j \mid \langle v_i, v_j \rangle \in E\}$$

度的中心性，即

$$\text{Score}_4(v_i) = \frac{|\text{In}(v_i)|}{\max |\text{In}(v)|}$$

$$\text{Score}_5(v_i) = \frac{|\text{Out}(v_i)|}{\max |\text{Out}(v)|}$$

PageRank 中心性，即

$$\text{Score}_6(v_i) = (1-d) + d \cdot \sum_{v_j \in \text{In}(v_i)} \frac{\delta_{ji}}{\sum_{v_k \in \text{In}(v_j)} \delta_{jk}} WS(v_j)$$

式中：d 为阻尼系数（Damping Factor），一般取值为 0.85。

（4）重要性指标。

对每条语句进行重要性评估计分，对六项重要性计分加权求和可以得到该语句的重要性指标。语句重要度定义为

$$\text{Score}_{total} = \sum_{i=1}^{6} \text{Score}_i \times \text{weight}_i$$

$$\sum_{i=1}^{6} \text{weight}_i = 1$$

采用回归分析等方法对参数进行估计。

3）摘要生成

将抽取出的文摘句按一定的规则进行排序，形成最终的文本。在提取出文摘语句后，需要对文摘进行排序和润饰，对于单文档文摘，可以在原文顺序的基础上根据其主题的重要性和连贯性进行选择。

（1）结合主题与重要性进行选择。

分别根据主题的元素个数确定 S_k 的主题中心句个数 M_k，选择该集合中语句重要性最高的 M_k 个语句作为主题中心句。

（2）为语句的连贯性进行重排序。

考虑两个语句相关度，为阅读方便进行重排序，并进行语句的润色。

6. 关键词抽取

关键词是一些能够描绘出给定文本主题的词汇，是表达文档主题含义的最小单位。关键词抽取模型分为有监督算法模型和无监督算法模型。有监督的关

键词抽取模型在人工标记数据的基础上，进行特征提取并使用机器学习算法训练模型，详细步骤分为生成候选词集、定义特征、计算特征值，推导计算候选词是关键词的概率。常用的关键词抽取算法模型有决策树、朴素贝叶斯模型。无监督的关键词抽取模型根据文档内容信息使用统计的方法计算词汇的权重，排序抽取关键词。常用无监督关键词提取有基于词频统计 TF – IDF 算法、基于候选词图结构的 TextRank 和 LexRank、基于主题分布 LDA 模型以及基于 Word2vec 特征向量的聚类算法。

7. 繁简转换

目前使用的汉字有简体和繁体两大形式：中国大陆和新加坡等地使用简体字；我国港澳台地区和部分海外华人社区使用繁体字。大多数简体字的意义和用法与对应的繁体字是一样的，具有一一对应关系，通过查找简繁对照表可以正确处理。而处理一对多简体字时，为了提高系统断词的效率，需要引入分词处理，并对每个一对多简体字构造一个包含此一对多简体字的词组转换树，同时保存每个一对多简体字的最长词组长度以减少字符串比较次数，从而提高匹配时的效率。目前使用基于语料训练的语言模型以及词库进行简繁转换，该方法在保证准确率的同时，提升了灵活性。简繁体转换的一般流程如图 5.10 所示。

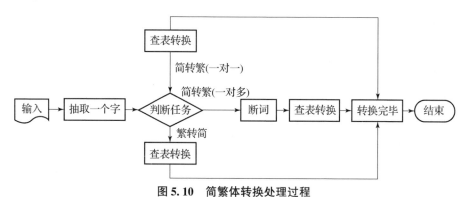

图 5.10　简繁体转换处理过程

8. 文本相似度

文本相似度计算是指两个文本（一般为字符串）通过算法给出其相似度幅度的衡量，一般计算结果为 0 ~ 1 之间的值。在自然语言处理（NLP）领域中，经常会涉及如何度量两个文本相似度的问题。如何度量句子或者短语之间的相似度尤为重要。

常用的度量文本相似度的方法有以下三种：一是基于关键词匹配的传统方法，如 N – gram 相似度、Jaccard 相似度等，该方法不考虑文本的语义信息，直接比较文本中的词语是否一致；二是将文本映射到向量空间，通过数字表示的向量来代表文本，如 TF – IDF、Doc2vec、LSA 等方法，然后通过计算向量之间的距离得出文本之间的相似度；三是深度学习方法等，如基于循环神经网络的 Siamese LSTM 方法和基于卷积神经网络的 ConvNet 方法等，基于神经网络的方法将数据同时输入到一个神经网络中，并经由这个神经网络转化为一维的向量，然后通过向量间的距离来度量原始输入数据的相似性。

在实际的文本相似度应用中，由于文本的多样性和复杂性，可以根据需要，针对应用场景和应用数据选择相应的文本相似度算法。

三、数据分析挖掘技术基础

(一) 机器学习技术

随着以网络为中心（尤其是互联网 +）的信息化系统的持续深入发展，信息系统智能化的浪潮正逐渐顺势高涨，以机器学习为前沿及代表的人工智能技术在经历了较漫长的发展期后，现已呈现出爆发式的发展态势。

随着机器学习算法的不断发展与进步，计算机凭借强大的存储与运算能力，学习人类几千年来发展与进化过程中所积累的完整知识的能力会越来越强，借助完整知识库对复杂事务进行预测与判断的准确度也完全有可能超越人类，包括在复杂的军事筹划、决策与指挥等方面也是如此。机器学习问题基本包括以下内容，即数据预处理、数据降维（特征选择和特征抽取）、分类、回归、聚类、在线学习等技术。近年来，这些技术得到蓬勃发展，极大地丰富了机器学习领域的研究内容。

1. 机器学习技术典型应用场景

1）数据去噪

数据去噪的发展初期主要依托于傅里叶（Fourier）分析，傅里叶分析是线性分析方法中最有力的数据处理工具，其核心思想是把时域数据变换到频域上进行分析与处理，使在时域中无法表征的信息能在频域中充分展现出来，从另一个角度来解读数据特性。均值滤波器把带噪数据变换到频域，根据数据和噪声在频域上的不同分布特性，屏蔽掉噪声成分而保留数据的成分，最后通过傅里叶反变换获得去噪后数据。小波变换法将带噪数据在时域与频域相结合分析，同时扩展了频率就局部性和时间局部性分析，不仅把数据在频率域上的特性刻画得淋漓尽致，也详细描述了各个时间段内数据的变化特性，从多个角度去解读数据和噪声的特性，提高了去噪效果。小波去噪方法主要有阈值法、平移不变量法和模极大值法。经验模态分解法（Empirical Mode Decomposition，EMD）被认为不需要任何数据和噪声的先验信息，根据数据自身特点自适应地将数据分解成一系列不同频率的本征模态函数（Inirinsic Mode Function，IMF），体现了多尺度滤波的特性。

2）数据去离群点

去离群点的方法大体可以分为四类，即近邻法、概率法、重构法和区域法。

（1）近邻法的思想最为朴素，它在目标类样本中寻找新来样本的近邻，如果新来样本到其近邻的距离小于某个阈值，则被判断为目标类样本；否则，它被判断为离群点。人们定义了许多度量样本到其近邻远近程度的距离，比如到其第 k 个近邻的距离，或者到其 k 个近邻中心的距离，或者到其 k 个近邻距离的加权和。

（2）概率法实际上就是估计该潜在分布的概率密度函数（Probability Density Function，PDF）。得到 PDF 之后，可以通过设定阈值来判断样本是否是离群点。最常用的概率分布模型为高斯分布，其参数可以通过最大似然估计从训练样本中得到。对于比较复杂的情形，也可以采用高斯混合模型（Gaussian Mixture Model，GMM），其模型参数可以利用期望最大化（Expectation Maximization，EM）算法来求解。

（3）重构法对训练样本建立模型，以描述样本的潜在特征。根据所学习到的潜在特征，该类方法对于每一个测试样本给出一个重构输出，通过计算该输出的重构误差来检测离群点。Hawkins 等和 Williams 等通过构建复制器神经网络在输出层以最小的误差重构输入样本。如果某些输入样本不能被很好地重构，那么这些样本就被认为是离群点。

（4）区域法根据训练样本的区域给出样本分布的边界，进而通过新来样本相对于这个区域边界的位置来判断其是否为目标类样本。OCSVM 方法在某个核函数确定的特征空间中以最大的间隔将样本的像与原点分开，从而确定分类边界。SVDD 方法通过包裹目标类训练样本的最小体积超球来确定分类边界，如果测试样本落于超球之外，则判断其为非目标类。

3）数据特征选择

过滤式的监督特征选择主要依据特征与标注之间的关联程度来筛选特征。最常见的方式是依据某种衡量准则，如皮尔逊关联、费希尔准则、信息增益和 Relief 等，衡量每个特征的信息量，然后找出信息量最高的特征。嵌入式的监督特征选择在算法设计时就考虑到特征选择这一问题，将学习任务和特征选择有机地结合在一起。将稀疏正则项引入到传统的学习任务中，从而达到特征选择的效果而成为最流行的方法。经典的算法包括 Lasso 算法、范式正则化的支持向量机以及范式正则化的逻辑回归。过滤式的无监督特征选择主要依据特征之间的相关性或者数据的几何结构对特征进行筛选。针对主成分分析（Principal Component Analysis，PCA）的无监督特征选择从数据的全局几何结构出发，旨在找出一个特征子集，使得在该子集上应用。嵌入式特征选择通常将特征选择嵌入到聚类算法中。在聚类算法设计时，考虑到特征选择的需要，使特征选择成为聚类算法的组成部分。

4）回归分析

几十年来，世界各国的专家和学者利用各学科领域的方法开发出了各种回归模型用于交通流预测，如历史均值法、时间序列法、卡尔曼滤波法、神经网络法和非参数回归法等。其中，非参数回归模型不需要先验知识，只需足够的历史数据，它寻找历史数据中与当前点相似的"近邻"，并用这些"近邻"预测下一个时段的流量。核函数法主要是构造合适状态向量，选择核函数的具体形式和窗宽 h。Oswald、Scherer 和 Smith 利用核函数法对交通流量进行预测，在给定窗宽 h 的情况下得到了较好的预测效果。达庆东、段里仁等选择核函数 Triangle 和 Nadaraya – Watson 核估计公式及窗宽对交通流流量、速度和占有率等进行预测，达到比较满意的效果。窗宽越小，估计的核函数曲线和样本拟合得越好，但可能不太光滑；窗宽越大，核函数曲线越光滑，和样本拟合误差越大。对于速度—密度、流量—密度关系，核函数估计具有较高的精度。对于近邻函数法，主要是构造合适状态向量、选择合适的 K 值和与之对应的权值等。Davis 和 Nihan 等应用 K 近邻非参数回归对高速路交通流进行预测，主要研究从非拥堵到拥堵转变时的交通流预测。Smith 等应用 K 近邻非参数回归法对弗吉尼亚州首府北部环形公路的两个地方进行预测，研究表明，非参数回归法要优于历史均值法和时间序列法等方法。Clark 应用 K 近邻非参数回归法进行交通流预测并调查了流量、密度和速度之间的关系。

5）分类模型

分类算法有多种，如决策树、贝叶斯、基于关联规则、支持向量机等分类算法。

（1）决策树分类算法也称为贪心算法，采用自顶向下的分治方式构造，它从一组无次序、无规则的事例中推理出决策树表示形式的分类规则，是以实例为基础的归纳学习方法。决策树分类算法对噪声数据有很好的健壮性，能够学习析取表达式，是使用最为广泛的分类算法之一。

（2）贝叶斯分类算法基于概率统计学的贝叶斯定理，是一种在先验概率与类条件概率已知的情况下，预测类成员关系可能性的模式分类算法，如计算一个给定样本属于一个特定类的概率，并选定其中概率最大的一个类别作为该样本的最终类别。

（3）贝叶斯分类算法的关键是使用概率表示各种形式的不确定性。对于大型数据集，从理论上讲，精确度高，运算速度快，具有最小的错误率，是贝叶斯算法的最大优点，但实际情况下，因其假定的不准确性，导致缺乏可用的数据，就需要足够大的样本。

（4）针对贝叶斯分类算法需要大样本量的缺点，研究者提出了基于关联规则（Classification Based on Association rule，CBA）的分类算法。CBA 算法通过发现样本集中的关联规则来构造分类器，其经典算法 Apriori 通过三个步骤来构造分类器，基于规则的分类器使用 "if... then..." 来分类记录，其优先考虑置信度，迭代检索出数据集中所有的支持度不低于用户设定阈值的项集。基于关联规则分类算法集分类器构造与属性相关分析于一体，发现的规则相对较全面且分类准确度较高，是一种很有潜力的分类算法。

（5）支持向量机（Support Vector Machine，SVM）分类是基于结构风险最小化准则的机器学习算法，使用数学方法和优化技术，具有优良的性能指标。SVM 算法可以提高学习机的泛化能力。SVM 算法选择和保存有用的训练数据即支持矢量，该算法先自动找出对分类有较好区分能力的支持矢量，然后构造出分类器来最大化类与类的间隔，因此有较好的适应能力和较高的分准率；借助 SVM，类所属方法的分类准确度得到了很大提高，并且时间复杂度得到了降低，大型数据库中小样本的训练数据的计算复杂度也得到了降低。从理论上讲，SVM 算法解决了在神经网络算法中无法避免的局部最小化问题。

2. 典型的机器学习算法

1) 多元线性回归

在回归分析中，如果有两个或两个以上的自变量，就称为多元回归。事实上，一种现象常常是与多个因素相联系的，由多个自变量的最优组合共同来预测或估计因变量，比只用一个自变量进行预测或估计更有效、更符合实际。例如，家庭消费支出，除了受家庭可支配收入的影响外，还受诸如家庭所拥有的财富、物价水平、金融机构存款利息等多种因素的影响。

多元回归方程的一般形式为

$$h_\theta(x) = \theta_0 + \theta_1 x_1 + \theta_2 x_2 + \cdots + \theta_n x_n$$

代价函数为

$$J_\theta = \frac{1}{2} \sum_{i=1}^{m} (h_\theta(x^{(i)}) - y^{(i)})^2$$

多元回归常用的求解方法有两种，即解析法求解和梯度下降法求解。

（1）解析法。

解析法即通过最小二乘法来求解。最小二乘法（又称最小平方法）是一种数学优化技术，它通过最小化误差的平方和寻找数据的最佳函数匹配，使这些求得的数据与实际数据之间误差的平方和最小。可以通过对最小二乘函数求导，令导数为 0 时的结果，即为最小二乘的解。具体求解过程如下。

将代价函数变为矩阵的表达形式，即

$$J_\theta = \frac{1}{2} \sum_{i=1}^{m} (h_\theta(x^{(i)}) - y^{(i)})^2$$

$$= \frac{1}{2} (X\boldsymbol{\theta} - Y)^{\mathrm{T}} (X\boldsymbol{\theta} - Y)$$

将矩阵函数展开，有

$$J(\boldsymbol{\theta}) = \frac{1}{2} (X\boldsymbol{\theta} - Y)^{\mathrm{T}} (X\boldsymbol{\theta} - Y)$$

$$= \frac{1}{2} (\boldsymbol{\theta}^{\mathrm{T}} X^{\mathrm{T}} X\boldsymbol{\theta} - \boldsymbol{\theta}^{\mathrm{T}} X^{\mathrm{T}} Y - Y^{\mathrm{T}} X\boldsymbol{\theta} + Y^{\mathrm{T}} Y)$$

求 $J(\boldsymbol{\theta})$ 关于 $\boldsymbol{\theta}$ 的偏导，并令导数等于 0，得到解析解为

$$\frac{\partial J(\boldsymbol{\theta})}{\partial \boldsymbol{\theta}} = \frac{1}{2} (2X^{\mathrm{T}} X\boldsymbol{\theta} - X^{\mathrm{T}} Y - Y^{\mathrm{T}} X) = 0$$

$$\boldsymbol{\theta} = (X^{\mathrm{T}} X)^{-1} X^{\mathrm{T}} Y$$

解析法的推导过程很清晰，但在实际计算中牵扯大量的矩阵运算，尤其是矩阵的逆运算。随着维度的增多，矩阵求逆的代价会越来越大。而且有的矩阵没有逆矩阵，需要用近似矩阵，这样可能会影响结果精度。因此，在编程时一般不会采用这种方法。

（2）梯度下降法。

梯度表示某一函数在该点处的方向导数沿着该方向取得最大值，即函数在该点处沿着该方向（梯度的方向）变化最快、变化率（梯度的模）最快。

梯度下降法是迭代法的一种，可以用于求解最小二乘问题（包括线性和非线性）。在求解机器学习算法的模型参数，即无约束优化问题时，梯度下降法是最常采用的方法之一。

求 $J(\theta)$ 关于 θ_j 的偏导过程为

$$\frac{\partial J(\theta)}{\partial \theta_j} = \frac{\partial}{\partial \theta_j} \frac{1}{2} (h_\theta(x) - y)^2$$

$$= 2 \cdot \frac{1}{2} (h_\theta(x) - y) \cdot \frac{\partial}{\partial \theta_j} (h_\theta(x) - y)$$

$$= (h_\theta(x) - y) \cdot \frac{\partial}{\partial \theta_j} (\sum_{i=0}^{n} \theta_i x_i - y)$$

$$= (h_\theta(x) - y) x_j$$

$$\theta_j^* = \theta_j - \alpha \frac{\partial J(\theta)}{\partial \theta_j} = \theta_j - \alpha (h_\theta(x) - y) x_j$$

多元线性回归算法流程框图如图 5.11 所示。

2）BP 神经网络

人工神经网络无需事先确定输入与输出之间映射关系的数学方程，仅通过自身的训练，学习某种规则，在给定输入值时得到最接近期望输出值的结果。BP 神经网络是目前应用最广泛的神经网络之一，它是一种按误差反向传播（简称误差反传）训练的多层前馈网络。基本 BP 算法包括信号的前向传播和误差的反向传播两个过程。即计算误差输出时按从输入到输出的方向进行，而调整权值和阈值则从输出到输入的方向进行。正向传播过程，输入模式从输入层经过隐单元层逐层处理，并转向输出层，每层神经元的状态只影响下一层神经元的状态。如果在输出层不能得到期望的输出，则转入反向传播，将误差信号沿原来的连接通路返回，通过修改各神经元的权值，使误差信号最小。一个简单的 BP 神经网络结构如图 5.12 所示。

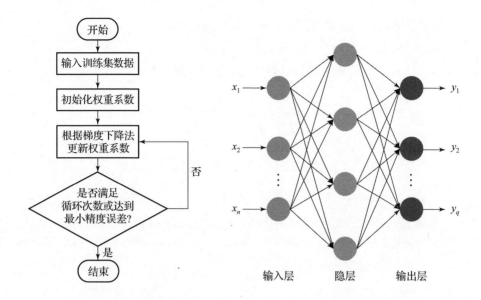

图 5.11　多元线性回归算法流程框图　　　图 5.12　BP 神经网络结构

BP 算法推导过程如图 5.13 所示，具体如下。

设输入层、隐层、输出层节点个数分别为 n、p、q。阈值 θ 可看作一个固定输入为 -1.0 的"哑节点"（Dummy Node）。

（1）网络初始化。

在（-1，1）范围内随机初始化网络中所有的连接权值。给定计算精度值 ε 和最大的学习次数 M。设置误差函数 $E = \dfrac{1}{2}\Sigma_1^{\varphi}(\varPsi O_o - \delta_o)^2$。

（2）随机选取第 k 个输入样本及对应的期望输出，即

$$x(k) = (x_1(k), x_2(k), \cdots, x_n(k))$$
$$d(k) = (d_1(k), d_2(k), \cdots, d_q(k))$$

（3）计算隐层、输出层各神经元的输入和输出。

隐层输入：$h_{i_h} = \Sigma_1^p W_{ih} X_i, h = 1, 2, \cdots, p$

隐层输出：$h_{O_h} = f(h_{i_h}), h = 1, 2, \cdots, p$

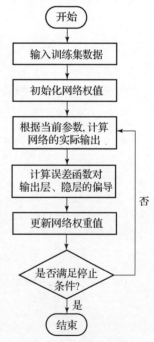

图 5.13　BP 神经网络
算法流程框图

输出层输入：$y_{i_o} = \Sigma_1^q W_{ho}h_{O_h}, o = 1,2,\cdots,q$

输出层输出：$y_{o_o} = f(y_{i_o}), o = 1,2,\cdots,q$

（4）计算误差函数对输出层神经元的偏导，即

$$\frac{\partial E}{\partial w_{ho}} = \frac{\partial E}{\partial yi_o} \cdot \frac{\partial yi_o}{\partial w_{ho}}; \frac{\partial yi_o}{\partial w_{ho}} = \frac{\partial \left(\sum_1^p w_{ho}ho_h \right)}{\partial w_{ho}} = ho_h$$

$$\frac{\partial E}{\partial yi_o} = \frac{\partial \left(\frac{1}{2} \sum_1^q (yo_o - d_o)^2 \right)}{\partial yi_o}$$

$$= \frac{\partial \left(\frac{1}{2} \sum_1^q (f(yi_o) - d_o)^2 \right)}{\partial yi_o}$$

$$= (yo_o - d_o)f'(yi_o)$$

$$= -(d_o - yo_o)yo_o(1 - yo_o) = -\delta_o$$

（5）计算误差函数对输出层神经元的偏导，即

$$\frac{\partial E}{\partial w_{ih}} = \frac{\partial E}{\partial hi_h} \cdot \frac{\partial hi_h}{\partial w_{ih}}; \frac{\partial hi_h}{\partial w_{ih}} = \frac{\partial \left(\sum_1^n w_{ih}x_i \right)}{\partial w_{ih}} = x_i$$

$$\frac{\partial E}{\partial hi_h} = \frac{\partial \left(\frac{1}{2} \sum_1^q (yo_o - d_o)^2 \right)}{\partial hi_h}$$

$$= \frac{\partial \left(\frac{1}{2} \sum_1^q (f(\sum_1^p w_{ho}ho_h) - d_o)^2 \right)}{\partial ho_h} \cdot \frac{\partial ho_h}{\partial hi_h}$$

$$= \sum_1^q (yo_o - d_o)w_{ho}f'(hi_h)$$

$$= -\sum_1^q (d_o - yo_o)w_{ho}ho_h(1 - ho_h) = -\delta_h$$

（6）修正隐层与输出层之间的权重，即

$$\Delta w_{ho} = -\eta \frac{\partial E}{\partial w_{ho}} = \eta\delta_o ho_h$$

$$w_{ho} \leftarrow w_{ho} + \Delta w_{ho} = w_{ho} - \eta \frac{\partial E}{\partial w_{ho}} = w_{ho} + \eta\delta_o ho_h$$

（7）修正输入层与隐层之间的权重，即

$$\Delta w_{ih} = -\eta \frac{\partial E}{\partial w_{ih}} = \eta \delta_h x_i$$

$$w_{ih} \leftarrow w_{ih} + \Delta w_{ih} = w_{ih} - \eta \frac{\partial E}{\partial w_{ho}} = w_{ih} + \eta \delta_h x_i$$

3）Lasso 回归模型

Lasso 回归模型是一种系数压缩、变量选择的模型，在简单线性回归模型的基础加入 L1 正则项，基于坐标下降或者最小角回归等下降算法优化，实现系数压缩和变量选择。

设样本集 $(\boldsymbol{x}^i, y_i)\,(i=1,2,\cdots,N)$，其中 $\boldsymbol{x}^i = (x_{i1}, x_{i2}, \cdots, x_{ip})^T$ 是解释变量，y_i 是响应变量。不失一般性，假设：①所有观测值都是独立的或者给定 $\boldsymbol{x}^i$ 后是条件独立的；②所有的 x_{ij} 服从标准正态分布。令 $\boldsymbol{\beta} = (\beta_1, \beta_2, \cdots, \beta_p)^T$，Lasso 回归模型的参数估计问题为

$$\begin{cases} (\hat{\alpha}, \hat{\boldsymbol{\beta}}) = \operatorname*{argmin} \sum_{i=1}^{N} (y_i - \boldsymbol{\alpha} - \boldsymbol{\beta}^T \boldsymbol{x}^i)^2 \\ \text{s.t.} \sum_j |\beta_j| \leq t, t > 0 \end{cases}$$

对所有的 t，$\hat{\boldsymbol{\alpha}}$ 的解为 $\hat{\boldsymbol{\alpha}} = \bar{y}$。不失一般性地假设 $\bar{y} = 0$（试验中可通过对响应变量进行 Z - score 标准化达到该条件）。将约束条件作为软约束加入目标函数中，可得以下等价问题，即

$$J_{\text{Lasso}}(\boldsymbol{\beta}) = \frac{1}{N} \sum_{i=1}^{N} (y_i - \boldsymbol{\beta}^T x^i)^2 + \lambda \cdot \sum_j |\beta_j|$$

使用坐标下降算法或最小角回归算法可对上述损失函数进行求解。

4）SVR 模型

支持向量回归模型是在 SVM 基础上的回归问题模型。该模型是解决小样本、高维度、非线性和局部极小点等非参数回归问题较为有效的方法。该模型的目标函数为

$$J(\boldsymbol{\omega}) = U \cdot \sum_{j=1}^{N} L[y_i - F(\boldsymbol{x}^j, \boldsymbol{\omega})] + \|\boldsymbol{\omega}\|^2$$

式中：U 为正则化常数；L 为损失函数；F 为计算 $\boldsymbol{x}^j$ 和 $\boldsymbol{\omega}$ 的内积算子，是 SVR 模型能够处理非线性问题的关键部分。F 算子一般可以分为线性和非线性两大类，即

对于线性，有

$$F(\boldsymbol{x}, \boldsymbol{\omega}) = \boldsymbol{x}^{\mathrm{T}} \boldsymbol{\omega}$$

对于非线性，有

$$F(\boldsymbol{x}, \boldsymbol{\omega}) = \sum_{i=1}^{N} \omega_i K(x_i, x) + b$$

式中：$K(x_i, x)$ 是 SVR 模型的核函数。常见的核函数有线性核函数、多项式核函数、高斯径向基核函数、双曲正切核函数等。利用非线性核函数将定义域空间映射到高维空间中，从而能够计算超平面以解决非线性问题。

5）RNN 系列模型

RNN（Recurrent Neural Network）是一类用于处理序列数据的神经网络。基础的神经网络只在层与层之间建立权连接，RNN 最大的不同之处就是在层之间的神经元之间也建立权连接。随着序列的不断推进，神经元在某时刻的输入不仅仅是当前时刻的输入，还有上一时刻的输出，这种神经网络看起来就像具有"记忆功能"。RNN 的结构如图 5.14 所示。

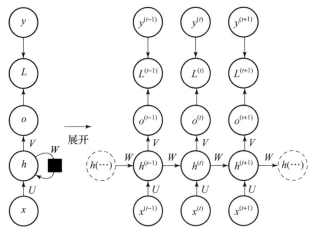

图 5.14　RNN 结构

RNN 本身的网络结构可能会导致"梯度消失"和"梯度爆炸"现象的发生，而 LSTM 结构可以解决这个问题。

LSTM（Long Short Term Memory）称为长短期记忆网络，是 RNN 的一种变体。RNN 由于梯度消失的原因只能有短期记忆，LSTM 网络通过精妙的门控制将短期记忆与长期记忆结合起来，并且在一定程度上解决了梯度消失的问题。

RNN 的简化示意图如图 5.15 所示。

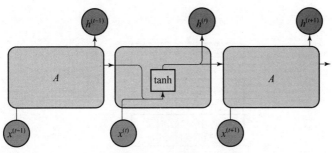

图 5.15　RNN 的简化示意图

LSTM 简化示意图如图 5.16 所示。

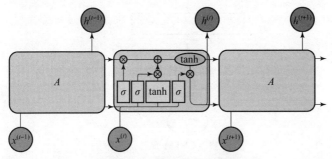

图 5.16　LSTM 简化示意图

　　LSTM 有很多结构，这些结构一般称为门控结构（Gate）。LSTM 在每个序列索引位置 t 的门一般包括遗忘门、输入门和输出门三种。

　　采用 BPTT 算法是训练 LSTM 模型常用的方法，其实本质还是 BP 算法，只不过 LSTM 处理时间序列数据，所以要基于时间反向传播，故称为随时间反向传播。BPTT 的中心思想和 BP 算法相同，沿着需要优化参数的负梯度方向不断寻找更优的点直至收敛。因此，BPTT 算法本质上还是 BP 算法，BP 算法本质还是梯度下降法，那么该算法的核心依然是求各个参数的梯度，LSTM 算法流程如图 5.17 所示。

　　6）混频 LSTM 模型

　　在面对混频数据时，LSTM 要求输入的数据在时间维度上是等长的，常规的做法只能先把混频数据转换为最低频率的同频数据，然后再使用 LSTM 网络训练。混频 LSTM 直接以混频数据作为输入，不损失原始信息。长短时记忆模型可以有效提取时序数据中的时序信息，应用到时序建模能有更好的建模效果。用 x_t 表示低频变量在时刻 t 的输入，$z_{t+k/m}$ 表示高频变量在 $t+k/m$ 时刻的

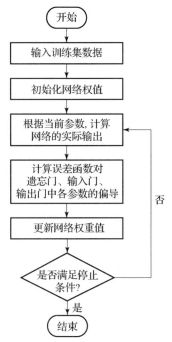

图 5.17 LSTM 算法流程框图

输入。在这个网络结构中，x_t 和 z_t 的时序信息分开传播到下一时刻的 x 和 z，而 x 和 z 之间没有信息交互，所以称为独立循环单位，记这种网络模型为 MF – LSTM，如图 5.18 所示。

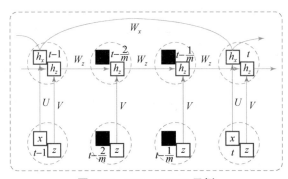

图 5.18 MF – LSTM 示例

x_t 的表达式与 LSTM 相同，$z_{t+k/m}(k=0,1,\cdots,m-1)$ 的表达式为

$$f_{t+k/m} = \sigma\left(\begin{bmatrix} \boldsymbol{W}_f & \boldsymbol{U}_f \end{bmatrix}\begin{bmatrix} h_{t+\frac{k-1}{m}} \\ z_{t+\frac{k}{m}} \end{bmatrix} + b_f\right)$$

$$i_{t+k/m} = \sigma\left(\begin{bmatrix} \boldsymbol{W}_i & \boldsymbol{U}_i \end{bmatrix}\begin{bmatrix} h_{t+\frac{k-1}{m}} \\ z_{t+\frac{k}{m}} \end{bmatrix} + b_i\right)$$

$$\tilde{C}_{t+k/m} = \tanh\left(\begin{bmatrix} \boldsymbol{W}_{\tilde{c}} & \boldsymbol{U}_{\tilde{c}} \end{bmatrix}\begin{bmatrix} h_{t+\frac{k-1}{m}} \\ z_{t+\frac{k}{m}} \end{bmatrix} + b_{\tilde{c}}\right)$$

$$C_{t+k/m} = f_{t+k/m} \times C_{t-\frac{k-1}{m}} + i_{t+\frac{k}{m}} \times \tilde{C}_{t+k/m}$$

$$o_{t+k/m} = \sigma\left(\begin{bmatrix} \boldsymbol{W}_o & \boldsymbol{U}_o \end{bmatrix}\begin{bmatrix} h_{t+\frac{k-1}{m}} \\ z_{t+\frac{k}{m}} \end{bmatrix} + b_o\right)$$

$$h_{t+k/m} = o_{t+k/m} \times \tanh(C_{t+k/m})$$

用 $\hat{y}$ 表示模型的输出，那么有

$$\hat{y} = \boldsymbol{W}_h\begin{bmatrix} \sigma(h_{x,T}) \\ \sigma(h_{z,T}) \end{bmatrix} + b_h$$

（二）知识图谱技术

近年来，随着现代科学技术的突飞猛进，以及国际互联网发展在世界上的迅速传播，导致全球知识呈爆炸式增长，有关知识图谱领域的研究如火如荼。知识是对信息的进一步组织和抽象，符合人类活动的语义和逻辑。因此，相对于信息，知识能更直接地指导人的决策和行动，从而弥补信息优势向决策优势转换中的缺失，即信息优势首先转换为知识优势，然后再由知识优势转换为决策优势。

知识图谱是通过将应用数学、图形学、信息可视化技术、信息科学等学科理论与方法和计量学引文分析、共现分析等方法相结合，并利用可视化的图谱形象地展示学科的核心结构、发展历史、前沿领域以及整体知识架构达到多学科融合目的的现代理论。它把复杂的知识领域通过数据挖掘、信息处理、知识计量和图形绘制而显示出来，揭示知识领域的动态发展规律，为学科研究提供切实、有价值的参考。

知识图谱本质上是语义网络，是一种基于图的数据结构，由节点（Point）和边（Edge）组成。在知识图谱里，每个节点表示现实世界中存在的"实体"，每条边为实体与实体之间的"关系"。知识图谱是关系的最有效表示方式。通俗地讲，知识图谱就是把所有不同种类的信息（Heterogeneous Information）连接在一起而得到的一个关系网络。知识图谱提供了从"关系"

的角度去分析问题的能力。

目前已经发布的知识图谱都是通用知识图谱，它强调的是广度，因而强调更多的是实体，很难生成完整的全局性的本体层的统一管理。另外，通用知识图谱主要应用于搜索等业务，对准确度要求不是很高。领域知识图谱对准确度要求更高，通常用于辅助各种复杂的分析应用或决策支持；严格且丰富的数据模式，使领域知识图谱中的实体通常属性多且具有行业意义；目标对象需要考虑各种级别的人员，不同人员对应的操作和业务场景不同。

近几年，随着 Linking Open Data、FreeBase 等项目的全面展开，语义 Web数据源数据激增，互联网正从仅包含网页和网页之间超链接的文档万维网（Document Web）转变为包含大量描述各种实体和实体之间丰富关系的数据万维网（Data Web）。在这个背景下，谷歌、百度和搜狗等搜索引擎公司纷纷以此为基础构建知识图谱，分别为 Knowledge Graph、知心和知立方体，来改进搜索质量，从而拉开了语义搜索的序幕。

知识图谱旨在描述真实世界中存在的各种实体或概念，其率先由谷歌提出用来提高搜索质量。知识图谱中每个实体或概念用一个全局唯一确定的 ID 来标识，称为它们的标识符（Identifier）。每个属性—值对（Attribute – Value Pair，AVP）用来刻画实体的内在特性，而关系（Relation）用来连接两个实体，刻画它们之间的关联。通常在搜索的时候，不只是为了找到一个网页，而是更希望得到答案，并想对搜索的内容有更深的理解和探索。知识图谱想要做的就是在不同数据（来自现实世界）之间建立联系，从而带给我们更有意义的搜索结果。同基于关键词搜索的传统搜索引擎，知识图谱可用来更好地查询复杂的关联信息，从语义层面理解用户意图，改进搜索质量。比如在谷歌的搜索框里输入 Bill Gates 的时候，搜索结果页面的右侧还会出现与 Bill Gates 相关的信息，如出生年月、家庭情况等，又比如在谷歌中搜索一个关键词"达·芬奇"，右侧会显示达·芬奇的生平、背景、名画、雕塑、居住位置和图书等相关信息，如图 5.19 所示。点击这些知识点，又可以深入一步了解。这就是知识图谱，它不再是单一的信息，而是一个多元的信息网络。知识图谱的雏形几年前就已出现，一家名为 Metaweb 的小公司，将现实世界中实体（人或事）的各种数据信息存储在系统中，并在数据之间建立起联系，从而发展出有别于传统关键词搜索的技术。谷歌认为这一系统很有发展潜力，于 2010 年收购了Metaweb。那时 Metaweb 已经存储了 1200 万个节点（Reference point，相当于一个词条或者一个页面）。Metaweb 的主要信息来源是 Freebase，谷歌收购后的两年中，大大加速了这一进程，谷歌知识图谱的信息来源不仅包括 Freebase、维基百科、CIA World Factbook 等公共资源，也从其他网页搜集整理了大量信息。谷歌官方提供的数据是目前已经搜集的 35 亿条信息（facts），已有超过 5.7 亿个节点并在它们之间建了 180 亿个有效连接（这可是一个相当庞大的数字，维基百科英文版也才大约 400 万个节点）。"这是构筑下一代搜索至关重要的第一步。搜索将步入网络集智，对世界的理解也会更像人类。"这是谷歌知识图谱发布博文中的一句话。作为全球搜索市场占有率超过 87% 的业界老大，谷歌知识图谱的发布意味着提供更直接的信息已经是未来搜索发展的方向。

图 5.19　谷歌基于知识图谱的搜索实例

在知识图谱领域，另一 IT 巨头——微软也一直在探索，他们将其称为"实体图"。微软全球资深副总裁沈向洋博士认为，搜索的终极其实是"人类智慧的结晶"。"实体图"不是单纯的信息罗列，而是呈现事物的本质与事物间的关系。与谷歌知识图谱搜索类似，必应等搜索引擎在搜索结果页面增加了与查询词相关的实体等知识。最近微软在必应的基础上提供了 Satori，致力于从无结构化的 Web 文档中抽取数据构建结构化的知识库，并且在此之上提供结构化数据的搜索功能。与谷歌的人物、地点等实体抽取和搜索不同，Satori 着重从电子商务和旅游等网站上抽取与动作相关的属性。例如，对于"乐队"实体，相关属性包括购买音乐、查找歌词、索取音乐会门票等；对于"饭店"实体，相关属性包括查看菜单、浏览评价及下订单等。

Facebook 则使用社交图谱来理解人们是如何关联在一起的。因此，Facebook 支持精确的自然语言查询功能，如查询"喜欢星际争霸与哈利波特的朋友""住在洛杉矶并且来自印度的单身男士"或者"朋友在国家公园拍摄的照片"等。此外，用户使用 Facebook 通常希望查找与自己有关联的信息，而非公共信息。因此，与谷歌的知识图谱搜索不同，Facebook 的社交图谱搜索需要进行个人隐私检测。

此外，苹果公司的 Siri 和微软公司的 Cortana 等智能手机助手能回答用户的提问；知识搜索引擎 WalframAlpha 根据用户输入的问题直接给出答案，无须像传统搜索引擎一样给出相关文档。

国际上流行的知识库或数据源包括：①WolframAlpha，一个计算知识引擎，而不是搜索引擎，其真正的创新之处在于能够马上理解问题，并给出答案，在被问到"珠穆朗玛峰有多高"之类的问题时，WolframAlpha 不仅能告诉你海拔高度，还能告诉你这座世界第一高峰的地理位置、附近有什么城镇以及一系列图表；②Freebase，6800 万实体，10 亿的关系。谷歌号称扩展到 5 亿实体和 35 亿的关系，所有内容都由用户添加，采用创意共用许可证，可以自由引用；③DBpedia，维基百科基金会的一个子项目，处于萌芽阶段。DBpedia 是一个在线关联数据知识库项目，它从维基百科的词条中抽取结构化数据，以提供更准确和直接的维基百科搜索，并在其他数据集和维基百科之间创建连接，并进一步将这些数据以关联数据的形式发布到互联网上，提供给需要这些关联数据的在线网络应用、社交网站或者其他在线关联数据知识库。

美国 Palantir 公司是军事领域知识图谱的成功运用案例，曾用大数据帮助 CIA 干掉本·拉登。Palantir 是软件的数据集成、信息管理和定量的分析。该软件连接到商业、专有和公共数据集，并发现趋势、关系和异常，包括预测分析。Palantir 能够快速地实现跨领域的转变，其主要工作内容包括以下几点：

①和领域专家合作，制定符合该领域业务的本体，同时尽可能复用已有的通用本体标准；

②在本体的框架下，实现传统数据到语义数据的清洗转换；

③在平台基础上，实现相关分析业务界面，功能和数据展现，而功能的实现大多都是基于图的搜索和扩展，代码的修改量可能很小。

近年来，国内的大数据技术研究也越来越受到重视。大数据已经被我国政府提升到国家重大发展战略的高度，被我国政府列为推动国家科技创新和引领经济结构优化升级、赶超国际先进水平、引领国家未来产业发展的六大战略性创新产业之一。

腾讯公司的大数据基础平台，主要包括数据接入、资源管理和数据分析等。数据日接入数量 80TB；接入业务接口超过 6000 个，包括微信、QQ、Qzone、游戏、电商、媒体等重点平台数据；支撑广点通、电商、视频和游戏等精准推荐，以及微信数据分析等实时分析和产品报表。其分布式数据仓库，支持 PB 量级的数据存储和计算，提供海量、高效、稳定的大数据平台支撑和决策支持。

2014 年 4 月，百度对外发布大数据引擎，所谓大数据引擎也称百度大数据引擎，指的是对大数据进行收集、存储、计算、挖掘和管理，并通过深度学习技术和数据建模技术，使数据具有"智能"。百度大数据引擎主要包含三大组件，即开放云、数据工厂和百度大脑。百度在开发和运营一整套自主研发的大数据引擎系统，包括数据中心服务器设计、数据中心规划和设计、大规模机器学习、分布式存储、超大规模集群自动化运维、数据管理、数据安全、机器学习（特别是深度学习）、大规模 GPU 并行化平台等方面，百度"大数据引擎"具有先进性和安全性。

华为借助互联网行业新技术革新了传统企业应用的数据基础架构，基于 x86 服务器提供了 SmartVision 大数据处理解决方案和 OceanStor N9000 存储系统技术。SmartVision 为海量数据（包括结构化和非结构化数据）提供了一个统一的存储处理平台，克服了数据处理容量和处理种类限制。通过对上百 TB 甚至 PB 量级数据的统一存储和处理，盘活了散落在企业内部的数据资产，有力地支持了企业的业务决策。OceanStor N9000 存储系统技术采用 Scale – out 架构，通过节点的扩展来解决海量容量的增长，同时还能保持性能线性增长，以此满足业务发展需求。

中国移动在大云平台上部署了分析型 PaaS 产品，利用 BC – Hadoop 构建大数据处理平台，并在英特尔至强 + Hadoop 平台上运行，同时建设了并行数据挖掘系统（BC – PDM&ETL）以及商务智能平台（BI – PAAS）等大数据应用平台，为将来在大数据应用和服务市场做了充分准备。

2012 年底，中国联通就已经成功将大数据和 Hadoop 技术引入到移动通信用户上网记录集中查询与分析支撑系统中。目前，中国联通已经新增 100 亿元投资重庆大数据计划，显现了其发展大数据、转型自身业务的决心。

在大数据应用产品方面，互联网行业走在整个产业的最前端。在互联网领域，其中最成功的应用包括搜索广告系统的广告点击率 CTR 预估，如谷歌的 AdWords、百度的凤巢系统；垃圾邮件过滤系统；基于内容的推荐系统，著名的如亚马逊的商品推荐系统、Netflix 的影片推荐系统、Facebook 的好友推荐系统等。另外，结合移动互联网和物联网，基于位置的服务（Location Based Service，LBS）成为数据挖掘的重要应用场景，包括基于位置的实时推荐、基于位置的社交网络发现等。2014 年 12 月，百度公布最新的语音识别产品 Deep Speech，称其在噪声环境下的识别准确率超过了谷歌、微软和苹果，正确率高出十个百分点。百度通过从 9600 人收集了近 7000 小时的语料数据，然后在样本中加入了 15 种背景噪声，如餐厅、汽车站和地铁站等，训练系统在噪声中识别语音信息。360 手机卫士的骚扰拦截产品，通过对海量数据的运算和精准匹配算法，将数据规模达到 10 亿量级的电话号码提纯为 10KB 的数据即 1000 个骚扰号码同步到用户手机上，同时结合用户主动标记的骚扰电话，打造个性化的骚扰号码数据库。

在大数据分析技术方面，知识图谱（Knowledge Graph）正式被谷歌于 2012 年 5 月提出，其目标在于改善搜索结果，描述真实世界中存在的各种实体和概念，以及这些实体和概念之间的关联关系。紧随其后，国内的其他互联网搜索引擎公司也纷纷构建了自己的知识图谱，如搜狗的知立方、百度的知心。知识图谱在语义搜索、智能问答、数据挖掘、数字图书馆、推荐系统等领域有着广泛的应用。图 5.20 所示为搜狗知立方"姚明"的关系图。图 5.21 所示为百度知心的智能问答搜索。

当前，基于知识图谱的数据分析主要包括以下内容。

1. 基于知识图谱的挖掘技术

1）推理

推理被广泛用于发现隐含知识。推理功能一般通过可扩展的规则引擎来完成。知识图谱上的规则一般涉及两大类。一类是针对属性的，即通过数值计算来获取其属性值。例如，知识图谱中包含某人的出生年月，可以通过当前日期减去其出生日期获取其年龄。这类规则对于那些属性值随时间或其他因素发生改变的情况特别有用。另一类是针对关系的，即通过（链式）规则发现实体间的隐含关系。例如，可以定义规定：岳父是妻子的父亲。利用这条规则，当已知姚明的妻子（叶莉）和叶莉的父亲（叶发）时，可以推出姚明的岳父是叶发。

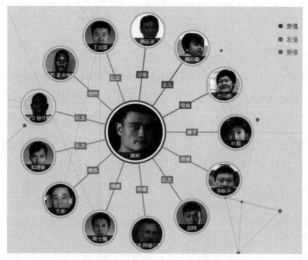

图 5.20　搜狗"知立方"姚明关系图

图 5.21　百度"知心"智能问答搜索

2）实体重要性排序

搜索引擎识别用户查询中提到的实体，并通过知识卡片展现该实体的结构化摘要。当查询涉及多个实体时，搜索引擎将选择与查询更相关且更重要的实体来展示。实体的相关性度量需在查询时在线计算，而实体重要性与查询无关可离线计算。搜索引擎公司将 PageRank 算法应用在知识图谱上来计算实体的重要性。和传统的 Web Graph 相比，知识图谱中的节点从单一的网页变成了各种类型的实体，而图中的边也由连接网页的超链接（Hyperlink）变成丰富的各种语义关系。由于不同的实体和语义关系的流行程度以及抽取的置信度均不同，而这些因素将影响实体重要性的最终计算结果，因此，各大搜索引擎公司嵌入这些因素来刻画实体和语义关系的初始重要性，从而使用带偏的 PageRank 算法。

3）相关实体挖掘

在相同查询中共现的实体，或在同一个查询会话（Session）中被提到的其他实体称为相关实体。一个常用的做法是将这些查询或会话看作虚拟文档，将其中出现的实体看作文档中的词条，使用主题模型发现虚拟文档集中的主题分布。其中每个主题包含一个或多个实体，这些在同一个主题中的实体互为相关实体。当用户输入查询时，搜索引擎分析查询的主题分布并选出最相关的主题。同时，搜索引擎将给出该主题中与知识卡片所展现的实体最相关的那些实体作为"其他人还搜了"的推荐结果。

2. 面向知识图谱的搜索技术

1）查询理解

搜索引擎借助知识图谱来识别查询中涉及的实体（概念）及其属性等，并根据实体的重要性展现相应的知识卡片。搜索引擎并非展现实体的全部属性，而是根据当前输入的查询自动选择最相关的属性及属性值来显示。此外，搜索引擎仅当知识卡片所涉及的知识的正确性很高（通常超过 95%，甚至达到 99%）时才会展现。当要展现的实体被选中之后，利用相关实体挖掘来推荐其他用户可能感兴趣的实体供进一步浏览。例如，百度搜索某些人物的关键词时，会出现该人物相关的资料，搜索结果以"百科全书"式的方式显示。在搜索的结果中呈现查询词的简介、百度百科词条、新浪微博地址、相关新闻及人物图片等。

2）自然语言理解

除了展现与查询相关的知识卡片外，知识图谱对于搜索所带来的另一个革新是直接返回答案，而不仅仅是排序的文档列表。要实现自动问答系统，搜索引擎不仅要理解查询中涉及的实体及其属性，更需要理解查询所对应的语义信息。搜索引擎通过高效的图搜索，在知识图谱中查找连接这些实体及属性的子图并转换为相应的图查询。这些翻译过的图查询被进一步提交给图数据库进行比对和分析返回相应的答案。例如，搜狗知立方侧重于基于图搜索知识索引的逻辑推理计算，具体体现在：①除了必备的通过文本和半结构化网页抽取实体和关系外，知立方还利用语义网的三元组推理补充实体数据。例如，从"配偶＋男性"推理出"丈夫"，从"电影的主演"推理出"演员出演了电影"。

②对查询词进行了语义理解，表现在实体识别和模式挖掘，如从"《无间道》是谁演的""谁是《无间道》的主演""《让子弹飞》是谁演的"等用户提问的实例中挖掘出"< Movie >谁演的"和"谁是< Movie >的主演"的模式。③对查询词进行句法分析。例如，对于问题"梁启超的儿子的太太的情人的父亲是谁"，基于句法"PERSON – > PERSON POS_DEG RELATION"进行分析，推理得出该问题的答案应该属于"人"的范畴。

3）反欺诈

在金融领域，反欺诈是风控中非常重要的一个环节。基于大数据的反欺诈的难点在于如何把不同来源的异构数据整合在一起，并构建反欺诈引擎，从而有效地识别出欺诈案件（如身份造假、团体欺诈和代办包装等）。而且不少欺诈案件会涉及复杂的关系网络，这也给欺诈审核带来了新的挑战。知识图谱，作为关系的直接表示方式，可以很好地解决这两个问题。首先，知识图谱提供非常便捷的方式来添加新的数据源。其次，知识图谱本身就是用来表示关系的，这种直观的表示方法可以帮助我们更有效地分析复杂关系中存在的特定潜在风险。

反欺诈的核心是人，首先需要把与借款人相关的所有的数据源打通，并构建包含多数据源的知识图谱，从而整合成为一台机器可以理解的结构化知识。在这里，不仅可以整合借款人的基本信息，还可以把借款人的消费记录、行为记录、网上的浏览记录等整合到整个知识图谱里，从而进行分析和预测。这里的一个难点是很多的数据都是从网络上获取的非结构化数据，需要利用机器学习、自然语言处理技术把这些数据变成结构化的数据。

不一致性验证可以用来判断一个借款人的欺诈风险，这个与交叉验证类似。不一致性验证涉及知识的推理。通俗地讲，知识的推理可以理解成"链接预测"，也就是从已有的关系图谱里推导出新的关系或链接。比如借款人张三和借款人李四填写的是同一个公司电话，但张三填写的公司和李四填写的公司完全不一样，这就成了一个风险点，需要审核人员格外注意。

4）复杂网络群体发现

一些非法组织在非常复杂的关系网络里隐藏着，不容易被发现。只有把其中隐含的关系网络梳理清楚，才有可能去分析并发现其中潜在的风险。知识图谱，作为天然的关系网络的分析工具，可以帮助我们更容易地去识别这种潜在的风险。例如，有些组团欺诈的成员会用虚假的身份去申请贷款，但部分信息是共享的。通过关系网络可以很容易看出多个个体之间都共享着某一部分信息，这就可以帮助我们识别隐藏的群组。

5）异常分析

异常分析是数据挖掘研究领域里比较重要的课题。可以把它简单理解成从给定的数据中找出"异常"点。既然知识图谱可以看作一个图（Graph），知识图谱的异常分析也大都是基于图的结构。由于知识图谱里的实体类型、关系类型不同，异常分析也需要把这些额外的信息考虑进去。大多数基于图的异常分析的计算量比较大，可以选择做离线计算。在我们的应用框架中，可以把异常分析分为两大类，即静态分析和动态分析。

静态分析指的是给定一个图形结构和某个时间点，从中去发现一些异常点（如有异常的子图）。

动态分析指的是分析其结构随时间变化的趋势。通常在短时间内知识图谱结构的变化不会太大，如果它的变化很大，就说明可能存在异常，需要进一步关注。分析结构随时间的变化会涉及时序分析技术和图相似性计算技术。

6）信息推送

在互联网时代，如何分析用户和理解用户的行为至关重要。知识图谱可以结合多种数据源去分析实体之间的关系，从而对用户的行为有更好的理解。比如用知识图谱来分析用户之间的关系，去发现一个组织的共同喜好，从而可以有针对性地对某一类人群制定信息推送策略，为用户提供精准的情报信息。

（三）大数据处理技术

海量数据中绝大部分是多源的文本、图像、音/视频等非结构化数据，相对于结构化数据，这些数据体积巨大、内容信息更加丰富，能否高效地从中提取所需信息已成为大数据技术突破的焦点。

1. 分布式离线批量计算技术

MapReduce是谷歌提出的分布式并行计算编程模型，用于大规模数据的并行处理。MapReduce模型受函数式编程语言的启发，将大规模数据处理作业拆分成若干个可独立运行的Map任务，分配到不同的机器上去执行，生成某种格式的中间文件，再由若干个Reduce任务合并这些中间文件获得最后的输出文件。用户在使用MapReduce模型进行大规模数据处理时，可以将主要精力放在如何编写Map和Reduce函数上，其他并行计算中的复杂问题诸如分布式文件系统、工作调度、容错、机器间通信等都交给MapReduce系统处理；在很大程度上降低了整个编程难度。MapReduce 日益成为云计算平台的流编程模型。

Map 调用通过把输入数据自动分割成 M 片被分布到多台机器上，输入的片能够在不同的机器上被并行处理。Reduce 调用则通过分割函数分割中间 key，从而形成 R 片（如 hash（key）mod R），它们也会被分布到多台机器上。分割数量 R 和分割函数由用户来指定。

2. 分布式内存迭代计算技术

Spark 利用 RDD 实现了对分布式数据集的内存抽象，RDD 就是一个不可变的带分区的记录集合，同时也是 Spark 框架内的编程模型。Spark 提供了 RDD 上的两类操作转换盒动作。转换是用来定义一个新的 RDD，包括 map、flatMap、filter、union、sample、join、groupByKey 和 cogroup 等，动作是返回一个结果，包括 collect、reduce、count、save 和 lookupkey 等。

在 Spark 中，所有 RDD 的转换都是惰性求值的。RDD 的转换操作会生成新的 RDD，新的 RDD 的数据依赖于原来 RDD 的数据，每个 RDD 又包含多个分区。那么一段程序实际上就构造了一个由相互依赖的多个 RDD 组成的有向无环图，并通过在 RDD 上执行动作将这个有向无环图提交给 Spark 执行。Spark 对于有向无环图作业进行调度，确定阶段、分区、流水线、任务和缓存，进行优化，并在 Spark 集群上进行作业。RDD 之间的依赖分为宽依赖（依赖多个分区）和窄依赖（只依赖一个分区），在确定阶段时，需要根据宽依赖划分阶段，根据分区划分任务。Spark 为迭代式数据处理提供更好的支持，每次迭代的数据可以保存在内存中，而不是写入文件。

3. 分布式流式处理计算技术

Storm 是一个分布式的实时计算系统，它可以方便地在一个计算机集群中编写复杂的实时计算。Storm 对于实时处理，就好比 MapReduce 的批处理。其主要应用场景有流数据处理、实时搜索等。Storm 保证每个消息都会得到处理，而且很快，在一个小集群中，每秒可以处理数以百万计的消息。

Storm 实现了一种流式处理模型，流是一种有顺序并且连续到达的数据。在 Storm 计算模型中，主要有两类计算过程，分别是 Spout 计算过程和 Bolt 计算过程。Spout、Bolt 分别由用户自己实现 SpoutInterface 和 BoltInterface 两类接口。Spout 用于一个 Topology 拓扑生产消息，一般是从外部数据源接入，将数据流以 tuple 的形式传递给 Bolt，Bolt 去处理传过来的 tuple。

Storm 由主节点和从节点构成。主节点运行 Nimbus 进程，负责代码的分发等分配任务。从节点 Supervisor 负责接收主节点分配给它的任务，一般情况下，一个从节点上运行一个或多个进程 Worker，每个进程中又产生一个或多个线程 Excutor，线程用来执行 Task 任务，即 Spout 和 Bolt 业务逻辑。当一个 Topology 被定义好后，通过 Storm 的 jar 命令，将它打包上传至主节点，主节点去 zookeeper 检查集群的状态是否处于活动状态，并且检查集群中是否存在相同名字的 Topology 实例在运行，然后根据代码中的参数来确定进程、线程、Spout 和 Bolt 的数量，并设定 Task 任务的数量以及 Task 编号，将分配好的 Task 信息写入 zookeeper 中。整个过程主节点与从节点之间是不进行通信的，所有的通信通过 zookeeper 来协调。

四、数据组织集成技术基础

在数字信息资源越来越丰富、种类越来越多的今天，更简洁、更实用、功能更强的异构数据统一检索平台的构建无疑有着重要的实用价值。数据可以分为三种类型，即结构化、半结构化和无结构化数据，它们在应用中分别主要体现为关系数据、XML 数据和全文数据。对于这三种类型的数据，当前都有较成熟的索引模型和查询方法，并且这些模型和方法在大部分数据库产品中占据了主流地位。但是实际应用中的数据在很多情况下并不单纯是一种类型，而且三种数据的异构性导致它们的索引模型之间也存在一定程度的异构性，所以如何处理混合类型的数据还是一个亟须解决的问题。

（一）数据组织

在国际上，对海量信息环境下的数据组织的研究和实现已经展开。主要分为基于文件系统的海量数据组织和基于体系结构的海量数据组织。

在基于文件系统的海量数据组织方面，文件系统作为本地存储系统的数据组织管理者，它在不同操作系统平台下有不同的组织结构和操作形式。基于多种主机文件系统和分布式文件系统的研究成果，适应于海量数据组织的文件系统应运而生。CFS（Cluster File Systems）的 Lustre、Panasas 的 PanFS、IBM 的 StorageTank 和谷歌的 GFS（Google File System）等在海量数据组织上都提供了很好的性能。

CFS 公司的 Lustre 是面向下一代存储的分布式文件系统。Lustre 对于元数据管理采取的是数据与元数据分离且在元数据集中管理的机制。它采取单一的元数据服务器（MDS）来对元数据进行存储和管理。这种分离机制可以更好地利用各自存储设备和传输网络的特性，提高系统的性能，有效降低系统的成本。不足的是这些研究工作没有实现对元数据存储结构的扩展。

GFS 是谷歌公司用来存储和组织海量信息的分布式文件系统。GFS 是一个可扩展的分布式文件系统，用于大型的、分布式的、对大量数据进行访问的应用。它运行于廉价的普通硬件上，但可以提供容错功能。它可以给大量的用户提供总体性能较高的服务。GFS 与过去的分布式文件系统有很多相同的目标，但 GFS 的设计受到了当前及预期应用方面的工作量及技术环境的驱动，这反映了它与早期的文件系统明显不同的设想。这就需要对传统的选择进行重新检验并进行完全不同的设计观点的探索。单纯从信息内容组织上，GFS 是很成功的。但是 GFS 没有加入语义的概念，不能很好地利用人的认知来不断对信息进行扩展型描述。

在基于体系结构的海量数据组织方面。California 大学的 OceanStore 是一个在全球范围内搭建的海量存储池，向用户提供存储服务，尤其针对那些移动终端，如一些嵌入式设备。用户可以在任何时候、任何地点、通过任何设备接入 Internet，并访问存储在 OceanStore 中的数据。OceanStore 由大量互相连接的存储节点共同组成，其中多数是专用节点，由经营存储服务的公司（或者公司联盟）提供，其他组织也可以被邀请加入服务方，只要他们提供一定数量的存储节点和带宽能力。用户为其在 OceanStore 中占用的存储空间付费，存储的个人数据保证安全，不会泄露给其他用户，也不会泄露给系统管理员。当然，用户可以赋予其他用户访问其个人数据的权力。OceanStore 在数据模式和访问接口、数据放置与路由、访问控制、复制策略、归档存储以及内省机制等方面都有不错的表现。

国内在海量存储环境下的数据组织的研究和实现上也取得一定的成果。北京大学的计算机网络与分布式系统实验室的搜索引擎组的在研项目之一——Ocean Data Information Retrieval。项目的研究内容有数据空间的组织、存储和索引技术。它基于已有天网平台，从 Internet 信息特征入手，对其进行组织、存储，然后提供索引技术，为信息建立索引，最后实现高速信息检索系统。

国内不少互联网企业也在海量数据组织方面做出了不少努力。腾讯存储平台小组在实现 TFS（Tencent File System）来组织和管理已有的数据信息，并为将来的数据扩张做准备。迅雷和百度也在进行类似的研究。

综观目前的国内外研究可知，海量数据组织的重要性日趋突出，海量数据组织在理论和实现技术上都有待发展。

（二）数据检索

数据检索的研究在国内外的研究早就展开，理论和实现技术上都取得了很多成果。特别是以谷歌、百度为代表的互联网搜索引擎技术就是引领信息索引的技术先导。总体来看，信息索引相关的已有工作可以分为三个方面，即Web搜索引擎的索引、数据库的索引和文件系统的索引。

（1）Web搜索引擎的索引技术主要源于全文检索技术。Apache 软件基金会的 Jakarta 项目组的一个子项目 Lucene 是一个开放源代码的全文检索引擎工具包，即它不是一个完整的全文检索引擎，而是一个全文检索引擎的架构，提供了完整的查询引擎和索引引擎以及部分文本分析引擎（英文与德文两种西方语言）。Lucene 的目的是为软件开发人员提供一个简单易用的工具包，以方便在目标系统中实现全文检索功能，或者是以此为基础建立起完整的全文检索引擎。

（2）数据库的索引技术一直是研究的热点。索引的存储结构主要分为聚簇索引（Clustered Index）和非聚簇索引（Nonclustered Index）。聚簇索引也叫主索引，它对表的物理数据页中的数据按列进行排序，然后再重新存储到磁盘上，聚簇索引与数据是混为一体的，它的叶节点中存储的是实际数据。由于聚簇索引对表中的数据一一进行了排序，因此聚簇索引的数据检索速度大大提高。但这种方法增大了对存储空间的需求；而且由于表的数据行只能以一种排序方式存储在磁盘上，所以一个表也只能有一个聚簇索引，无法满足多种特性数据操作。针对这种缺点，出现了非聚簇索引。使用非聚簇索引的关键字的值和行定位器。行定位器的结构和存储内容取决于数据的存储方式。但由于非聚簇索引使用索引页存储，因此在存储空间上需求更大。微软的 SQL Server 系列和 IBM 的 DB2 系列的索引机制对于特定的数据集的索引效率还是不错的，但是对于异构数据集和数据集扩容后的整合索引是低效的。

（3）文件系统的数据索引机制也是各个文件系统的一个重要研究内容。UNIX 下的 Ext2/Ext3 文件系统使用索引节点来记录文件信息，与 Windows 的 FAT（文件分配表）相似。索引节点包含了文件的长度、创建时间、权限、所属关系和磁盘位置信息等。一个文件系统维护了一个索引节点的数组。利用索引机制实现的检索工具方便了信息的查找。作为最早的文件系统检索工具的

UNIX 中的 grep，根据特定的词元或者表达式扫描文件内容，然后返回查找得到的具体信息位置。UNIX 中的另一个检索工具 find 在 grep 的基础上添加了基于文件路径的检索。它们检索的对象是信息内容，这种大数据集的检索大大降低了检索性能。Windows 下文件系统检索工具也提供了基于信息内容的检索机制。通过收集文件的一些元数据，如大小、创建时间等，以及提供属性来由用户自定义属性值，大大扩展了用户对信息的标记，方便了查找。但是这种信息的再扩展是有限的，属性是固定的，无法充分表达用户的理解。而且，这种检索机制是基于内容的，信息的数据是固定的，而作为信息本身是三维的，即信息存储时间、信息存储内容和信息存储空间，信息存储时间的变化会导致另外两个向量的变化。因此，仅仅依靠信息存储内容和存储空间是不能完全描述信息实体的，信息是随时间变化而变化的。

（三）数据库构建

在数据库构建方面，美国早就体系化地开展了社会安全事件研究，同时有意识地积累了大量的事件数据，有代表性的项目包括 GDELT（全球事件数据库）、GTD（全球恐袭事件数据库）、RDTWI（兰德公司恐怖主义数据库）等。GDELT 作为目前全球最大的事件数据库，监测超过 100 种语言的来自每个国家的网络新闻、广播和各类印刷资料，并且识别新闻中的人员、位置、数量、组织、主题、数据源、情绪、报价、图片和每秒都在推动全球社会的事件等信息要素，抽取成为半格式化数据用于支撑社会安全研究。数据时间跨度从 1979 年至今，并持续每天更新。GTD 是关于恐怖主义的最大数据库之一，记录了 1970—2013 年全球范围内逾 125000 起恐怖主义事件，该数据库系统还实现了事件的动态定位可视化表达，绘制了针对恐怖主义组织的二维分析图表等。RDWTI 由美国一家以军事为主的综合性战略研究机构兰德（Rand）公司提供，该数据库记录了 1968—2009 年 40000 余起恐怖主义事件，在数据结构上较 GTD 更为精简，该公司还拥有独立的科研部门和科研人员从事面向社会安全事件的研究工作，并定期发布科研成果。

国际上许多国家组织致力于恐怖主义的研究，建立了针对恐怖主义的数据库网站。荷兰的 Anti‒terrorisme 反恐网站汇集了不同类别的网络资源，包括荷兰的恐怖主义、外国情报服务、欧洲和反恐、北约、大规模毁灭性武器、海上安全、网络恐怖主义和毒品恐怖主义，人们可以将搜索范围扩大到更普遍的话题，如犯罪学、监狱、报纸、外国媒体、警察和私人安全。南亚恐怖主义门户网站收集和分析关于孟加拉国、不丹、印度、尼泊尔、巴基斯坦和斯里兰卡的信息，每个国家都可以找到关于恐怖主义集团的评估、书目、数据表、文件、时间表和信息，这些数据表基于当地新闻来源，比国际新闻来源更详细和具体。澳大利亚独立智库经济与安全协会（Institute for Economics and Peace）通过对全球 162 个国家的恐怖主义发展状况进行统计研究，并将每年的恐怖袭击事件、死亡人数、受伤人数、财产损失等指标赋值，用全球恐怖主义指数（Global Terrorism Index，GTI）来衡量各国恐怖主义发展状况。ThoughtCo 恐怖主义问题网收集了关于恐怖主义历史和原因、恐怖主义类型、团体和战术、美国反恐政策、全球反恐战争、打击暴力极端主义、国土安全、人权和公民权利以及应急准备的一般信息。此外，芝加哥安全与威胁项目（CPOST）、国际反恐研究所（ICT）、詹姆斯敦基金会、美国反恐研究联盟 START、西点反恐中心、国际反恐和安全专业人员协会、波托马克政策研究所、苏黎世联邦理工学院安全研究中心、梅尔·阿米特情报与恐怖主义信息中心、德国恐怖主义研究网等项目组织也均致力于对恐怖主义的研究。

目前我国社会安全事件数据库建设仍未实现公开化和系统化，大多数数据来源于国外数据库和网络数据，相关安全风险评估工作也仅处于起步阶段。2015 年我国出台了《促进大数据发展行动纲要》和《关于加强中国特色新型智库建设的意见》等相关政策文件，数据作为一种资源和基础能力也越来越受到重视，但是相比美国等国家早在几十年前还没有大数据等技术时就已经开始大量积累数据的远见和布局，我们还有很长的路要走。

传统关系数据库保证了强一致性（ACID）和高可用性（侧重 AC），在高可伸缩性方面存在难以克服的缺陷，因此无法应付海量数据的高效存储和高并发访问。针对该问题，NoSQL 技术被提出并得到迅速发展。NoSQL 数据库的基本思想是通过牺牲强一致性，使系统达到高伸缩性和高可用性（侧重 AP），即在一致性和系统可用性之间做出权衡。根据存储模型的不同，目前主流的 NoSQL 可以分为四类，即基于键/值存储的 NoSQL 数据库（如 Redis）、面向列簇的 NoSQL 数据库（如 HBase，Cassandra）、面向文档的 NoSQL 数据库（如 MongoDB）和基于图的 NoSQL 数据库（如 Neo4J）。

关于海量异构数据存储集成，谷歌于 2012 年初推出了一款新型数据库 F1，将其核心的广告业务数据放在此数据平台上进行处理。该数据平台是一款混合（Hybrid）数据库产品，其将大数据伸缩性和关系型数据库的功能性和可用性相结合，是一款新型的不采用 NoSQL 来实现数据库伸缩性的产品。谷歌公司在推出 F1 之前，已经在不断进行一些数据集成的不同尝试，如将 Web – scale 的数据做集成等。F1 数据平台目前也只是服务于谷歌的广告业务，并未在其他领域得到广泛应用。

而 Oracle 推出的集成数据平台也主要是针对于分布式数据库，EMC 也推出了集成化助手 GreenPlum，以打造自己的大数据处理平台。这些数据库提供商纷纷不断做出努力和尝试来推出自己的数据集成平台，也正是企业信息集成化的推动结果。

海量异构数据索引技术是包括云数据存储平台在内的多类数据存储系统必须考虑的效率提升手段，其主要包含新建、修改和删除索引三个方面。创建索引的方式有通过网页建立索引、通过 API 建立索引、通过 SDK 建立索引。目前，具备索引管理功能的产品主要有 Cpanel、DB2、Oracle、SQL Server。Cpanel 的索引管理功能可以保护网站的索引，并通过索引管理实现定制以在网络上查看目录。

随着 DB2V10 的发布，其中加入了很多数据库方面的新特性。其中，索引管理的新特性包括：优化的索引预读，提高了预读的准确性和有效性；优化的数据预读，使数据访问变得更快，可使用大量的异步输入输出，增强了预读的准确性和有效性，大幅减少操作不相关的页面，而对于 CPU、输入输出和数据库缓存，实现了节省空间并提高了其使用效率；索引跳跃扫描，避免了通过创建其他索引来实现索引间隙扫描；避免重复评估操作，从而可以缩短大量评估操作所消耗的时间，提高评估效率，更快地返回结果集。

Oracle 的索引管理具有五大主要功能，即创建、查询、删除、重命名以及监控索引的使用。其索引管理的指导方针为：根据用户 DML 操作使用频率的不同建立不同模式索引；将表和索引部署到相同的表空间，以简化表空间的管理；使用固定区的尺寸，建议分配一个区的大小为五个块或五的倍数；一个索引只存放一个列的值；创建索引不产生日志条记录，以提高创建的速度，但以后无法进行恢复，因此一般如此进行数据操作后，会立即备份数据所存放的表空间。

SQL Server 对于索引的管理原则为：使用索引需要代价，不但会占用大量的物理空间，也会影响数据库的运行性能；对于在其上很少做查询的列或重复值较多的列不建立索引，同样为节省空间；对于按范围查询的列，则建立索引。因为索引已经对查询目标内容进行了排序，且其保存时指定的范围是连续的，故在查询时可以利用索引的排序加快查询速度，提高查询效率。

关于海量异构数据存储，亚马逊的 Dynamo 是 key - value 模式的存储平台，可用性和扩展性很好，读写访问中 99.9% 的响应时间都在 300ms 内。在 Dynamo 中，数据按照键值对进行组织，主要面向原始数据的存储。这种架构下，系统中每个节点都能相互感知，自我管理性能较强，没有单点失效。

谷歌开发的 Bigtable 是一套结构化存储系统，数据以多维顺序表的方式进行存储。整个系统采用传统的服务器群形式，由一个主控服务器和多个子表服务器构成，并使用分布式锁服务 Chubby 进行容错等管理。这种架构下，将存储（依靠 GFS）和服务的管理分离开来，简化了管理难度，易于维护且人为可控。但由于底层存储依赖分布式文件系统，使 Bigtable 只能在集群中部署。Hadoop 中 HBase 即是 Google Bigtable 的开源实现。HBase（Hadoop Database）是一个高可靠性、高性能、面向列、可伸缩的分布式存储系统，利用 HBase 技术可在廉价 PC Server 上搭建起大规模结构化存储集群。HBase 是 Google Bigtable 的开源实现，类似 Google Bigtable 利用 GFS 作为其文件存储系统，HBase 利用 Hadoop HDFS 作为其文件存储系统；Google 运行 MapReduce 来处理 Bigtable 中的海量数据，HBase 同样利用 Hadoop MapReduce 来处理 HBase 中的海量数据。

HBase 中的数据表是稀疏的、多维度的、按列存储的、有序的映射表，它的底层存储采用键值对进行存储，不同于纯粹字符串的 Key，HBase 的 Key 由 RowKey、ColumnFamily、Column Qualifier 和 Timestamp 四个部分共同组成。所以，HBase 的键值对可以表示为 {row key, column family：qualifier, timestamp} —value 的形式，它的底层文件也表示成一条条这样的记录。RowKey 是一条数据的唯一标识。Column Family 是列簇，每个列簇里包含若干个列，也就是 Qualifier。在 HBase 表中，每一行 RowKey 标识的数据包含多个 KeyValue 数据对，这些数据对分布在多个列簇内，物理存储中就是分布在不同的 Store 中。Timestamp 即时间戳，可以标识不同的版本号，如此可以保存每个记录的所有历史数据。

HBase 可以用很好地与主要的 Hadoop 项目集成，因此可以很容易地从 MapReduce 任务运行的系统的数据库中写入和读取。需要注意的是，个别相对比较慢的读取和写入，因为它是一个分布式系统，操作上将涉及一些网络流量。在多客户端的分布式模式中，HBase 是处在最佳状态的。

（四）分布式存储

数据存储可通过分布式存储技术实现海量数据的存储能力，支持海量结构化、非结构化和半结构化数据的存储，提供对数据的统一访问。主要包括分布式文件存储、分布式数据库存储、内存数据缓存和数据访问服务等。

1. 分布式文件存储

分布式文件存储支持图像、语音、视频等单文件大、需要并行分析处理的数据存储，对外提供 POSIX 接口，提供类似于操作系统下对文件进行读、写等操作的相关功能，可以对文件进行新建、删除、修改等相关操作，具有良好的可扩展性和高可靠性。

分布式文件存储系统可集成开源的分布式文件系统（HDFS）和网络文件系统（NFS）。其中 NFS 采用操作系统提供的 NFS 服务实现，HDFS 采用单 NN – 多 DN 主从架构实现，依托其集群扩展能力获取数据中心存储容量的水平线性扩展能力，依托 HDFS 文件分块多份分布存储功能实现数据中心的文件自动备份、负载均衡功能，中心存储节点故障恢复等功能也依托 HDFS 的特性实现。当容量不足时，可以通过增加机器的方式，并简单修改相关配置，就可以对容量进行扩充。文件存储多个副本，一般会存储三个副本，当某一个副本出现故障的时候，可以快速发现出问题的机器并根据没有损坏的机器上的数据对数据进行恢复。其设计思路如图 5.22 所示。

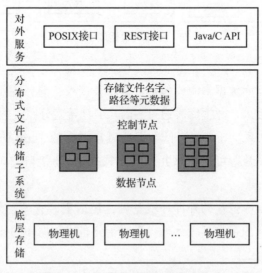

图 5.22　分布式文件存储设计思路

2. 分布式数据库存储

分布式数据库可提供数据接入、数据存储管理、数据访问等功能，提供海量数据的分布式存储管理能力，具有良好的可扩展性和高可靠性。分布式数据库提供丰富的数据接入和访问方式，可支撑多种类型的应用服务，尤其是非结构化和半结构化数据的应用。

分布式数据库从功能上可分为数据接入层、存储支撑层、存储管理层和数据访问层，其设计思路如图5.23所示。

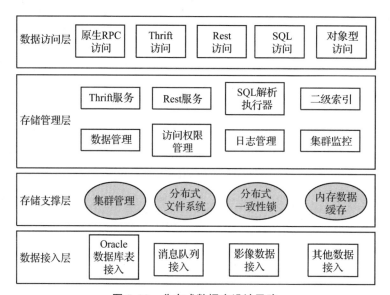

图 5.23　分布式数据库设计思路

1）数据接入层

即分布式数据库数据来源，包括数据库表接入、消息队列接入、影像数据接入和其他数据接入。数据库表通过 Sqoop 工具导入分布式数据库中，消息队列通过 Kafka 消息系统导入，影像数据通过自定义的 Thrift 访问接口导入，其他数据如文本、图片等可通过原生 RPC 方式或 Thrift 接口方式导入。

2）存储支撑层

即分布式数据库依赖的外部环境基础，包括集群管理、分布式文件系统、分布式一致性锁和内存数据缓存等，不属于分布式数据库的核心。

3）存储管理层

即分布式数据库的核心，是提供数据管理维护和服务支撑的基础。存储管理层提供 Thrift 服务和 Rest 服务，以支持 Thrift 接口访问和 Rest 接口访问；具备数据管理能力，包括数据库表的创建、删除、维护以及数据的增、删、改、查等功能；支持二级索引和 SQL 解析执行能力，扩展数据库表的查询能力，提高列值数据的查询效率；此外，还提供访问权限管理、日志管理和集群监控功能。

4）数据访问层

提供多种方式的数据访问形式，包括原生基于 Java 的 RPC 访问、Thrift 访问、Rest 访问、SQL 访问和对象型访问，支撑多种语言和多种业务的不同应用需求。

3. 内存数据缓存

内存数据缓存提供内存关系型数据库与键值对型内存数据缓存，为一次写、多次并发读的场景提供数据对象、数据内容的高速缓存。

内存数据缓存从功能上可分为缓存数据访问层、关系型缓存数据库和键值型缓存数据库三部分，如图 5.24 所示。

图 5.24　内存数据缓存设计思路

1）关系型缓存数据库

其主要包括商用软件 TimesTen 和开源的 MySQL 内存数据库，提供 JDBC 和 ODBC 的数据库访问驱动，实现对于 SQL 查询语言的支持。

2）键值型缓存数据库

其包括开源软件 Memcached 和 Redis。Memcached 是一个高性能的分布式内存对象缓存系统，通过在内存中缓存数据和对象来减少访问数据库的次数，从而提高动态、数据库驱动应用的速度。Redis 是一个使用 C 语言编写、支持网络、可基于内存也支持持久化的日志型、键值型数据库，提供多种语言 API。

3）缓存数据访问层

针对关系型缓存数据库提供 JDBC 和 ODBC 驱动程序，提供 SQL 查询接口，针对键值型缓存数据库提供程序 API 进行数据管理与访问。

五、可视化展现技术基础

目前，Web 技术尤其是前端技术发展迅速，可视化越来越流行，许多报刊杂志、门户网站、新闻媒体都大量使用可视化技术，使复杂的数据和文字变得十分容易理解。客户端大量使用最新的 HTML5 技术，能够使界面展现出媲美目前顶级网页设计人员设计的外观，以及以前只能通过 Flash 技术来展示的动画效果。各种数据可视化工具也如井喷式发展，其中有代表性的可视化工具包括 D3、ECharts 等。

1. D3

D3（Data－Driven Documents，数据驱动的文档）是一个基于 JavaScript 开发的函数库，主要用来做数据可视化，可以帮助开发者使用 HTML、CSS、SVG 和 Canvas 来展示数据，如图 5.25 所示。所谓的数据是来自于后台处理的返回给前端的数据，文档则是基于 Web 的网页。其可以在浏览器中展现出一切，并将用户、数据以及文档联系在一起。从 D3 诞生以来，不断受到好评，D3 项目托管于 GitHub，在 GitHub 上的项目仓库排行榜也不断上升。D3 只有一个文件，在 HTML 中引用即可。

图 5.25　D3 可视化工具

D3 可以将数据绑定到 DOM 上，然后根据所绑定的数据来计算对应 DOM 的属性值。开发者可以根据一组数据生成一个表格，或生成一个可以过渡和交互的 SVG 图形等。D3 的优势主要包括以下几个。

（1）数据能够和 DOM 绑定在一起，使数据和图形成为一个整体。在更改图形时，只需对数据进行操作，图形便会随之更新。

（2）D3 自由度度很大，基本可以自己绘制任何想要的图形，也可以使用

D3 进行二次开发，定制适合的图表。二次开发成本会稍高，要根据实际情况来选择。无论采用哪种方式开发都需做好二次封装，把实现的图表做成可复用的组件。

（3）数据转换和绘制是独立的。比如将数据转换为图表，需要相应数学算法，而 D3 提供了独立的数据转换函数，能够将开发者的数据转换为图表绘制函数所需的数据格式，然后按照开发者的需求进行绘制。

（4）代码简洁。采用了链式调用的方式简化图形绘制。

（5）提供大量布局工具，包括饼状图、树状图、打包图和矩阵图等。D3 将大量复杂的算法封装成了一个一个的布局，适用于各种图表制作。

（6）主要基于 SVG，缩放精准，交互容易，缩放不会损失精度，方便响应图形元素的交互事件。

D3 提供的布局包括饼状图（Pie）、力导向图（Force）、弦图（Chord）、树状图（Tree）、集群图（Cluster）、捆图（Bundle）、打包图（Pack）、直方图（Histogram）、分区图（Partition）、堆栈图（Stack）、矩阵数图（Treemap）和层级图（Hierarchy）等。

2. Echarts

ECharts 是来源于百度商业前端数据可视化团队的开源产品，也是一个使用 JavaScript 实现的数据可视化库。与 D3 一样，ECharts 能够构建出折线图、柱状图、散点图、饼图、K 线图和地图等一系列传统的图表以及开发者自行设计的复杂的二维或三维图表。ECharts 底层依赖轻量级的 Canvas 库 ZRender，能够提供直观、生动、可交互、可个性化定制的数据可视化图表，支持拖曳重计算、数据视图、值域漫游等特性，支持用户对数据进行挖掘、整合等处理。

ECharts 提供了常见的折线图、柱状图、散点图、饼图、K 线图以及用于统计的盒形图；提供用于地理数据可视化的地图、热力图、线图以及关系数据可视化的关系图、Treemap、旭日图、多维数据可视化的平行坐标；还提供了用于 BI 的漏斗图、仪表盘，并且支持图与图之间的混搭。除了已经内置的图表外，ECharts 还提供了自定义系列，只需传入一个 renderItem 函数，就可以从数据映射到任何需要的图形，还能和已有的交互组件结合使用。

ECharts 内置的 dataset 属性支持直接传入二维表、键值对等多种格式的数据源，通过设置 encod 属性可以实现从数据到图形的映射，省去了大部分场景下数据转换的步骤，多个组件能够共享一份数据而不用克隆。为了配合大数据量的展现，ECharts 还支持输入 TypedArray 格式的数据，TypedArray 在大数据量的存储中可以占用更少的内存，对 GC 较为友好，可以大幅度提升可视化应用的性能。

在 ECharts 4.0 版本之前，底层是使用 Canvas 标签来实现图表绘制的。自 ECharts 4.0 开始，为了提升移动端性能，还支持 SVG 渲染。ECharts 5 新增支持动态排序柱状图（bar – racing）以及动态排序折线图（line – racing）等。ECharts 的优点包括以下几个。

（1）ECharts 属于开源软件，其特色是地图，还提供了柱状图、折线图、饼图、气泡图及四象限图等。

（2）ECharts 使用较为简单，其官网中为开发者封装了 JS，只需引用就能得到需要的展示效果。

（3）ECharts 种类多，实现简单，各类图形都有；有相应的模板，还有丰富的 API 及详细的文档说明。

（4）ECharts 兼容性好，基于 HTML5 开发，有着良好的动画渲染效果。

3. D3 与 ECharts 的对比

D3 可定制自由度高；而 ECharts 不可定制，自由度低。D3 英文文档完善，使用事例只能参考；而 ECharts 中文文档完善，使用例子功能完善。D3 需要开发，效率较低；ECharts 可以快速配置生成图表。D3 较难，必须熟悉 SVG、Canvas、D3API；ECharts 只需配置即可。

D3 适合在 ECharts 等配置式图表库不支持图表时使用。数据量不是特别大或者事件交互比较精细的场景采用 D3，可以先在官方示例 DEMO 中搜索有没有类似的图表实现。对于频繁的 DOM 操作十分消耗性能，可能出现闪烁、卡顿等现象影响用户体验。可以参考对于页面 DOM 卡顿的解决方案 Virtual DOM 技术，通过支持 Virtual DOM 技术的框架如 Vue 与 D3. JS 一起使用。使用 D3 来计算，Vue 等 Virtual DOM 框架管理 SVG 节点和属性。对于数据量比较大的场景，可以采用 D3Canvas 来实现，或者 ZRender（ECharts 使用的矢量图形库）来定制，这个需要开发者比较熟悉 Canvas 绘图，而且需要注意性能的优化。

六、系统开发相关技术

1. Python

Python 是一种通用的、解释型的高级编程语言，采用了面向对象的设计方法和语言结构，支持结构化、面向对象和函数式等多种编程方式。Python 具有垃圾收集功能，能够帮助程序员编写清晰、合乎逻辑的代码。Python 包含全面的内置基础代码库，覆盖了 GUI、网络、数据库、文件等方面。同时 Python 还有大量的第三方程序库，包括 Web 开发、自动化、数据分析与可视化、机器学习和自然语言处理等。

Numpy 是用 Python 语言编写的扩展程序库，提供了大量的数学运算函数库用于多维度数组与矩阵运算，运行速度非常快。Numpy 的特点包括：具有多维数组对象；提供了支持广播功能的函数；整合了 C/C++ 等代码开发的工具；具有傅里叶变换、随机数生成、线性代数等计算功能。

Pandas 是 Python 语言编写的专门用于数据操作和分析的程序库，提供了用于操作数值表和时间序列的数据结构和运算操作。Pandas 收纳了大量函数库和标准数据模型，提供了能够高效率操作大型数据集的工具，以及快速对数据进行处理的函数和方法。Pandas 允许从各种文件格式导入数据，包括逗号分隔值、SQL、JSON、Microsoft Excel 等文件格式。Pandas 支持数据合并、整形、选择以及数据清洗和整理等多种操作功能。

Gensim 是一个开源的 Python 程序库，用于将文档表示为语义向量。Gensim 采用了无监督的机器学习算法来处理原始的、非结构化的文本信息。Gensim 包括 Word2Vec、FastText、潜层语义索引（LSI、LSA 和 LsiModel）、潜层狄利克雷分配（LDA、LdaModel）等语义分析算法，支持通过统计文档语料库中的共现模式来自动发现文档的语义结构。

Sklearn 是一个基于 Python 语言编写的机器学习算法程序库，用于数据挖掘和机器学习等领域。Sklearn 包含了绝大部分的机器学习方法，主要包括分类、回归、聚类、降维等多种算法。其中分类算法包括线性分类、决策树分类、SVM 分类、KNN 分类、朴素贝叶斯分类、随机森林分类、Adaboost分类等；回归算法包括线性回归、决策树回归、SVM 回归、集成回归、Bagging 回归、ExtraTrees 回归等；聚类算法包括 K 均值（K – means）聚类、层次聚类（Hierarchical clustering）、DBSCAN 聚类等；降维算法包括 PCA、LinearDiscriminant Analysis 等。

由于 Python 语言拥有众多的数据分析算法库，在科学计算方面有着明显的优势，且简单易学、代码易读，大部分的机器学习框架都优先采用 Python语言编程，本书研究的系统涉及机器学习、语义分析的各种模型算法，采用

Python 编程语言及程序库实现，其中机器学习采用 Numpy、Pandas、Sklearn 等程序库，语义分析采用 Gensim 程序库实现。

2. Neo4j

Neo4j 是一种开源的图数据库管理系统。与关系数据库管理系统（RDBMS）以表的"行、列"形式存储应用程序数据的方式不同，图数据库管理系统（GDBMS）以节点、关系和属性等"图形结构"形式存储应用程序数据。Neo4j 具有本地化的图形存储和处理功能，是符合 ACID 的事务数据库。Neo4j 是用 Java 来设计和实现的，可以直接通过事务性 HTTP 端点或二进制"bolt"协议，采用 Cypher 查询语言在其他编程语言实现的软件中访问。在 Neo4j 中，所有数据都以节点、关系（边）或属性的形式存储。每个节点和关系可以具有任意个属性，节点和关系都可以被标记，支持通过标签可以缩小搜索范围。从 Neo4j 2.0 版开始，索引被添加到 Cypher 查询语言中。Neo4j 具有以下优点。

（1）在复杂的查询场景下简化了处理步骤，能够在创建节点时直接将关系建立起来。

（2）基于 JVM 实现，底层直接以图形形式存储节点和关系，查询时间复杂度能够控制在常数级别。

（3）提供了易于理解的查询语言 Cypher，内置可视化 UI 工具，支持基于 Apache Lucence 的索引功能，便于直接查询显示分析数据。

（4）提供了 REST API 接口，能够方便地被 Java、Spring、Scala 等编程语言访问，提供了支持 Node JS 等 UI MVC 框架的 Java 脚本，便于开发集成。

基于 Neo4j 的以上优点和开源易于维护的特性，本书系统采用 Neo4j 存储经济知识图谱数据，在此基础上实现经济知识图谱数据的检索和处理功能。

3. Solr

Solr 是一款基于 Lucene 的高性能、采用 Java5 开发的全文搜索服务器。同时对其进行了扩展，提供了比 Lucene 更为丰富的查询语言，实现了可配置、可扩展并对性能进行了优化，且提供了一个完善的功能管理界面，是一款优秀全文搜索引擎。由于它具有灵活的 XML 格式配置和支持多种客户端语言，所以易于加入到 Web 应用程序中，能为多种数据格式提供索引、检索、分布式搜索及层面搜索、命中醒目显示、强大的查询缓冲并支持多种输出格式（包括 XML/XSL 和 JSON 格式）的功能。Solr 是基于 Lucene 的全文搜索服务器，专注于企业应用，重点开发了与支持搜索服务相关的管理模块和接口。Solr 的体系架构包括以下内容。

（1）Web 应用层提供 Web 查询接口与界面，还提供了索引更新接口。其中管理员 Web 接口界面可以查看搜索引擎的基本信息，自定义查询语句进行查询；提交的查询请求通过 HTTP 请求处理器调用 Solr 核进行处理，把最后的结果以 XML、JSON 等格式返给前台。

（2）中间层由六大独立核心模块组成，是 Solr 引擎的核心，其中配置模块（Config）主要用于搜索服务器配置参数文档并进行加载和解析；同样索引模式定义模块（Schema）主要用于索引模式参数文档的加载与解析；分析模块（Analysis）顾名思义就是对查询语句进行分析处理；并发控制模块（Concurrency）提供建立索引和读取的并发控制处理机提供建立索引和读取的并发控制处理机制；缓存机制模块（Caching）用于实现对文档和分面数据的缓冲以提高查询效率；更新处理器（Update Handler）主要用于各种数据资源的索引处理。

（3）最底层为全文索引工具 Lucene，负责底层的文本索引和文档查询。索引复制模块（Replication）是一个相对独立的模块，其功能主要用于支持分布式索引和检索。

Solr 部署方式有单机方式、多机 Master－Slaver 方式和 Cloud 方式。SolrCloud 是基于 Solr 和 Zookeeper 的分布式搜索方案，以 Zookeeper 进行节点间通信，提供索引分片功能。

4. Spring

Spring 是目前主流的开源 Java Web 开发框架，实现了全栈（Full－Stack）应用程序框架和控制反转容器。Spring 的核心功能可用于任何 Java 应用，能够为基于 Java 企业版平台构建的 Web 应用提供大量扩展支持，如 Spring Data、Spring MVC 等功能。

Spring Data 实现了对数据访问接口的统一集成，支持整合多种数据库访问框架或组件（如 JDBC、MyBatis、Hibernate）作为最终数据访问的实现。Spring MVC 实现了基于 MVC 设计方法，通过基于 Java 注解配置，支持程序员开发出低代码侵入的 Web 应用项目，并简便地实现大部分 Web 功能（包括请求参数注入、文件上传控制等）。

在 Java Web 应用开发中，通常服务器端采用表现层（Web）、逻辑层

（Service）、持久层（Dao）的三层体系架构。Spring 对这三层都提供了技术支持，在表现层可以与 Struts2 框架整合集成，在逻辑层提供了管理事务和记录日志等功能，在持久层可以与 Hibernate 和 JdbcTemplate 等技术进行集成。由于 Spring 框架具有简单、松耦合和可测试等特点，被大部分 Java Web 项目作为首选开发框架，本书研究的系统采用 Spring 作为服务端的业务逻辑组件的实现框架。

5. Struts

Struts 是 Apache 基金会的一个开源应用框架，通过采用 JSP/JavaServlet 技术，实现了基于 Java Web 应用的 MVC 设计模式。Struts 具有自己的控制器（ActionServlet），同时为了减少 JSP 页面中的 Scriptlet 代码，提供了多种常用的页面标签库。Struts 的主要优点包括以下几个。

（1）实现 MVC 模式的层次结构清晰，使开发人员只需聚焦业务逻辑实现。

（2）提供丰富多样的页面标签库，加以灵活应用能够大大提高软件开发效率。

（3）可扩展性高，能够通过配置文件实现框架对插件的集成，便于管理系统各个部分之间的关系。

（4）提供多种拦截器的实现，对于异常的处理机制简单易用，通过在配置文件中增加异常的映射描述，就可以有效地对异常做相应的处理。

6. GoJS

GoJS 是一种 JavaScript 和 TypeScript 库，主要用于构建交互式的图表和图形，包括简单的流程图、组织结构图以及高度特定的工业图表、SCADA 和 BPMN 图、基因图等图表。GoJS 支持通过可定制的模板和布局，方便地为用户构建包含复杂节点、链接和组的 JavaScript 图表。

GoJS 为用户交互提供了复制和粘贴、拖放、文本编辑、上下文菜单、自动布局、调色板、工具提示、数据绑定和模型、事务状态和撤销管理、事件处理程序和用于自定义操作的可扩展工具等各种高级功能。

GoJS 能够完全在浏览器中正常运行，支持渲染 HTML5 Canvas 元素或 SVG，不需要依赖于任何库或框架，可以与 Angular、React、Electron 等组件一起工作，无须任何服务器端的要求。本书研究的系统前端 Web 页面实现采用以 GoJS 为主的 JavaScript 框架，实现各种交互图形图表的绘制。

第三节　社会安全风险监测系统总体设计

一、系统架构设计

社会安全风险预警就是要积极采用大数据、人工智能等科技手段，需要揭示社会安全风险的表征因素、影响特征以及其中的关键影响因子，使社会安全风险具有可量化的衡量标准，发现和有效感知与社会安全风险相关的价值信息，实现具有可操作性的社会安全风险辨识方法和预警指标体系，构建各类面向社会安全风险的认知分析评估模型。

社会安全风险监测系统具备多维度要素评估，可以服务于公共安全部门掌握区域社会安全风险情况，为恐怖袭击事件、群体性事件等风险的有效预防、保障社会安全、稳定提供支撑；同时可以服务于外交部门掌握境外国家的社会安全风险情况，为驻外企业、人员提供安全服务保障，提供重大项目实施过程的安全风险监测和评估。通过以国家或地区社会安全风险监测为视角，构建具备多维度要素评估的监测预警系统，可以全面的、动态的、整体的对过去和现在的区域社会安全风险态势进行综合展现。系统构建包括系统总体顶层设计、数据采集、数据融合、关联分析、风险监测、态势预警等，通过设计跨域多源信息采集引接系统、事件深度分类抽取系统、多媒体融合关联系统、智能精准预警系统、风险态势监测系统等功能系统，并对功能系统进行集成研发，围绕反恐怖活动、反暴力极端、群体性事件等典型主题，可以实现面向区域的社会安全风险常态化监测，以及对区域内暴恐、集会、抗议、暴力极端等社会安全风险的敏捷预警，如图 5.26 所示。

社会安全风险的爆发往往都是通过事件表现出来，因此聚焦社会安全事件，通过构建社会安全事件大数据池，并在此基础上进行特定事件的案例分析，采用社会安全事件的分类、语义抽取等技术，实现社会安全事件规律挖掘和关联分析，作为社会安全态势监测、风险评估和科技预警的基础。整个过程以事件数据为核心，关联相关的新闻数据、案件数据、视频数据等其他数据。在社会安全事件为核心的基础上，分别实现态势监测、风险评估和科技预警等功能。在态势监测方面，需要通过数据感知和掌握风险相关情况，进行态势的组织和可视化；在风险评估方面，需要进行风险因素辨析、发现风险之间的交

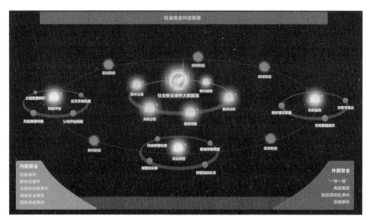

图 5.26　系统应用视图

叉传导关系，构建风险知识图谱和认知评估模型，评估相关安全风险发生概率和发生原因；在科技预警方面，需要根据科技预警机理，构建预警指标体系，建立预警知识库和精准预警模型，预测典型事件的时空范围、人群范围及发生概率。

系统架构设计见图 5.27，主要分为网络、基础设施、数据、共性支撑和应用共五层，其中网络层包含互联网、政务网和传感网，系统通过各种网络引接获取相关社会安全原始数据；基础设施层包含计算设备、存储设备、网络设备以及大数据平台和深度学习平台；数据层主要通过数据采集、数据接入和数据预处理，可以获取社会安全事件数据以及相关的新闻数据、案件数据等，经系统加工处理后形成事件规律、预警知识等数据；共性支撑层主要是提供地理信息系统、搜索引擎、数据服务、算法服务和知识服务等共性服务；应用层主要是开展相配套的软件模型研制，包括多语种社会安全事件语义抽取、事件识别关联、事件精准预警等，主要面向社会安全风险情况掌握、社会安全风险评估和社会安全事件精准预警三类应用场景。

社会安全风险监测预警原型系统运行在统一的基础软硬件环境下，依托于大数据平台、深度学习平台、共性服务平台等提供的服务支撑，构建包含原始素材库、模型过程库、预警产品库三级库的数据架构，实现多源信息采集引接、事件深度分类抽取、多媒体融合关联、智能精准预警、风险态势监测五类功能。通过系统的数据集成、功能集成和界面集成，可以实现面向区域的社会安全风险常态化监测。

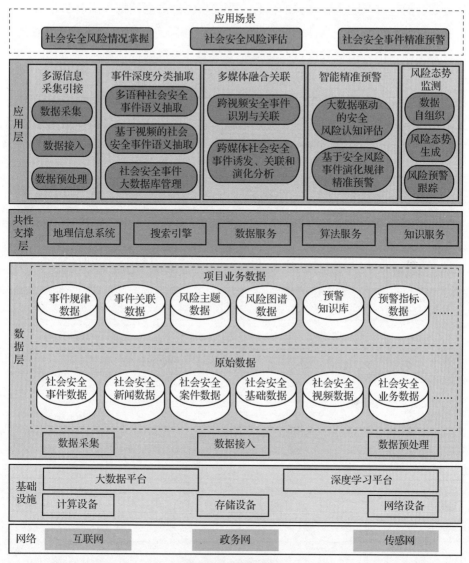

图 5.27　系统架构

二、数据架构设计

系统数据主要包括原始数据、业务数据、业务模型数据和应用数据，原始数据主要是直接通过数据采集和接入的社会安全事件数据、新闻数据、案件数据等，原始数据通过语义抽取形成标准化的社会安全事件信息，其中事件属性和分类会携带与风险主题相关的信息，相关事件经数据挖掘和深度学习后，可以获取事件规律数据、事件关联数据，再结合风险主题数据、风险图谱数据、预警知识库、预警指标数据可以支撑业务模型开展风险评估和科技预警，同时通过综合处理会形成相关业务模型，需要按模型分类分别提供必要的模型数据，如社会安全事件特征模型数据、事件时空关联模型数据等，最终通过态势元数据组织应用面向用户的业务应用数据，包括风险态势、风险评估结果和预警结果。数据架构设计如图 5.28 所示。

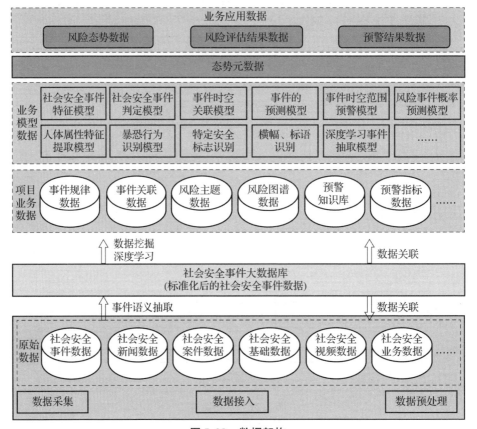

图 5.28 数据架构

系统获取的社会安全风险相关的海量异构数据，需进行数据组织后才能较好地提供给各类评估和预警模型使用，针对社会安全风险量化评估预警、社会安全事件诱发的监测预警的数据需求，构建包含原始素材库、模型过程库、预警产品库三级库的数据架构，实现三级库的构建以及联动模式、存储模式、快速检索及数据快速组织。

原始素材库：由于社会安全数据种类庞杂且分类日渐细微化，包括文本、语音、视频、图片、地理位置信息等。从原始素材类型角度来看，对历史社会安全新闻、智库资料数据、网络社交媒体数据、公开事件数据、视频专网数据和重点事件数据等进行原始素材数据的采集，加快加密数据采集频率，通过数据存储、处理、提取、分析和反馈的流程，实现对非结构化或半结构化数据的快速处理和有效存储，寻找不同素材数据间的关联关系，深入挖掘信息资源。

模型过程库：社会安全数据种类多样，在原始素材基础上，结合数据类型和业务需求，进一步将各类数据进行处理与应用。利用社会安全风险结构化描述模型，对历史新闻、风险案例等进行挖掘，提取社会安全风险关键影响因子及特征，包括性质、类型、危害程度等属性特征等；利用社会安全风险案例分析模型，对案例资源内同一类事件进行统计反演，挖掘典型事件的风险图谱的知识元；利用社会安全事件的联合抽取模型，结合社会安全事件科学分类和社会安全领域命名实体识别，进行社会安全多种类事件的准确匹配和关键要素抽取；利用基于视频的社会安全事件语义抽取模型，对人脸、人的属性特征、人的行为特征以及跨视频的标语、横幅识别等要素提取，进行视频关联，基于时间、地点、人员及行为等进行跨视频的事件识别和判定；利用社会安全事件时空关联和演化分析模型，进行社会安全事件分析研判；利用大数据驱动的安全风险认知评估模型，依据原始素材内人、组织、地域、事件、影响因素、危害程度等因素，对安全事件的影响因素进行网络建模、量化赋权、迭代计算；利用事件演化预测与精准预警模型，依据预警数据更新风险预警态势。

预警产品库：社会安全数据经过数据存储、处理、提取、分析和反馈，通过技术模型形成不同的产品，为应用提供产品化支撑。依据风险、事件、事件链结构化表达，获得影响因子、事件、事件链之间的传导模式，形成典型事件的原生、次生、衍生风险图谱；依据大规模多语种社会安全事件抽取和大数据库构建，形成包含全球和国内重点城市的社会安全事件数据库；依据社会安全事件间的顺承、因果等逻辑关系分析，构建社会安全事件事理图谱；依据大数据驱动的安全风险认知评估和事件演化规律的精准预警，形成预警知识库；依据20年以来全球各地的恐怖袭击事件数据，构建暴力恐怖事件数据库。

安全风险评估与预警所需数据源包括互联网数据和内部数据。其中，互联网数据包括境内外主流新闻网站、公开数据、智库、境内外主流社交媒体等互联网数据，内部数据包括重点关注人群画像数据、重点关注人群社交网络数据、重点组织数据、内部重点涉恐事件数据等，具体如表5.1所列。

表5.1　系统数据来源

序号	来源	类型	描述
1	境内数据源	境内主流新闻网站	如新华网、中国新闻网、央视网、人民网、外交部官网等
2		境内主流社交媒体	微博、微信公众号，如公安部公安发展战略研究所、国关国政外交学人、化险集团、中国周边安全研究中心等
3		智库	如西北政法大学反恐怖主义研究院、中国社会科学院、国际问题研究院、凤凰国际智库等
4	境外数据源	境外主流新闻网站	如美国之音、金融时报、防务新闻、世界政治评论、路透社、英国BBC等
5		境外主流社交媒体	如Facebook、Twitter、Istagram等
6		智库	如Earth Institute、Freedom House、Lowy Institute等
7		公开数据	GDELT、GTD等
8	内部数据	重点关注人群画像数据	公共安全部门、外交部门等其他相关部门提供
9		重点关注人群社交网络数据	
10		重点组织数据	
11		内部重点涉恐事件数据	
12		内部经济金融数据	
13		资金查控数据	
14		境外重点项目数据	
15		监控视频分析数据	
16		重点风险因素数据	

三、技术框架设计

系统的技术框架采用基于J2EE的架构模型，用分层设计的思想，从逻辑上分为基础支撑层、数据层、服务层和表现层，同时包含开发支撑和运行支撑两方面内容，如图 5.29 技术框架所示。

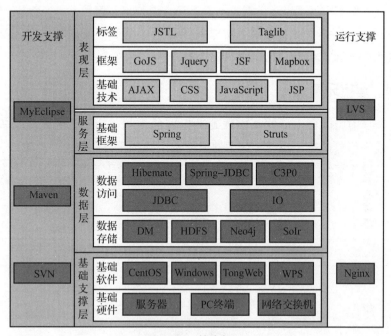

图 5.29　技术框架

（1）基础支撑层：提供基础硬件和基础软件支撑。基础硬件主要包括服务器、PC 终端，网络交换设备；基础软件主要包括 CentOS、Windows 操作系统、TongWeb 应用服务软件、WPS 办公软件等。

（2）数据层：主要提供了数据设计、实现和操作活动的相关技术实现手段，包括数据存储、数据访问两个方面。数据存储主要包括关系型数据库 DM（达梦）、文件系统 HDFS、图数据库 Neo4j、全文搜索引擎 Solr 等；数据访问主要包括 JDBC、IO、Spring – JDBC 和 C3P0 等。

（3）服务层：主要为系统开发运行提供服务支撑，基础框架主要包括 Spring 框架和 Struts 框架。其中 Struts 作为前端控制器，Spring 作为业务逻辑组件窗口。

（4）表现层：主要为系统页面展现提供基础技术，包括基础技术、框架、标签三个方面。基础技术主要包括 AJAX、CSS、JavaScript 和 JSP；框架主要包括 JavaScript 框架（GoJS、JQuery）、二维地图框架 Mapbox 等；标签主要包括

JSP 标准标签库和 Taglib 标记库。

（5）开发支撑：主要提供系统开发阶段需要遵循的技术要求并规范实现手段，包括开发工具 MyEclipse、Maven 及 SVN，开发语言包括 Java、Python 等。

（6）运行支撑：主要提供了支撑系统运行的基础环境的相关技术实现手段，包括 LVS 负载均衡、Nginx 反向代理。

四、运行环境设计

结合目前国内自主可控基础软硬件发展的现状，为确保系统业务安全可用、高效平稳地运行，基于实际条件充分选用国产化自主可控基础软件，系统在统一的操作系统、数据库、浏览器等基础软件平台上运行。具体软件运行环境见表5.2。

表5.2　软件运行环境

序号	分类	软件分类	运行环境
1	席位客户端	操作系统	Windows 10 64 位
2		Java 运行环境	JDK 1.8
3		办公系统	金山麒麟 WPS 办公软件 V11
4		浏览器	Chrome 62
5	服务器	操作系统	CentOS 7.4
6		关系数据库	达梦数据库 V8
7		图数据库	Neo4j 3.5.5
8		搜索引擎	Solr 8.11
9		Web 服务中间件	东方通应用服务器软件 TongWeb V7.0

第四节　社会安全风险监测系统应用设计

一、功能组成

社会安全风险监测系统主要包含数据采集、数据融合、关联分析、风险监测、态势预警等内容，建立和设计跨域多源信息采集引接系统、事件深度分类抽取系统、多媒体融合关联系统、智能精准预警系统和风险态势监测系统五个功能子系统，实现数字化、可视化跟踪区域社会安全风险，为战略研判、政策研究提供依据，为政府部门预防、处置、管控相关风险提供有效的辅助决策手段。

　　社会安全风险监测系统功能组成如图 5.30 所示。

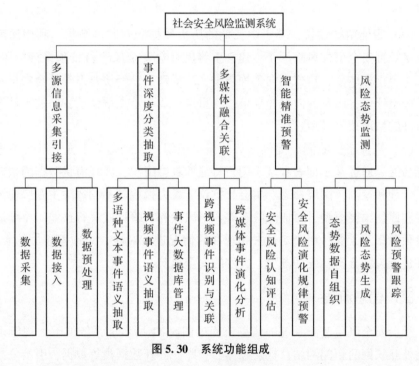

图 5.30　系统功能组成

　　（1）多源信息采集引接，提供多源数据的采集、接入、预处理等功能。目前社会安全数据包括了文本、语音、视频、图片等信息等，其中互联网可以提供历史社会安全新闻、智库资料、公开事件、网络社交媒体等数据，传感网可以提供视频专网数据、重点事件数据。提升数据采集频率，实现对非结构化或半结构化数据的快速处理。

　　（2）事件深度分类抽取，实现多语种社会安全事件语义抽取，以及基于视频的社会安全事件语义抽取功能，从文本、视频中高效抽取，甄别行人目标、图像特定标语、抗议、集会等冲突和群体行为，对恐怖袭击、暴力极端等重大社会安全事件进行提取和理解，形成社会安全事件大数据库，实现大规模社会事件高效存储、快速检索、实体关联、时空关联、专题聚焦、知识推荐、可视化等服务。

（3）多媒体融合关联，基于社会安全事件分类体系，以社会安全事件大数据库为基础，针对视频等多种媒体，采用视频内目标检测识别、图像文本提取、特定行为识别等技术，建立事件识别、关联和演化等分析模型，实现跨视频社会安全事件识别关联，以及跨媒体的社会安全事件诱发、关联和演化分析。

（4）智能精准预警，基于中长期的历史数据和互联网数据，利用深度学习技术挖掘安全事件风险因子，建立多维度社会安全风险科技预警指标体系。基于预警指标体系，构建面向恐怖袭击、政局动乱、经济衰退等社会安全基本面的风险评估，以及面向群体性事件、重点行业和重点群体治安防控事件等典型事件的精准预警模型。

（5）风险态势监测，提供态势数据自组织、风险态势生成、风险预警跟踪等功能。通过基于词表和基于用户特征的数据组织，实现海量数据的快速组织、管理和挖掘，围绕暴恐、集会、抗议、暴力极端等不同风险主题快速汇聚数据和评估预警模型，形成风险态势，对风险和风险征候进行预警。持续进行风险预警跟踪，支持用户对过去和现在的情况进行对比，对预警相关的实体、事件进行关联分析，发现渐变、突变的安全风险。

二、信息流程

社会安全风险监测系统的信息流程如图 5.31 所示。系统能够大规模采集境内外互联网的新闻网站、社交媒体、智库、公开数据集等数据，引接公共安全部门、外交部门等业务相关单位的各类原始数据，经过引接导入内网后分类进行处理；从文本、视频中高效抽取事件信息，甄别行人目标、图像特定标语、抗议、集会等冲突和群体行为，对恐怖袭击、暴力极端等重大社会安全事件进行提取和理解，形成社会安全事件大数据库；通过建立事件识别、关联和演化等分析模型，支持跨媒体事件的深度分析；通过构建社会安全风险预警指标体系，构建面向恐怖袭击、政局动乱、经济衰退等社会安全基本面的风险评估，以及面向群体性事件、重点行业和重点群体治安防控事件等典型事件的精准预警；所有态势要素可按视图进行信息组织，可按业务场景进行态势要素配置组合，形成不同的风险态势视图可视化呈现，最终实现面向区域的社会安全风险常态化监测，对区域内暴恐、集会、抗议、暴力极端等社会安全风险的敏捷预警。

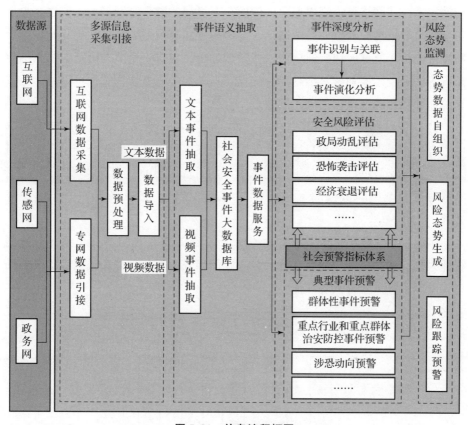

图 5.31 信息流程框图

三、多源信息采集引接

多源信息采集引接子系统采用反爬虫、反渗透、反解析等技术，实现互联网数据的智能采集和政务网、传感网数据自动汇聚，为社会安全风险评估与预警提供数据基础支撑。支持从互联网进行社会安全数据采集，汇聚接入政务网和传感网数据。具体如下。

（1）互联网数据获取方面，针对境内外互联网大量网站多变的网页布局，传统的数据采集方法需要人工进行定制扩充，不能保证信息的及时性，容易被网络技术监控及阻拦，采用分布式网络爬虫安全回传、主流网络构架的自适应匹配以及分布式数据预处理等技术，建立对主流网站信息持续获取的渠道，实现公开来源数据自动持续采集更新。采用基于多节点路由加密的采集数据匿名传输技术，使网络行为难以追踪；借助遍布世界的数千个网络节点，建立社会安全风险数据持续获取的隐蔽通道，基于多链路实现数据传送，避开网络监控和流量分析。通过应用层通信协议栈实现加密，对每一个节点链路中的数据包都进行嵌套的逐层加密，消除单一的点对点通信中双方通信关系可以通过监控其源地址和目的地址而被确定的缺点。

（2）传感网和政务网数据获取方面，通过与公共安全部门、高校大数据中心合作，采用基于动态自适应的定时数据接入技术，汇聚非公开来源安全风险事件多模态数据。采用基于预训练模型的分布式数据内容语义预处理技术，实现海量安全风险数据的可信度筛查、自动清洗、提取摘要和分类标注等处理。

多源信息采集引接子系统的功能组成如图 5.32 所示，主要包括多源数据智能采集、网络框架自适应匹配、分布式网络安全回传、分布式内容语义预处理、专网数据采集导入等功能。

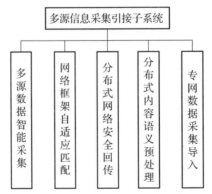

图 5.32　多源信息采集引接子系统功能组成

（一）多源数据智能采集

通过基于用户行为学习的账号注册及保活实现对采集资源账号池的自动更新和动态保活，实现对爬虫集群和 IP 资源的智能化分布式调度，提高爬虫的隐蔽性，确保爬虫对网站异常访问监测的高度反爬。通过非黑客侵入式受限内容访问和账号池的自动调配，保证爬虫能够顺利采集到目标属地资源。采用全网采集和定向采集两种模式，满足互联网大数据广度和深度采集要求，可做到广覆盖、深挖掘、快速获取。

1. 数据采集配置

其主要包括采集目标配置管理、采集资源配置管理和采集任务配置管理。

（1）采集目标配置管理。设置网站种子地址、网站模板、敏感关键词等采集目标，以表单方式手工添加、编辑、删除采集目标，或批量导入用户指定的目标列表，设置采集目标的国家地区、类别等基础属性。同时支持通过远程连接方式对采集目标配置进行管理维护。

（2）采集资源配置管理。设置采集必需的可用服务器信息、网络账号、IP地址等采集资源，通过表单实现用户实施增、删、改操作，或以批处理方式自动导入用户指定的资源列表，并为相应的采集目标分配相应资源。构建用户管理端与可用采集服务器的通信机制，配置管理端与采集服务器之间的连接状况，能够通过远程连接方式对采集资源配置进行管理和维护。

（3）采集任务配置管理。对采集任务进行增、删、改等配置管理操作。通过表单配置任务的目标 URL 列表、工作账号、IP 代理、去杂规则、选用模板、轮巡周期、执行时长、访问间隔、过期时限、优先级和选用关键词库等参数。

2. 多源数据采集与抽取

网站数据采集与抽取是根据配置项要求调用接口执行网页 JS 代码、调用代理池接口使用代理。网站的采集与抽取使用广度遍历算法，根据初始配置的网站种子地址漫游采集网站内全部页面，通过规则库跳过导航页面与广告页，只采集正文页面。通过定制模板与通用模板相结合，抽取页面中的正文、标题、时间、作者、转发来源和版块信息等网页要素。

社交媒体采集与抽取使用账号资源库通过模拟浏览器方式登录，并维持登录状态缓存文件。从采集目标库中读取社交媒体的目标账号列表，使用定制程序采集目标账号发文的标题、内容、发布时间，短文本状态内容及发布时间、相册文本及发布时间，粉丝、关注关系等。

3. 采集任务监管

采集任务监管通过访问存储索引与数据库，统计单位时间段内每个任务采集数据量，评估是否属于正常值。采集任务监管保持与采集程序之间的长连接，确认任务的启停状态，对采集任务出现带宽不足、连接失败等现象进行反馈告警。

4. 采集频率自适应优化

采集频率自适应优化通过定时调度方式，分析每个任务已采集数据的时间分布密度，更新任务配置中的采集频率参数。

5. 采集服务器监管

采集服务器监管通过保持与采集程序之间的长连接，接收采集程序反馈的有关本机 CPU、内存占用状况的信息，提供监控信息的显示告警控制。

（二）网络框架自适应匹配

针对互联网常见的反爬技术，如 Ajax 动态加载技术、动态缓存文件访问限制、系统安全防护、异常访问行为监测和异常账号监测等反爬技术。采用面向 Ajax 的浏览器自动编译技术、非黑客侵入式受限内容访问技术、基于用户互联网访问行为学习的爬虫调度模型等技术实现数据的反反爬。

（1）基于用户互联网访问行为学习的爬虫调度模型：通过对大量用户网络访问操作的行为收集分析，提炼模拟用户操作的爬虫调度模型，使用多组浏览器的伪装"用户代理"，将单个爬虫的访问频率降低到真实用户的行为频率，同时通过多爬虫系统工作的模式，使用不同的代理、账号等伪装策略获取相同网站的不同部分，最终再配合拼接，将中间结果化为最终结果。

（2）非黑客侵入式受限内容访问：为了长期有效地进行数据搜集，必须实现有效的反爬虫功能应对如微博等具备严格反爬虫封锁策略的社交媒体网站，通过对网站地址参数、缓存文件设置，请求报文协议和网站结构的精确把握，实现非黑客侵入式受限内容的访问。

（3）基于用户行为学习的账号自动注册及保活技术，通过模仿真实用户不定期的进行注册、登录、发帖、转帖等活动，规避目标网站对异常账号监测，保证账号池内有足够多的活跃账户。

（4）面向 Ajax 的浏览器自动编译：Ajax 技术实现的网站，通过 URL 进行的第一次 HTTP 请求并不能加载所有的数据。对于大多数 Ajax 页面而言，第一次 HTTP 请求仅仅能加载网页的框架，因此为了完整获取动态页面的信息，在爬虫程序中动态执行 JavaScript 代码，通过自主开发的一个快速 JavaScript 解析器实现快速的脚本解析和动态执行功能，实现目标页面 DOM 树的快速重建，实现目标源文件的完整绘制。

（5）网页要素自适应匹配与提取：在爬虫获取到页面资源后，快速提取目标页面 DOM 树，借助相似匹配和 XPath 语法定位各页面要素路径表达式，通过各类遍历算法，实现页面重要元素的自动识别和抽取。

（三）分布式网络安全回传

应用数据加密、隐写等技术，防止数据解析、追踪溯源，基于社交平台的通信方式，构建隐蔽通道，将重要的原始数据进行分片、混洗和加密等方式进行处理，采用分布式哈希表映射到多个公开网站传输，接收端下载后根据分布式哈希表的网络资源映射下载数据资源，还原数据落地存储，保证采集数据的连续性与安全性。

1. 数据加密

加密技术主要包括明文、密文、算法和密钥等内容。明文指需要传输的信息数据，密文指加密处理之后的明文，算法指加密处理中采用的处理组织方法，密钥指算法的不同运算参数。加密技术就是数据传输过程中利用数学方法将传输的数据进行组织，形成一个伪装的信息进行传输；由于是以密文的方式进行传输，即使被非法份子窃取密文，由于没有详细的算法和密钥，也难以进行解密获得原始的数据，从而保障了信息的安全性。数据网络传输的加密方式一般分为链路加密、节点加密和端对端加密。

2. 基于隐蔽通道的数据回传

隐蔽通道由隐蔽信息的发送端、接收端和攻击端等组成。隐蔽信息的发送端与接收端分别负责发送与接收隐蔽数据。在 Web 业务中最为常见的网页浏览业务，是通过 HTTP 协议中的 POST 和 GET 等命令来实现的。POST 命令用于向服务器上传数据，GET 命令用于从服务器下载 URL 地址。发送端通过将需要发送的隐蔽信息嵌入到发送这些命令的网络包中进行传输。公开信道中的攻击者即使能够监视到所有的流量，也会因为数据量太大而难以察觉。如果攻击者利用包延迟等方法破坏隐蔽通道，隐蔽通道用户的 Web 业务将会受到影响，发送者会立即意识到危险而停止隐蔽信息的发送。隐蔽信息的接收端一般是一个 HTTP 的服务器（或伪 HTTP 服务器）。在网络的入口处放置隐蔽信息的提取器，根据收、发双方事先约定好的隐蔽通道的通信协议提取隐蔽信息。

（四）分布式内容语义预处理

其主要包括数据清洗、数据规范化、元数据提取和主题特征提取四大模块。

1. 数据清洗

垃圾过滤针对新闻、论坛、博客等互联网来源的数据，判别过滤垃圾网页类型，如商品类、游戏类网站等；剔除接入信息中的广告、导航、链接及其他未处理的 HTML 脚本代码等无价值、无需关注信息。

数据库特定字段去重对待入库数据的主键及其他要求不可重复的字段属性进行唯一性检查，剔除掉重复数据。

网页 URL 去重针对各分布式爬虫返回的数据，提取数据来源 URL，并检测其唯一性，剔除掉 URL 重复的数据。

2. 数据规范化

网页数据规范化是将采集到的新闻、论坛、博客等网页数据做规范化处理，转化为 DOM 树，便于后续数据提取与存储处理。

文本类数据规范化是对所采集的网站、社交媒体的文字内容进行统一文本字符编码，为后续自然语言处理做好准备工作。

3. 元数据提取

网站数据元数据提取是提取所采集到的网站、论坛、博客、新闻、新闻评论等数据的基本属性，包括发布时间、作者、来源、媒体类型、转发数、评论数和标题等。

社交媒体数据元数据提取是提取所采集到的社交媒体数据的基本属性，包括发布时间、作者、来源、媒体类型、转发数、评论数、点赞数和阅读量等。

4. 主题特征提取

文本摘要提取利用自然语言处理技术，对所采集的新闻报道、博客内容等自动生成文本的摘要信息、关键词信息，作为文本信息的主题特征。

利用自然语言处理技术，自动提取文章要素和关键词、自动摘要、人名、地名、短语提取、分词语料预处理，智能提取正文、跟帖，实现文本摘要的提取。

(五) 专网数据采集导入

针对传感网和政务网等非公开外部网络，专网数据采集导入模块负责从不同的源端业务系统中，通过约定的接口采集相关的社会安全数据，部署在源端业务系统所在的网系。对从不同密级外部网络采集到的数据，能够将其根据需要进行清洗转换处理，然后按照约定传输格式进行封装，通过单向导入设备将数据转发到内部网络中处理。同时能够对引接的源端、末端、链路、数据传输等情况进行记录、统计和监控，当出现状态异常时给出提示。

四、事件深度分类提取

事件深度分类提取子系统采用自然语言处理、视频图像识别和深度学习等技术，实现从文本、视频信息提取抗议集会、恐怖袭击、暴力极端等重大社会安全事件要素信息，生成社会安全事件大数据库，为进一步基于事件进行社会安全监测预警提供数据支撑，具体如下。

（1）文本信息事件提取方面，通过互联网、政务网、新闻网等数据平台，以及政府机构、政法机关大数据等渠道，广泛采集社会安全事件案例形成事件分析样本库。通过对海量数据社会安全事件的科学分类与编码，实现对社会安全事件语义和要素提取算法，克服传统事件处理技术无法对社会安全事件进行精准、及时的安全预警，满足维护社会稳定、保障社会安全、防控暴恐事件与维护治安秩序等社会治理和安全管理需求。通过对暴恐、非法集会、暴力极端等安全风险事件进行针对性标注和模型训练，提高事件提取的准确度。

（2）视频信息事件提取方面，采用目标检测、识别、图片文本检测识别、视频行为识别、视频理解等深度学习算法，通过行人目标结构化提取，图像特定标语提取，抗议、集会等冲突和群体行为识别，构建爆炸品、易燃品、剧毒品等特定安全风险标志，带有违反社会安全文字的横幅，举手牌上的标语、行人检测以及人的属性以及其他社会安全事件特征要素的视频语义集合，结合专家知识，实现基于视频的社会安全事件的识别。

事件深度分类提取子系统的功能组成如图5.33所示，主要包括文本事件语义提取、视频事件语义提取和事件大数据库管理等功能。

（一）文本事件语义提取

文本事件语义提取采用了规则与深度学习相结合的方式进行事件要素的提取，实现社会安全事件语义提取。主要包括命名实体识别、基于语义分析的事件提取、基于深度学习的事件提取等功能。

1. 命名实体识别

命名实体识别采用基于规则和机器学习相结合的方法，通过构建包含词库、结构化感知机/CRF、规则的实体识别流水线，实现文本信息中的命名实体识别。其中机器学习相关的技术包括基于结构化感知机的实体识别、基于条件随机场的实体识别以及基于模式学习的自举实体识别。

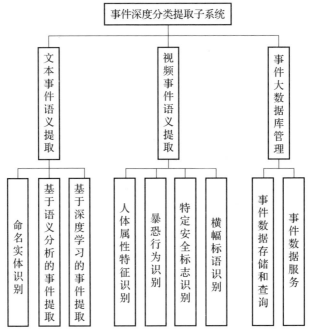

图 5.33　事件深度分类提取子系统功能组成

对于待识别文本，首先是经过流水线中的实体库匹配模块，该模块是由专家构造的面向领域的实体库做支撑，只要出现在该库中的词便识别为相关实体，虽然具有最高优先级，但其规模较小，只能处理一些特殊情况。其次，对于识别不了的文本，将经过结构化感知机以及条件随机场的识别模块，这两个模块基于监督学习的方法，对于一般领域的实体均有很好的识别率，是整个流水线中最主要的部分之一。最后，对于其他的没有识别的文本将经过规则库，该规则库由两部分构成：①专家添加的识别规则，如在社会安全领域有些特定的模式，对于机型等的识别可以使用类似正则表达式的文法即可定义出其自身的实体识别规则；②通过基于模式学习的自举实体识别模块生成的识别规则，该模块因为能对无标注语料进行学习，具有很好的领域迁移学习能力。

2. 基于语义分析的事件提取

基于语义分析的事件提取采用基于规则的提取方法，对词表特征、词性特征、实体特征和句法特征等事件特征人工制定语法规则进行事件匹配，该提取方法准确率高、可解释性强。模板的语法需要在准确率与泛化能力之间进行适当的折中，这就要求在提取描述事件的特征时尽可能有代表性。影响到事件认定的特征从大类上可以分为词表特征（即上下文关键词）、词性特征（关键词是动词还是名词）、实体特征（参与者的实体类型限制，要求参与者是人物、国家等）和句法特征（某几个关键词之间有依赖）。对以上特征进行细化，制定语法规则，基于语法规则实现从文本中提取事件要素信息。

3. 基于深度学习的事件提取

对于规则未识别的文本，采用基于深度学习的事件联合识别模型，将事件提取建模成结构预测问题，事件触发词识别/分类任务和事件要素识别/分类任务同时进行，能够有效捕捉事件触发词和事件元素的相互依赖关系，避免了误差传导，从而提高事件提取的准确率。

基于深度学习的方法主要需要解决依据核心词识别事件类型，以及提取发起者和承受者。因为事件类型众多（包含数百类别），如果只是把事件类型的识别简单建模成分类问题，即几百类的分类问题，现有方法的准确率将很难保证。因此，我们认为从训练语料中为每个类别发现其自身的触发词极为重要。在发现触发词之后，可以使用简单的查询匹配确定事件的类别。

（二）视频事件语义提取

视频事件语义提取对基于 H. 264/H. 265 编码的 RTSP 实时视频流及离线视频（AVI/MP4/MKV）进行智能分析，从人体属性特征、暴恐行为、安全标志以及横幅标语四个角度实现对视频监控领域中大量无效视频的筛选，缩小查找社会安全事件发生范围，对持刀、持枪、打架斗殴这类可以通过单视频事件表征的社会安全事件做到及时发现、及时出警、及时解决。视频事件语义提取包含了人体属性特征识别、暴恐行为识别、特定安全标志识别和横幅标语识别等功能，如图 5.34 所示。

1. 人体属性特征识别

人体属性特征拟提取人的性别、年龄、头发长度、鞋子颜色、是否背包、背包颜色、上衣类型以及裤子类型等分类。人体属性特征提取采用定义灵活的属性定位模块，以弱监督的方式自动发现人体每个属性的判别力区域，这种简化的空间变换器可以看作一个可微的感兴趣区域池化过程，它可以在没有区域标注情况下进行端到端的训练，能够达到自适应地对每个属性的单个信息区域进行定位。从而提高在没有区域标注情况下人体属性识别准确度，在此过程中同时能够保障算法的运行速度。

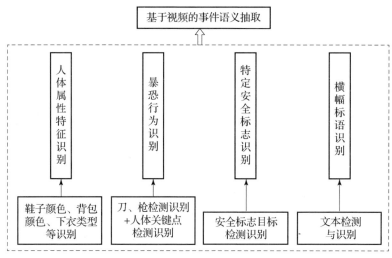

图 5.34　基于视频的事件语义抽取

2. 暴恐行为识别

暴恐行为识别通过对特殊物品（刀、枪）进行目标检测，同时结合人体关键点检测进行人体姿态估计来判断是否进行了打架斗殴行为。暴恐行为识别分为持枪打架斗殴、持刀打架斗殴和无武器打架斗殴三类。暴恐行为识别采用递进式的方式进行分类，即无武器的打架斗殴和持刀打架斗殴两种情况，这就需要首先通过人体关键点检测估计人体姿态，判断是否存在异常动作，之后再通过是否存在刀来判断是否是持刀的打架斗殴。识别模型处理过程通过准备部分未经训练的暴恐行为视频数据，每个视频拥有暴恐行为数据标签（是否属于暴恐行为、属于哪类暴恐行为），经过模型算法预处理、模型识别以及后处理得到是否属于暴恐行为，以及属于什么类型的暴恐行为，与预先的数据标签进行比对，获得模型准确率，从而验证模型的正确性和有效性。

3. 特定安全标志识别

特定安全标志识别主要是对危险提示类型标志进行识别，危险提示类型标志中又以易燃、易爆物品储存区发生重大社会安全事件的可能性最大。识别模型采用目标检测方式对易燃、易爆安全标志进行检测识别。通过采用融合显著区域的安全标志检测网络，该网络包含特征提取网络以及检测网络，前者负责提取各种尺度的特征，同时还在不同尺度的特征图上进行预测，检测网络则负责预测目标种类、位置信息，最终给出目标属于哪一类的置信度以及目标框的位置。特定安全标志识别模型的准确性和有效性的验证依然要基于未经训练的安全标志图片，该数据拥有已经人为标注的安全标志类别。识别模型的准确性验证，主要依赖于数据的准确率验证，完成从数据输入到算法模型前处理，包含图片大小修正等操作，之后通过模型获取分类概率得到最终分类结果，将分类结果与原始已有标注进行比对，计算准确率，从而实现模型正确性和有效性验证。

4. 横幅标语识别

横幅标语识别对自然场景中包含的横幅、标语中存在的中文、英文、阿拉伯语、藏语进行检测识别。采用光学字符识别（Optical Character Recognition，OCR）方法，分别为横幅标语的位置检测以及内容识别两个步骤。通过检测和识别两个步骤来实现最终横幅标语的识别。横幅标语识别采用检测、语种分类和识别三阶段组合的递进方式实现，识别模型采用自适应二值化方式，通过将二值化阈值进行网络学习，将二值化步骤加入到网络里一起训练，最终的输出图对于阈值具有较强的稳健性，既能够简化后处理也能提高文本检测的效果。横幅标语识别模型是由多个模型融合的算法框架，主要包含位置检测以及文本内容识别两大模型框架，对其进行正确性验证时也分为两部分进行验证。首先位置检测验证主要验证数据的标签为图像数据中文本内容的位置，其标注方式主要为四边形标注，输入数据为整张包含横幅标语的数据，通过对比数据训练模型获取的四边形位置和人为标注的位置来验证模型的正确性和有效性；其次文本内容识别通过对只有横幅标语截取数据进行文本内容识别，该识别中包含三个语种的模型，分别为中英、阿拉伯语及藏语，可通过计算未经训练的横幅标语截取图像数据，计算模型准确度以达到模型验证的目的。

（三）事件大数据库管理

事件大数据库管理通过构建全球社会安全事件大数据库，实现多语种数据的统一存储，解决大规模社会安全事件高效存储、快速检索等问题；同时提供反恐怖斗争、重点行业和重点群体治安防控、群体性事件、经济和民生等领域社会安全事件的实体关联、时空关联、专题聚焦、知识推荐、可视化等服务。事件大数据库管理包括事件数据存储和查询、事件数据服务等功能。

1. 事件数据存储和查询

事件数据存储和查询采用事件图谱的方式对结构化事件进行存储，以支持数据的多样化关联查询服务和展示。针对全球安全事件数据结构化特征明显、数据量大、关联应用需求强的特点，采用图数据库 Neo4j 的方式对安全事件进行存储。为了方便对图数据进行按任务、按角色检索，需要对这些知识数据面向组织、任务和时空进行再次组织，采用分布式搜索引擎 Solr 对组织后的关系数据建立索引，构建基于知识关联索引的引擎，从而实现检索数据的高效查询。

2. 事件数据服务

事件数据服务提供社会安全事件时空关联、实体关联、专题聚焦等服务功能。时空关联实现对于安全事件信息，综合运用时态推理、空间推理等技术，通过综合分析挖掘满足时间、空间维度约束的信息，以及信息在时间、空间上的关联关系。实体关联采用实体共指消歧、同义词扩展等方法，实现发掘查询描述同一实体的同类社会安全事件信息。专题发现与追踪依据事件的五类要素及事件对应的原始文本，利用聚类的方法将某些事件划归为同一个专题，并通过对不断加入的事件与专题的比较分析，判断归入已有专题还是新增专题，从而实现专题的追踪。

五、多媒体融合关联

多媒体融合关联子系统采用社会安全事件诱发、关联和演化的模型，从而实现事件关联与演化分析。通过从历史社会安全事件中发现规律、掌握事件演变的进程，支撑对事件后续影响的预测，实现事件间逻辑关系的发掘。采用共指关系提取技术，发掘视频和文本事件数据中的相同事件，将同类事件数据聚合并保留最有价值的事件要素信息，从而降低事件数据的冗余和稀疏度，丰富事件数据的表示维度。采用基于机器学习的事件顺承关系提取技术，将顺承关系识别转换为多分类问题，解决提取事件发生先后顺序的需求；采用基于规则和深度学习相结合的因果关系发现技术，通过定制的规则提取事件因果关系，基于深度学习的因果关系提取算法优化提取结果，进行事件因果关系识别，将事件及其事理逻辑关系组织成有向有环图的结构，从而构建事理图谱，为社会安全风险精准预警提供支撑。

多媒体融合关联子系统的功能组成如图 5.35 所示，主要包括跨视频事件识别与关联、跨媒体事件演化分析等功能。

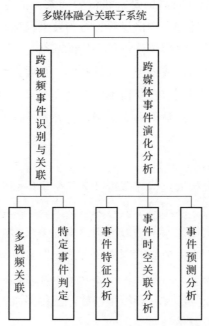

图 5.35　多媒体融合关联子系统功能组成

（一）跨视频事件识别与关联

跨视频事件识别与关联提供以人为中心，结合人脸、人的属性特征进行跨视频关联，获得人的行为轨迹，在此基础上实现结合时间、地点、人员、行为等跨视频关联的刀斧砍杀、劫持等特定社会安全事件判定，可以针对某些单一视频无法发现是否存在涉恐、暴力等事件的情况下，进行多视频关联，从而发现特定社会安全事件，对较为隐藏的涉恐、暴力事件的发现提供技术支持，支撑科技预警。

1. 多视频关联

多视频关联采用基于轨迹的相似视频匹配方式来完成视频的关联。通过以人为中心，沿着视频序列跟踪人的行为，将具有相同的人或者相似环境背景的视频进行关联，而判断是否具有相同的人的方式，又可以分为根据人脸信息判断、根据人的属性特征判定以及根据人的行为判定；判定是否相似环境背景采用是否存在相同标语横幅的方式。

2. 特定事件判定

特定事件判定通过建立社会事件特征模型，即对事件进行解析从中抽离出该类社会安全事件所特有的信息要素和行为要素，信息要素具体包括时间信息、地点信息、轨迹信息和人物信息等；行为要素包括购置、出行、通信和逗留等。在对多个同类社会安全事件进行分析的基础上，能够归纳社会安全事件的共性特点和行为，从而形成该类事件特有的信息要素和行为要素特征库，用于社会安全事件的判定识别。在获得不同社会安全事件对应的信息要素和行为要素后，采用语义对比方法对信息要素和行为要素特征匹配，从而判定社会安全事件发生。

（二）跨媒体事件演化分析

跨媒体事件演化分析通过构建多维社会安全事件数据表，实现跨媒体多源数据在知识层面的融合；采用时空关联关系挖掘算法提取事件在时间域和空间域上的关联关系，进而用复杂网络方法构建事件关系图谱；利用事件时空关联关系图谱确定社会安全事件的影响因素及各预测要素，基于贝叶斯网络构建社会安全事件态势演化模型，对跨媒体社会安全事件演化路径进行估计，并给出各路径的置信度，基于算法优化和模型参数修正的多次迭代，实现跨媒体社会安全事件演化路径的稳健估计。

1. 事件特征分析

事件特征分析根据具体场景需求（如恐怖袭击事件、群体性事件、民族和宗教事件、网络安全事件及涉外突发事件等），综合斯坦福大学全球恐怖主义数据库（Global Terrorism Database，GTD）和兰德公司世界恐怖主义事件数据库的事件属性项，构建既体现事件内部要素关联关系，又蕴含事件间关联关系的社会安全事件数据表，实现跨媒体多源数据在知识层面的融合，为后续事件分析和预测提供充实的基础数据源。

2. 事件时空关联分析

事件时空关联分析从时间域和空间域上来提取社会安全事件的因果和相关关系，并基于事件关联关系，构建网络化的事件关系图谱，从复杂网络指标及网络特征来对事件进行深入分析。在事件关联信息挖掘方面，社会安全事件的关联关系不仅体现在事件先导关系、延续关系、支持度和置信度上，很大程度上还体现在空间约束和时间约束上。空间约束体现为空间谓词，时间约束则表达为时间谓词，分别从空间维度和时间维度上挖掘社会安全事件的关联关系。对于时间域，采用STApriori算法挖掘事件关联关系；对于空间域，在社会安全事件数据表中增加事件的时间约束，再利用FP – Growth算法挖掘事件关联关系。

3. 事件预测分析

事件预测分析采用基于贝叶斯网络方法对社会安全事件进行预测，分析研判事件演化趋势。贝叶斯网络模型主要优点在于体现了预测项与其他要素间的关联机制，充分考虑了预测项影响因素对预测结果的影响，且不依赖于数值要素。社会安全事件的发生具有一定的时间聚集性和空间聚集性，即事件受邻近空间和邻近事件的要素影响较大，因而考虑邻近空间域、同区域邻近空间域、同区域强关联事件及周期性邻近时间域内同类社会安全事件的影响，来构建社会安全事件的贝叶斯网络预测模型。通过算法优化和参数调整，通过多次迭代，最终形成恐怖袭击事件、群体性事件、民族和宗教事件、网络安全事件及涉外突发事件等典型场景下的演化分析模型，实现国内外反恐形势、涉敏感人物论调智能分析研判。

六、智能精准预警

智能精准预警子系统通过挖掘事件风险因子并对风险因子进行评价分类建立指标体系，实现大数据驱动的社会安全风险科技预警指标体系构建。通过社会安全事件数据预处理和聚类分析并构建训练模型，通过迭代分析建立风险认知评估模型，对社会安全风险进行评估。通过采用基于海量数据精准识别的社会安全风险事件告警技术及非完全信息条件下的安全风险预警技术，实现基于安全风险事件演化规律的精准预警。

智能精准预警子系统的功能组成如图5.36所示，主要包括安全风险认知评估、安全风险演化规律预警等功能。

（一）安全风险认知评估

安全风险认知评估基于自动抽取的事件和科技预警指标体系，采用安全风险的协同识别方法，建立国家的恐怖袭击、经济衰退、政局动乱等社会风险的认知评估模型，模型利用深度学习技术，基于指标数据，构建安全风险指标权重自学习机制，实现安全风险评估的迭代式定量分析，解决传统风险评估方法实时性差、数据规模小及准确性低的问题。

在分类模型训练与评估方面，基于数据挖掘技术，对需要评估的社会安全事件的风险点要素进行关联分析，挖掘事件在不同阶段的发展规律。基于机器学习技术，采用安全风险量化指标权重系数的专家经验学习，形成风险因素节

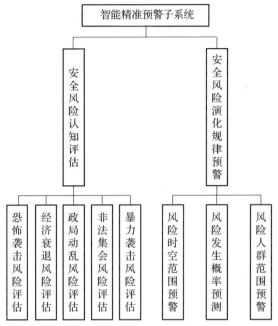

图 5.36　智能精准预警子系统功能组成

点初始评价，利用随机森林、XGBoost 等算法确定各个节点的条件概率，经过网络结构计算、多次迭代和模型参数的动态调整得到风险评估计算结果，实现社会安全风险的自动分析和量化评估。

在模型修正方面，针对应用场景、应用地区不同，相同的社会安全风险事件会呈现出不同的表现特征，因此，每个模型都需要根据其应用场地、应用场景进行模型修正、学习，才能获得所需要的模型，提高模型的准确度。而由于某些事件的实际样本数据过少，所以利用 EM 算法（Expectation Maximization Algorithm，最大期望算法）进行学习。EM 算法是一种对缺失数据的未知参数 θ 渐进的确定性评估方法，而且它还假设缺失值是独立于观测值的。因此，可以根据现有的数据条件利用 EM 算法对模型进行修正。

1. 恐怖袭击风险评估

恐怖袭击风险评价指标分为时间特性、地理特性、意图特性、目标特性、武器特性和后果特性六个部分。其中时间特性是恐怖袭击事件选取特定的日期，由恐怖袭击事发年份、恐怖袭击事发月份和恐怖袭击事发日组成。地理特性是指因恐怖袭击事件选取特定地点，由维度、经度、地理识别特性和是否在城市附近区域组成。意图特性是指恐怖袭击催化剂事件，由政治、经济、宗教或社会目标、意图胁迫、恐吓更多群众和超出国际人道主义法律组成。目标特性和武器特性是指恐怖袭击事件具体袭击方案，由袭击的目标类型、袭击方式、武器类型组成。后果特性是指造成人员死亡、财产损失，由死亡人数、受伤人数、财产损失级别和是否成功组成。

2. 经济衰退风险评估

经济衰退风险评价指标分为实体经济、货币和信贷环境、资产价格、债务负担程度和国际环境五个部分。实体经济是指一个国家生产的商品价值总量，是人通过思想使用工具在地球上创造的经济。实体经济包括物质的、精神的产品和服务的生产、流通等经济活动，涵盖工业、农业、交通、商业、服务、建筑、文化等物质生产和服务部门，由经济增长和价格水平组成。货币和信贷环境是指国家货币、国家动员和分配资金的情况。由货币环境、利率水平、汇率水平、国际收支和财政收支组成。资产价格是指资产转换为货币的比例，也就是一单位资产可以转换为多少货币的问题，由房地产市场和资本市场组成。债务负担是指在不改变合同内容的前提下，债权人、债务人通过与第三人订立转让债务的协议，将债务全部或部分移转给第三人承担的法律事实。由债偿能力和外债负担组成。国际环境是指一个国家与世界各有关国家、地区之间在政治、经济、文化、自然和地理等方面的相互关系及其国与国之间的交往关系，由美国制造业采购经理人指数（PMI）、日本制造业采购经理人指数（PMI）和欧洲制造业采购经理人指数（PMI）等指标计算构成。

3. 政局动乱风险评估

政局动乱风险评价指标分为人口与社会、政治与政府、经济与环境三个部分。人口与社会由青年人口比例、劳动力相对规模、婴儿死亡率、婴儿死亡率的年度变化率、中等教育入学率、城市人口增长率等指标计算构成。政治与政府由民主程度的变化、经济歧视程度、政治歧视程度、政体持续时间、政治权利指数、公民自由指数、政治恐怖指数（国际组织发布）、邻国处于军事冲突中、邻国处于内战或种族战争中、参加国际组织的数量等指标计算构成。经济与环境由人均 GDP、人均 GDP 变化、外汇储备波动、政府负债率、与 OECD 贸易量、年度通货膨胀率变化、耕地面积、可灌溉面积、可用安全水源、干旱损失和饥荒等指标计算构成。

4. 非法集会风险评估

非法集会风险评价指标分为根源性指标和统计性指标。根源性指标是指可能引起非法集会风险或加剧风险的环境因素，由国内环境因素和自然环境因素组成。统计性指标是指加剧非法集会的事件因素，由时间特性、后果特性、地理特性和规模特性组成。

5. 暴力袭击风险预警评估

暴力袭击风险评价指标分为根源性指标和统计性指标。根源性指标是指可能引起暴力袭击风险或加剧风险的环境因素，由国内环境因素和自然环境因素组成。统计性指标是指加剧暴力袭击的事件因素，由时间特性、后果特性、地理特性、目标特性和武器特性组成。

（二）安全风险演化规律预警

安全风险演化规律预警针对安全风险事件时空范围的事前预警需求，采用融合长短时记忆网络和双向自编码注意力机制多层次语义协同的事件特征预测模型，缩小安全风险事件在时间、空间层面的预警范围。针对安全风险事件的人群范围的事前预警需求，采用融合 Bagging 和全连接神经网络的人群分类算法，精准评估安全风险事件人群范围层面的候选人群，缩小人群范围预测范围。为提高安全风险事件发生概率预测的准确率，采用贝叶斯集群网络预测算法，精准评估安全风险事件发生的综合概率。为辅助提升相关人员对重大安全风险事件感知的及时性和全面性，设置安全风险实时告警规则和风险事件的严重程度分级机制，构建安全风险事件的实时告警模型，实现安全风险事件的人物、时间、地域多维度的实时告警。

1. 风险时空范围预警

安全风险时空范围预警采用 LSTM 神经网络与 BERT 神经网络工作原理，构建非完全信息条件下的融合 LSTM 和 BERT 多层次语义协同的安全风险事件特征预测模型。使用事件特征经过 LSTM 训练可以得到事件的大致时空范围，然后利用 BERT 对事件关联征兆特征进行处理得到时空范围内更精准的预警信息。例如，暴恐类事件的时空范围预测，通过暴恐类事件历史的事件特征大致推导出在某一周该事件有可能发生，然后通过发现暴恐类事件在该段时间内的征兆行动如政治军事行动准备等，推导出该区间内更小范围的精准时间结果。通过模型训练，生成安全风险事件发生时空范围预警方法，实现安全风险事情发生的时空范围预警。

2. 风险发生概率预测

风险发生概率预测采用基于贝叶斯网络的安全风险事件发生预测算法，通过特征数据对安全风险事件特征预测模型进行训练，实现安全风险事件发生概率的预测。该模型通过求出文本中词语的基础权重，建立所有文本的特征，在词语的基础权重以及信息的传播特征基础上，计算获得单个时间窗内的词语权重。综合考虑用户影响力和词语权重信息，给出突发度的概念，依据其判断一个词是否为突发词。使用事件特征经过贝叶斯网络训练可以预测该事件通过历史推演的概率，然后利用事件关联征兆特征的贝叶斯网络得到该事件在充分准备下发生的概率。通过融合两种概率结果，最终预测事件发生概率。按照安全风险事件演化的过程，以安全风险事件的状态改变为基础，构成安全风险事件预测的整体神经网络。通过计算神经网络中所有节点的边缘概率，获取先验和后验概率网络，给出突发事件贝叶斯网络中的推理，从而得出基于安全风险事件的预测概率。

3. 风险人群范围预警

风险人群范围预警将重大风险事件发生时某类人群的特殊行为进行量化处理，通过分析事件特征，根据已有的事件制造者去预测未知事件的组织和个人。采用安全风险事件历史数据作为训练样本，通过机器学习分类算法预测模型 Bagging、决策树（Decision Tree，DT）、随机森林（Random Forest，RF）以及全连接神经网络（Fully Connected Neural Network，FCNN）等方法，对一个或多个事件制造者进行预测。通过构建特征指标体系参数，采用贝叶斯参数优化策略对各预测模型的参数进行调节，找出最佳的预测模型参数。通过分类算法将未知组织和个人的安全风险事件贴上已知的类别标签，将已有的事件特征数据输入分类算法模型中进行学习以获得最佳模型，之后利用模型对未知的数据集进行类别判断，从而预测出可能的组织和个人。

七、风险态势监测

风险态势监测子系统支持在海量异构数据源的基础上，构建包含原始素材库、模型过程库、预警产品库三级库的数据架构，实现海量数据的联动、存储、快速检索及快速组织；围绕暴恐、集会、抗议、暴力极端等不同风险主题快速汇聚数据和评估预警模型，建立分级分类的预警体系，通过预警信息的前后台推拉机制，实现敏捷的社会安全风险监测和预警；采用预警可视化支持技术，实现不同等级预警在模型层面、主题层面的可视化表达，围绕国家的政局动乱、恐怖袭击、经济衰退及城市暴恐、集会、抗议、暴力极端等社会安全风险全面展现预警情况，支持用户对过去和现在的情况进行对比，对预警相关的实体、事件进行关联分析，发现渐变、突变的安全风险；支持跟踪社会安全风险预警的中长期情况，发现其社会安全风险的发展、演变趋势，全面掌握风险的发展和外溢情况。

风险态势监测子系统的功能组成如图 5.37 所示，主要包括态势数据自组织、风险态势生成、风险预警跟踪等功能。

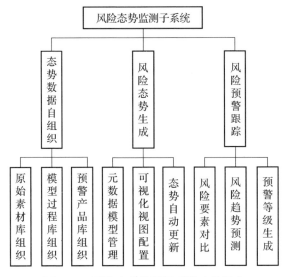

图 5.37　风险态势监测子系统功能组成

（一）态势数据自组织

态势数据自组织通过构建包含原始素材库、模型过程库、预警产品库三级库的数据架构，实现三级库联动、存储、快速检索及组织。态势数据信息组织方式的流程：首先数据库中的数据更新时，数据分发机制会监测到数据更新，数据分发机制会将新的数据同时分发给模型计算与订阅数据的态势视图。模型计算根据新数据对模型进行更新迭代。态势视图的数据更新有两种触发机制，一是通过数据订阅，数据订阅会通过后台主动将更新的数据推送到态势视图模块，二是态势视图的前台有定时的数据轮询功能，定时监测态势视图的数据更新，发现新的数据更新时，会拉动新的数据进行前台数据更新。态势信息的前后台推拉机制，会有效更新态势信息数据，一旦有态势数据的变动，系统会敏捷地做出反应，及时更新数据。

（二）风险态势生成

风险态势生成通过建立面向预警态势生成的元数据管理模型，定义态势数据和可视化组件之间的映射关系、面向不同可视化需求的属性内涵，构建态势数据和可视化视图之间的快速组合、配置的通道，通过元数据模型驱动高效组织和构建面向区域社会安全风险的综合预警态势视图，实现风险态势的快速、直观、灵活的呈现，并建立数据的推拉机制完成区域内恐怖袭击、暴力极端行为、重点行业及人员群体性事件等社会安全风险态势的常态化监控和自动更新。

采用态势可视化支持技术，实现不同等级态势预警在模型层面、主题层面的可视化表达，围绕国家的政局动乱、恐怖袭击、经济衰退及城市暴恐、集会、抗议、暴力极端等社会安全风险全面展现态势情况，支持用户对过去和现在的情况进行对比，对态势相关的实体、事件进行关联分析，发现渐变、突变的安全风险，最终形成面向区域的安全风险态势。

态势可视化可实现灵活可配置，监测者可根据其关心的数据以及感兴趣的数据表现形式，进行态势可视化的定制方案。态势可视化针对不同类型、等级、地区等因素，对态势进行相应的可视化呈现。态势可视化呈现按照定性与定量两种不同的分析方式进行相应展现。在进行风险评估时，通过分析、量化社会安全事件所造成损失的频率、规模和性质，分别对风险的可能性、脆弱性和严重性进行定性、定量分析，从而得出风险可能造成的危害后果，为风险预警做支撑。其中定性分析方法是以逻辑判断为主的预警方法，主要是结合理论分析，通过现实信息整理对社会发展状态作出判断，适用于对社会发展的总体趋势和转折性或缺乏现实资料的事件进行预测，具体包括德尔菲法（专家法）、主观概率法（经验归纳演绎法）、领先指标法、相互影响法和情景预警法；定量分析方法是分析变量之间的相互关系，通过回归分析方法根据几个变量的值去预测因变量的值，具体包括一元线性回归、多元线性回归和非线性回归、时间序列分解分析法、移动中滑法、趋势外推法、过滤法、景气分析法、灰色法等。

（三）风险预警跟踪

风险预警跟踪通过建立面向反恐怖活动、反暴力极端、群体性事件等特定主题的风险评估模型、监测预警模型，针对社会安全风险具备渐变、突变的特征，从风险的时间维度、地域维度、事件类型、实体维度对风险的整体情况进行全面跟踪，通过社会安全某个特定主题风险相关要素的前后对比、关联对比、中长期跟踪，发现风险渐变趋势、可能的突变因素，建立面向短期、中期、长期等不同场景的预警知识库，给出不同的预警等级和预警提示。

通过分析影响社会安全事件发生的关键因素，采用德尔菲法、层次分析法等方法，筛选出一系列敏感的先导数据组成预警体系，采用适宜的预测算法，从动向预警、状态预警和长期趋势等方面来构建预测预警模型，以预测未来的发展变化情况。通过综合运用智能决策支持技术，结合专家知识和已有案例，系统能够根据实际情况分析判断警情，生成预警等级，为决策者提供科学合理的建议，以求减少社会安全事件造成的损失，或以最小的代价迅速平息突发的社会安全事件，稳定社会秩序。

第六章　社会安全形势展望

第一节　国际安全形势展望

一、世界多极化加速、大国博弈更趋激烈

当前，不断扩大的地缘政治裂痕造成全球分歧日益加深，世界大国之间的竞争博弈更趋激烈。百年变局与世纪疫情交织叠加，国际格局加速演变，世界朝着多极化深入发展，未来若干年将由一个超级大国主宰世界向着"多极化时代"过渡，新兴发展中国家群体性崛起，世界多极力量对比向更加均衡的方向发展。而随着美西方的单边主义、保护主义、霸权主义和逆全球化思潮抬头，国际安全环境面临的不稳定性、不确定性显著上升，全球治理面临前所未有的挑战。中国所面临的国际形势和外部环境加速演变，主要包括以下几个领域。

（1）在政治领域，政治观念造成的对立可能导致大国关系进一步恶化。所谓"民主峰会"、部分国家"外交抵制冬奥会"和俄乌冲突"站队"问题之后，中国与西方国家的意识形态矛盾可能进一步上升。而俄罗斯与西方关系因对乌克兰军事行动等传统安全问题继续恶化，并引发外交战和经济制裁战的升级，西方将中国与俄罗斯绑定，进一步固化针对中俄的意识形态联盟，使中国外部政治环境更加恶化。同时西方各国内部意识形态极化严重，诸如法国极右翼势力出人意料地崛起，可能冲击欧洲政治稳定，并牵动法对华政策与中欧关系变化。

（2）在经贸领域，涉华国际经贸冲突延续或者升级使中国外部经济环境更加消极，包括美国是否会延长对华"301调查"所涉商品加征关税的实施时间甚至"永久化"；美欧贸易技术委员会是否会出台双边对华出口管制措施；

美国及其盟友是否会以国家安全为由共同加强对外投资审查。近期美国股市大幅下挫、世界主要经济体长期利率快速上升、银行不良资产率大幅上升、人民币国际支付结算遭遇更多阻力等挑战可能出现。同时新冠疫情导致全球供应链紧张，发达经济体管控和疏导通胀不利，可能导致这些国家通胀失控。美欧等西方发达经济体将开始调整"短期保持经济刺激"和"中长期收紧财政货币政策"之间"搭配关系"，可能对其他经济体以及债券、股票和汇率等市场产生外溢性冲击。

（3）在能源资源领域，经过多年的经营，中国构建起了中东、非洲、南美洲、中亚、俄罗斯、东盟及大洋洲、美国等众多海外油气来源。不过，在地缘政治摩擦加剧的背景下维持全球性的传统能源供给安全，对中国将形成越来越大的挑战。如果由于俄乌冲突导致的全球石油价格继续大涨大跌，或者中澳经贸关系持续恶化，会对中国的能源供给造成不利影响。中国紧缺的铁矿石、铜精矿、铝土矿等战略性矿产品，并且主要依靠从"亲美"国家，或者是从刚果（金）、几内亚、缅甸等生产环境不稳定的国家进口，供应链极易因生产国贸易限制、地缘政治及政变等因素干扰而断裂。近几年印度尼西亚等国家限制镍矿原矿出口，贸易壁垒层出不穷，秘鲁等国家修改矿法，缩短矿业权使用年限等，投资自由化逆转趋势不减，对境外资源供应形成制约。另外，全球资源治理的关注点逐步向人权、环境、腐败等非经济问题转移，话语体系发生明显变化，使中国在全球资源治理体系中处在"发达国家挤压、发展中国家抱怨"的两难境地，难以发挥应有的引领作用，获取境外资源难度增加。中国在获取开发新能源所需关键矿产时，可能会更频繁地遭到西方国家使用诸如劳工权益、环境保护等非经济标准设限设卡。美国等西方国家为强化对中国发展的战略性遏制，明确将中国视为战略性资源竞争对手。自2017年以来，美国陆续调整相关法律法规，并采取措施与中国竞争高新技术产业发展所需的铌、钽等关键资源，以及发展新能源所需的石墨、锂、钴等资源。

（4）在军事领域，中国与相关国家在双边政治关系紧张的背景下，可能在中国周边海域、空域发生类似2001年"南海撞机事件"或者2009年"无瑕号事件"的摩擦，或者中美在西太平洋或者印度洋发生海上意外事件等，中国与周边国家在有争议的边界附近或者海域可能出现摩擦。美军可能提升在台湾海峡海空域飞航频次，导致解放军与美军在台周边海空域发生意外事件，美盟友与中国在台海周边海空域发生危机风险等。

（5）在全球公域方面，西方可能利用全球问题炒作中国威胁，包括进一步污名化中国对煤炭的使用，能源政策承受更大压力；发达国家洗脱排放问题上的历史责任，中国在减排问题上面临的压力持续增加；西方媒体恶意炒作中国南极立法、公海商业捕捞等。

（6）在科技领域，新兴技术带来的网络安全冲突风险值得高度关注。2021年7月，北约前所未有地就"中国网络攻击"发表共同声明，未来北约国家、印度、美国均存在与中国发生网络冲突的可能性。近年印度的网络能力和攻击活跃度都在快步增长，2021年四方安全对话（QUAD）多次强调网络安全领域的合作。此外，中国国内若出现大规模严重数据泄露事件，比如在防疫抗疫过程中群众广泛使用的某些"国民级应用"出现数据外泄，也将造成严重安全影响。

在东北亚地区，中日关系、台湾问题等安全热点均对中国安全构成持续冲击和威胁。特别是日本经济、安全政策变化可能引发的中日关系紧张，可能包括日本修订《国家安全保障战略》、经济安全保障相关法案，引发与中国关系的紧张；日本从政治角度出发拖延中国加入CPTTP；日本在钓鱼岛、台湾及历史问题上再现出格言行对双边关系造成冲击。另外，台海紧张局势升级可能触发危机，包括美方持续升级与台湾当局的实质关系，助台拓展"国际空间"，美国国防部邀请台以观察员身份参加"环太平洋"军演，增加在台海军陆战队人数；美更多现任高官、国会议员或者前政要访台；美帮助台当局在更多国家设立"代表处"，甚至鼓动部分国家与台当局"复交"等；个别欧洲国家可能在台湾问题上突破现状，如同意对台军售等，从而冲击"一中"原则。

二、印太地区传统安全形势日趋严峻

目前，中国周边或与中国相关的最具影响的重要安全热点问题，包括南海问题、台湾问题、中印边界问题、印巴冲突问题、朝核问题、伊核问题和乌克兰问题等，这些问题将在未来相当长时间内持续甚至升级。从空间分布趋势看，未来地区热点问题将逐渐向印太地区集中，世界其他地区的安全冲突将越来越难以吸引大国的足够关注。一段时期内美国将战略资源集中于印太地区的趋势不会改变，印太地区发生安全冲突的概率、频率和烈度，以及发生安全冲突的溢出效应和国际关注度都可能显著提高。中国周边安全局势的复杂性和不稳定性可能进一步增加。

近年来，美国、日本、印度、澳大利亚和一些西方国家联合推出针对中国的具有军事联盟性质的"自由开放的印度洋—太平洋"战略（简称"印太战略"），美国政府不断明确印太战略（Indo-Pacific Strategy）的提法及其意涵与主旨。按照美国的战略愿景，"印太战略"是美国领导下的，以美、印、日、澳等国家战略对话为核心机制，集合亚洲、非洲、大洋洲和美洲有关国家而构筑的"自由国家统一战线"。2018 年 8 月美国国务院发表的《情况说明书：美国在印太区域的安全合作》详细列出了五大目标，即确保海上与空中自由、推进市场经济、支持良好治理、保障主权国家免受外部胁迫，以及促使伙伴国维护和推进基于规则的秩序。其核心是通过美国与盟友在政治、经贸、安全、价值观等领域的合作，共同维护符合美国意志与利益的所谓"自由、开放、包容、法治"的印太秩序。

2022 年 2 月美国政府首次以白宫名义发布题为"美国印太战略"的战略文件，文件中说美国将聚焦从南亚到太平洋诸岛的印太地区所有角落，以加强美国的地位和承诺。文件首次出现了"影响力平衡""势力范围"等新表述，把中国塑造成为"地区恶霸"，还渲染中国对邻国实施所谓"经济胁迫"，将经济问题"安全化"。文件强调了"一个强大的印度"作为合作伙伴在一个积极的地区愿景中所发挥的重要作用，同时美国将"有意义地扩展"在东南亚和太平洋岛屿的外交存在，并把与太平洋岛国进行的关键谈判当作优先事项，涵盖美国的军事准入。在区域外，强调要推动欧盟和北约与"印太"地区的关系，构建"印太"与欧洲、大西洋地区之间的"桥梁"，加强新兴的合作伙伴关系，并对地区性的组织进行投资。在海上活动方面，强调所谓"民事安全挑战"，宣称将扩大美海岸警卫队在南亚、东南亚与太平洋的存在与合作，以"帮助相关国家开发海上资源"，显示出会进一步利用所谓"非法捕鱼"等非传统安全议题给中国制造麻烦。对于台湾问题，依然叫嚣将与地区内外的伙伴合作，维护台湾海峡的和平与稳定，包括所谓"支持台湾自卫"，"以确保台湾人民能有一个依循其意志与最大利益和平决定未来的环境"。文件还显示出对防务供应链、数字安全和同盟体系关系的重视，特别显示出整合美国和盟友国家的防务工业基础并使之相互连接的意图，明确新印太安全联盟"AUKUS"推动防务科技、技术合作的任务。由此可见，美国政府的"印太战略"并非仅是个地区战略，而是要从美全球战略重点经营地区的层面界定国际秩序基本性质，将"印太"与美对国际秩序的整体把控更紧密地联系在一起。美国推进"印太经济框架"的影响力不容小觑，或给中国在周边地区推进"一带一路"造成现实和长期的影响。

印度作为印度洋地区最大的国家，在美国全球战略中的地位不断攀升，美国欲将印度打造成"印太战略"支柱，"联印遏华"成为美国政治共识。印度也满意于美国给予的"大国礼遇"，美印战略合作取得实质进展。在自身实力尚不足以支撑远大抱负的情况下，且印度国内经济社会矛盾加剧，莫迪政府为转嫁矛盾，摒弃"不结盟"原则，持续向外发力，向美国"印太战略"靠拢，主动利用大国竞争给印度带来的历史机遇，谋求冒险性战略的"高收益"，为"印度时代的到来"寻求助力。印度主要通过美印"2+2"对话机制、美印日三边峰会及美日印澳"四国机制"加强与美国"印太战略"融合，且靠拢趋势日益明显。2020年6月15日中印边境的加勒万河谷突然爆发了两国边防军人的肢体冲突，两国军人都造成伤亡；同时面对国内疫情严重状态，印度需要转移矛盾，企图利用"印太战略"来遏制中国，推动全球产业链重组，以此来实现大国崛起的战略构想。值得一提的是，印度积极与日澳两国协调，也同时避免陷入独自与中国对抗的境地。与此同时，印方也希望缓和与中国的关系，不想陷入战略被动。

日本配合美国推行"印太战略"是其外交战略的重要内容和对华政策的重要组成部分，通过强化与东盟国家合作提升自身在东南亚的影响力。随着美国政府进一步拉紧日本推进"印太战略"，构筑以东南亚为重点区域的"印太经济框架"，日本与东盟国家在外交、经济、安全等领域的合作将更加紧密。2021年日本在美日印澳"四边机制"框架下加强与东盟国家的联系，对中国维护在东南亚地区利益、发展与东盟国家关系方面带来负面影响。日本的举措可能会进一步加大东盟有关国家对中国在南海问题上的戒备心，对中国与东盟关系造成一定干扰。一些南海声索国也希望借此引入日本力量，以加大其与中国在南海问题上进行抗衡的砝码。日本加强向东盟国家提供军事援助，并以举行联合军演的形式深度介入南海问题，这对维护南海地区的和平稳定造成了一定负面影响。同时日本对外投资重点日益向东盟转移，未来也将继续加快相关产业向东盟转移的步伐，通过配合美国在高技术领域与中国"脱钩"，并视东盟为其构建"安全可靠供应链"的重要一环，可能会对中国相关产业发展以及在国际供应链中的地位构成冲击。

澳大利亚积极推动"印太"概念，深度融入"印太战略"，目的是为重新获得国际社会关注，凸显地缘战略价值。除了加强与美国的军事关系外，在几乎所有反华遏中议题上附和美国，目的就是希望通过"印太战略"绑定美国，还在全力加强与相关国家之间的双边或多边军事关系。一直以来，澳大利亚就在为适应"印太战略"积极调整，逐渐从以往强调恐怖主义、气候变化等非传统安全威胁，回归到重视领土领海争端、国家间的军事冲突等传统安全威胁上。澳大利亚政府在其公布新版国防战略文件中，宣布未来十年将投入2700亿澳元国防预算加强国防能力建设，斥巨资升级空军基地，采购部署 F-35 战机，将印度洋东北部到西太平洋的印太地区视为澳直接战略利益区，也是国防规划的重点区域。

近年来，欧盟委员会也发布了关于印太战略的文件，欧洲多国纷纷出台各自"印太战略文件"，表达了对印太地区的关切，"印太战略"逐渐成为欧洲对外战略中的一个重要方面。但与美国"印太战略"排除中国不同，促进合作是欧盟对印太地区政策的核心，其目的在于平衡中国在"印太"地区经济和政治影响力，也为扩张自身影响力和寻求更多利益开拓新的机遇空间。"欧盟印太合作战略"主要体现了欧盟立足于中美之间，加强欧盟在印太地区的战略关注、存在和行动的决心，增强自身在地缘政治中的地位。欧盟希望通过加强与印度、日本和东盟经济联系，实现对亚洲经济关系的多元化，主要是加速降低对中国经济依赖。另一个要点是推进经济议程，保护供应链，主要包括：通过合作推动供应链多样化，减少关键原材料依赖；推动 WTO 改革，构建可持续和有效的多边贸易体系；通过达成区域协议加强公平竞争环境和欧盟的贸易地位；将人权、劳工权利保护融入全球价值链。而法国、德国和荷兰发布的"印太战略"重点各异：法国版的"印太战略"主要集中在安全领域，将中国国力和军力的发展看作印太不稳定的因素，并强调印、澳是法国印太防务战略的支柱，大力发展军事合作；德国版的"印太战略"较为全面，涵盖了气候变化、和平与安全等领域，声称德国希望帮助建立这一秩序，"使之建立在规则和国际合作基础上，而非建立在强者的法律之上"，其核心词为合作；荷兰版的"印太战略"则对中国南海问题的紧张局势大声疾呼，呼吁"欧盟应该寻求与该地区国家的自由通行，并保证海上安全合作"。

三、中东地区安全赤字问题明显

中东是发展中国家最集中的地区之一，也是世界上安全赤字最严重的地区之一。中东地区拥有丰富的自然资源，对世界和平与发展具有重要意义。然而长期以来，中东国家在发展的道路上屡屡受挫，地区频频陷入乱局，和平难以实现，安全无法保证。中东地区安全问题延绵至今，域外大国争夺和干涉是最主要外因。近现代以来，从四次中东战争，到入侵伊拉克，再到军事介入利比亚冲突和叙利亚危机，域外大国通过滥用武力干预中东事务，使本已脆弱的安全局势更加复杂恶化。美西方长期在中东争夺势力范围和掠夺能源资源，挑动矛盾甚至颠覆政权，完全漠视地区国家和人民谋求和平与发展的基本权利，彻底打乱了中东各国自身发展的步伐。

长久以来，中东局势经久动荡、极端主义滋生蔓延，发展严重受阻，地区和平安全得不到强有力的物质保障，主要原因有以下几点。

1. 全球能源格局深刻变化、对中东经济发展和政治稳定构成日益严峻的挑战

在当前世纪疫情影响下，全球经济放缓，国际油价持续低迷，而许多中东产油国长期严重依赖石油经济，制造业根基脆弱，经济结构单一，抗外部风险能力较差，国家转型内生动力不足，愈发难以依靠石油收入来维系社会高福利，日益面临巨大的财政和就业压力，贫困、失业等问题更加突出。近年来中东地区平均经济增长率约4.1%，恢复幅度低于全球平均水平，各国面临恢复经济、保障民生的巨大压力。这很容易导致各国国内改革与治理失效，造成经济形势剧烈振荡，引发民众抗议和社会动荡，严重冲击政治和社会稳定，并危及地区和平与安全。

同时债务问题也成为中东地区国家所面临一大问题。ESCWA（联合国西亚经济社会委员会）最近的一项研究监测表明，到2020年底，阿拉伯国家的公共债务达到1.4万亿美元。债务危机主要出现在海湾国家中，其公共债务在2020年底约为5760亿美元，而2008年时仅为1170亿美元。尽管2021年下半年国际市场油价有所好转，但这并未影响海湾国家的债务扩张政策，尤其是沙特阿拉伯、阿联酋、科威特、阿曼和巴林。债务次于海湾地区国家的是中等收入的阿拉伯国家（埃及、约旦、突尼斯、摩洛哥和黎巴嫩），这些国家的公共债务从2008年的2500亿美元（占其GDP的47%）跃升至2020年底的6280亿美元（占其GDP的73%）。联合国西亚经济社会委员会的研究表明，这些国家尽管享有国际银行和国际货币基金组织宣布的债务减免协议，但仍面临债务违约的风险。

2. 外部干涉成中东发展困境持久难破的重要阻力

中东各国地缘对抗美西方大国枉顾国际公义，对巴勒斯坦人民软硬兼施，既用所谓"交易"和"经济红利"对巴勒斯坦和阿拉伯世界人民进行诱骗，又多次掐断对巴勒斯坦的经济援助，妄图剥夺巴勒斯坦人民独立建国的合法民族权利；醉心于对伊朗、土耳其等其认为的"不听话"国家进行所谓"极限施压"，滥用经济制裁和"长臂管辖"，在中东大搞"经济霸凌"行径，造成不少国家经济严重困难；以"安全"为借口逼迫地区国家选边站队，在各国间制造对立对抗，还企图让地区盟友背负高昂的"安全成本"，通过炒作"安全威胁"对盟友大肆敲诈敛财；到处插手地区国家内部经济事务，逼迫以色列设立"外资审查顾问委员会"，给以色列同其他国家进行正常的经济交流与合作带来明显风险。

同时美西方对中东国家提供援助时往往附加政治条件，趁机干涉地区国家内政，甚至企图搞"颜色革命"。2021年中东发生了两次政变，一次是苏丹的军事政变，另一次是突尼斯的宪政政变。在苏丹，尽管国际压力成功地恢复了阿卜杜拉·哈姆多克总理的权力，但他在试图调和文职部门与军队矛盾时遭遇失败，随即主动辞职。在突尼斯，凯斯·赛义德总统领导政变，于2021年7月下旬扰乱议会工作，解散政府，并采取多项行政和司法措施，将权力集中在自己手中。由于这些措施，突尼斯陷入了真正的金融危机，凯斯·赛义德被迫求助于支持其立场的一些海湾国家。

3. 激烈局势加剧发展匮乏与安全缺位之间的恶性循环

中东地缘安全局势持续紧张，众多地区热点问题此起彼伏，不仅严重破坏了国际资本对中东市场的信心，使多国经济振兴与产业多元化发展计划举步维艰，还使各国安全感、互信度极度缺失，地区"信任赤字"大大加深，各国间相互猜忌与防范使地区发展难以形成有效合力，严重阻碍了地区经济一体化进程。

中东地区也缺乏集体自力更生的地区一体化机制，其深刻根源在于地区内部对抗、信任严重缺失和外部大国长期强势干预，使地区合作徒有其表，甚至出现了伊斯兰合作组织"难合作"，阿拉伯国家联盟"不联盟"，海湾合作委员会"不和睦"的悖论，最终使中东地区成为地区主义发展最为薄弱、地区合作水平最低的地区。

4. 中东多国治理能力失位导致发展难见成效且无法转化为安全的"守护力"

中东国家内部部落、宗教、教派、族群等传统组织的大量存在，使中东民族国家建设异常困难，国家治理能力严重不足。在"阿拉伯之春"中，共和制国家多发生政权更迭，而君主制国家则面临深刻的转型压力，中东地区也成为当今世界安全赤字、发展赤字、治理赤字最严重的地区。中东许多国家长期饱受战乱、冲突、动荡摧残，各级政府权威缺失，国家内部凝聚力不强，"政治伊斯兰"势力抬头，各非国家行为体层出不穷，导致各国政府治理能力普遍衰弱，治理效率低下，贪腐盛行，公平缺失，造成各国投资营商环境恶化、基础设施落后、失业率与通货膨胀率居高不下、城乡和地区发展极不平衡、民生领域投入不足，对地区稳定破坏性日益增大。缺乏公平正义的经济发展，加大贫富差距，激化社会矛盾，造成社会撕裂动荡，还有可能将大量失意的年轻人逼上参加极端组织、宣扬恐怖主义的邪路，给中东安全埋下更大隐患。

卡塔尔半岛电视台 2020 年进行的一份阿拉伯国家民意调查显示，绝大多数受访者表示，经济问题是他们国家必须解决的最紧迫问题。其中 91% 的受访者认为，他们的国家内部存在腐败。一些评估指出，在过去的 50 年内，腐败给该地区造成了近一万亿美元的损失。而在过去的十年中，腐败问题一直是引发该地区抗议活动的一个主要因素。

而近年来伴随美国从中东进行战略收缩速度加快和力度加大，美国的中东战略转向"离岸平衡"，即力图通过塑造中东地区平衡减少中东对美国的掣肘，美国以伊拉克为中介推动沙特和伊朗两大宿敌缓和关系，构成了美国这一策略的核心。与此同时，为适应美国的战略和策略调整，加之长期对抗和疫情加剧导致地区国家"战略透支"，中东地区大国纷纷调整对外政策，使中东国际关系呈现缓和迹象，尤其以沙特与伊朗、土耳其与沙特、土耳其与埃及等地区大国关系的缓和为主。尽管这种缓和尚十分微弱且仍充满变数，但仍不失为中东形势的积极变化。

但是，对于长期由冲突和动荡主导的中东地区来说，危机事态也是层出不穷。例如，作为"阿拉伯之春"仅存硕果的突尼斯发生宪政危机，凸显阿拉伯国家的转型之困，尤其是伊斯兰主义力量与国家转型的复杂矛盾；伊拉克选举结果反映伊拉克国内族群政治的复杂性，以及伊拉克与美国、伊朗关系的复杂性；阿尔及利亚与摩洛哥断交、与原殖民宗主国法国关系持续紧张，其实质是中东国家尚无法摆脱殖民主义历史遗产的影响。无论是处在格局转换、秩序重建中的中东地区，还是面临国家建构和国家转型双重使命的中东国家，都承担着如何走出困局的历史使命。中东地区未来面临的困难与挑战主要包括以下方面。

（1）人口因素引发的经济困难。根据联合国儿童基金会发布的一份报告，到2050年，中东地区的人口将急剧增加，在30年内从2020年的约5亿增加至7.24亿。在这样的增长趋势下，青年人口数量将会激增，这将给国家带来一定压力。部分国家面临的挑战将比其他国家更为严峻。根据联合国儿童基金会的预估，到2050年，埃及的人口将增加6000万，而伊拉克的人口也将增加4500万。

（2）气候变化。到2050年之际，气候变化将成为一个具有决定性的全球事实，但其影响会因地区而有所不同，而中东地区的国家将受到最为严重的影响（整个地区都将感受到这种影响），包括极端天气现象、热浪、干旱、荒漠化、严重缺水和海平面上升等。最容易受到危害的地区之一，便是尼罗河三角洲——海平面上升约50厘米可能会迫使当地的400万埃及人迁徙至其他地区定居。该地区的政府和社会将不得不应对自然资源的匮乏，包括粮食短缺、价格波动以及与新的疫情相关的风险。

（3）针对宗教的态度仍将是当地社会和政治动态的主要影响因素。尤其是在年轻人中，受到新的文化和认知模式的影响，如个人主义、利益、实用性以及参照物或中心点的消失等。中东地区国家仍将面临能力与期望之间的差距。这些国家的公民们期望国家能够保护他们，并且能够按照国际标准为他们——尤其是青年人——提供新的机会。尽管如此，他们可能仍会觉得，国家的唯一目标就是控制他们，这可能会导致越来越多的挫败感，并加剧精英阶层和其他人士之间的分歧。而该地区或部分地区将走向两极分化还是走向多元化，很大程度上将取决于当地社会和政治领导人为应对这些趋势而作出的选择。

（4）后石油时代涌现的全球新能源体系将深刻影响中东未来生态。数字化和自动化将极大地改变经济、社会和文化模式，并且将从根本上改变绝大多数国家的劳动力市场。由于失业率维持在高水平，特别是在青年人口中，中东必然会受到这些趋势的影响。虽然海湾地区可能更容易适应这些变化，但是其他拥有大量劳动力、劳动力市场紧张和政府效率低下的国家，则可能面临重大的社会问题。

四、新冠疫情持续蔓延、气候变化和生物多样性问题成为焦点

当前重大传染性疾病、气候变化等非传统安全威胁持续蔓延，是人类面临的共同挑战。

其中疫情成为全球化进程的最大阻力。2020 年，新冠疫情迅速发展为百年一遇的全球大流行病。各国为防控疫情，不得不采取严格的中断交通、限制人口跨境跨界流动等管制措施，再加上各国为抵御疫情导致的经济衰退而纷纷出台贸易保护主义措施，人员、物资、资本的全球流动急剧下降。各国为防疫而进行的隔离以及停工停产等措施，还导致服务业以及制造业受到严重影响，东亚、欧洲和北美等全球三大产业链中心均遭受重创。不仅如此，疫情还暴露和加剧了国家间的矛盾和不信任，各自为政、以邻为壑的现象不断发生。疫情造成的全球产业链、价值链、供应链中断以及一些国家抗疫急需的物资得依靠别国来供应这一现状，使主权国家更加重视本国的经济安全，力图将关系国计民生的产业链和供应链控制在自己手中，这进一步削弱了全球化发展的基础。

疫情给人类社会带来多方面长远而深刻的影响。除对卫生健康领域的巨大冲击外，疫情还阻碍了劳动力迁移，导致人才流动及工作模式发生重大变化，远程办公逐步兴起，所谓"数字游牧民"不断增长。疫情加剧了全球人口失衡，富裕国家迅速老龄化，劳动人口减少，而年轻人口过剩的国家往往无法为所有人提供工作。疫情持续肆虐给全球范围内人员往来造成严重阻碍。为此，比利时、芬兰和希腊等不少国家修改移民政策，允许以学生签证或其他签证入境的外国人直接工作。

自疫情暴发以来，美国等发达国家实施宽松货币政策和财政刺激政策，以改善民生、提振经济。大量货币涌入市场，导致全球长达十年的低通胀时代结束，通胀压力急剧增加。美联储或宣布缩减量化宽松政策，预计今后两年或多次加息，欧洲央行亦开始放缓购债。美国货币政策重大调整将扰动全球金融市场，尤其会使新兴经济体面临资本外流、货币贬值及股市债市下挫等风险，给全球经济金融市场造成严重的动荡隐患。受石油输出国组织（OPEC）产能承诺不及预期、欧洲天然气供需缺口扩大等因素影响，全球能源价格大涨，带动工业原材料价格上涨。受限于疫情防控措施，不少国家劳动力短缺现象严重，原材料正常供应受阻，全球供应链局部断裂问题愈发严峻。在此趋势下，全球市场流动收紧，经济复苏难度或将加大。

疫情所引发的前所未有的普遍性冲击也对全球能源系统产生了深远影响。与 2019 年同期相比，全球能源需求在疫情期间出现历史性下滑。国际能源署的《2020 年全球能源评论》预测，2020 年全球能源需求将下降 6%，其中电力下降 5%，石油下降 9%，煤炭下降 8%，唯一可能增加的是成本逐年降低的可再生能源。受疫情影响，全球石油需求量明显减少，产能过剩加剧，油价大幅度波动，WTI 期货价从 2020 年 1 月的 50 美元/桶左右急跌，4 月 20 日一度跌到 37.63 美元/桶。在各方的干预下，6 月回升到 40 美元/桶左右，并维持到 9 月底，但仍比年初低 20% 左右。经济长期疲软以及化石燃料价格骤降很可能延迟对清洁能源的投资。据国际能源署预测，2020 年全球能源投资可能比 2019 年减少 20%，创史上能源投资最大降幅。目前大的国际油气公司已经推迟或削减了投资预算，宣布降低上游投资，并将在短期内减少对清洁技术价值链的投资。

疫情还对全球粮食安全造成了持续影响。在供给侧，疫情本身和防疫措施都扰乱了粮食生产和消费的全链条，这对小型农户的影响尤其显著。同时，对粮食不足的恐慌还可能导致各国采取保护主义政策，限制粮食出口。这些效应可能导致全球粮食供给的减少。在需求侧，疫情造成各国失业率飙升，非正式经济和服务部门受到巨大冲击，严重损害了贫困人口的购买力，这加剧了因分配不平等而带来的食物可及性问题。此外，与历史上的多数粮食危机不同，此次疫情主要是通过扰乱总体经济循环影响粮食安全，因此以往很少受粮食危机影响的发达国家这次也受到了较大冲击。疫情暴发后，美国处于粮食不安全状况的总人口和儿童人数分别增加了 1700 万和 700 万，达到 5400 万和 1800 万。

全球气候变化已成为 21 世纪人类共同面临的重大环境与发展挑战，应对气候变化是当前乃至今后相当长时期内实现全球可持续发展的核心任务，而且直接影响到发展中国家的现代化进程。全球气候治理已经成为冷战以后国际政治经济和非传统安全领域出现的少数最受全球瞩目、影响极为深远的议题之一。2021 年以来，气候变化带来的极端气候灾害在全球肆虐，"气候临界"加速迫近，气候变化对人类生存所依赖的自然与社会的"全域级联"效应进一步凸显，气候危机正引起系统性气候安全风险的涌现。气候变化使世界各地极端天气现象频发：2021 年意大利西西里地区锡拉库扎气温达到创纪录的 48.8℃；俄罗斯境内发生多起森林大火；我国多地遭暴雨洪水袭击。气候变化对全球造成了不同程度的损失，据联合国统计，1970—2019 年间，亚洲地区因气候灾难而损失约 2 万亿美元，欧洲地区约 16 万人死于洪水、极端高温等气候灾害。

2021 年 8 月 9 日，联合国政府间气候变化专门委员会发布的第六次气候变化评估报告显示，目前全球气温较工业化之前已升高 1.1℃，以目前的速度，以目前各国减少温室气体排放的政策，全球变暖将在 2040 年左右甚至更早上升 1.5℃，在 2100 年前将至少变暖 3℃，这远远超过了巴黎协定中国际公认的目标。全球二氧化碳平均摩尔分数已超过 410×10^{-6}，如果二氧化碳浓度延续过去的增长态势，2021 年将达到或超过 414×10^{-6}（工业化前水平为 278×10^{-6}），快速逼近"气候临界"。评估报告认为，全球温升一旦突破临界点，气候灾害发生频率和强度将大幅上升，打破生态平衡，危及动植物生存，破坏生物多样性，并对地球上的水资源、能源、碳和其他元素的循环产生复杂而深远的影响。

气候变化是一个综合性、全球性问题，发达国家较早关注了气候变化与安全问题之间的联系，气候变化既关系到传统安全，又关系到非传统安全。气候变化问题本身具有深厚的伦理道德内涵，尤其是当它关系到国家安全问题时。在吉登斯提出的风险社会里，社会与个人也在不断地进行着自我毁灭，社会通过发展工业对生态环境的破坏使社会走向自我衰亡，随着气候变化问题的加剧，个人和社会将面临更大的风险。气候变化日益成为引发国际冲突的重要诱因，影响了国际社会的安全与稳定。总体上，气候变化对国家安全产生影响，主要有两条途径，即传统安全和非传统安全。

从传统安全角度来理解气候安全问题。美国军方针对气候变化对国家安全的影响进行评估，报告提出，全球气候变化是 21 世纪最难解决也是最棘手的问题。气候变化本身不会引发战争，但是它可以成为战争的加速剂和放大器，加大社会不稳定因素。美国军方要与盟友一道，为应对气候变化和极端气候事件做好准备和军事部署。当前世界几个主要局部战争冲突都或多或少与气候变化问题相关：苏丹的达尔富尔地区战争，持续的干旱加剧了牧民和农民之间的冲突；叙利亚内战，由于干旱导致农作物和家畜死亡，引发 150 多万人的迁移，从而导致了内战；尼日利亚伊斯兰袭击事件，尼日利亚伊斯兰极端分子充分利用自然资源短缺来发动反政府袭击；索马里内战，极端的暴力冲突与气候干旱与极端高温有关。

从非传统安全角度来认识气候安全问题。气候变化对整个世界发展构成了重大挑战，随着温室气体排放量增加，全球平均气温上升，导致海平面上升，极端气候事件发生频率增加，再加上城市化以及人口和经济增长导致住房、土地和基础设施压力增大，气候变化进一步加剧水资源短缺，导致当前世界面临的贫困、环境退化、政治不稳定和社会紧张局势加剧。风暴、干旱和洪水会加剧社会不稳定，削弱政府治理能力和气候灾难事件的应对能力，从而导致人道主义灾难。气候变化对国家安全产生了实质性影响，基础设施、粮食生产以及人民群众的生命财产都会面临气候风险。在全球范围内，同样面临气候安全问题挑战，如由于移民、资源稀缺引发的冲突、粮食产量减少、水资源短缺等问题。

生物多样性是动物、植物、微生物与环境形成的生态复合体以及与此相关的各种生态过程的总和，包括生态系统、物种和基因三个层次。生物多样性是人类赖以生存的条件，是经济社会可持续发展的基础，是生态安全和粮食安全的保障。直到今天，生物多样性对人类的贡献有很多都是不可替代的。如在全球范围内，有40亿人的健康保健主要依赖天然药物，用于治疗癌症的药物中约70%是天然药物或源于自然的合成。生物多样性对人类的重要作用可以概括为"一个基因可以影响一个国家的兴衰，一个物种可以左右一个国家的经济命脉，一个优良的生态系统可以改善一个地区的环境"。

全球生物多样性的持续丧失已直接威胁到人类的食品、健康、环境、安全等福祉，也影响到了联合国可持续发展目标的实现。在人类活动的影响下，当今物种的灭绝速度远远超出了自然灭绝的速度。最新研究结果表明，在过去50年，物种绝灭速度比过去一千万年的平均速度高几十倍到几百倍，而且仍在加速。物种种群数量自1970年以来迅速减少，陆地物种减少了40%，淡水物种减少了84%，海洋物种减少了35%，有大约100万种生物面临灭绝，因受人类活动威胁而濒临灭绝的物种比以往任何时候都要多。根据世界自然基金会和伦敦动物学会2020年发布的最新评估，1970年以来野生动物种群数量平均减少了2/3。科学界普遍认为，目前是继6500万年前恐龙灭绝后，最大的一场生物多样性危机，是人类的污染和破坏物种的自然栖息地——生态系统，导致了这样的结果。根据联合国的报告，生物多样性丧失的直接驱动因素是土地和海洋利用的改变、生物资源利用、气候变化、污染以及外来物种入侵等。这些因素均与人类活动直接相关。

五、国家干预主义不断强化、加剧国家间产业矛盾和冲突

国家干预主义是西方国家公共管理职能发展的一个阶段，主要是指反对自由放任，主张扩大政府机能，限制私人经济，由国家对社会经济活动进行干预和控制，并直接从事大量经济活动的一种经济思想和政策。从政治和社会演化趋势来看，近年来部分国家内部治理问题增多，发达国家政治极化现象更加突出，并可能引发大规模政治和社会动荡。越来越多奉行自由市场经济模式的西方发达经济体出现了国家干预主义思潮的回归，并主要表现在产业政策的盛行、国家安全审查的滥用、国际经济合作与政策协调的政治化三个方面。随着经济下行压力的加大，发达国家的国家干预主义还将进一步升级，全球保护主义将成为国际经济政策协调和世界经济复苏的重要掣肘。同时，国家干预主义盛行和扩散，将加剧国家之间的产业矛盾和冲突，并给国际环境带来较大的不确定性和不稳定性。

近半个世纪以来，新自由主义在西方盛行。特别是美国，在新自由主义主导下，奉行极端的自由市场政策。按照自由市场经济的理论，企业生产什么、研发什么产品、投资什么领域，都是企业的事情，完全由市场决定，与政府没有丝毫关系。市场这只"看不见的手"可以有效指挥企业的投资和生产行为。政府的唯一任务是为企业的自由独立经营活动创造外部环境，为社会公平竞争制定规则，确保"看不见的手"发挥作用。然而，如果所有经济行为都听任市场主导，那么资本家一定盯着利润高的行业、投资回报高的地方，他们不会关心产业的均衡发展，不会关心产业链的稳定，也不会关心就业、生态等公共利益。在新自由主义思潮的影响下，美国公司或转移生产基地，向着生产成本低廉的地方远走高飞；或将资金投向华尔街，通过投机赚取高额收益，致使美国金融资本无限扩张，金融业快速膨胀，华尔街成为美国举足轻重的经济政治力量。与此同时，制造业受到重创，利润率不断下降，有的工业部门走向衰落，有的工业重镇成为"铁锈地带"。经济"虚拟化"和制造业"空心化"使美国经济结构严重失衡。

从 2008 年金融危机开始，西方经济学界就开始反思，出现了一些放弃新自由主义，重新回归国家干预主义的声音。与此同时，西方经济学界为产业政策辩护的声音也偶有听见。产业政策是政府利用特殊的政策来促进某些制造业发展的工具，其中包括一系列的优惠财政政策和贸易保护政策。欧洲国家崛起

时，大都用过产业政策，美国更是靠产业政策发展起来的典型案例。但是，在新自由主义兴盛时，产业政策被批得体无完肤。当时，在探讨新兴经济体工业化初期是否应该利用产业政策来扶植本国"幼稚产业"时，美国的经济学家都会否定西方经济学多年总结出来的规律，否定它们在经济起飞时期的那些做法，指责产业政策是造成发展中国家腐败的根源，是造成生产效率低下的根源等。

经济的"虚拟化"和"空心化"不仅打击了美国的国际竞争力，而且影响了社会的稳定，激化了国内矛盾。正是在这一背景下，美国和西方国家纷纷出台政府干预措施，以引导和刺激企业对制造业和战略行业的投资，实际上是对新自由主义市场放任政策的反思和纠偏。据贸易监测组织"全球贸易预警"的报告显示，欧美国家的政府干预行为在过去十年中明显增多。这些国家通过产业政策，将资源引入对国家利益至关重要的产业。拜登上任后更是提出了庞大的财政拨款计划，将振兴美国经济作为重点任务，用于大规模基础设施建设和战略行业的投资。美国国会不久前通过了产业直接补贴法案，批准了政府关于拨款 520 亿美元用于建设半导体制造厂的方案。美国这些史无前例的做法引起了国际社会的高度关注，普遍认为是对中国成功做法的效仿。美国媒体甚至嘲讽"华盛顿正逐渐向类似中央计划的模式转型"。

除美国外，其他西方发达国家近年来也纷纷出台振兴关键战略产业的政府干预计划，如德国于 2019 年公布了《德国国家产业战略 2030》，旨在通过税收优惠、国家资助等行政干预措施，为新兴战略性行业打造龙头企业，以抢夺世界制高点，提升本国在关键领域的竞争优势。英、法、意、日等发达国家也相继推出了刺激经济和振兴制造业的政府干预计划。而欧盟的行动尤为引人注目。2019 年，欧盟宣布组建主权财富基金，旨在对具有战略意义的重要领域的企业进行长期股权投资，以应对美国科技巨头的竞争。欧盟还出台了一系列振兴重点产业的计划，除了对关键战略行业进行"顶层设计"外，还对相关企业进行直接投资或财政补贴资助。

同时这次疫情让西方国家感到，它们对中国的依赖太大。美国制药企业 85% 的原料据说都要从中国进口，抗疫物资从口罩、防护服、护目镜到呼吸机，乃至检测试剂都需要从中国进口。因此，出于国家安全的考虑，美欧也需要重振制造业。而美欧的"去工业化"已经多年，要把制造业拉回欧美，离不开国家干预主义。美欧国家都在不断立法，一方面以国家安全为由加强对外国直接投资的审查，另一方面制定法律，直接排斥外国企业对本国财政困难企业的兼并。用立法来实行贸易保护主义是西方国家一贯的做法。但是，西方国家从舆论上给它戴上了一顶华丽的帽子——法治。欧美国家一直强调法律在治国中的作用，而且认为只要通过程序立了法，这件事情就合法了，就可以名正言顺、大张旗鼓地实行了。实际上，历史上欧洲国家与美国立的"恶法"也不少。比如，1929 年美国股市崩溃后，国会通过了《斯姆特－霍利关税法》，大幅提高关税，征税范围涉及上千种产品。尽管大量美国经济学家联名抵制，美国的 23 个贸易伙伴国也强烈抗议，但美国国会仍一意孤行。美国的贸易保护很快引起了欧洲国家的报复，法国、意大利、西班牙等国纷纷出台提高关税的措施，连一向倡导贸易自由的英国也放弃了它的传统，推出了排他性极强的"帝国特惠制"。一场席卷全球的贸易大战将美欧国家拖入了贸易集团大战，最终演化成军事集团大战。

在当前疫情有可能引起全球经济大衰退甚至大萧条时，欧美国家又要重走老路，用立法来推行保护主义似乎已箭在弦上。用国家财政的力量，给陷入困境的企业提供资助，甚至把陷入困境的企业国有化。疫情暴露出了欧美国家企业的弱点，有些企业很快要走向流动性枯竭和资不抵债的困境。当发展中国家遇到金融危机时，美欧等国家会通过国际货币基金组织、世界银行等机构给发展中国家重组债务，条件是它们必须"变卖家产"，把许多国有资产卖给发达国家企业，然后再紧缩国家财政，省出钱来还债。这些做法不仅导致许多发展中国家当时就陷入更深的经济危机，也使一些国家从此陷入"中等收入国家陷阱"，再也走不出债务的陷阱。但是，遇到相同危机时，发达国家就可以通过开发银行等机构，为陷入困境的本国企业提供财政支持，帮助它们渡过难关。其实，美欧等西方国家已经拿不出多少财政的钱来救助企业了。他们只好依赖"债务货币化"这个法宝，让央行来买入国家债务，再给企业提供财政补贴。幸好这些发达国家的货币还算"硬通货"，还能让其他国家的外汇储备也做点贡献。如果这些措施还不够，欧洲国家的舆论已经在那儿呼唤政府采取更加激进的措施来保护它们的企业了。它们要求政府出面把陷入困境的企业"国有化"，以保护那些关键的产业和领域不落入外国企业之手。倘若如此，未来会看到美国与欧洲出现更多的国有企业。

六、人口结构变化的累积影响日益凸显

未来数十年，全球人口还将持续增加，但低生育率和寿命增长将进一步推动全球迈向老龄化。2018年，全球65岁以上人口数量首次超过5岁以下儿童数量；预计2050年，65岁以上人口数量将达到5岁以下儿童数量的两倍，并且超过15~24岁青少年人口数量。另外，在欧美国家，移民成为积极应对人口老龄化的重要措施。但是由此引发宗教、种族冲突频现，对政治和社会发展的影响也日益凸显。

随着社会经济的发展，世界人口总量仍不断增长，但增长速度已经逐渐下降至较低水平。不同大洲、地区的人口发展阶段和趋势则有较大差异。较早完成工业化和现代化的欧洲，早在20世纪中期就已经完成了人口转变，目前部分国家的人口已经处于老龄化和衰退阶段；而处于工业化过程中的非洲国家，人口总量不断上升，增长速度也维持在高位。发达经济体人口老龄化已产生一系列负面影响：劳动力供给减少、创新能力下降、社保和医保相关的财政支出增加、消费需求减少。

（一）世界人口增长趋势趋缓、但地区差别较大

联合国《2017年世界人口展望》数据显示，目前世界人口的增长速度已经放缓，以每年8300万人口（11.0‰）的速度递增。2015年世界人口为73亿，到2030年预计将增加到86亿，到2050年升至98亿，并在2100年达到112亿。从增长率来看：1990—1995年世界人口增长率为15.2‰，低于1950年的17.8‰。从人口自然增长率变动趋势来看，预计在2020—2025年进入低增长阶段，直到2100年增长仍未结束，但增速会下降到1.1‰。

分地区看，从2015—2050年，预计世界51个国家人口规模将缩减超过15%。欧美等发达国家甚至出现人口零增长和负增长。移民的涌入可以在一定程度上提升2015—2050年欧洲总和生育率，但并不能阻止其人口减少。美洲国家主要以美国和加拿大为代表，由于两者皆为移民国家，其人口自然增长率也长期高于其他发达国家，人口总量也将不断上升。但非洲国家人口增长率仍然很高，人口增长速度最快且增量最大的地区为非洲，21世纪中期之后人口总量进一步膨胀，并在世纪末超过亚洲人口总量。

（二）当前世界人口进入低增长模式阶段

从总体来看，当前世界人口增长模式正处于第二阶段，即过渡阶段，人口

的自然增长率在10‰~13‰间波动。2020—2025年之后，则逐步过渡到低增长阶段。

目前世界多数国家和地区处于低增长阶段，如北美、大洋洲、东亚等；部分国家和地区处于过渡阶段，如印度、拉美和加勒比地区，此外世界平均水平也位于过渡阶段；处于两个极端的分别为非洲、欧洲和日本，其中非洲在保持了过去几十年的高增长之后，人口仍然处于快速增加的阶段；而欧洲和日本由于老龄化程度严重，生育率水平过低，已步入人口衰退的阶段。

（三）发达国家与发展中国家不同发展阶段面临不同的挑战

人口转变发展的阶段不同，发达国家较早完成了人口转变过程，普遍面临着严重的人口低生育率和老龄化问题。相反，发展中国家人口转变仍没完成（中国除外），面临人口增长速度过快，同时经济发展滞后的问题。这也使部分发展中国家贫困人口激增，经济发展变得更加困难。

1. 发达国家面临的人口发展问题

发达国家面临的人口发展问题主要是高福利与人口老龄化之间的矛盾。由于欧洲国家较早完成了工业化和现代化，人口转型也基本完成，并全面进入老龄化社会。人口老龄化带来了一系列问题：一是老年人口的抚养比上升，加重现有劳动人口的负担；二是劳动力年龄结构的老龄化，对经济发展和劳动生产率的提高产生消极影响；三是用于老年社会保障的费用大幅增加，给政府带来沉重的财政负担，并使欧洲现行的高福利模式愈发显得难以为继；四是引起家庭规模和家庭结构的变化，使家庭养老功能不断削弱。

2. 发展中国家面临的人口发展问题

发展中国家面临最主要的人口发展问题就是（相对）贫困与人口过快增长之间的矛盾。其中，部分低收入国家，人口增长过多过快，给社会经济发展造成巨大压力，还有一部分国家则长期处于贫困状态。

根据世界银行数据，2017年低收入国家名义人均GDP仅为750美元，同时期的中等收入国家达到了5170美元，而高收入国家人均GDP已经超过了40000美元，达到了41211美元。从生育水平来看，高收入国家较早完成了人口转变过程，其人口自然增长率最低，并较早步入低生育水平国家的行列。而中等收入国家，则普遍于2020年左右步入人口低增长国家行列。相比之下，低收入国家的自然增长率一直处于高位，至21世纪末，生育率才有可能下降到10‰以下。

第二节　国内社会安全形势展望

一、新冠疫情防控常态化

2019 年 12 月 31 日，武汉发现了不明原因疫情，后经确认为是由一种新型冠状病毒引起的新型冠状病毒。此后，随着疫情向我国其他地区和全球范围内迅速传播扩散和加速流行，世界卫生组织于 2020 年 3 月 11 日，正式宣布本次新型冠状病毒疫情构成全球大流行。疫情发生后，各国政府采取了不同的策略和措施，国际学术界就如何控制新冠疫情一直没有停止过争论，也一直无法在全球范围内达成一致意见。纵观目前国际上新冠防控策略和措施，尽管不同国家具体措施上各有差异，千差万别，但是按照其所采取策略和措施的本质特点来说，仍然可以简单地归为两类：第一类是以中国、新加坡、韩国、泰国等为代表的国家所采取的策略和措施，称之为 "类 SARS 防控策略和措施"，或可称为阻断策略，以下简称 "类 SARS 策略"；第二类是以美国、日本、意大利、法国、瑞士等为代表的国家所采取的策略和措施，称之为 "类大流行流感防控策略和措施"，或可称为缓解策略，以下简称 "类大流感策略"。

在新冠疫情持续两年多以来，多种变异毒株陆续出现，对于全球众多国家的疫情防控工作也是相当严峻的考验，整体局势相较于此前也变得更为严峻。自 2022 年 2 月底以来，传播性和隐匿性显著增强的奥密克戎变异株在我国流行，疫情出现反弹，且病毒传播呈现出点多、面广、频发三大特征，新增确诊病例和本土无症状感染者覆盖全国大部分省市，使疫情防控工作面临严峻考验。针对奥密克戎变异株传播迅速的特点，早发现、早报告、早隔离和早治疗是目前控制疫情扩散最有效的方法。核酸检测作为新冠病毒监测的主要方式之一，是保证疫情早发现的重要手段。2022 年 4 月，习近平总书记在海南考察时强调，要 "完善各种应急预案，严格落实常态化防控措施，最大限度减少疫情对经济社会发展的影响"。近期全国多地启动常态化核酸检测工作，要求市民定期进行核酸检测，以便正常进入各类公共场所、乘坐公共交通工具等。国内多个城市和地区已经陆续实施常态化核酸检测工作，比如深圳、杭州、大连、合肥以及江西省、湖北省多个城市。这些城市根据本地实际，合理布局核酸采样点，组织市民最短 48 小时、最长 7 天进行一次核酸检测。

2022 年以来，上海和东南沿海经济大省持续受到不同程度的疫情困扰，中国经济增长下行压力将阶段性放大。一是供给侧冲击。疫情影响促使深圳和上海两大全国经济中心先后采取区域封锁等隔离措施。尽管这一举措对限制疫情的传播发展已经起到关键性作用，但从经济影响来看，这将直接导致制造业及服务业劳动力供给出现阶段性短缺。同时，交通物流的封锁和限制将影响劳动力和原材料的正常流通，并进一步对广大中小微企业形成冲击。二是需求侧影响。动态清零政策要求对局部聚集性疫情进行快速严格防控。这意味着城市居民日常出行和生活将受到影响，人员的流动和聚集下降将直接影响餐饮、零售、旅游及房地产销售等服务行业。尽管疫情也将一定程度提振医疗服务、医用设备、线上零售以及线上教育等行业需求，但线上零售需求的上涨很难对总需求的下滑起到明显缓冲作用，这是因为线上零售需求增速的提高更多的是对线下消费需求的局部替代而非整体拉动。三是预期影响。对病毒的恐慌和高度敏感可能会影响民众对经济增速的信心，从而进一步抑制短期内消费和投资的反弹。同时，叠加美国加息和俄乌冲突等外部不确定性因素影响，私营企业扩张的能动性或因预期问题受到一定程度影响。

从国家统计局公开的 2022 年 4 月份经济运行相关数据来看，疫情对经济运行造成较大冲击，需求端和供给端都受到了不小的影响。1~4 月份，全国规模以上工业增加值同比增长 4.0%，社会消费品零售总额同比下降 0.2%。4 月份规模以上工业增加值同比下降 2.9%，环比下降 7.08%，社会消费品零售总额同比下降 11.1%。从数据可以看出，无论从产出的工业附加值看，还是从需求的社会消费品零售总额看，2022 年都呈现出明显的下降态势。从需求端看，疫情防控使商品和人员流动速度减慢，居民消费注重把更多钱花在必需品上。汽车、家电等耐用品的消费出现了显著下滑，尤其是汽车消费，4 月份该项零售总额同比低 31.6%。粮油食品、饮料、药品等必需品销售则有所增长。从供给端看，政策层面做出保供、保重点民生企业生产的一系列安排，供应链仍受到一定影响。其中最典型的依然是汽车制造业，4 月份汽车制造业产业附加值下降 31.8%，汽车制造产能出现显著下滑。而消费电子制造业和汽车制造业是我国制造业经济支柱，两大支柱需求不振对制造业整体造成较大负面影响。

特别是上海疫情爆发并蔓延、外溢至各个省市的过程中，从"精准防控"政策失灵遭众多质疑，到医院护士哮喘去世、哮喘病人因 120 拒绝救援而病亡，再到"鸳鸯锅"式封城，作为民众心目中的"一线城市"，此轮疫情防控的失序与混乱暴露得十分明显，成为了全国的舆论中心。从国内舆论影响看，上海疫情和俄乌冲突构成了当前影响中国舆论场和社会心态最为重要的两个变量；从国际影响看，上海的静态式停摆，对于全球各种产业链、生态链、价值链都产生了巨大影响，引起了各界的密切关注，也引发了国际舆论对于中国的再次聚焦和议论。上海封控引发的各种情绪愤怒，极大地影响了国内的社会心态。疫情防控进入常态化后，生产生活的活动受限、病毒感染的潜在风险等特殊诱因加剧了社会焦虑、不安等负面情绪。社会谩骂、抱怨、恐慌等消极情绪和心态在降低社会信任、增加社会疏离与失序的同时，使疫情防控面临产生次生灾害的风险。网络谣言与虚假信息成为与新冠病毒一样的"网络病毒"蚕食着社会心态，影响着疫情防控的效果，不容忽视。

国家卫健委 5 月 23 日提出要完善常态化监测机制，省会和千万级人口以上城市建立步行 15 分钟核酸采样圈，方便民众就近就便进行核酸采样。国家卫健委医政医管局监察专员郭燕红 5 月 13 日曾指出，这项工作已在杭州、深圳等城市积极开展，各地也在进行积极探索扩大核酸检测采样队伍。同时健全完善分类救治体系，建立梯度收治和双向转诊机制，提前规划准备定点医院、方舱医院、集中隔离点等，避免医疗资源挤兑，努力在民众基本医疗和生活不受影响的情况下控制疫情，依法依规落实各项防控措施。在坚持"动态清零"的前提下，常态化核酸检测将成为"统筹疫情防控和经济社会发展"的有效手段，既有利于感染者的早期发现，来提高检测预警的灵敏度，早期发现疫情，有利于疫情的及时控制，又能对疫情做出快速反应，可以尽快从封控中恢复生产生活，避免疫情给产业链、供应链带来严重的冲击，进而影响到与之经济联系密切的其他城市，有助于降低社会经济所受到的冲击。

二、各类社会矛盾稳中有变、群体性事件仍会高发

（一）拆迁征地矛盾降低：国家号召不再进行大规模拆改、拆改实施方案趋于成熟

进入 21 世纪以来，我国城市化进入加速期，土地征收也越来越普遍。在前期征地实践中，地方政府倾向低价征地，尤其是中西部地区的地方政府财政实力有限，缺少给农民足够征地补偿的财力，征地过程中不经过农民同意就强征强拆，引发征地冲突。地方政府征地往往很强势，手段生硬，办法粗糙。农

民土地被征收后生活无着、农民土地权利被侵犯的问题，导致多年来拆迁征地冲突一直是我国社会热点问题，引发巨大社会关注。有研究认为，当前农民上访和群体性事件有接近一半与征地有关。对于地方政府来说，大拆大建的冲动主要源于 GDP 至上和土地财政依赖。土地从征收、拆迁、整理、出让到房地产开发，不仅为地方政府创造了 GDP 增长和政绩，也为地方财政带来丰厚的土地财政收入，这种土地财政依赖短期内很难打破。但是过度开发带来的环境污染、土地资源和建筑材料浪费；大规模棚改拆迁带来的房价和租金轮番上涨；拆迁安置引发的开发商、地方政府与民众的纠纷，其中教训可谓深刻。

正是由于过去出现了比较多的侵害农民利益的征地冲突，所以中央政府一再强调不允许强征强拆，强调要给予土地被征收农户足够补偿。对于媒体报道的强征强拆引发的恶性事件一律进行了严厉的处理。2021 年 8 月 31 日住建部下发了《关于在实施城市更新行动中防止大拆大建问题的通知》，对于防止大拆大建给出了明确的红线标准，具体如下。

（1）严格控制大规模拆除。除违法建筑和经专业机构鉴定为危房且无修缮保留价值的建筑外，不大规模、成片集中拆除现状建筑，原则上城市更新单元（片区）或项目内拆除建筑面积不应大于现状总建筑面积的 20%。提倡分类审慎处置既有建筑，推行小规模、渐进式有机更新和微改造。倡导利用存量资源，鼓励对既有建筑保留修缮加固，改善设施设备，提高安全性、适用性和节能水平。对拟拆除的建筑，应按照相关规定，加强评估论证，公开征求意见，严格履行报批程序。

（2）严格控制大规模增建。除增建必要的公共服务设施外，不大规模新增老城区建设规模，不突破原有密度强度，不增加资源环境承载压力，原则上城市更新单元（片区）或项目内拆建比不应大于2。在确保安全的前提下，允许适当增加建筑面积用于住房成套化改造、建设保障性租赁住房、完善公共服务设施和基础设施等。鼓励探索区域建设规模统筹，加强过密地区功能疏解，积极拓展公共空间、公园绿地，提高城市宜居度。

（3）严格控制大规模搬迁。不大规模、强制性搬迁居民，不改变社会结构，不割断人、地和文化的关系。要尊重居民安置意愿，鼓励以就地、就近安置为主，改善居住条件，保持邻里关系和社会结构，城市更新单元（片区）或项目居民就地、就近安置率不宜低于 50%。践行美好环境与幸福生活共同缔造理念，同步推动城市更新与社区治理，鼓励房屋所有者、使用人参与城市更新，共建共治共享美好家园。

（4）确保住房租赁市场供需平稳。不短时间、大规模拆迁城中村等城市连片旧区，防止出现住房租赁市场供需失衡加剧新市民、低收入困难群众租房困难。注重稳步实施城中村改造，完善公共服务和基础设施，改善公共环境，消除安全隐患，同步做好保障性租赁住房建设，统筹解决新市民、低收入困难群众等重点群体租赁住房问题，城市住房租金年度涨幅不超过5％。

在中央政府强有力的政策压力下，地方政府征地拆迁手段变得相对有智慧与温和了，征地补偿大幅度提高。征地对农民来讲变成了实实在在的利益，农民盼征地、盼拆迁成为普遍情况。近年来征地拆迁中给予农民的补偿快速提高，征地拆迁中的恶性事件也大幅度下降。

（二）环境矛盾上升：预计成为经济发达地区主要社会矛盾、在于民众环境保护意识增强

改革开放40年，我国取得前所未有的经济成绩，但也面临一系列突出的深层次问题，随着城镇化的快速发展，城市人口和经济规模不断扩张，城市水资源短缺、空气污染问题日益突出，资源环境面临压力逐步加大，生态环境承载面临巨大挑战。虽然我国在生态环境保护上已经取得了很大进展，但是在当下以及未来很长一段时间内，生态环境污染等问题依然严峻，生态环境恶化趋势还没有从根本上得到扭转，生态环境破坏已经成为制约我国社会经济可持续发展的关键因素。

1. 城市环境污染态势严重

（1）大气环境污染严重。虽然我国大气污染近些年已经得到了有效控制，但问题依然存在，尤其是冬季，雾霾天还总是会出现，这跟我国长期使用燃煤有很大关系，煤炭消耗大，导致部分地区酸雨污染严重，尤以西南和东南部酸雨区最为突出。

（2）水环境污染呈现恶化。全国各大河流湖泊有近半数受到严重污染，几千公里河段内的鱼类几乎全部灭绝，50％左右的中小河流不满足渔业水质标准，每年的污染死鱼事故造成的经济损失高达四亿元之多，严重威胁到了国家和人民的经济利益。

（3）噪声和固体废弃物污染依然严重。城市道路噪声污染严重，且很多城市呈现恶化态势，据相关数据监测，大多数城市噪声声级超标，全国有2/3的城市居民在噪声污染环境下生活和工作。在城市环境中，还存在另一大污染现象，就是固体废弃物污染，工业生产过程中产生大量废弃物，这些废弃物每年都在以两千万吨的速度快速增长着，极大威胁着城市居民生存健康，且城市垃圾也在以每年10%的速度增加着，如果不及时进行治理很有可能出现垃圾包围城市的局面。

2. 生态破坏态势严重

很多地区为了追求经济利益，对自然资源大肆开发，导致过度开发严重，自然资源也没有得到合理使用，生态环境破坏问题不断出现恶化和失衡，引发的一系列问题，具体如下。

（1）很多物种濒临灭绝。我国有着非常丰富的生物以及植物种类，然而在生态环境破坏之下，诸多动植物濒临灭绝，它们生存的环境遭到破坏，生命受到威胁，据相关数据表明，我国有将近五千种高等植物处于濒危状态，占比达15%以上。

（2）植被破坏严重。作为生态系统重要支柱之一的森林系统近些年破坏严重，成熟林储量已经大幅度减少，由于过度放牧，以及没有进行科学有效的管理，我国草原资源也出现大面积退化、沙化现象，导致风沙严重。

（3）土地退化严重。我国土地沙漠化自建国以来一直呈现快速增长趋势，同时还存在严重的水土流失现象，目前面积已达190万平方公里。

环境保护是近年来公众反映十分强烈的社会热点问题，因环境污染和生态破坏引发的群体性事件，成为影响社会秩序的不利因素。环境保护既涉及中国发展方式转变、经济结构调整，又涉及中国人民基本生存条件提高、社会秩序稳定的重大问题，既是经济问题更是民生问题和社会问题。2000年后，我国陆续爆发四川沱江特大水污染、湖南岳阳砷污染、厦门PX和广州番禺垃圾焚烧发电厂等事件，引起了社会各界人士的广泛关注。2011年下半年北京持续出现雾霾，美国驻中国使馆官微公布北京PM2.5浓度"爆表"，这一事件在微博上引发了一场关于空气质量和PM2.5的全国性争议，潘石屹、李开复和郑渊洁等知名人士也加入其中。这次事件激发了人们的环境敏感性，促进我国公众对公共环境问题的参与式讨论。2012年在四川什邡、江苏启东、浙江宁波，普通市民因为对冶炼厂、造纸厂、化工厂的污染担忧而走上街头抗议。这些环境群体性事件在我国环境治理领域引发了广泛的反思，因环境问题而造成的厂民冲突和官民冲突凸显了地方治理困境，环保"公众参与"逐渐成为我国环保领域的主流话语。做好环境保护工作，实现对各种环境问题的有效治理，越来越成为广大人民群众的心声。在此之后，中国社会痛定思痛，走上了艰难的转型之旅，大力治理污染。

为了解我国主要城市的民众对环境整体质量的感知、对政府环保绩效的评价、对政府环保治理的信心以及自身的环保意识和态度，上海交通大学民意与舆情调查研究中心自2013年启动中国城市居民环保意识调查。2019年度调研以"中国城市居民环保意识与行为指数"为测评框架，通过"环境整体质量感知""政府环保绩效评价""民众环保意识测量"和"垃圾分类状况测评"四个维度的多项评估指标，采用计算机辅助电话问卷调查系统（CATI），对中国35个主要城市的3508位居民开展随机抽样和电话问卷调查。调查报告显示，民众越发关心环境对身体健康的影响，环保自觉度不断增强。随着基本环保知识的科普和媒体宣传力度的增强，我国城市居民对于基本环保知识的认知明显提高，调查发现超过半数的受访者对环境问题有一定关注，并认为自己的行为会对环境产生影响。超过80%的受访者表达了要为环保做贡献的意愿，其中73.2%的受访者愿意为环保捐款，82.7%的受访者愿意为环保做义工，与往期相比略有上升。值得一提的是，随着"垃圾分类"政策在国内各主要城市的逐渐落地，调查专门围绕民众的垃圾分类意愿和对所在城市垃圾分类工作的评价进行了调查。94.6%的受访者表示"愿意"或"非常愿意"进行垃圾分类，但相比之下，当前垃圾分类的政策效果与民众预期仍有一定的差距，约半数（51.6%）的受访者认为垃圾分类的效果"还可以"。由此可见，目前公众越来越认识到环境保护的必要，越来越重视更健康的生活环境。

（三）非法集资类矛盾降低

自2008年全球金融危机爆发以来，世界经济持续低迷，国内经济增速日趋放缓，非法集资活动猖獗，呈现出愈演愈烈的"蔓延"态势。野蛮生长的民间借贷不断遭遇实体经济的产能过剩与资金链断裂风险，金融市场泡沫迅速破裂，民间借贷危机卷土重来。大量投资理财公司破产及P2P网贷平台跑路，引发动辄上亿元的民间借贷崩盘事件。当前我国非法集资案件呈爆发式增长，大案要案高发。2015年全国各级法院审结的民间借贷案件142万件，标的额达8207.5亿元。泛亚金属、e租宝、大大集团等重磅案件，涉案金额动辄过百亿，受骗人达几十万，不断刷新我国非法集资犯罪纪录。2008年9月的湖南湘西、2012年1月的河南安阳都曾因此爆发过大规模的群体性事件。特别是互联网成为非法集资滋生蔓延的重点领域，各种打着金融科技、金融创新旗号的非法集资不时冒头，欺骗性和隐蔽性更强，风险扩散速度更快、危害更大。非法集资借助互联网金融，由偶发变为多发、由案件变成了事件、由局部波及全国。非法集资已从单纯的扰乱金融秩序、妨碍金融安全，上升为扰乱社会秩序、危害国家安全的重大隐患。非法集资等经济犯罪已转化为一种新型社会矛盾现象，影响民众日常生活及社会稳定。

在此背景下，中央政府高度重视、统一部署，各地、各有关部门主动出击、坚决整治。在法律制度建设方面，2016 年 2 月国务院曾公布《关于进一步做好防范和处置非法集资工作的意见》，对非法集资部际联席会议工作机制进行了完善，并明确地方政府的职责以及规定了跨省监管的处置原则。随后，在 2017 年国务院法制办官网又公布了《处置非法集资条例（征求意见稿）》，向全社会公开征求意见。据悉，该条例由原银监会起草，涉及非法集资违法行为的认定、预防监测、行政调查、行政处理和法律责任等。2020 年 12 月国务院常务会议通过《防范和处置非法集资条例（草案）》，规定省级政府对本行政区域内防范和处置非法集资工作负总责，明确地方各级政府、行业主管部门、监管部门职责分工，在市场主体登记、互联网管理、广告和资金监测等方面完善防范机制等。该条例作为第一部专门规范非法集资防范和处置工作的行政法规，对于将防范和处置非法集资工作纳入法治化轨道，尤其是赋权地方政府、强化行政处置、形成工作合力意义重大。在政策执行方面，各地果断查处了"团贷网""善林金融""信和系""温商贷"等重大网络非法集资案件。一些积累多年的隐患得到稳妥化解，一批久拖未决的案件得以有序处置。官方编制发布《全国非法集资监测预警体系建设规划（2020—2022 年）》，建成全国非法集资监测预警平台，清理违规广告资讯信息 266 万余条，线上线下、联防联控的"天罗地网"初步成形。2018 年以来，全国共打击处置非法集资案件 1.5 万余起，涉案金额 1.1 万亿元。

经过集中整治，打非处非工作赢得战略主动，初步建成全国监测预警"一张网"，深入推进防非宣传教育，非法集资风险防控取得明显进展，非法集资风险总体可控。下一步要保持高压严打态势，严厉打击各类"无照驾驶"行为；强化科技赋能，加快搭建全国监测预警"一张网"；推动形成全社会、全行业、全生态链防控治理长效机制，加快消化存量，坚决遏制增量，有效管控变量等。防范和处置非法集资是一项长期、复杂、艰巨的系统性工程，关系人民群众切身利益、经济金融健康发展和社会稳定大局。当前防非处非的形势依然比较严峻。传统领域存量风险加速释放，如涉农领域、养老服务、房地产、预付卡和私募等领域风险依然存在。新兴领域非法集资套路花样翻新，随着新经济、新业态的不断发展，新苗头、新套路不断涌现，各种打着金融科技、金融创新旗号的非法集资不时冒头，欺骗性和隐蔽性更强，风险扩散速度更快、危害更大，给防非处非工作带来新的挑战。新形势下，防非处非工作仍面临较大挑战和压力。一是非法集资隐蔽性更强、防控难度更大，如打着区块链、虚拟货币以及解债服务等旗号的新型风险开始冒头，给监测预警、调查处置带来新的挑战。二是非法集资行政处置机制仍需完善。《防范和处置非法集资条例》赋予了各地各有关部门的行政处置权力，但处非行政执法程序、认定标准等仍需完善；处非牵头部门力量还需加强，亟须国家层面出台统一的规范性文件或政策，为地方处非行政执法队伍建设提供法律依据和指导意见。

（四）劳资矛盾在一定时期内仍是高发状态

劳资矛盾是典型的社会矛盾，具体是指由于劳动雇佣关系，受雇者与雇主、劳动者与管理者、劳动者与资本方等各类主体之间利益追求对立产生的各种矛盾、纠纷及冲突。劳资矛盾是社会发展到一定程度的产物。近年来我国劳资矛盾呈现加剧态势，矛盾的集体化和组织化逐渐加强，矛盾的尖锐程度会降低，矛盾的主体将向着多样化发展且诉求领域将进一步拓展，目前我们正处于经济和社会的转型关键期，劳资矛盾不断涌现。

我国目前仍处于社会主义市场经济的初级阶段，劳资矛盾仍处于高发态势，原因有以下几个方面。首先，我国劳动法律法规和社会保障制度尚不健全，政府尤其是经济相对落后地区的地方政府对劳资关系的干预主动性不足，干预能力偏弱，不能有效且妥善处理劳资矛盾和劳资纠纷，此外，由于职能不明确性，劳资双方所在的社会组织起到的作用也很有限。其次，劳动者自我保护和维权意识高涨，诉求激增，但是由于劳资双方的法律意识淡薄，相关法律法规不明确，通过制度化或者法律的渠道解决劳动纠纷的意识和意愿不强。现阶段我国由于劳资矛盾引发的劳资纠纷仍处于上升期，上升幅度较小，我国的劳资关系也随着社会和经济结构转型而转变。

随着未来我国进入社会主义市场经济中后期，市场经济不断发展和各方面制度体系的不断完善，影响劳资矛盾的因素也将发生变化，社会保障和福利水平逐步提高，地方政府持续加大对劳动者合法权益的保护，提升社会治理水平，由劳资矛盾导致劳资纠纷的外部条件将逐步消去。其次，人口红利正在减弱，未来会出现明显的劳动力结构性短缺，这将赋予劳动者更多话语权，有望扭转资本掌握绝对话语权的局面，促进劳资双方平等关系，这也将有助于将劳资矛盾扼杀在萌芽阶段。最后，随着国家法治建设不断加强，劳资双方的法律意识和法律观念也不断提升，劳资雇佣过程将更加合法合规，对于存在的劳资矛盾将通过制度化、理性化的方式解决，轻易不会引发劳资纠纷。

劳资矛盾导致的劳资纠纷将会平缓化，大范围、影响性较大的劳资纠纷事件出现的概率将会大大降低，劳资矛盾无法彻底消除，但是通过极端、暴力的维权方式解决劳资纠纷的方式将逐渐被依法、理性的维权方式所替代。尽管劳动者权利意识在加强，诉求领域的拓展将促使劳资矛盾在未来一段时间内仍呈现较高的发生频率，但随着法律制度完善、劳资纠纷解决渠道的建立和明确以及政府调控机制的健全，劳资双方交流方式日趋制度化，双方均会意识到通过激烈的冲突不仅无法有效解决劳资矛盾，甚至带来更为恶劣的后果。因此，突发的、暴力的、无序的、对抗性的维权方式将会被抑制和弱化，取而代之的是更为合理合规、理性有序、有明确的规章制度以及办事流程，劳资矛盾及劳资纠纷的刚性程度将大大减弱。近年来，在长三角、珠三角等经济发达地区，劳动者的维权行为已经有了较大的改观，由以往的聚集堵门堵路、破坏工厂或工具机器等的暴力行为转变为寻求相关部门帮助，更加有组织、有秩序，也更为有效。

劳资矛盾及劳资纠纷的集体化、组织化程度加强。劳资冲突将主要以集体化、组织化的形式出现，集体劳动争议、集体维权将成为一个突出现象。经过互联网平台快速与广泛的传播，一个区域内的劳资维权事件可能带动多区域的效仿效应，小范围的行动可以吸引到更多具有相同处境的劳动者参与进来，大家通过集体的力量维护自身合法权益。随着未来劳动者的整体文化水平、法律意识、维权意识与参与意识进一步提高，加上新媒体力量的扩散效应，这势必造成集体性的劳资矛盾和劳资纠纷，同时也有助于劳资双方理性、和平处理矛盾纠纷。

劳资矛盾主体多元化发展，诉求领域不断拓展，劳资矛盾更具复杂性。我国经济和社会的快速转型，促使劳动分工进一步分化与细化，同一领域或行业内的劳动者拥有的经济条件、文化程度、价值观念等将会形成较大的差距。不同劳动者在劳动中产生的劳资矛盾不同，表达诉求以及维权的方式也都不同，这使劳资矛盾呈现出极为复杂的特性，极端情况下，不同层面的劳动者可能聚集进行维权，这为应对劳资矛盾、处理劳资纠纷带来不小的挑战。在劳动关系不断变化的过程中，劳动者的诉求也在不断发生变化，劳动者除了基本的经济利益诉求外，还提出了更高层面的诉求，如人格尊重、平等对待等，随着新生代劳动者成为社会的主力军，劳动者整体素质素养更高，意识观念等更为理性，他们对于平等观念、权利意识、价值取向都有着明确的方向性，满足经济需求的"最底层"诉求将转向为"高层"利益诉求，他们更加追求劳动的价值感与获取到的幸福感。

新增的劳资矛盾将会不断涌现。我国正处于经济发展转型和产业结构调整的阵痛期，伴随着社会经济转型，一波失业潮和降薪潮接踵而至，这也直接导致劳资纠纷不断。新增劳资矛盾主要有两种情况：一是传统行业没落，产能过剩导致劳动力过多，这势必造成大量失业群体或者行业降薪，主要体现在传统工业领域，如钢铁、煤炭等行业；二是新兴的科学技术对传统行业的巨大冲击，如网约车平台的快速发展和成熟对传统出租车行业造成巨大的影响、互联网电商平台对传统实体商户同样造成巨大冲击。这些新增的劳资矛盾具有普遍性、群体性，不是一地一区域的问题，而是大范围或者多领域内共同存在的劳资矛盾。

（五）城市房地产交易衍生的矛盾增加

随着我国经济社会的高速发展，人民群众生活水平和人口城镇化率的不断提高，城市房地产业也快速发展，各地新建楼盘如雨后春笋般拔地而起，城市面貌日新月异。但是也迎来了房地产开发领域涉稳矛盾纠纷的高发期，特别是近几年因城市征地拆迁、企业资金断链、物业管理不善等引发的矛盾纠纷和群体性事件不断出现，涉及的问题纵横交错、纷繁复杂，难以处理，不仅严重损害了老百姓的切身利益，也给政府工作带来了严重压力和负面影响，在某种程度上阻碍了经济发展，严重影响到社会和谐稳定。

房地产行业涉及的多种行业和领域，如建筑行业、设计行业等，最直接涉及的矛盾主体有三个，即开发商、建筑工人及购房者，三者直接出现的矛盾是房地产行业交易衍生矛盾的主要部分，造成对社会影响较大矛盾纠纷的原因主要有以下几个方面。

1. 房屋质量不达标

随着我国住宅建设和房地产业的飞速发展，全国各级城镇也正沉浮在一波波购房的浪潮当中。城镇商品房质量问题日益成为消费者投诉的热点之一，由此引起的商品房质量纠纷也呈不断上升趋势。从总体上分，房屋质量问题大致有三类，即违规质量问题、违约质量问题及使用质量问题。首先是违规房屋质量问题，具体是指房屋在建筑材料、设备的使用上或施工操作规程上达不到法定质量标准。这类房屋质量问题是目前最常见，也最容易引发纠纷的一类质量问题。其次是违约房屋质量问题，是指开发商交付的房屋达不到承诺的质量标准。第三是使用房屋质量问题，这类质量问题实际上并非开发商提供的房屋或设备存在质量缺陷，而是由于购房人没有按照要求使用相关设备，从而使其达不到正常使用功能，甚至演变为质量缺陷。从法律规定上也可将房屋的质量问题分为三个等级：第一等级是房屋主体结构质量不合格。主体结构是指房屋的主要构件相互连接、作用的平面或空间构成体，必须具备符合技术要求的强度、韧性和稳定性，以确保承受建筑物本身的各种载荷，如地基、承重墙等，这些部位出现结构性迸裂、倾斜、坍塌等问题，应当视为主体结构存在问题。第二等级属于严重影响正常居住使用的质量问题。这是指由于房屋质量问题，严重影响买受人享用房屋的正常使用功能和用途的情形，如不能正常供水供电、隔音效果不达标等。第三等级是其他一般质量问题，如房屋渗水、地面空鼓、墙皮脱落等。

2. 开发商合同违约甚至存在欺诈行为

目前我国商品房市场仍存在不少问题有待解决和规范。在商品房屋买卖过程中，购房者始终是劣势方，其中重要的原因在于合同签订中，开发商占据绝对的主导权，由于绝大部分的购房者没有充足的相关知识储备，签订合同通常是由开发商引导完成，这就导致合同中常常出现不平等或者隐藏陷阱的条款，在出现对应问题时这些条款能够"保护"开发商的利益，但是处于被动一方购房者利益难以得到保障。目前出现这个问题的主要原因还是在于开发商不诚信，追求利益不择手段，监管部门监管和处罚力度不够。

3. 物业与业主的矛盾纠纷

随着房地产市场的快速发展，物业管理已逐渐成为房地产经营管理的重要组成部分。物业公司与业主之间的矛盾纠纷日显突出，物业纠纷案件大量增长，其中，绝大多数是物业公司起诉业主要求支付拖欠物业费的纠纷。物业管理与业主纠纷的原因：一是缺乏真实的宣传和有效的沟通，业主不了解物业管理行业，物业服务内容标准不透明、收费依据不明确、违约责任含糊让人无法理解，致使多数人选择拒绝交费。二是物业公司服务意识差，无视业主的正当权利和合理要求，处理问题简单化，在与业主的交往中容易产生摩擦。有些物业公司完全以盈利为目的，只顾收费而不履行任何约定的服务行为，并且任意增加收费项目，肆意挥霍物业服务费，甚至当业主有不同意见时以停电、停水等手段相要挟，或限制业主进出物业区域，严重侵犯业主的权利，这无形中激化了双方的矛盾。三是思想观念错位，业主和物业公司无法通过协商解决问题。物业公司与业主之间是服务合同关系，两者的法律地位是平等的。但在现实生活中，物业公司认为自己是小区管理者，业主是被管理的对象；而业主则认为自己是主人，物业公司是自己花钱雇来的仆人。业主与物业公司对双方之间的法律关系各有理解，由此产生的权利义务认识就大相径庭，这种观念上的巨大差异导致双方在相互沟通中的巨大障碍，事实上这也是物业公司与业主很难通过协商解决问题的思想根源。四是业主自治水平较低，缺乏公共责任意识，对自己的权利缺乏正确的认识，也不知道如何正确地行使权利。五是政府部门介入不足，对物业公司和业主双方权利义务的监管、规范、引导不够，没有及时消除纠纷隐患。虽然物业公司与业主之间最终是要通过自由签约来对服务和价格达成一致，但物业服务具有一定的公共性，它关系着小区全体业主的正常生活，因此政府不能完全放任由业主与物业公司自行解决。

4. 烂尾楼问题

烂尾楼是指已办理用地、规划手续，项目开工后，因开发商无力继续投资建设或陷入债务纠纷，停工一年以上的房地产项目。烂尾楼不仅破坏城市形象、浪费土地资源、破坏投资者信心，更会使购房者造成严重的经济损失。

改革开放初期，为解决住房供应短缺的问题，1994 年国家出台《房地产管理法》，提出"商品房预售制度"极大缓解住房问题。但随着地产行业的快速发展，制度的弊端也逐渐显现。烂尾楼形成的原因较多，如在建楼盘的开发商破产、缺乏建设资金、项目涉及经济纠纷、开发商违法违规导致工程停工，其中多半是因为资金链条断裂，工程未完，开发商已拿不出钱来，银行也不愿继续贷款，而项目又无法转让给其他投资人造成的。

现阶段房地产行业下行，多家房企股价下跌，运营资金收紧，也存在大型房产企业接连"暴雷"，更加加剧了烂尾楼出现的概率。

（六）社会微观层面人际矛盾数量将高居不下

城市化是社会现代化的重要组成部分，城市人口激增成为城市化面临的第一个严峻挑战，并由此产生了一系列现代城市问题。由于城市人口激增，劳动就业、社会保障面临巨大压力，社会贫富差距加大，造成了新的贫困阶层的出现。这些问题将直接造成人们心理的不平衡甚至引起某些反社会倾向，成为引发犯罪的温床。还有，城市化带来大量外来人口，而落后的人口管理方式致使流动人口长期处于匿名状态，更易于逃避社会管理。实践也证明，大规模人口流动与犯罪率上升几乎成正比。

社会发展日新月异，一部分社会适应能力较弱的人，会出现人际关系、社会关系的失调。例如，随着城市化进程，人们的社会交往更多是事务原则，感情色彩淡漠，甚至邻里之间、同事之间，只要不涉及自身利益，对社会不良行为多漠不关心、姑息迁就，这种社会心理也成为诱发犯罪的潜在因素。

社会微观层面包括家庭、学校、社区，对个体的心理影响最为具体和深刻。不良个性的形成和犯罪心理的产生，都是在微观社会环境的直接影响下逐渐形成和发展起来的。近年来由于婚恋矛盾导致的严重犯罪案件屡见不鲜。与此同时，离婚率上升导致不少家庭的破裂和重组，未成年子女脱离父母的现象也在增多。由于缺少家庭教育与管理，这部分未成年人中的犯罪现象也在增多。

三、城市公共安全形势依然严峻、各领域公共安全风险隐患增多

（一）公共卫生安全

世界卫生组织将维护"全球公共卫生安全"定义为：旨在尽可能减少危害不同人群、团体、区域以及跨国性的群体健康的紧急公共卫生事件的发生可能性而采取的预见性和反应性行动。未来国内的公共卫生安全主要有以下趋势。

（1）流感大爆发将成为公共卫生安全的最大威胁之一。全球都已出现广泛接种疫苗可以压制新冠大流行的期待，尽管变异病毒在全球范围内传播，一些国家和地区已朝着防控限制放松的方向布局。但关于新冠大流行的长期走势，未解问题仍有很多。

从技术上来说，在2022年要控制疫情是有可能的，中国已经提供了一个很好的范例。但是综合来看，控制疫情的手段受到经济、社会、文化等很多方面的制约。人类没有齐心协力地去控制疫情，而是相互攻讦、缺乏合作。一些不发达国家缺乏医疗资源和相应的援助。今年，个别国家可能出现疫情的缓解，甚至一定时间内病例清零，但在世界范围内，新冠大流行还不会终结。国

内学者表示"新冠疫情已越来越'流感化'",中国科学院院士、中国疾控中心主任高福在 2021 年 5 月举办的中国科学院学部第七届学术年会上表示,"我们今后可能每年都需要打疫苗,就像流感一样和新冠病毒长期共处。"但相关研究者指出,流感的疾病负担仍然不可忽视,而如果各国不能积极、通力应对,新冠疫情的地区间差距也将成为未来焦点。

(2)生物武器和生物恐怖的潜在威胁将大大增加。传统意义上的生物武器由武器化的生物制剂和运载系统构成,主要是利用细菌、病毒等烈性病原微生物作为生物制剂,采用空投或传统武器载具作为释放工具,通过呼吸道、消化道、皮肤和黏膜侵入人、动植物体内造成伤亡。美国将生物武器认定为唯一一类在其制造的伤亡规模上可以与核武器相提并论的"大规模杀伤性武器"。

目前没有任何国家公开宣称拥有生物武器。但有文献和报道称,美国政府签署《禁止生物武器公约》后,美国中央情报局依然保留了少量武器级炭疽菌、贝类动物毒素以及布鲁氏菌、委内瑞拉脑膜炎培养菌等。特别是近年来,受新一轮科技变革、国际关系和安全秩序调整等多因素影响,国际生物军控面临重大变局,生物武器问题进一步发酵,对全球战略稳定和人类命运造成重大威胁。

从科技驱动看,新型生物武器正浮出水面。当前,以纳米技术 - 生物技术 - 信息技术 - 神经技术 - 工程技术交叉融合为代表的新生物科技变革正系统性展开。具有重大军事意义的生物科技创新,使未来军事冲突手段可能不拘泥于某一特定时空范围,操作形式灵活多变,形成跨尺度跨疆域多元化威胁。可以预见,这种基于现代生物科技新发展的新暴力,具有战争暴力的本质特征,又对既有战争观、战略安全观进行形态和内涵塑造。而且,不排除生物战威胁、国家级生物恐怖合二为一,演化为战略威慑、战略讹诈、超限战的灵巧新工具。

所谓"生物恐怖主义"指的就是利用可在人与动物之间传染或人畜共患的感染媒介物,如细菌、病毒、原生动物和真菌,将其制成各种生物制剂,发动攻击,致使疫病流行,人、动物、农作物大量感染,甚至死亡,造成较大的人员、经济损失或引起社会恐慌、动乱。"生物恐怖主义"与其他类型的恐怖主义最大不同之处在于,它可以不通过任何组织而由个人发动攻击。生物恐怖袭击的目标主要包括大型公共场所、政治敏感地区、军事目标、经济中心、空调系统、大型水体或水源以及食品加工场所。

（3）突发化学泄漏威胁存在。作为人民生产生活的重要物资和原材料、辅料、产成品，随着我国经济社会的快速发展，危险化学品的需求量和使用量急剧增加。同时，由于危险化学品生产、运输、储存、销售、使用、废弃处置等各环节都蕴藏着巨大安全风险，导致近年来我国危险化学品安全事故频发。在危险化学品事故直接原因中，防护、保险、信号等装置缺乏或有缺陷是导致事故的最大原因，违章作业和维护不周对事故的产生影响也极大。

（二）食品安全

食品是人类生存的必需品，食品安全关系着人类身体的安全。食品安全包括过程安全和结果安全，在食品的种植或养殖、加工、包装、储存、运输、销售、消费等过程中均应保证安全，符合国家强制标准的要求，不应存在可能损害身体健康和生命安全的有毒有害物质。在市场经济的大背景下，企业以追求利润的最大化作为自身的终极目标，但利益最大化必须建立在合法以及道德的基础之上的。目前我国的情况却是许多商家为了追求最大商业利益，采取许多不道德甚至是危害人民生命安全的手段来降低成本，获取更多的利益。食品原料的假冒伪劣、食品加工过程添加剂的滥用、非食用物质的非法添加，以及市场准入制度的不完善，市场监督管理等方面的原因，导致食品安全问题频发。

据我国食品安全现状分析，我国食品安全问题主要有以下三个特点：①市场上出现越来越多的问题食品，已严重威胁到人们的身体健康。过去我国的问题食品仅出现在米、面、粮、油、肉、蛋、禽、蔬菜、水产品及豆制品等中，如今的水果、酒、干货、奶制品和炒货等也都成了问题食品的重点，各类问题食品涉及面越来越广。②问题食品不仅限于过期、变质，又出现细菌总数超标，农药、化肥、化学药品残留等新问题，其危害程度越来越严重，威胁着人们的身体健康和生命安全。③一些缺乏道德和良心的制造商为了赚钱，生产各种有毒有害食品，且其制假的手法花样翻新、五花八门。

我国食品安全问题仍然较为严重，导致食品安全问题的主要原因有政府监管缺位、消费者缺乏维权意识和法律保障体系不健全。一是政府监管缺位，我国的食品制造业起步较晚，且大多是家庭小作坊，商家缺乏社会责任感和社会道德。管理人员素质水平普遍较低，生产设备和技术水平落后，不具备检验检疫能力。而政府相关的监管部门放松其应有的监管职能，纵容这些食品生产企业投毒制假，生产出存在严重问题的食品，给人们的身体健康造成极大的威胁。二是消费者缺乏维权意识。我国的相关市场机制不健全，导致消费者无法了解到食品的具体生产商、加工商、销售商，在购买食品时易买到不合格食品。很多消费者购买食品后没有索要小票、收据、发票等票据的习惯，出现食品问题时，大多数人选择花钱买个教训，自认倒霉，使很多食品生产企业肆意妄为无视法律。此外，我国的政治与法律制度造成了消费者维权难度较大，无处维权、无人理会维权、维权不管用、索赔困难等问题使消费者不愿意去维权，以上各种因素导致我国的大多数食品消费者的维权意识淡薄。三是法律保障体系不健全。我国在食品安全方面制定了《食品安全法》，但法律保障体系不健全。虽有相关的法律法规，但和职能部门间的界限不清，监管职权不明，可操作性不高，管理一片混乱。一般小的食品安全问题无人问津，只有发生重大或特大的给人们生命财产安全造成重大损失的食品安全事故时，才会引起相关部门的重视，严重影响我国食品安全的发展。

（三）城市生命线安全

改革开放后，经过 40 年的快速发展，我国城市的建成区面积扩大了 7.3 倍，城市人口迅速增长，生产、物流、运输和废物排放的规模也相应扩大。这导致城市公路、桥梁、铁路、供水管网、排水管网、污水管网和轨道交通等城市生命线系统变得愈加复杂，加上供水管网、排水管网、热力管网、桥梁和电梯等城市生命线设施逐渐老化，使城区频繁出现交通拥堵、环境污染、路面塌陷、燃气泄漏和供水爆管等一系列"城市问题"，给市管理和经济社会发展带来很大挑战。城市生命线更新改造的需求日益明显。

目前，我国城镇常住人口已超过 8.4 亿，超过一半的人口居住在城市中，对城市生命线设施的供给服务带来了极大的运转压力，多数处于超负荷状态。再加上材料和结构的性能老化，腐蚀和反复荷载出现疲劳或蜕化，城市生命线设施面临非常严重的安全风险挑战，极易发生燃气爆炸、桥梁垮塌、暴雨内涝、突发性爆管、大面积停水停电等城市公共安全事件。如果在灾害条件下，易损性将愈加增大。

随着城市规模的不断扩大，城市生命线的体量也在不断增加，一座中型城市就拥有超过 600 座桥梁、8000 多千米排水管网和 6000 多千米燃气管网等。这对城市管理部门和行业监管单位开展城市生命线的运行监管工作提出了极高的要求。传统的运行监管手段多以人工巡检为主，但随着管网容量的增加，人手投放不足、人员专业能力不够等问题逐渐突显。大量城市生命线事故都是由于人员作业不规范、人工巡检不到位造成的。例如，湖北十堰燃气事故，其爆炸起因在于燃气管网泄漏至相邻地下空间没有被及时发现。没有及时发现的原因，除了人工巡检不到位，也是因为这样的泄漏发现难度大。因此，不少城市提出以科技手段逐步替代人工，提升城市生命线的安全监管能力。

我国"十四五"规划和2035年远景目标中，专门部署统筹发展与安全，这对城市生命线等基础设施的更新改造、数字化管理和现代化治理提出了更高的要求。更全面的感知和大数据分析是监测城市生命线系统、预测事件发展和进行科学决策的重要基础，物联网和大数据综合技术将成为加强城市生命线运行监测能力、应急处置能力的重要途径。

（四）生态环境安全

近年来，虽然生态环境取得了明显改善，但是生态环境保护面临的形势依然严峻复杂：一是以重化工为主的产业结构、以煤为主的能源结构、以公路货运为主的运输结构没有根本改变；二是环境污染和生态环境保护的严峻形势没有根本改变；三是生态环境事件多发频发的高风险态势没有根本改变。

从国家发展阶段看，到2035年我国将整体进入高收入国家行列，基本实现与社会主义现代化目标相适应的经济发展水平，未来一段时期我国将处于协同推进经济高质量发展、人民生活高品质提升和生态环境高水平保护的协同推进时期。一是我国社会经济发展正处于从高速度向高质量发展的转换期，全要素生产率有望提升，制约绿色发展方式形成的不利因素犹存且影响程度可能加大。二是产业、能源、交通等结构调整仍将长期处于胶着期，持续推进经济高质量发展仍需长期努力。三是科技革命加快推进，科技治污的需求对新技术研发提出更高要求。四是随着城镇化发展深化，社会结构和群体诉求趋于多样，优质生态产品供给水平和需求将不断提升。五是国家治理体系与治理能力管理体系、能力机制形成还需要较长磨合期，绿色发展机制还不完善。

我国社会经济发展正处于从高速度向高质量发展的转换期，受疫情防控、中美经贸摩擦等因素叠加影响，当前和今后一段时期国内外形势极为复杂严峻。我国工业化、城镇化进入提质发展阶段，新旧动能加快转换，经济增速、产业结构、能源结构、交通运输结构、城镇化发展、社会结构等发生重大变化。但由于"三个没有根本改变"，生态环境保护面临的形势依然严峻，协同推进经济高质量发展和生态环境高水平保护要求更加迫切，生态文明建设和生态环境保护仍处于攻坚克难、负重前行的关键期。

（五）交通安全

近年来，中国驾驶人数量、机动车保有量、道路里程持续增长，道路交通出行的体量巨大，从"硬件"来看，中国已进入汽车社会，成为交通大国。总体来说，全国道路交通安全形势持续平稳向好。但是在"软件"方面，道路交通安全仍然存在诸多风险和挑战。

（1）道路交通管理对象体量巨大，安全管理任务繁重。作为人口大国，加之经济快速发展，中国道路交通需求旺盛，交通安全管理量多、面广、难度大。一是人、车、路基数巨大，截至2021年9月，驾驶人数量4.76亿人，机动车保有量3.90亿辆；截至2020年底，我国高速公路里程16.10万千米，均位列世界第一。二是道路交通要素持续增长，新增驾驶人数量、新增汽车数量虽有放缓的趋势，但从长远看，中国千人汽车保有量仅为170辆左右，与美国超过900辆、欧洲和日本均接近600辆相比，还有很大的增长空间，2020年新改建农村公路将达20万千米。预计今后一个时期，驾驶人数量、机动车保有量、公路通车里程仍将持续增长，加之交通强国战略的实施，道路交通安全管理对象体量将会越来越大，任务将会越来越重，难度将会越来越大。

（2）交通新业态涌现，交通安全防控形势复杂。近年来，随着社会发展，我国涌现了许多交通新业态，交通安全防控形势复杂多变，交通安全管理工作同时面临"外患"与"内忧"。当前，我国电动自行车生产量和保有量持续上升，已成为电动自行车大国。据工信部统计，2020年我国电动自行车产量达2966万辆，社会保有量3.3亿，位居世界第一。快递、外卖等行业快速兴起，加之"骑手"的安全文明意识普遍较低，城市交通事故存在潜在增长点。随之而来的是电动自行车引发的道路交通事故数量也在攀升。

（3）儿童道路交通安全问题依然严峻。人作为道路交通系统中的主体，对交通安全的影响最为明显。驾校源头培训力度不够，驾校过多关注学员考试通过率，忽略了对学员交通安全文明意识的培养，新领证驾驶人普遍缺乏交通安全意识与技能。幼儿园、学校源头教育力度不够，与发达国家相比，中国尚未形成常态化的校园交通安全教育机制。其中，儿童道路交通安全问题依然严峻。

（4）农村道路安全隐患突出，隐患治理工作保障不足。农村道路因自然条件及经济因素制约，道路安全隐患突出，很多地区虽实现了"村村通"，但未能"路路安"。一是农村道路的安全设施缺失，仍存在无交通标志标线、无防护栏情况。二是农村道路安全隐患治理资金难落实，排查出的道路隐患有积压。三是部门间协作不到位，实际工作中部门间缺乏对接机制，对于隐患的认定标准不统一。

四、以网络犯罪为例的新型犯罪模式增多、个人极端暴力犯罪仍会突发

稳定是改革和发展的前提，是构建和谐社会的前提和基础。当前国内社会大局平稳，治安形势总体稳定，人民群众的安全感有所增强，但同时也存在一些不容忽视的问题，社会治安形势依然严峻，社会稳定状况还不容乐观。

受疫情防控的影响，2020—2021年我国违法犯罪数量有所下降，严重暴力犯罪案件持续减少，社会治安态势相对稳定。随着全国疫情防控的常态化，2022年中国犯罪数量将趋于增长，犯罪类型结构会有所变化。网络犯罪成为主要犯罪类型，诈骗犯罪数量可能会超过盗窃犯罪。个人极端暴力犯罪仍是严重影响群众安全感的主要因素，多发高发的新型电信网络犯罪问题严重影响居民安全感、获得感和幸福感。常态化扫黑除恶背景下黑恶势力犯罪的顽固性、反复性和再生性挑战着有组织犯罪长效机制建设。新业态的发展导致经济犯罪日趋复杂，经济快速恢复背景下生态犯罪防控压力较大。禁毒成果进一步得到巩固，吸毒人员与毒品犯罪数量持续下降。

2022年全国犯罪案件数量预计会有一定反弹，随着全国疫情形势日趋平稳、社会生产生活的持续恢复和强劲发展，在全国疫情防控常态化背景下，2022年往后全国犯罪形势预计会呈现出与经济形势正相关的趋势，一方面违法犯罪数量相较于疫情期间会出现一定程度的反弹，另一方面利用电信网络违法犯罪将会增多。

根据全国检察机关2021年第一季度办理的案件统计，危险驾驶、盗窃、诈骗、故意伤害、开设赌场等是高发犯罪行为。其中，涉嫌危险驾驶犯罪仍高居榜首，其次是涉嫌盗窃罪、诈骗罪、故意伤害罪。危险驾驶犯罪行为的成倍增长与社会生产生活恢复和疫情后报复性消费有关。盗窃、诈骗、故意伤害犯罪一直是占全部犯罪比例较大的犯罪行为，社会生产生活的活跃促使这些常发、多发性犯罪行为增加。涉嫌开设赌场犯罪行为的大幅增加与扫黑除恶专项斗争和打击治理跨境赌博犯罪专项行动有关。开设赌场是黑恶势力惯常从事的地下经济产业和主要犯罪行为之一。同时，《刑法修正案（十一）》新增的袭

警罪、催收非法债务罪、妨害安全驾驶罪、高空抛物罪、危险作业罪等 17 个罪名都有案例出现。分析发现，袭警行为多为临时起意且与醉酒有关，采用辱骂、推搡、撕扯、殴打等方式阻碍警察执行公务行为所占比例较大。根据北京市检察机关的统计，袭警行为主要表现将矛盾纠纷转嫁于民警、暴力抗法袭警、逃避检查冲撞警车、闯卡逃逸等行为。

从 2020 年到 2021 年的整体犯罪形式来看，利用电信网络实施传统的侵犯财产和人身权利的犯罪、网络空间新型犯罪，将成为犯罪分子最为主要的犯罪手段和方式。这类犯罪案件相对隐蔽，防控难度较高。其中诈骗、赌博等非接触性传统犯罪是主要的类型，侵犯公民个人隐私、信息泄露类的信息犯罪也将大幅增加，网络暴力、网络谣言等影响社会稳定的事件也将层出不穷、愈演愈烈。网络黑色、灰色产业链将形成，犯罪利益链条化、组织集团化、跨境化将成为新型犯罪的主要特性。

个人极端暴力犯罪仍然会突发，严重影响社会安全与稳定。在全国命案数量持续下降的情况下，易肇事肇祸人员的极端暴力行为、因矛盾纠纷引发的极端报复行为、"社会归因缺陷"极端心理人员的泄愤或报复社会行为等成为严重影响社会稳定和群众安全感的主要因素。

从整体来看，校园安全形势持续向好，保障校园安全的人防、物防、技防基础建设大力推进，公安部、教育部 2019 年开始联合开展全国中小学安全防范建设三年行动计划取得了明显的成效，全国 90% 以上的中小学实现了封闭管理、配备了专职保安员、安装了一键式报警和视频监控系统，94% 的城市中小学和 92% 的城镇中小学设置了"护学岗"。

疫情期间，一些地方发生了撕扯医生防护服，殴打、挟持医务人员等情况，国家卫健委、最高人民法院、最高人民检察院、公安部联合印发了《关于做好新型冠状病毒疫情防控期间保障医务人员安全 维护良好医疗秩序的通知》，明确提出严厉打击殴打、故意伤害、故意杀害医务人员等七类涉医违法犯罪行为。此外，随着疫情防控常态化，此类暴力纠纷事件将会有所下降。

自 2020 年 7 月"杭州杀妻事件"发生后，全国各地发生了多起家庭内部的恶性杀人案件，一些案件造成了多名家庭成员甚至无辜人员的伤亡。犯罪人以青壮年男性为主，普遍具有低学历、低阶层、低收入的特点，社会交际、社会支持、情绪疏导渠道少。这类案件都是因家庭邻里矛盾、感情婚恋纠葛、财产债务纠纷而引起的，案件的发生与疫情期间经济收入减少、居家隔离矛盾累聚凸显爆发等因素有关。这类犯罪行为的发生是社会问题的"显示器"，在微观上反映出当前社会矛盾纠纷化解体制机制不健全、效率效果不明显。

第三节　智能化技术发展带来的新机遇

一、大数据、人工智能技术助力社会公共安全发展

伴随着社会经济和科学技术的高速发展，我国已迈入信息化时代，"大数据"也从一个概念性词汇转化为对经济社会各领域具有渗透性影响的事物，给各行各业带来了诸多的变革动力和商业价值，如淘宝、京东、支付宝、滴滴出行、新浪微博这些建立在大数据技术基础之上的应用软件给人们生活带来便利的同时也给商业带来了巨大的发展契机。

在大数据时代，维护公共信息安全的技术、工具得以快速发展，让公共信息安全的监管更为精细、高效和及时。与传统数据信息存储模式不同，大数据技术实现了一个具有流动性、信息共享与连接互动的数据资源池构建，有助于数据在全球范围内的实时共享，推动数据信息的及时共享，实现企业的高效运营。未来，大数据将成为社会基础设施的一部分，跟公路、自来水、电一样，成为人们生活不可或缺的一部分。但大数据的作用并不仅仅局限于为普通消费者提供生活的必需服务，它已经开始在信息产业、公共安全、交通运输、金融、水利等领域中发挥出重要作用。

在社会公共安全领域，大数据有着广阔的应用空间。公共安全领域中的大数据信息主要包括社会治安类安全信息、消费经济类安全信息、公共卫生类安全信息、社会生活类安全信息等类型，这些信息为公共安全治理的改善创造了有利条件。

公安大数据解决方案基于大数据技术，有效整合集成各种数据资源，来构建大数据量和动态海量数据库体系，建设智能搜索门户、专题应用课题以及建立统一监控机制，有效提升公安工作的情报洞察能力、分析决策能力、指挥管理能力、侦查破案能力和服务社会能力。

利用大数据可以预防和打击犯罪。用云计算以及大量数据定位那些最易受到不法份子侵扰片区，利用大量数据创建一张犯罪高发地区热点图。在研究某一片区的犯罪率时，将相邻片区的各种因素列为考虑的对象，为警方更具针对

性的锁定犯罪易发点、抓获逃犯提供支持。

公安大数据带来了数据与信息处理方式的根本性变革，有助于公共安全治理者风险认知能力的提升。大数据时代的公共安全治理面临大数据收益与成本、保障安全与诱发风险、信息开放与隐私保护以及技术发展与管理滞后之间的矛盾。大数据时代的公共安全治理应走向"智慧治理"模式，它强调以大数据为代表的知识与技术的广泛性应用，借以提升国家与政府应对公共安全的能力。

人工智能技术极大推动和谐社会建设和社会功能安全领域紧密结合。在技术方面，人工智能技术应用于我国公共安全方面主要依靠坚实的硬件基础与庞大的信息数据库，基于深度学习神经网络对目标对象的关键信息进行筛选、挖掘，结合相关算法，实现高精度人脸识别、动态目标追踪等，解决了实际中的多种难题。在人力方面，尤其是保障社会稳定方面，"人工智能＋"的方式极大地提高了实时监控的准确性，降低了由于人工带来的错误。目前人工智能技术在社会治安领域的应用主要有视频监控修通、道路交通监测等。

二、从物联网到万物互联加速社会数字化进程

智慧城市的概念自 2008 年提出以来，在国际上引起广泛关注，并持续引发了全球智慧城市的发展热潮。智慧城市已经成为推进全球城镇化、提升城市治理水平、破解大城市病、提高公共服务质量、发展数字经济的战略选择。发展智慧城市，其目标是用先进技术解决复杂的城市问题，实现城市和谐发展、城市宜居、城市高效运行、城市生态环境保护，建设一个可持续发展的城市。

近年来，各部门协同推进，各地方持续创新实践，我国新型智慧城市建设取得了显著成效。城市服务质量、治理水平和运行效率得到较大的提升，人民群众的获得感、幸福感、安全感不断增强。新型智慧城市建设在 2020 年 1 月暴发的新冠疫情防控时期发挥了积极作用，多地通过网格化管理精密管控、大数据分析精准研判、移动终端联通民心、城市大脑综合指挥构筑起全方位、立体化的疫情防控和为民服务体系，显著提高了应对疫情的敏捷性和精准度。新型智慧城市作为数字经济建设、新一代信息技术落地应用的重要载体，近年呈现出"六个转变"的趋势特征。

（1）我国新型智慧城市建设的城市数量多。智慧城市正在被越来越多的地市选择作为发展战略和工作重点。新型智慧城市建设为新型基础设施、卫星

导航、物联网、智能交通、智能电网、云计算、软件服务等行业发展提供了新的发展契机，正逐渐成为拉动经济增长和高质量发展的一个增长极。

（2）服务效果由尽力而为向无微不至转变。各部门各地方在开展新型智慧城市建设过程中，紧紧围绕政府治理和公共服务的改革需要，以最大程度利企便民，让企业和群众少跑腿、好办事、不添堵为建设的出发点和落脚点，以"互联网＋政务服务"为抓手，聚焦解决人民群众最关注的热点、难点和焦点问题，通过政府角色转变、服务方式优化，让企业和群众到政府办事像"网购"一样方便，人民群众的满意度大幅提升。

（3）社会治理模式由单向管理向双向互动转变。新型智慧城市建设改变了城市治理的技术环境及条件，从"依靠群众、专群结合"的"雪亮工程"，到"联防联控、群防群控"的社区网格化管理，从"人人参与、自觉维护"的数字城市管理，到"群众监督、人人有责"的生态环境整治，新型智慧城市在解决城市治理问题的同时，深刻改变着城市的治理理念，推动城市治理模式从单向管理转向双向互动，从单纯的政府监管向更加注重社会协同治理转变。

（4）社会数据资源由条线为主向条块结合转变。新型智慧城市建设的核心是要推进技术融合、业务融合、数据融合，实现跨层级、跨地域、跨系统、跨部门、跨业务的协同管理和服务。其中，数据资源的融合共享和开发利用是关键，大数据将驱动智慧城市变革。围绕消除"数据烟囱"，我国先后通过"抓统筹、出办法、建平台、打基础、促应用"等方式，积极推动跨层级、跨部门政务数据共享。

（5）数字科技由单项应用向集成融合转变。当前，以物联网、云计算、大数据、人工智能、区块链等为代表的新一代信息技术不断成熟，加速在新型智慧城市建设过程中的广泛渗透应用，催生了数字化、网络化、信息化、智慧化的公共服务新模式和城市治理新理念。数字科技在新型智慧城市的交叉融合与推广应用，改变了传统以互联网为主的单项应用局面，推动新型智慧城市加速发展。

（6）城市建管模式由政府主导向多元合作转变。当前，我国智慧城市建设进入快速发展期，庞大的资金需求为传统政府主导的智慧城市建设模式带来了严峻考验。为充分发挥社会企业专业力量强、资金存量多、人才储备足等优势，国家新型智慧城市评价鼓励政府和社会资本合作开展智慧城市建设和第三方运营，推动新型智慧城市建设逐步从政府主导单一模式向社会共同参与、联合建设运营的多元化模式转变。

智慧社会的美好生活场景值得期待，未来推动我国新型智慧城市发展，需要以建设智慧社会为目标，紧紧围绕统筹推进"五位一体"总体布局和协调推进"四个全面"战略布局，牢固树立新发展理念，坚持智慧城市、数字乡村一体化统筹发展，技术与制度创新并重，通过数据融合汇聚和共享开放，充分挖掘城市数据资源的价值，并助力城市治理、公共服务和科学决策等，使智慧城市建设成效得以大幅提升。

三、无人机及相关技术在事故灾难和社会安全事件中发挥巨大作用

近年来，突发灾难性事件频繁发生，严重威胁人民的生命和财产安全，同时，也对社会稳定造成了较大影响。因此，加强对突发事件的应急管理，是关系到国家经济和社会发展全局以及人民群众生命财产安全的大事。但是，我国应急管理机制尚不完善，预防和处置突发性公共事件的能力也很有限。除了在应急管理机制、体制和法制方面需要加大力度进行完善之外，在国家应急管理体系中引进和装备一批先进的技术和设备，对提高各级政府的应急管理能力是大有帮助的。其中无人机就是一种不可多得的重要工具。

无人机经过了几十年的发展历程，从技术角度看已经比较成熟。其优点是成本低，易操纵，具有高度灵活性，能够携带一些重要的设备从空中完成特殊任务，如空中监测、空中监视、空中转信、空中喊话和紧急救援等。在执行特殊任务时，一般不会造成人员伤亡，生存能力强，机动性能好，使用方便，在处理自然灾害、事故灾难以及社会安全事件等方面能发挥出重要作用。

在城市治安防控领域，传统警用直升机、人力等方式已很难满足现代化警务安防的需求，尤其是智慧公安，更新需要一个全天候、多用途、智能化的警用设备。公安干警和武警利用警用无人机来应对突发的社会事件，交警部门则用无人机来进行交通方面的管理，特警部门则利用无人机进行空中侦察抓捕罪犯等工作。总之，警用无人机在未来将会协助各个警察部门在公共安全领域发挥更为重要的作用。

社区民警是公安派出所从事治安防范、管理和沟通群众的主要力量，主要承担的职责有六项，即开展群众工作、掌握社情民意、管理实际人口、组织安

全防范、维护治安秩序以及应急救助等服务。对于管辖范围较大、人口较为密集的地区，警用无人机的装备无疑为社区民警的工作带来了极大的提升。对于公安刑警最为主要的工作就是进行刑事侦察，负责刑事案件的侦破工作，其中无人机也发挥了重要的作用。在公共治安领域，无人机的主要应用包括以下内容。

1. 公共领域的常规巡查

对于片区治安来说，巡查是社区民警必不可少的一项工作。但是对于管辖区域大、人口密集且分散分布的地区，由于警务力量不足等因素，可能造成巡查存在漏洞，给犯罪分子以可乘之机。警用无人机一般可携带多种警务设备，包括高清数码摄像机、夜视仪等，可以帮助社区民警对管辖区域进行定时定线巡查，不仅可以节省警务力量，而且有利于公安部门及时掌握相关区域的公共安全状况。

2. 大型集会的监控

警用无人机可对会场空中监控，提供高清画面，并可以快速机动到任何需要的区域上空，搜索发现地面可疑人员、车辆，提供强有力的空中情报保障；将视频图像实时传输回指挥中心，指挥中心根据无人机传输回的资料对现场实时掌控，一旦发现突发情况，无人机可以第一时间发现，极大地提高了应急处理效率。

3. 聚众闹事事件的监控

警用无人机飞抵事故目标区域上空对目标区域进行全方位不间断的监控，为公安干警全面掌控事态提供了先决条件。警方可根据警用无人机拍摄的资料对事故责任方进行举证，同时可以了解目标区域的事件发展情况，及时形成相应的决策，防止事态失控。

4. 应对突发媒介失灵事件

面对因谣言而发生的群众聚集事件，警用无人机加装空投装置后，能进行特殊物品的投送，如播撒传单、向地面人员传递信息，达到辟谣效果。警用无人机通过加装高音喇叭，可以进行空中喊话，传递政府信息。也就是说，在正常媒介失灵的情况下，警用无人机可以暂时承担这一任务，及时地完成政府部门与群众沟通的任务，帮助社会度过这一危险期。

5. 空中侦察

由于警用无人机可携带高清数码相机、摄像机等警用设备，在某些特定的目标区域或者是由于某种原因而无法进行人员派遣的某些目标区域，警用无人机均可发挥重大作用。一般而言，小型的警用无人机以电力为动力源，噪声较小，不易惊醒目标，而且体积较小且高空飞行，也具有较强的隐蔽性。当警用无人机携带高清摄像设备时，就可以实施侦察任务了，为警方的下一步行动做好准备。

6. 追捕罪犯

当碰到罪犯拒捕且出逃的情况时，可能由于某些原因警方无法立即阻止，这就带来了一定程度的时间滞后；时间滞后越久，追捕犯罪分子的难度越大，捕获其的可能性就越小。如果装备警用无人机，则时间滞后可以大大缩短。警方在相应力量没有完全组织起来之前，完全可以先出动警用无人机，对逃犯实施实时监控，完成对目标逃犯的定位，并将相关信息和地形、人群数据传送回指挥中心，为警方的抓捕做好准备。

7. 边防监控

我国共有陆地边界线约22000多千米，分别与14个国家接壤，其中有2/3的边境线是高山大漠。针对我国边境线出入境人流量大、走私偷渡等犯罪活动严重的情况，客观上要求边防部门执行任务的距离远、反应的速度快。传统的边防监控多以人工监控的方式进行；警用无人机减少了人力的浪费，提高了监控效率。警用无人机经折叠后可被塞进肩包，而且飞行时噪声小，不易被发现，从而给警方提供了一种前所未有的便利。

8. 森林警察监控

森林巡查覆盖面积大、巡查精度高和超视距自主飞行；无人机快速反应，应急机动性强，能够高清晰度实时回传巡查图像，险情现场及时回馈，辅助抢险救灾指挥决策；人机分离带来高安全性。

四、数字化、智能化已成为维护生态环境安全不可或缺的手段和武器

（一）卫星遥感技术在"千里眼"计划中的作用

生态环境部2018年启动了"千里眼"计划，"千里眼"利用卫星遥感技术筛选出不同区域内PM2.5年均浓度较高的热点网格，作为重点监管单元进行监控。即便监管人员远在千里之外，也可以准确定位"污染"。

"千里眼"计划采用"热点网格＋地面监测微站＋移动式监测设备"的监

管模式。通过卫星遥感技术监测，结合气象数据、空气质量监测数据，可以判断出其中热点网格中 PM2.5 浓度相较于其他区域更高的网格，也就是环境监管领域常常提到的"污染热点区域"。一旦网格内 PM2.5 出现升高或变化时，监管人员可快速、准确定位"污染"的经纬度位置。热点网格监管这种技术化手段化解了以往依靠人海战术和检查经验搜寻污染源的尴尬，即便污染源隐藏在工厂的某个车间里，或者隐藏在家庭院子的作坊里，也可精准定位。通过移动式空气质量监测设备，环境监察人员每 10 秒钟就可检测出一个浓度数据，并实时传输到手机软件上。

目前，"千里眼"计划实施范围已从京津冀"2 + 26"个城市，扩大到汾渭平原 11 个城市、长三角地区 41 个城市，实现了对重点区域的"热点网格"监管全覆盖，治污效能明显提升。

（二）卫星遥感 + 执法 App 推动水源地环境保护进入精准化、智能化时代

目前全国大约有 2842 个地表型集中式水源地。我国饮用水水源保护区按照《水污染防治法》的要求，将水源保护区划分为一级、二级保护区，此外，根据需要可在水源二级保护区外划定一定的水域及陆域作为水源准保护区。因此，饮用水水源保护区环境执法空间范围大，有的保护区域覆盖了几十、上百甚至几千平方千米，而且多地处于偏僻的山区或人烟稀少处，交通不便。

传统的水源地信息调查多以上级检查、地方自查、社会监督等手段为主，如果采用传统地面调查手段来确定饮用水水源风险源名录及空间分布位置，工作量巨大且时效性差，获取的信息也不够客观，年度更新成本更高。

目前，在水源地环境保护专项行动的摸查、整治、清理等各个工作环节中，卫星遥感应用提供的数据支撑，为水源地保护立了大功。卫星遥感具有覆盖范围广、获取速度快的优势，基于卫星遥感数据开展水源地保护区的遥感监测，可全面了解水源地水体及周边保护区内水生态安全及风险源信息，可实现对水源保护区内快速、客观的监测。

遥感应用不仅限于现场执法，中心工作人员还根据现有卫星遥感数据，通过解译，将所有结果斑块（解译出的区域形状）与地面实际情况一一对应并描述标注，形成了一份水源地保护区内风险源状况的电子化、可视化的原始档案，也就是水源地环境安全信息实现了"全国一张图"。

在卫星遥感技术的基础上，国家还开发了水源遥感执法 App，以此为媒介，把卫星遥感发现的水源地环境问题、保护区边界的空间数据、各省（区、市）自查环境问题数据监测到的结果带到执法现场，为执法督查人员提供即时定位信息与现场检查所需信息支持，实现基于移动端空间信息的现场督查与执法工作。

"卫星遥感＋执法 App"这一技术的创新，使水源地监管彻底告别了过去完全依赖人工的粗放型管理模式，推动我国水源地保护进入精准化、智能化时代。未来，卫星遥感将成为水源地日常执法和长效监管的常规技术手段。

参 考 文 献

[1] 中国标准化研究院. 职业健康安全管理体系规范:GB/T 28001 – 2001[S]. 北京:中国标准出版社,
    2001:2 – 3.

[2] 国际标准组织. 风险管理规范:ISO 310000[S]. ISO/TC262,2018:4 – 6.

[3] 丁辉. 安全风险术语辨析(连载之一)[J]. 中国应急管理科学,2020,(4):5 – 70.

[4] 埃里克·霍布斯鲍姆. 民族与民族主义[M]. 上海:上海人民出版社,2006:84 – 93.

[5] 刘跃进. 安全领域"传统""非传统"相关概念与理论辨析[J]. 学术论坛,2021(1):27 – 48.

[6] 中华人民共和国国家安全法(主席令第二十九号)第一章第二条[EB/OL]. [2015 – 07 – 01].
    www. gov. cn/zhengce/2015 – 07/01/content_2893902. htm.

[7] 中华人民共和国国防法第一章第二条[EB/OL]. [2020 – 12 – 27]. http://www. mod. gov. cn/gfbw/
    fgwx/flfg/4876050. html.

[8] 李丽华,曾庆华,陈翔. "一带一路"建设中我国海外利益涉恐安全风险评估[J]. 公安学研究,2022,5
    (01):107 – 122 + 124.

[9] 牟凤云,陈林. 基于模糊综合评价的全球恐怖袭击事件风险评估及空间特征分析[J]. 西北师范大学
    学报(自然科学),2021,57(03):127 – 134.

[10] 项寅. 基于改进神经网络的恐怖袭击风险预警系统[J]. 灾害学,2018,33(01):183 – 189.

[11] 王奇,梅建明. 中巴经济走廊沿线恐怖威胁分析及对策[J]. 南亚研究,2017(04):15 – 41 + 151 – 152.

[12] 吴敏,魏琳,李丽华. 基于 Anylogic 仿真的机场恐怖袭击风险评估研究[J]. 中国人民公安大学学报
     (自然科学版),2020,26(03):64 – 71.

[13] 王鼎方. 长途客运站恐怖袭击风险评估与防范对策[D]. 北京:中国人民公安大学,2020.

[14] 赵传鑫,刘明辉. 基于 DBSCAN 算法的恐怖主义风险评估模型——以铁路系统为例[J]. 科学技术
     与工程,2021,21(08):3206 – 3213.

[15] 王赞隆. 群体性事件的风险评估与综合治理[J]. 法制与经济(中旬),2011(12):197 + 199.

[16] 张国亭. 当前群体性事件的趋势特征与有效应对[J]. 理论学刊,2018(05):119 – 126.

[17] 张训志. 群体性事件发生原因及防控试析[J]. 武警学院学报,2020,36(06):72 – 77.

[18] 李倩倩,王红兵,刘怡君,等. 我国群体性事件的典型特征、治理问题与对策建议[J]. 智库理论与实
     践,2022,7(02):74 – 82.

[19] 张鼎华,李卫俊,李丞,等. 基于深度学习的多维情景空间下群体性事件分析与预测研究[J]. 中国
     管理科学,2020,28(08):172 – 180.

[20] 施从美,江亚洲.基于改进风险矩阵方法的群体性事件管理风险评估[J].统计与决策,2015(23):50-52.

[21] 胡诗妍,隋晋光,王靖亚.群体性事件风险定量预测预警[J].西北大学学报(自然科学版),2012,42(04):548-552.

[22] 陈学智,王春江.网络舆情危机特点、成因及引导[J].人民论坛,2014(20):133-135.

[23] 田进,朱利平,曾润喜.网络舆情交互触发演变特征及政策议题建构效果——基于系列"PX事件"的案例研究[J].情报杂志,2016,35(02):133-138.

[24] 金鑫,李小腾,朱建明.突发事件网络舆情的演变机制及其情感性分析研究[J].现代情报,2012,32(12):8-13.

[25] 张芙睿.我国网络群体性事件的特点、形成原因及化解[D].北京:外交学院,2021.

[26] 张鑫,田雪灿,刘鑫雅.反复性视角下网络舆情风险评估指标体系研究[J].图书与情报,2020(06):123-135.

[27] 梁冠华,鞠玉梅.基于舆情演化生命周期的突发事件网络舆情风险评估分析[J].情报科学,2018,36(10):48-53.

[28] 凌丽.重特大安全事故网络舆情风险评估指标体系的构建[D].武汉:华中师范大学,2020.

[29] 瞿志凯,兰月新.网络舆情视角下司法公信力风险预警研究[J].中国公共安全(学术版),2015(03):92-99.

[30] 邓建高,吴灵铭,齐佳音,等.基于信息关联的负面网络舆情风险分级与预测研究[J].情报科学,2022,40(01):38-43.

[31] 严帅,李伟,陈庆鸿.当前国际反恐战略态势[J].国际研究参考,2019(03):45-51.

[32] 赵秉志.法治反恐的国际视角:难点与对策[J].东南大学学报(哲学社会科学版),2020,22(02):80-91.

[33] 王博钊.群体性事件成因分析及政府处置对策研究[D].大连:东北财经大学,2018.

[34] 李倩倩,王红兵,刘怡君,等.我国群体性事件的典型特征、治理问题与对策建议[J].智库理论与实践,2022,7(02):74-82.

[35] 逯田力,鹿广利.对于突发公共事件分类的认识和理解[J].中国公共安全:学术版,2010(4):3.

[36] 范理.增城市社会安全风险的分析和对策研究[D].兰州:兰州大学,2014.

[37] 周文.基于应对视角的突发公共事件分类[J].商场现代化,2011,(3):220-221.

[38] 毛莉.新疆墨玉县社会安全风险管理研究[D].乌鲁木齐:新疆大学,2015.

[39] 邱凌峰.基于机器学习的社会安全风险分析研究[D].北京:中国人民公安大学,2024.

[40] 江洋洋.恐怖袭击特征及变化趋势研究[D].上海:上海交通大学,2014.

[41] 李国辉.全球恐怖袭击时空演变及风险分析研究[D].合肥:中国科学技术大学,2014.

[42] 张百杰.转型期中国群体性事件研究——基于法社会的研究视角[D].吉林大学,2011.

[43] 刘超.群体性事件研究[D].北京:中国政法大学,2009.

[44] 王洁.中国群体性事件研究[D].北京:中国政法大学,2011.

[45] 李保臣.我国近五年群体性事件研究——基于案例的宪政分析[D].武汉:华中师范大学,2013.

［46］宗阳. 以民族宗教名义引发群体性突发事件的对策研究［D］. 济南:山东大学,2010.

［47］柏枫,段卓廷. 新形势下涉外突发事件应急处置机制研究［J］. 安徽警官职业学院学报,2017,16(3):51 – 53,84.

［48］陈璟浩,李纲. 突发社会安全事件网络舆情演化的生存分析——基于70起重大社会安全事件的分析［J］. 情报杂志,2016,35(4):5.

［49］肖遥. 社会安全事件网络舆论演变研究［D］. 武汉:华中科技大学,2013.

［50］谢瑜,雷舒越. 涉外突发事件应急处置机制的构建［J］. 四川警察学院学报,2014,26(6):5.

［51］吉明. 陕西省涉外突发事件中的政府屋急管理研究［D］. 西安:西北大学,2015.

［52］付仁德畅. 社会安全事件网络舆情的演变机理及对策研究［D］. 北京:中国人民公安大学,2017.

［53］IBRAHIM M. Shaluf,Fakharul – razi ahmadum,saari mustapha［J］. Technological Disaster's Criteria and Models,2003,12(4):34 – 49.

［54］BAI S Z,XIA S S. Evaluation of the materials distribution system of the har – da – qi region［J］. Logistics Technology,2010,13 – 17.

［55］YAN J. Empirical research on long – run equilibrium between social harmony and social security incidents ［J］. Procedia Engineering,2012,45(3):235 – 239.

［56］TAYLAN O,BAFAIL A O,ABDULAAL R M S,et al. Construction projects selection and risk assessment by fuzzy AHP and fuzzy TOPSIS methodologies［J］. Applied Soft Computing,2014,17(4):105 – 116.

［57］MARIVATE V N. Extracting South African safety and security incident patterns from social media［C］. Pattern Recognition Association of South Africa & Robotics & Mechatronics International Conference,2015.

［58］鲍宗豪,李振. 社会预警与社会稳定关系的深化 – 对国内外社会预警理论的讨论［J］. 浙江社会科学,2001(4):5.

［59］梅多斯 D H. 增长的极限［M］. 李宝恒,译. 四川:四川人民出版社,1983:231.

［60］鲍宗豪,李振. 社会预警与社会稳定关系的深化［J］. 浙江社会科学,2001(4):10.

［61］兹·布热津斯基. 大失败［M］. 军事科学院外国语军事研究部,译. 北京:军事出版社,1989:275.

［62］MOHTADI H M A P. Risk of catastrophic terrorism:an extreme value approach［J］. Journal of Applied Econometrics,2009,24(4):537 – 559.

［63］CHATTERJEE S,ABKOWITZ M D. A methodology for modeling regional terrorism risk［J］. Risk Analysis,2011,31(7):1133 – 1140.

［64］CHONG P Y. Evaluating of coming hazardous materials transportation network node risk under terrorist attack［J］. China Safety Science Journal,2012,22(8):104 – 109.

［65］ARGENTI F,LANDUCCI G,SPADONI G,et al. The assessment of the attractiveness of process facilities to terrorist attacks［J］. Safety Science,2015,77:169 – 181.

［66］ESTRADA M A R,KOUTRONAS E. Terrorist attack assessment:paris november 2015 and brussels march ［J］. Journal of Policy Modeling,2016,38(3):553 – 571.

［67］WU K,YE S. An information security threat assessment model based on Bayesian network and OWA operator［J］. Applied Mathematics & Information Sciences,2014,8(2):833 – 838.

[68] GUO X, HU R. The effectiveness evaluation for security system based on risk entropy model and Bayesian network theory[C]//IEEE International Carnahan Conference on Security Technology. IEEE,2010:57 – 65.

[69] DOGUC O, RAMIREZ – MARQUEZ J E. A generic method for estimating system reliability using Bayesian networks[J]. Reliability Engineering & System Safety,2017,94(2):542 – 550.

[70] PFLUEGER M O, FRANKE I, GRAF M, et al. Predicting general criminal recidivism in mentally disordered offenders using a random forest approach[J]. Bmc Psychiatry,2015,15(1):62.

[71] TOLLENAAR N, VAN D H P G. Which method predicts recidivism best?: a comparison of statistical, machine learning and data mining predictive models[J]. Journal of the Royal Statistical Society,2013,176 (2):565 – 584.

[72] VURAL M S, GÖK M. Criminal prediction using naive bayes theory[J]. Neural Computing & Applications, 2016,28(9):1 – 12.

[73] 美国国土安全部应急管理署官方网站. https://www. fema. gov/zh – hans.

[74] 夏保成. 美国 IPAWS 系统及对我国预警系统建设的启示[J]. 电子科技大学学报:社会科学版,2011.

[75] Sendong Zhao, Quan Wang, Sean Massung. Constructing and embeddy abstract event causality networks from text snippets[C]. Proceedings of the Tenth ACM International Conference on Web search and Data Mining. 2017:335 – 344.

[76] 新疆的反恐、去极端化斗争与人权保障[EB/OL]. [2019 – 03 – 18]. https://www. gov. cn/zhengce/ 2019 – 03/18/content_5374643. htm.

[77] 范小林. 以色列:把大数据变成反恐利器[J]. 军事文摘,2017:81 – 89.

[78] 秦立强,王光. 浅谈我国社会治安环境的评价与预警[J]. 统计研究,2002(04):28 – 33.

[79] 王大伟,贾迪. 论创建中国特色的危机警务模式[J]. 中国人民公安大学学报(社会科学版),2005 (02):81 – 87.

[80] 刘鹏. 我国省域中心城市公共危机预警机制与评价研究[D]. 哈尔滨:哈尔滨工程大学,2008:131.

[81] 张敏. 城市突发性公共危机预警机制创新研究[D]. 湘潭:湘潭大学,2011:28 – 36.

[82] 刘东鑫. 我国城市危机管理预警机制问题研究[D]. 长春:长春工业大学,2012:27 – 33.

[83] 陆勇华. 加强对"三类"案件的防控和侦查预警 深挖和打击黑恶势力犯罪[J]. 上海公安高等专科学校学报,2007(S1):94 – 98.

[84] 徐跃飞. 网络舆情下公安机关应对公共危机事件策略[J]. 湖南社会科学,2013(3):3.

[85] 朱庆芳. 社会保障指标体系[M]. 北京:中国社会科学研究出版社,1993.

[86] 王地宁,唐钧. 社会发展指标体系的建构和应用[J]. 中国社会科学,1991(1):17.

[87] 李冬民. 试论社会指标的统一尺度问题[EB/OL]. http://lw23. com/paper_144699751/,2010 – 12 – 12.

[88] 阎耀军. 社会稳定的计量及预警预控管理系统的构建[J]. 社会学研究,2004(3):10.

[89] 吴竹. 群体性事件预警指标体系研究[J]. 政法学刊,2007(3):63 – 67.

[90] 杜静,张礼敬,陶刚. 基于孕灾环境的沿海城市安全生产风险评价指标体系研究[J]. 中国安全生产科学技术,2017,13(5):116 – 121.

[91] 罗云,裴晶晶,苏筠. 城市小康社会安全指标体系设计[J]. 中国安全科学学报,2005,15(1):24 − 28.

[92] 王国栋,颜爱华,侯蕊芳. 城市安全风险评估方法体系研究及实践[J]. 中国安全生产科学技术,2019,15(7):46 − 50.

[93] 贾文梅. 城市公共安全风险评估指标敏感性研究[D]. 重庆:重庆大学,2014.

[94] 徐丰良. 城市安全评价体系的研究[D]. 湘潭:湖南科技大学,2011.

[95] 苏拓. 城市消防安全影响因素及评估[D]. 合肥:中国科学技术大学,2018.

[96] 丁爱君. 北京市西城区区域火灾原因分析及风险评估[D]. 北京:首都经济贸易大学,2018.

[97] 孙华丽,项美康,薛耀锋. 超大城市公共安全风险评估、归因与防范[J]. 中国安全生产科学技术,2018,14(8):74 − 79.

[98] 刘承水. 城市公共安全评价分析与研究[J]. 中央财经大学学报,2010(2):55 − 59.

[99] 叶茂盛,金勤献. 城市重点公共区域风险辨识[J]. 安全,2011(06):33 − 362.

[100] 李德文. 城市复杂区域公共安全分析及评价研究[D]. 西安:西安科技大学,2013.

[101] 锁利铭,李丹. 城市社会风险评估——基于突变理论的设计与应用[J]. 软科学,2014,28(6):121 − 126.

[102] 项寅. 基于改进神经网络的恐怖袭击风险预警系统[J]. 灾害学,2018,33(01):183 − 189.

[103] 曾润喜,罗俊杰,朱美玲. 网络社会安全风险评估指标体系研究[J]. 电子政务,2019(03):36 − 45.

[104] 张松柏,田东风,伍钧. 核恐怖事件相对风险评估的简易概率方法[J]. 核动力工程,2006(06):74 − 81.

[105] 叶金福,常显玉,张书领,等. 建立社会稳定风险评估机制 提高政府社会管理水平[J]. 中国党政干部论坛,2009(12):43 − 46.

[106] 卢国显. 网络群体性事件风险评估初探[J]. 中国人民公安大学学报(社会科学版),2011,27(03):133 − 137.

[107] 刘岩,邱家林. 转型社会的环境风险群体性事件及风险冲突[J]. 社会科学战线,2013(09):195 − 199.

[108] 施从美,江亚洲. 基于改进风险矩阵方法的群体性事件管理风险评估[J]. 统计与决策,2015(23):50 − 52.

[109] 赵颖,孙正. 关于公安机关建立社会治安预警机制的几点构想[J]. 吉林公安高等专科学校学报,2004(03):5 − 7.

[110] 冯丽萍. 关于公安机关应对突发性事件预警机制的思考[J]. 云南大学学报(法学版),2007(06):86 − 89.

[111] 王小锋. 关于建立社会治安预测预警体系的构想[J]. 公安研究,2008(01):7 − 11.

[112] 余凌云,洪延青. 公安反恐情报机构建设初探[J]. 中国公共安全(学术版),2005(02):28 − 34.

[113] 陈刚,李松岩. 对以异常行为信息为基础科学构建积分预警系统的思考[J]. 北京警察学院学报,2013(01):44 − 47.